Franz Mandl

# Die schönsten Almen im Herzen Österreichs

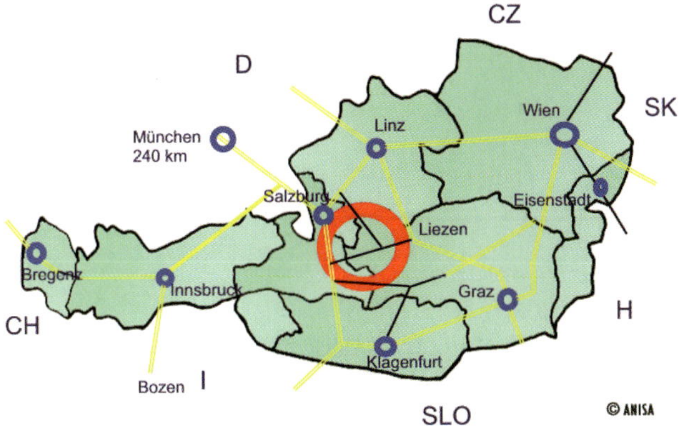

Die Deutsche Bibliothek - CIP-Einheitsaufnahme

**Mandl, Franz:**
**Almen im Herzen Österreichs**

Sonderausgabe für A&M Andreas & Dr. Müller, Salzburg

**ISBN 3-902397-68-3**

Satz, Layout und Repros: Franz Mandl

*Umschlagbild: Augstalm bei Altaussee*



**Copyright © 2003 by ANISA, Haus i. E.**

**Sonderausgabe für A&M Andreas & Dr. Müller, Salzburg**

**ISBN 3-902397-68-3**

# Inhaltsverzeichnis

# Inhaltsverzeichnis

# Vorwort

In den letzten Jahren ist das Interesse an der Almwirtschaft spürbar gewachsen. Ja wir können sogar von einer Renaissance der Almwirtschaft sprechen! Doch kaum jemand weiß über die Geschichte der Almen Bescheid. Nahezu vergessen scheint, mit welcher Mühe früher die Almen gehegt und gepflegt wurden. Ja sogar, warum Bauern seit Urzeiten ihr Vieh in diese Höhen getrieben haben, ist vielen Menschen von heute nicht mehr bewusst.

Bereits als kleines Kind wanderte ich mit meinem Vater, der kurz nach dem Zweiten Weltkrieg auf der Putzentalalm ein kleines E-Werk gebaut hatte, auf die Sölker Almen. Als Hirte auf der Plankenalm sammelte ich später auch praktische Erfahrungen mit der Almwirtschaft. Diese einprägsamen Erlebnisse weckten mein Interesse an der Geschichte dieser alpinen Wirtschaftsform.

Seit 25 Jahren forsche ich auf den Almen des Dachsteingebirges, der Niederen Tauern und des Salzkammergutes. Mehrere interdisziplinäre Forschungsprojekte, die ich initiiert habe und an denen ich maßgeblich beteiligt war, konnten erstmals in den Alpen bronzezeitliche, römerzeitliche und frühmittelalterliche Almen nachweisen.

Der Leser dieses Buches erhält daher Informationen aus erster Hand und kann sich überdies an einzigartigem Bildmaterial erfreuen. Zunächst werden 190 Almen näher vorgestellt und lohnende Almwanderungen vorgeschlagen. Danach spannt das Buch einen weiten Bogen von den Anfängen bis zur Gegenwart der Almwirtschaft und behandelt zahlreiche Facetten aus Geschichte, Klima, Arbeit, Alltag und Kultur des Almlebens.

Doch die Fülle des Materials zwang auch zu Einschränkungen. Daher bitte ich den werten Leser um Nachsicht, wenn manche der 900 Abbildungen klein und manche Beschreibungen kurz gehalten sind. Um Platz zu sparen, musste ich eine strenge Auswahl treffen. Nur so war es möglich, so viele Almen im Rahmen eines noch handlichen und preiswerten Buches vorzustellen.

Mein Dank gilt folgenden Personen, die Bild- und Kartenmaterial für dieses Buch zur Verfügung gestellt haben: Walter Bastl, Alpenverein Haus i. E.; Prof. Mag. Gottfried und Prof. Mag. Eveline Bischof, Wien; Anton Breitfuß, Schladming; Dr. Brigitte Cech, Wien; Dr. Ruth Drescher-Schneider, Graz; Frau Geis, Gießen; Familie Gielge, Altaussee; Prof. Mag. Dr. Günter Graf, Bad Mitterndorf; Andreas Hänsel, Graz; Alois Mandl, Gröbming; Familie DI Franz Graf Meran, München; Univ. Prof. Dr. Gernot Patzelt, Universität Innsbruck; Ferdinand Rießner, St. Nikolai; Martin Schlechta, Wien; Rudolf Stocker, Rohrmoos und Grete Urstöger, Gosau. Ebenso möchte ich Herrn DI Franz Bergler, Alminspektor des Bezirkes Liezen; Herrn Hofrat Univ. Prof. Dr. Walter Brunner, Steiermärkisches Landesarchiv; Herrn Univ. Prof. Dr. Günter Cerwinka, Institut für Regionale Geschichte der Universität Graz; Herrn DI Siegfried Ellmauer, Alminspektor des Bezirkes Gmunden; Herrn Dr. Volker Hänsel, Landschaftsmuseum Schloss Trautenfels; Herrn Univ. Doz. Dr. Bernhard Hebert, Bundesdenkmalamt, Graz; dem Kriegsarchiv in Wien; Herrn Josef Weichenberger, Oberösterreichisches Landesarchiv; Herrn Dr. Oskar Dohle, Salzburger Landesarchiv; dem Stadtmuseum Bad Ischl und Herrn Dr. Johann Tomaschek, Stiftsarchiv des Stiftes Admont, für ihr freundliches Entgegenkommen und die Erlaubnis, Bild- und Kartenmaterial veröffentlichen zu dürfen, danken.

Für die Korrekturlesung und wertvolle Anregungen bedanke ich mich bei meiner Frau, Prof. Dr. Herta Mandl-Neumann, Herrn Prof. Mag. Dr. Günter Graf, Herrn Dir. Andreas Kopf und Werner Tupi. Für die Öffnung der Kainhütte auf der Rettenbachalm danke ich Herrn Karl Gaisberger, dem Entdecker mehrerer wichtiger archäologischer Orte und Altwege im Salzkammergut. Nicht zuletzt sei Herrn Adolf Mandl für die Restaurierung vieler archäologischer Fundgegenstände gedankt.

Franz Mandl

# Almwirtschaft, was ist das?

Zuerst sollen die Begriffe *Alm-* und *Alpwirtschaft* erklärt werden. Im Osten Österreichs, also im bairischen Sprachraum, spricht man von *Almwirtschaft*, im Westen (Westtirol und Vorarlberg), also im alemannischen Sprachraum, dagegen von *Alpwirtschaft. Alpe* (später Alm) leitet sich vom lateinischen Wort *alpes* ab, das so viel wie *Gebirgshöhe* bedeutet. Die Almwirtschaft ist eine Form der hochalpinen Weidewirtschaft. In der einschlägigen Literatur finden sich unterschiedliche Definitionsversuche. Eine Vielzahl von Beiträgen beschäftigt sich mit bisweilen sehr spitzfindig erscheinenden Begriffserklärungen. Zusammenfassend kann gesagt werden, dass unter der Alm- oder Alpwirtschaft der Auftrieb von Groß- und Kleinvieh zu höher gelegenen Sommerweiden zu verstehen ist. Auf diesen werden auch Milch und Milchprodukte erzeugt. Diese Produktionsstätten nennt man Sennereien. Heute wird vielfach die Milch auf der Alm nicht mehr verarbeitet oder nur nicht Milch gebendes Vieh aufgetrieben. Eine Alm setzt sich aus den Viehweiden, den Wasserstellen, den Ställen für das Vieh und den Hütten für die Sennerei und das Almpersonal zusammen.

Wir haben es also mit einer temporären Wirtschaftsform zu tun, die einen untrennbaren wirtschaftlichen Zusammenhang zwischen Alm und Heimhof und umgekehrt voraussetzt.

Die Almwirtschaft war einstmals ein wichtiger, unersetzbarer Bestandteil eines alpinen Bauerngutes. Die Alm entlastete für zwei bis fünf Monate im Jahr die Gründe des Heimgutes, die für den Ackerbau und zur Schaffung eines Heuvorrates für den Winter genutzt werden konnten. Diese Wirtschaftsform war für die traditionelle alpine Landwirtschaft lebensnotwendig.

## Almennostalgie

Das Almleben war nicht nur romantisch, wie uns die Literatur des 18. und 19. Jahrhunderts glauben machen möchte. Der französische Philosoph Jean-Jacques Rousseau, Wegbereiter eines neuen Lebensgefühls und Rufer nach einer Rückkehr zur Natur, schuf den deutschen Romantikern die Basis für ihre eher theoretische Naturschwärmerei. Hallers dichterische und Scheuchzers wissenschaftliche Entdeckung der Alpen haben auch die Gemüter des reichen und gebildeten Bürgertums bewegt. Wie ein zündender Funke verbreitete sich dieses modische Kokettieren mit dem echten Landleben. Aber nur selten wurde mit entschlossener Radikalität von der gelebten Stubenromantik zu dem einfachen Leben in den Alpen gewechselt.

Die Verklärung des spartanischen Älplerlebens konnte nicht von Dauer sein. Die Realisten, einer der ersten war niemand Geringerer als Erzherzog Johann, begannen die Alpen wissenschaftlich zu ergründen. Der beginnende Alpinismus führte ebenfalls zu realitätsbezogeneren Erfahrungen und dem Erkennen der Gefahren, die von den steilen Wänden drohten, was sich schließlich in der Literatur der alpinen Vereine widerspiegelte. Der magische Zauber der unergründlichen Täler und Bergspitzen bewirkte aber weiterhin ein reges Interesse bei Volkskundlern und Geschichtsforschern. Dieser Zauber ist zweifellos noch immer auf den einsamen Hochweiden in den Alpen zu spüren. Nicht zuletzt gab der sensationelle Fund des so genannten *Ötzi*, einer urgeschichtlichen Gletschermumie, in den Ötztaler Alpen wieder Anlass zu einem neuerlichen Aufleben von Alpennostalgie und Alpentourismus. Aber er setzte auch ein reges wissenschaftliches Interesse an den hochalpinen Zonen in Gang.

*Löffelrehm von 1873 aus dem Salzkammergut, bemalt mit einer idyllischen Almszene. (LMT)*

## Almen einst und jetzt

Während der Sommerzeit lebten und arbeiteten viele Mitglieder der Bauernfamilie und des Gesindes auf den Almen. Die Alm war und ist heute noch immer Schauplatz einer alpinen Volkskultur und spiegelt den Umgang der Menschen mit ihrer Heimat wider. Die Almhütten wurden als schlichte Bauwerke für den Almsommer errichtet. Auch der Hausrat und die Geräte waren einfacher als auf dem Heimhof. Ebenso unterschied sich der Alltag auf der Alm von

Almpersonal um 1900. (Slg. A. Mandl)

dem im Tal. Dieser Unterschied bestand vor allem in der größeren Freiheit, die das Almpersonal genoss, das nicht immer von den Bauern beobachtet und gemaßregelt werden konnte. Diese von den Bauern wohl meist nicht gerne gesehene Freiheit fern vom Hof stellte die angenehme Seite im harten Leben der Sennerinnen und Halter dar, die sich daher jedes Jahr auf den Almauftrieb freuten.

Der gravierende wirtschaftliche und soziale Wandel infolge der Industrialisierung veränderte auch seit dem 19. Jahrhundert Produktionsweisen und Sozialgefüge in der Landwirtschaft von Grund auf. Der Einsatz von Maschinen, die Agrarchemie, die Zuchtwahl und das Kraftfutter ermöglichten seither eine stete Zunahme der bäuerlichen Produktion, obwohl zugleich die Zahl der Bauern und Landarbeiter drastisch gesunken ist. Die Almwirtschaft verlor ihre existenzielle Notwendigkeit. Für die neue Form der Milchverarbeitung in den Molkereien war sie sogar hinderlich. Aufgrund der Landflucht wurde es für die Bauern immer schwieriger Almpersonal zu finden. Die Almwirtschaft kam in weiten Teilen völlig zum Erliegen oder die Almen werden nur als Weide für das Jungvieh genutzt.

Doch während die traditionelle Landwirtschaft verloren geht, steigt die Nostalgie. Der Bergbauernhof und die Alm werden zum Abbild der heilen Welt. Hier soll die Seele des zivilisationsgeschädigten modernen Menschen Trost und Ruhe finden. Als imaginiertes Gegenbild zur Umweltzerstörung sollen sie die intakte Natur verkörpern. In diesem Umfeld entstand in den letzten Jahren eine neues Verständnis von Almwirtschaft.

Das Wort *Alm* wurde in der Werbewirtschaft als schmückendes Beiwort für Marken- und Produktbezeichnungen eingesetzt, um diesen das Flair des Ursprünglichen und Echten zu verleihen. Die Almen selbst wurden zunehmend vom Tourismus entdeckt, sodass hier geradezu eine neue Wirtschaftsform entstanden ist, die mit der ursprünglichen zumeist nur den Standort gemeinsam hat. So kommt es, dass Schihütten, Gaststätten, Wochenend- und Apartmenthäuser, ja sogar Discotheken und Bars das Wort *Alm* in ihrem Namen führen. Oft stark verfremdete Elemente aus der alpinen Bau- und Wohnkultur sollen diesen Neubauten aus Beton und Ziegeln den heimeligen Touch verleihen. Parallel dazu entwickelte sich ein eigener Sektor der volkstümlichen Unterhaltungsindustrie mit Schunkelliedern zum Jagatee.

Umgekehrt führte der Tourismus aber auch zu einer Renaissance traditioneller Almen. Bewirtung und Beherbergung von Gästen boten einen wirtschaftlichen Anreiz Almbetriebe weiterzuführen bzw. wiederaufzunehmen. Auch das Interesse an unverfälschten Nahrungsmitteln wie Milch, Butter und Käse, die direkt auf den Almen hergestellt und angeboten werden, nahm bei den durch die Lebensmittelskandale der letzten Jahrzehnte zunehmend verunsicherten Konsumenten zu. Überdies versuchte man durch Zusatzangebote für die ganze Familie, Almen zu kleinen Freizeitparadiesen auszubauen.

Freizeitparadies Waldhäuslalm, Untertal

## Almtypen

Auch die traditionellen Almen weisen große Unterschiede auf. Man hat versucht sie nach verschiedenen Kriterien einzuteilen.

Nach der Höhenlage wird zwischen *Niederalmen* (bis zu einer Höhe von 1300 m), *Mittelalmen* (zwischen 1300 m und 1700 m) und *Hochalmen* (über 1700 m) unterschieden. Häufig sind Almen nicht unbedingt auf einen Standort konzentriert, sondern klimabedingt in so genannten *Staffeln* angelegt. Dabei werden die Tiere, dem weichenden Schnee folgend, sukzessive in höhere Lagen getrieben. Hochalmen und darüber gelegene Weiden können bestimmten Tieren vorbehalten sein, um die Weiden der Hauptalm für einige Wochen zu entlasten. Vorzugsweise werden auf sie Tiere getrieben, die nicht gemolken oder weniger beaufsichtigt werden müssen.

Je nach aufgetriebenen Tieren unterscheidet man zwischen *Kuh-, Ochsen-, Stier-, Jungrinder-, Pferde-, Schaf-,* und *Ziegenalmen.* Nach der Nutzungsart wird zwischen *Melkalmen, Galtalmen* und *gemischten Almen* differenziert. Die Alm mit Sennerei, auf der gemolken und die Milch verarbeitet wird, ist die ursprüngliche Form. Auf die Galtalmen werden neben trächtigen Kalbinnen, Kälber und junge Ochsen zur Stärkung des Körpers und zur Abhärtung gegen Krankheiten getrieben. Diese Form der Almbewirtschaftung als reine Weidewirtschaft ohne Milchverarbeitung überwiegt heute, da sie mit geringem personellem Aufwand betrieben werden kann. Sie wird bevorzugt auf Almen praktiziert, die noch nicht durch Straßen erschlossen wurden.

Ebenso können die Eigentums- und Besitzverhältnisse als rechtliches Unterscheidungskriterium herangezogen werden. Diese sind oft das Ergebnis einer über Jahrhunderte andauernden Entwicklung. Ein wichtiger Wendepunkt für die Rechtsverhältnisse war aber der Prozess der Grundentlastung, den die Aufhebung der bäuerlichen Erbuntertänigkeit im Jahre 1848 nach sich zog. Almen können im Eigentum von Einzelpersonen (*Privatalmen*), von Gemeinschaften (*Gemeinschaftsalmen, Agrargemeinschaftsalmen, Genossenschaftsalmen*) oder der öffentlichen Hand (*Bundes-, Landes-Bezirks-* und *Gemeindealmen*) stehen.

Die älteste Form des Gemeinschaftsbesitzes ist die *Gemeindealm* oder *Gmain.* Auf solchen Almen waren bereits im Mittelalter der Herrschaft untergebene Bauerngüter auftriebsberechtigt. Dieses Almrecht verblieb über Jahrhunderte beim Hof. Die Agrargemeinschaftsalmen sind meist aus den Gemeinschaftsalmen hervorgegangen und stehen im Eigentum mehrerer Bauernhöfe.

Die Genossenschaftsalmen sind dagegen noch nicht so alt, werden als Vereine geführt und von deren Mitgliedern genutzt. Auf die gepachtete Seyfriedalm zum Beispiel schickten 1952 die 1.460 Mitglieder der Pinzgauer Viehzuchtgenossenschaft nur 41 Rinder zur Sömmerung. Dies zeigt, dass Genossenschaftsalmen oft nur spezifische Interessen verfolgen können wie etwa Zuchtprogramme.

Von großer Bedeutung sind auch Almen mit *Servitutsflächen,* d.h. das Alprecht auf fremdem Grund ist im Grundbuch eingetragen. *Pachtalmen* und der Auftrieb von Zinsvieh sind hingegen nicht grundbücherlich verbürgt. Die Pachtalm kann von Einzelpersonen, Gruppen oder Genossenschaften verwendet werden. Zinsvieh ist fremdes Vieh, das vom Auftriebsberechtigten gegen ein Entgelt aufgenommen wird.

Servitutsrechte finden wir vorwiegend auf Almen, die im Besitz der Bundesforste stehen, also besonders im Salzkammergut. Diese Rechte gehen auf den ursprünglich landesfürstlichen Besitz zurück. Im übrigen Dachsteingebiet überwiegen Agrargemeinschaftsalmen. Privatalmen sind in der Tauernregion häufig.

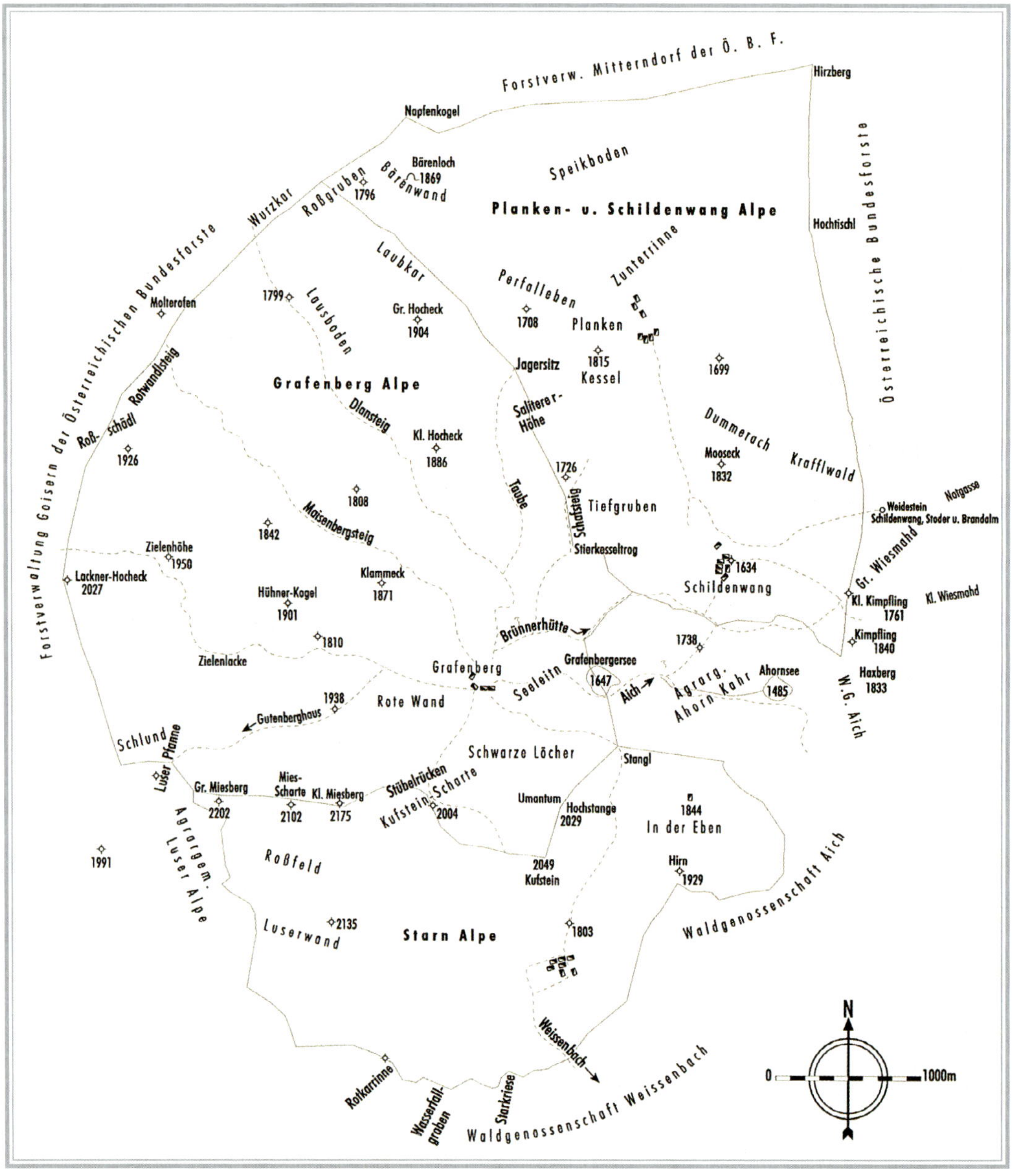


*Besitz- und Grenzdarstellungskarte der Agrargemeinschaften Grafenberg-, Schildenwang- und Starnalpe. Stand 1975. Nach dem Original bei der Agrarbezirksbehörde Stainach. Aus: Günter Cerwinka, Dachstein 1997.*

# Die schönsten Almen rund um den Dachstein

## Rückblicke und Wandervorschläge

Von nahezu 2000 Almen werden einige der interessantesten und schönsten vorgestellt. Alle ausgewählten Almen sind lohnende Wanderziele und zeichnen sich durch landschaftliche Schönheit aus. Einige von ihnen sind auch heute noch bewirtschaftet und laden den müden und hungrigen Wanderer zu einer Einkehr ein. Doch auch zu verlassenen und verfallenen Almen werden Sie geführt. Die Stille an diesen Almwüstungen soll den Wanderer zur inneren Einkehr auffordern und zum Nachdenken über die Vergangenheit anregen. Sie gehören zu den wenigen Plätzen, die sich die Natur zurückerobert.

Unser Rundgang beginnt auf der Südseite des Dachsteins und führt uns von Annaberg und Filzmoos über die steirische Ramsau bis St. Martin am Grimming. Danach betrachten wir die Ennstaler Almen in den Niederen Tauern zwischen Pichl und Donnersbach. Wir wenden uns nun dem Toten Gebirge um Wörschach und Liezen zu. Die Almen des steirischen und oberösterreichischen Salzkammergutes im Toten Gebirge und in der nördlichen Dachsteingruppe sind unser nächstes Ziel. Über die Postalm kehren wir zurück nach Salzburg. Nach einer Betrachtung der Almen um den Radstädter Tauern und im Lungau widmen wir uns abschließend den Almen in den südlichen Niederen Tauern.

Die Geschichte und Gegenwart der ausgewählten Almen wird mit Bild- und Schriftmaterial vorgestellt. Bilder aus den letzten Jahren zeigen die Almen, wie sie der Wanderer heute erleben kann. Sie werden alten Bildern, Plänen und Karten gegenübergestellt.

Kurze Wegbeschreibungen sollen zu Wanderungen verführen. Die Wegzeiten wurden großzügig veranschlagt, damit der weniger konditionsstarke Wanderer auch noch Zeit findet, Almhütten und Landschaft in Ruhe betrachten zu können. Wer Lust hat, kann sich natürlich auch selbst Wanderrouten zusammenstellen.

*Plankensteinalm, Gosau (1530 m)*

# Almen auf der Südseite des Dachsteins
## Gemeinde Annaberg

### Sulzkaralm (1543 m)

Im Südwesten der Bischofsmütze unter der Kamplbrunnspitze (2190 m) liegt die Almhütte der Sulzkaralm. Sie ist von Neuberg bei Filzmoos oder von Filzmoos über die Aualm erreichbar.

*Im Vordergrund: alte Hüttstätte mit Holzresten einer Hütte*

Besitzer: Johann Ebner, vlg. Knablbauer, in Neuberg 13 bei Filzmoos
Bewirtschaftungsart: Sennerei, Jausenstation
Viehstand: 8 Kühe, 22 Stück Jungvieh
Bewirtschaftungszeit: Ende Juni bis Anfang September
Almprodukte: Radstädter Käse (Magerkäse), Butter
Rückblick: Die alte Hüttstätte lag knapp oberhalb der neuen Alm und ist heute eine vom Alpenampfer bewachsene Wüstung.
Wandervorschlag: Hüttenrunde auf guten Wegen am Fuße der Bischofsmütze. Gehzeit ohne Pausen 3 bis 4 Stunden.

Von Filzmoos führt eine Mautstraße bis zur Aualm, wo uns ein fantastischer Blick auf die Bischofsmütze überrascht. Von hier gehen wir den Weg hinauf zur bewirtschafteten Hofpürglhütte (1705 m). Von dort folgen wir dem markierten Höhenweg 01A gegen Westen bis zur Abzweigung zur Sulzkaralm, die wir bereits unter uns sehen können. Hier steigen wir zur Hütte hinab. Zurück gehen wir zunächst auf der Forststraße. Nach etwa einer halben Stunde, zweigen wir nach links (Wegweiser) in Richtung Aualm ab und sehen nun bald in

*Ausschnitt aus der Karte „Salzkammergut" von 1894, Blatt II, 1:75.000*

die gewaltigen Wände des Torsteins mit seinen kleinen Gletschern. Von hier ist es nicht mehr weit bis zum Parkplatz. Diese Wanderung ist für konditionsstarke Wanderer auch direkt von Filzmoos aus möglich.
Karte: Österreichische Karte, Blatt 126

*Almweide bei der Sulzkaralm*

# Almen um Filzmoos

In den Katastralgemeinden Neuberg und Filzmoos sind im Franziszeischen Kataster von 1829 21 Almen mit 38 Auftriebsberechtigten verzeichnet. Dies waren in Neuberg die *Aualm*, die *Langeggalm*, die *Arzbergalm*, die *Hackalm*, die *Grubalm*, die *Moosbachalm*, die *Schwaigalm*, die *Zwisleralm*, die *Kaaralm* und in Filzmoos die *Haageralm* (heute Retteneggalm), die *Mandlbergalm* (heute die Hofalmen), die *Sulzenalm*, die *Hammer-* oder *Pilzalm* (heute Bögrainalm), die *Windeggkaaralpe*, die *Blumenkaaralpe*, die *Reitebenalm*, die *Nössleralm-Lahnggang*, die *Weitenhausalm*, die *Sonntagskaar-Kaltenbachalm* und die *Moosalm-Ziurlettialm.*

*Ausschnitt aus der „Karte des Herzogthums Salzburg" von 1810, Maßstab 1:144.000*

*Alte, halbverfallene Almhütte über Neuberg*

## Die Aualm (1365 m)

Einen prächtigen Talschluss bildet die hinter den Almhütten der Aualm hoch aufragende Bischofsmütze. Von hier führt ein Steig zur 1705 m hoch gelegenen Hofpürglhütte der Sektion Linz des Österreichischen Alpenvereins. Wie ein Adlerhorst liegt die einladende Hütte unter den mächtigen Wänden der Bischofsmütze.

*Aualm. Die Pehabhütte wird von der Ramsau aus bewirtschaftet. Im Hintergrund liegen die Aualm- und die Retteneggthütte.*

*Herdstelle mit Galgen für den Käsekessel in der Pehabhütte*

Mehrere Bauern aus der Ramsau hatten über Jahrhunderte Almen in der Filzmooser Gemeinde. Diese Weiderechte sind aus herrschaftlichem Besitz entstanden und waren an die Höfe gebunden.

Heute werden diese Almen mehr und mehr für den Fremdenverkehr genützt. Eine Einkehr auf eine zünftige Jause lohnt sich allemal in dieser empfehlenswerten Wanderregion.

*Die Retteneggthütte steht hinter einem riesigen Steinblock, der sie vor Lawinen schützen soll.*

## Die Hofalmen (1303 m)

Die Oberhofalm liegt einige Meter unterhalb der Unterhofalm. Die Namen erhielten die beiden Almen nämlich von ihren Heimhöfen in Filzmoos, die bereits im 14. Jahrhundert urkundlich genannt worden waren. Zu beiden Almen gehörten weitläufige Almwiesen und dementsprechend große Hütten mit zusätzlichen Stallgebäuden. Der Stall auf der Unterhofalm war sogar winterfest. Noch im vorigen Jahrhundert verblieb das Vieh bis in den Dezember auf dieser Alm.

Beide Almen, deren Hütten zu Gasthäusern ausgebaut wurden, sind über eine Mautstraße von Filzmoos aus erreichbar. Ein kleiner See und eine Murmeltierkolonie stellen zusätzliche Attraktionen dar.

*Der Gipfel der Bischofsmütze (2458 m) ist ein Ziel für absolut schwindelfreie und mit sicherem Tritt gesegnete Bergsteiger. Beinahe senkrecht führt der einfachste Weg hinauf zum Gipfelkreuz. Die einmalige Aussicht entschädigt für die Mühen der Ersteigung dieses höchsten Punktes des Gosaukammes. Nach zahlreichen vergeblichen Versuchen wurde der markante Berg erstmals 1879 von den einheimischen Bersteigern Johann Schrempf und Johann Steiner erklommen.*

*Die Hofpürglhütte am Fuße der Bischofsmütze (Lithographie um 1900). Das Bauerndorf Filzmoos war auch ein beliebter Wallfahrtsort. Die landschaftliche Schönheit zog bereits um die Jahrhundertwende viele Touristen und Bergsteiger an.*

Wandervorschlag: Ein steiler, markierter Steig führt in gut einer Stunde hinauf zur Hofpürglhütte (1705 m). Von dort folgen wir gegen Osten dem Höhenweg unter der mächtigen Bischofsmütze (2458 m) zum Gosaustein, wo wir bei dem Wegweiser entweder hinunter zu den Hofalmen abzweigen oder noch weiter zum 1990 m hohen Gipfel des Sulzenhalses wandern. Über die Wallehenhütte kehren wir dann zu den Hofalmen zurück. Je nach Wegvariante müssen für die kürzere Strecke 3 Stunden und für die längere Variante 6 Stunden Gehzeit geplant werden. Karte: Österreichische Karte, Blatt 126.

## Sulzenalm (1612 m)

*Sulzenalm. Heuschober mit Legschindeldach*

Bewirtschaftet wird die Sulzenalm von Juni bis September. In der Wallehenhütte werden eine Sennerei und eine Jausenstation betrieben.

Seit 1754 sind vier Salzburger Bauernhöfe auftriebsberechtigt. Zuvor hatte die Sulzenalm, die im Salzburger Land liegt, Castulus Mayrhofer aus der steirischen Ramsau innegehabt. Als dieser in finanzielle Schwierigkeiten geriet und die Alm verkaufen musste, baten *Christian Vierthaler, Würth in Filzmoos, Paul Gappmayr am Lökhenwald, Martin Lökher am Guet Mändlperg und Josef Jäger am Pilzlehen, sammentliche hfl. wohllöbliche Radstadt Pfleggericht Undterthanen*, die Grundherrschaft *ihnen als Inländer die [...] Sulzenalm in Kauf zu geben. Die Alm hat 60 Rindergräser und dazu Galtviehgräser, sie ist vom St. Veither Dag bis Michaeli* [15. 6. - 29. 9.], *so etwa 13 Wochen lang, zu befahren.*

Schließlich wurden die Radstädter Untertanen von ihrer Grundherrschaft finanziell unterstützt und bekamen die Sulzenalm zu vier gleichen Teilen zugesprochen.

*Wallehenhütte auf der Sulzenalm*

Wandervorschlag: Über den Sulzenhals (1827 m) auf den Rötelstein (2247 m); nur für schwindelfreie Bergsteiger! Wir wandern über den markierten Weg bis zum Sulzenhals, wo wir rechts die Felsen des Rötelsteins sehen. Wir zweigen beim Wegweiser nach rechts ab und folgen dem steilen und ausgesetzten Steig bis auf das Gipfelplateau. Wegzeit für Auf- und Abstieg: 4 bis 5 Stunden.
Karte: Österreichische Karte, Blatt 126

*Almhütte mit Blumenschmuck*

## Bachlalm (1490 m)

Die Bachlalm liegt im Osten des Rötelsteins. Von hier sieht man in die Südwand des Torsteins. Heute beherbergt die Alm ein Gasthaus, das vom Parkplatz zu Fuß in einer halben Stunde erreichbar ist. Die steile, kurvenreiche Straße zur Bachlalm ist im Winter eine beliebte Rodelbahn.

*Die Bachlalm ist ganzjährig geöffnet. In einer der kleinen Hütten hat der Wirt ein Museum eingerichtet.*

*Die Bachlalm oder Bachleralm, wie sie früher hieß, war und ist Ausgangspunkt für kleine und große Bergfahrten im Dachsteingebirge. (Sw. Fotografie, Sandtner 1912)*

# Ramsauer Almen

Die Ramsauer Bauernhöfe haben ihre Almen aus Mangel an Almweiden nicht nur im Bereich der eigenen Gemeinde, sondern auch in den Gemeinden Filzmoos, Haus, Pichl-Preunegg und Rohrmoos-Untertal. In früherer Zeit hatten Höfe aus der Ramsau auch in den Gemeinden Hallstatt und Obertraun, die in Oberösterreich liegen, über Jahrhunderte hinweg auf den so genannten *Schladminger Almen* Weiderechte.

*In dieser frühen Karte wurde das besiedelte Land bereits sehr genau dargestellt. Das unzugängliche Gebirge wurde jedoch vernachlässigt. Die Almen auf dem Dachsteinplateau waren aber immerhin wichtig genug, um in die Karte, wenn auch ungenau, eingezeichnet zu werden. „Senn Hütte" und „Casern Stahl" sind weitere eindeutige Hinweise auf die Almwirtschaft auf dem „Stein". Ausschnitt aus der „Karte des Herzogthums Salzburg" von 1810, Maßstab: 1:144.000.*

## Neustattalm und Maralm (1528 m)

Rückblick: Die Mar- und die Schlitzenalm dürften bis 1567 zusammengehört haben. Das Auftriebsrecht besaßen die Höfe Walcher, Glös, Sattlehner, Sublehner und Knaus. Damals erfolgte eine Aufteilung der Alm. 1649 war die Maralm noch *völlig beysammen*, als sie von einer Lawine großteils zerstört wurde. Die Hütten wurden eine Viertelstunde Gehzeit entfernt auf der Neustatt errichtet. Auf der alten Maralm steht heute keine Almhütte mehr.

Waldtomus von 1760: *an Vieh weyden 96 Rinder*
Franziszeischer Kataster von 1825: siehe Abbildung
Besitzer: die Höfe Schwaiger, Schrempf, Karlbauer, Stoffenbauer und Perner
Bewirtschaftungsart: Jungviehweide, Beherbergung
Viehstand: 150 Jungrinder
Bewirtschaftungszeit: Ende Juni bis Anfang September
Wandervorschlag: Von der Neustattalm der Forststraße bis zur Bachlalm folgen. Herrliches Bergpanorama unter den Südwänden des Dachsteins. 2 Stunden Wegzeit.
Karte: Österreichkarte, Blatt 127

*Franziszeischer Kataster von 1824. Im Norden befindet sich die Neustattalm, darunter die Glös- und Walcherhütten. (StLA)*

## Neustattalm und Maralm (1528 m)

*Friedrich Simony hat die Schrempfhütte auf der Neustattalm 1876 fotografiert. Diese hatte noch ein flaches Legschindeldach. Ebenerdig befand sich der Stall, darüber waren Wohn- und Arbeitsräume.*

Streitigkeiten zwischen den Auftriebsberechtigten sowie mit den Inhabern benachbarter Almen gab es immer wieder. Diese wurden zwischen der Herrschaft und ihren Untertanen geregelt und protokolliert. Heute sind diese Aufzeichnungen wertvolle Quellen für geschichtliche Rückblicke.

So erlaubte die Grundherrschaft St. Peter 1725 den Berechtigten der Neustattalm, die ihre Anteile nicht vollständig nutzten, fremdes Vieh gegen Zins auf ihre Alm zu nehmen. Allerdings mussten die anderen Auftriebsberechtigten zuvor ein diesbezügliches Angebot abgelehnt haben.

Der Bauer, der den Almstier hielt, war der Almmeister. Dieser war verpflichtet, das Schwenden, das Einzäunen und das Fernhalten von fremdem Vieh zu überwachen: *Und sollen solche mit den Sendingerinen dan wegen des Hagens, Schwenden und in anderen die Albm betreffende Sachen zu befelchen haben, auch schuldig sein, wan fremdes Vich in die Albm hineinkhomen thette, daselbe auf Ersehen oder erhaltene Nachricht der Gebühr nach hinaustreiben zu lassen.*

*Neustattalm, 125 Jahre später: Der Schrempfhütte wurde ein Steildach aufgesetzt.*

*Schrempfhütte, innen. Heute dient die Schrempfhütte wie so viele andere Hütten als Wochenendhütte.*

## **Walcheralm (1560 m), Schlitzenalm (1450 m), Brandalm (1570 m)**

*Walcheralm um 1912. Die Hütte sieht mit dem gemauerten Erdgeschoß einem kleinen Bauernhof ähnlich. Die lange Auftriebszeit von gut vier Monaten könnte für diese dauerhafte Bauform ausschlaggebend gewesen sein. (Slg. Hänsel)*

Rückblick: 1482 und 1570 wird die Walcheralm im Zuge von Streitbeilegungen erwähnt.
Waldtomus von 1760: *Glöß und Walcher zugehörig; Worinnen 70 Stuck Rinder aufgetrieben werden.*
Franziszeischer Kataster von 1825: siehe Neustattalm
Besitzer: Höfe Glös und Walcher
Bewirtschaftungsart: Glös ist heute ein Gasthaus; die Walcheralm wurde neu erbaut und hat eine Sennerei und Jausenstation. Die alte Hüttstätte musste dem Straßenbau weichen.
Viehstand: 32 Kühe, 70 Stück Jungvieh
Bewirtschaftungszeit: Anfang Juni bis September
Almprodukte: Steirerkäse, Schnittkäse, Frischkäse und Butter

*Die Walcheralm steht 2001 auf der neuen Hüttstatt. Sie ist eine mustergültig geführte Alm mit eigener Sennerei.*

*Dachsteinsüdwände: Torstein, Mitterspitz und Hoher Dachstein*

Wandervorschlag: Almenrundweg von der Ramsau über Schlitzen-, Glös-, Neustatt-, Walcher- und Brandalm. Ausgangspunkt ist das Gasthaus *Edelbrunn* (1333 m) in der Ramsau. Gehzeit etwa 2 Stunden. Wir folgen der Forststraße Richtung Austriahütte vorbei am Gasthaus *Dachsteinhaus*, zweigen bald darauf nach links ab und wandern auf der Forststraße durch einen Wald zur Schlitzenalm (1450 m), wo die Knaus- und die Marharterhütte stehen. Von hier führt ein steiler Güterweg hinauf zur Autostraße, der wir kurz bis zur deren Kehre oberhalb der Neustattalm folgen. Dann gehen wir etwa 100 Meter zurück und biegen beim Wegweiser nach links in den Güterweg zur Walcheralm (1560 m) ein. Von dieser bringt uns der markierte Weg über Almweiden und durch lichten Lärchenwald zur

*Marharterhütte auf der Schlitzenalm*

Brandalm (1570 m). Hier bietet sich ein lohnender Abstecher zur nahe gelegenen Austriahütte (1638 m) an, in der ein Museum zur Erschließungsgeschichte der Dachsteingruppe eingerichtet ist. Zurück zum Gasthaus *Edelbrunn* gehen wir wieder über die breite Forststraße.
Karte: Österreichische Karte, Blatt 127

## Brandalm (1570 m)

*Die Brandalm ist im Sommer und im Winter ein beliebtes Wanderziel.*

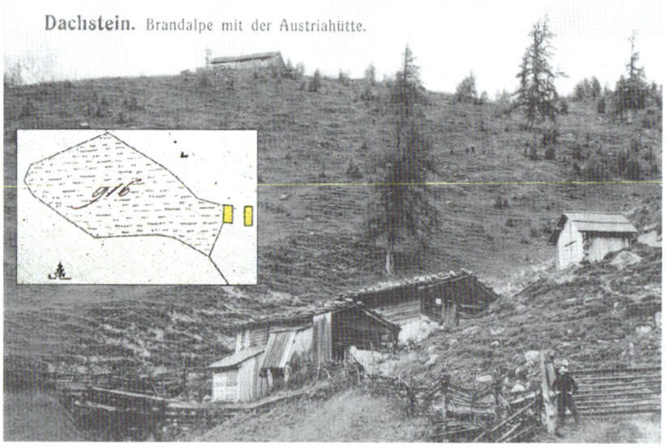


*Brandalm und Austriahütte um 1900. Damals wurde die Milch von der Alm hinauf auf die Austriahütte geliefert. Eingefügt wurde ein Auszug aus dem Franziszeischen Kataster von 1825 mit der Brandalm. (ANISA und StLA)*

*Auf der Brandalm steht eine Schautafel zur Almwirtschaft. Unweit davon befindet sich ein Denkmal für verunglückte Bergsteiger .*

# Gemeinde Haus im Ennstal

## Grafenbergalm (1783 m)

*Heute weiden Jungvieh, Pferde und Ziegen auf den herrlichen Weiden der Grafenbergalm. Der Bauer Adi Landl aus der Ramsau füttert seine Pferde.*

<u>Rückblick:</u> Die Geschichte der Grafenbergalm reicht 3500 Jahre zurück. Der Nachweis dieses hohen Alters wurde anhand von Funden aus der Bronzezeit möglich.

*Diese Nadeln aus Bronze wurden auf der Grafenbergalm gefunden. Sie waren die Vorläufer von Fibeln und Broschen und dienten zum Zusammenhalten der Kleidung.*

*Römerzeitliche Weidewirtschaft auf der Grafenbergalm. Eine Münze und eine Weideglocke aus Bronze wurden dort gefunden.*

*Medizinfläschchen aus der Neuzeit und Weideglocke aus der Römerzeit oder dem frühen Mittelalter auf der Grafenbergalm*

Diese Alm wir wird erstmals 1531 in einer Urkunde der Herrschaft Haus erwähnt, nach der die Alm bei 30 - 40 Pfund *Schmalz, Kaäs* und *Zyger* zu zinsen hatte.
Waldtomus von 1760: *Kommet die zur Herrschaft Haus dienstbare, und dem Wörer gehörige Grafenberg-Albm [...] Hierinnen werden 100 Rinder geweydet.*
Besitzer: Gemeinschaftsalm von 21 Bauern
Bewirtschaftungsart: Galtviehalm, Sennerei (Ziegen)
Viehstand: 80 Stück Jungvieh, 10 Pferde und 8 Ziegen
Bewirtschaftungszeit: Ende Juli bis Anfang September
Almprodukte: Ziegenkäse

Wurde der Magerkäse auf der Grafenbergalm erfunden? Der Sage nach haben Sennerinnen von der schönen Grafenbergalm ein grünes Männlein, das *Kasermandl*, gefangen. Damit es wieder freikam, verriet es ihnen, wie man aus der Magermilch Steirerkäse und aus der Buttermilch Schotten bereitet. Leider haben die Sennerinnen aber nicht erfahren, wie man aus dem grünen Käsewasser Gold gewinnen könne. In dieser Sage ruht das Geheimnis der Magerkäsezubereitung.

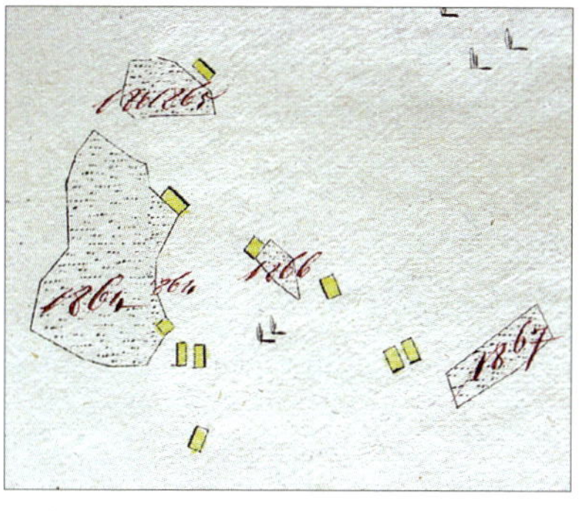


*Franziszeischer Kataster von 1824. (StLA))*

Wandervorschlag: Vom Gasthaus *Burgstaller* in Rössing, Gemeinde Ramsau, über die Stornalm und den Kufstein zur Grafenbergalm. Gehzeit etwa 7 Stunden.

Vom Parkplatz beim Gasthaus *Burgstaller* folgen wir dem markierten Weg zum Kufstein. Mehrmals queren wir die neue Jagdstraße und erreichen nach zwei Stunden die Stornalm auf 1767 m Seehöhe. Von hier steigen wir den steilen, aber nicht gefährlichen Steig hinauf auf den Kufstein (2049 m).

Stornalm um 1900

Auf dem Gipfel des Kufsteins (2049 m)

Vom Kufstein folgen wir der Markierung zur Grafenbergalm, wo wir uns eine ausgiebige Rast gönnen. Vergessen Sie aber nicht, für den Hirten einen *Knüttel* für das *Hüttel* mitzunehmen. Zurück marschieren wir den markierten Steig 666, wo uns gleich zwei riesige Steinmänner begrüßen. Über die Stornalm erreichen wir nach zwei Stunden unseren Ausgangspunkt. Karte: Österreichische Karte, Blatt 127

Hil de Gard und Bodo Hell, zwei Künstler aus Wien auf der Alm. 25 Jahre Mitgestaltung an der Geschichte der Grafenbergalm.

Bodo Hell ist neben seiner Tätigkeit als Hirte auch Senner und erzeugt köstlichen Ziegenkäse.

# Gemeinde Aich und Marktgemeinde Gröbming

## Stoderalm (1736 m)

*Stoderalm mit Kammspitze, eingeblendet römische Silberfibel (L = 8 cm)*

Rückblick: Die Stoderalm ist zu einem erheblichen Teil eine Rodungsalm. Dennoch fanden sich eindeutige Spuren römerzeitlicher Weidewirtschaft. Funde aus dieser Zeit sind eine Fibel (Gewandnadel) aus massivem Silber und zwei Weideglocken aus Bronze aus dem 2. bis 4. Jahrhundert nach Christi Geburt.

*Links: Römerzeitliches Weideglöckchen aus Bronze (Höhe: 77 mm)*

*Rechts: Stoderalm, Franziszeischer Kataster von 1824. (StLA)*

Die mittelalterliche Almwirtschaft kann bereits ab der Schwaigengründung im Tal nachgewiesen werden. Eine Vielzahl von unterschiedlichster Keramik belegt die Almwirtschaft vom Hochmittelalter bis heute. Die Heimhöfe lagen in Aich und in Winkel bei Gröbming. Die erste Nennung stammt aus dem Jahr 1531, wonach die Alm der Herrschaft Haus bei 30 - 40 Pfund *Schmalz*, *Kaäs* und *Zyger* zu zinsen hatte.

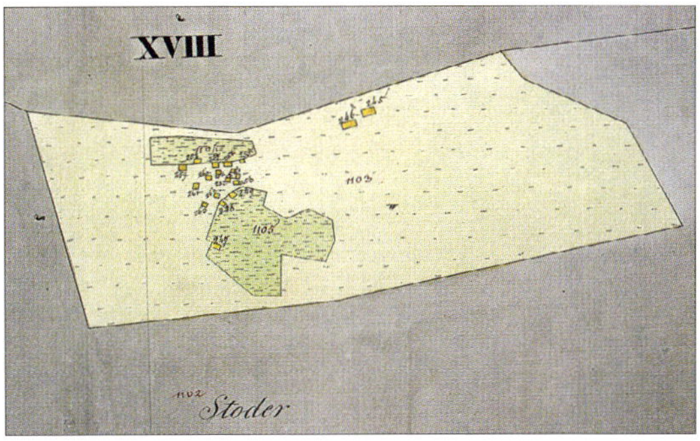

*Sennerin in der Kristingerhütte um 1935. Auf dem Tisch steht eine Butterfigur aus einem Model.*

Waldtomus von 1760: *An Vieh weyden 140 Stuck Rinder*
Besitzer: Servitutsalm
Bewirtschaftungsart: heute Galtviehalm
Bewirtschaftungszeit: Ende Juni bis Anfang September
Wandervorschlag: Zum *Stoderkircherl* und auf dem Gipfel des Stoderzinkens. Gehzeit 2 bis 3 Stunden. Wir fahren von Gröbming nach Winkel und von dort auf der Stoder-Straße steil hinauf bis zum Parkplatz auf 1800 m Seehöhe. Wir sehen bei dieser Autofahrt wie von einem Flugzeug aus immer wieder hinein in die Berge der Niederen Tauern. Vom Parkplatz gehen wir hinauf zu den Gasthäusern und folgen der Wegmarkierung bis zum *Stoderkircherl*, das von Emil Ritter v. Horstig 1902 erbaut wurde.
Wer einigermaßen schwindelfrei ist, steigt nun den steilen *Florianisteig* hinauf zum Gipfel des Stoderzinkens.
Karte: Österreichkarte, Blatt 127

*Blick vom Segelflugzeug auf den Gipfel des 2047 m hohen Stoderzinkens*

## Viehbergalm (1445 m)

Rückblick: Die Weideflächen der Viehbergalm erstrecken sich von den Öfen bis in den Klausgraben. Dementsprechend hoch war auch die Auftriebszahl an Rindern. Die Hüttstätte mit Dorfcharakter liegt in einem schon im Hochmittelalter gerodeten Areal. Erste Nennung 1468 im Zuge der *Pergmiethe-Verleihung* an den Pfleger der Herrschaft Wolkenstein.
Waldtomus von 1760: *An Vieh weyden 239 Rinder*

*Almfest 2002. Liesl Gruber, ehemalige Sennerin in der Ederhütte, und der Almbauer Franz Seebacher vlg. Schiestl gedenken früherer Almsommer.*

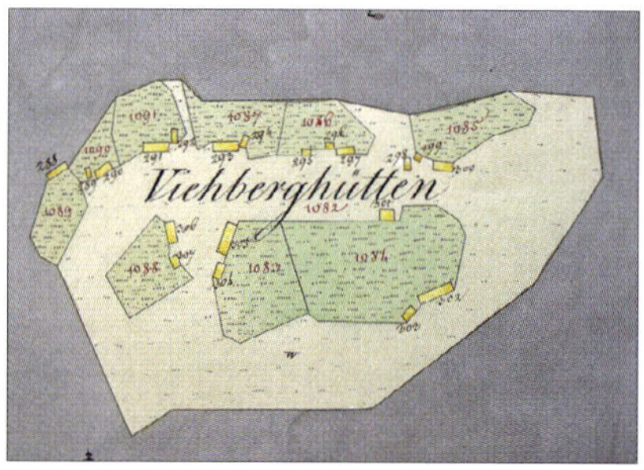


*Franziszeischen Kataster von 1824. Damals wurden 8 Sennhütten und 12 Stallungen gezählt. (StLA)*

Besitzer: Servitutsalm von acht Bauern
Bewirtschaftungsart: drei Sennereien mit Jausenstationen
Viehstand: 9 Kühe, 120 Stück Jungvieh
Bewirtschaftungszeit: Ende Juni bis Anfang September
Almprodukte: Steirerkäse , Butter, Rührmilch
Wandervorschlag: Von den Öfen bei Gröbming zur Viehbergalm. Gehzeit: 2 Stunden. Wir wandern vom Parkplatz zunächst auf der steilen Forststraße, zweigen beim Wegweiser nach rechts ab und folgen dem markierten Weg bis zur Alm. Vor der Alm kommen wir wieder zur neuen Forststraße mit Marterln.
Karte: Österreichische Karte, Blatt 128

## Neubergalm (1659 m)

*Almfest auf der Viehbergalm, 2002*

*Sennerinnennachwuchs auf der Viehbergalm*

Im Grundlastenakt von 1835 steht über den Viehauftrieb, dass um 72 Rinder zu wenig und um 35 Schweine zu viel aufgetrieben wurden. Der Servitutsakt von 1868 setzt das Auftriebsrecht auf nur 214 Rinder und 32 Schweine fest.

*Marterl für die Almwirtschaft am Wegrand zur Viehbergalm. Schutzpatron über das Vieh ist der Hl. Leonhard.*

*Hütte auf der Neubergalm*

*Neubergalm im bewaldeten Kammergebirge von der Hochstube*

*Altes Grenzzeichen auf dem Weg zur Neubergalm*

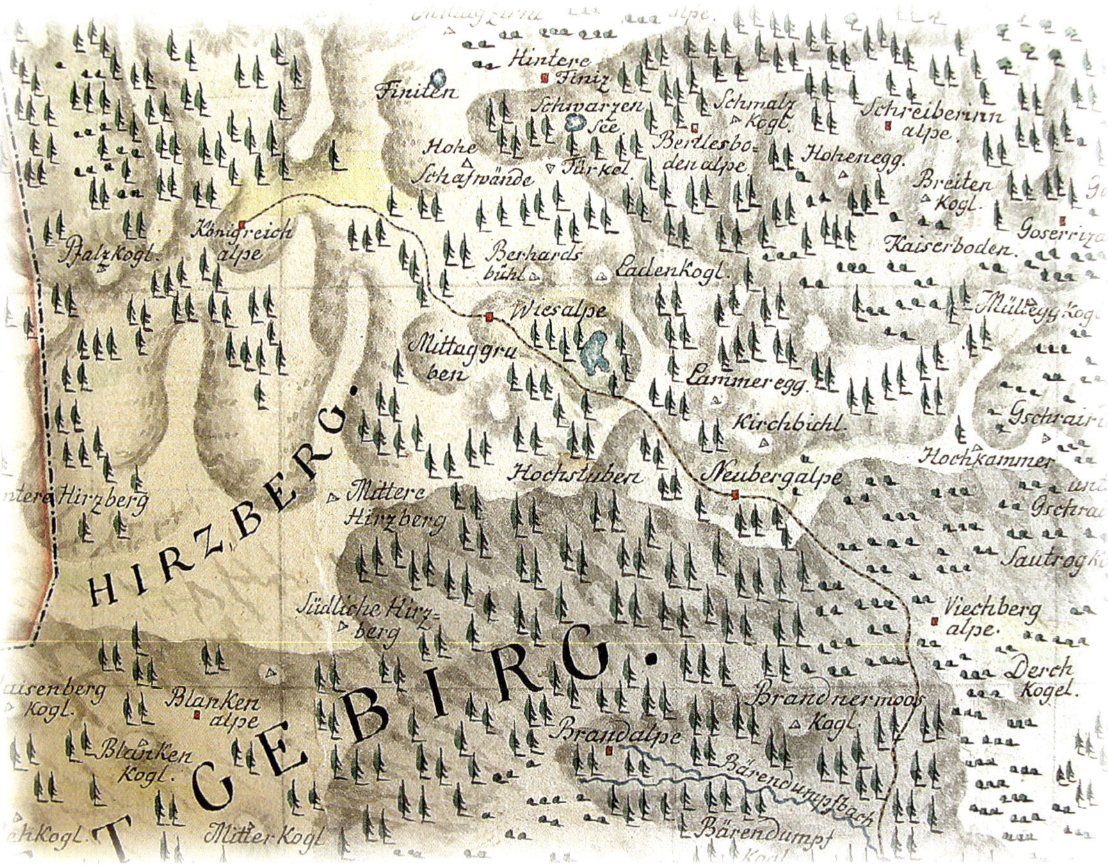


*Auf diesem Ausschnitt aus einer frühen Salzkammergutkarte sind die Gröbminger Almen eingezeichnet.*
*„Charte vom Salzkammergut Aussee, im Lande Obersteyer". Karte von Michael Kefer, K. K. Mapier von Hallstatt. Kopie von 1780. (StLA)*

## Brandalm (1390 m und 1640 m)

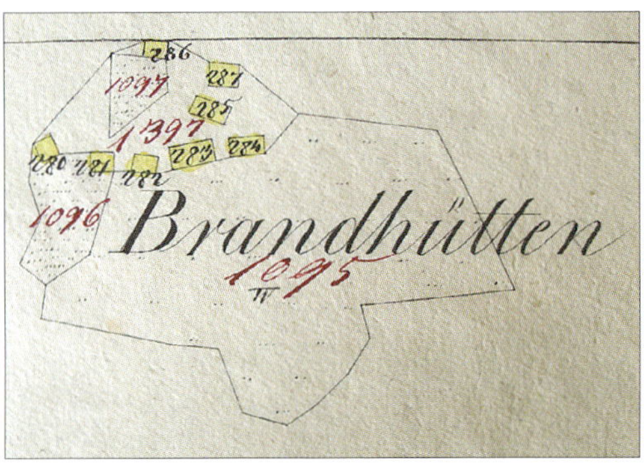


*Franziszeischer Kataster von 1824. (StLA)*

*Die Zeißenstallalm war die Hochalm zur Brandalm. Auf dem Bild erkennt man die Reste der Steinsetzung eines Hüttenfundaments aus dem 11./12. Jahrhundert nach Christi Geburt.*

## Wiesalm (1656 m)

*Gröbminger Wiesalm 1978. Eine Alm wird zur Wüstung. Inzwischen wurde eine Hütte erneuert.*

## Wiesalm (1656 m)

Für die Gründung der Wiesalm und der Königreichalm in der Bronze- und in der Römerzeit waren die Urweiden in den Gruben ausschlaggebend.

Klemmerhütte auf der Wiesalm. Auf dieser Alm arbeitet der Schriftsteller Peter Gruber (rechts im Bild). Die Einsamkeit und die weitläufige Landschaft inspirieren ihn zu seinen Texten.

Die Wiesalm ist wie die Almen Neuberg, Brand, Zeißen und Königreich eine Gröbminger Alm. Die Almen in den vom Kleinklima geprägten, natürlich waldfreien Gruben wurden schon in der Bronzezeit und in der Römerzeit genutzt. Für diese frühe Nutzung war aber auch der alte Weg von Hallstatt und Obertraun über das Dachsteingebirge von großer Bedeutung. Eine Münze des Kaisers Hadrian aus dem 2. Jahrhundert nach Christi Geburt wurde auf der Alm gefunden.

Die erste urkundliche Nennung dieser Almen finden wir im Lehenbuch der kaiserlichen Kanzlei über die Verleihung der Bergmiete von 1468. Die Zeißen- und die Brandalm, bereits im 14./15. Jahrhundert urkundlich erwähnt, gehören damit zu den ältesten genannten Almen des Dachsteingebirges.

Punzierter Fingerring aus Silber. Durchmesser 18 mm

## Königreichalm (1632 m)

*Königreichalm. Im Vordergrund liegt die alte Hüttstätte mit dem verlandeten See, dahinter die neue Hüttstätte mit dem ehemals eingezäunten Anger.*

Auf der Königreichalm wurden vor etwas mehr als 100 Jahren Sicheln, Beile und ein Schwert aus der späten Bronzezeit gefunden. Diese Funde sind heute unauffindbar. Höchstwahrscheinlich wurden sie zur weiteren Verwendung eingeschmolzen. Rund um die Alm gibt es mehrere Gruben, die nach den Wochentagen benannt sind, da das Vieh an den jeweiligen Tagen dort weiden durfte. In einigen dieser Gruben konnten spätbronzezeitliche Siedlungen nachgewiesen werden.

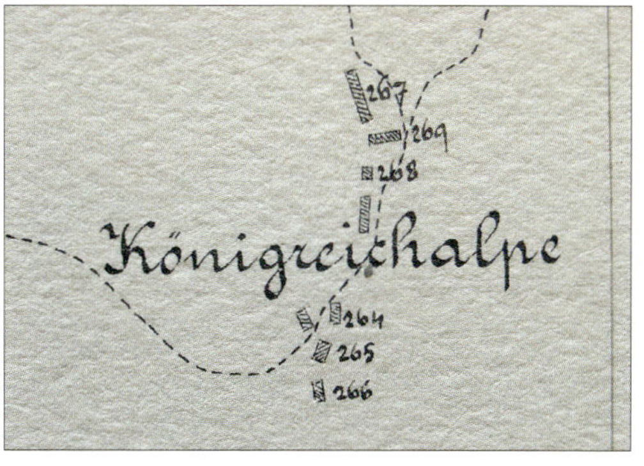


*Auszug aus dem Kataster der Forste Grubegg von 1845. Georg Geyer schreibt 1886 in seinem Dachsteinführer über die Königreichalm: „Die zahlreichen niederen flach bedachten Hütten der Alpe, welche in einer freundlichen Gegend gelegen ist, werden schon von Gröbming aus bezogen." Die Hütten des Königreichs verfielen im Laufe der folgenden Jahre. Schließlich brannten 1924 durch Unachtsamkeit der Sennerin die letzten Hütten ab. Die neue Hütte wurde von dem Bauern Titschenbacher und dem Hirten Aigner aus Gröbming in der unteren Grube errichtet. Seither ist die Königreichalm eine Galtalm.*

*Steckknopf aus Bronze aus der späten Römerzeit. Durchmesser: 21, 4 mm*

# Gemeinde St. Martin am Grimming

## Rassenbachalm (1302 m)

Rückblick: Das erste Mal erfahren wir von der Rassenbachalm 1468. Damals wurde die *Pergmiethe* an die Herrschaft Wolkenstein entrichtet.

Waldtomus von 1760: *Hat der Flödl, und die Amtmann Sepin unter dem vorlängst Landesfürstlichen, nunmehro zum Collegio S. J. in Gratz als Kuchel eigen gehörigen Urbar-Amt Hinterberg an der Linken Seiten des Clauss-Grabens hinein zu erst in der Nieder unter dem Lackenberg die sogenannte Albm in Rassenbach, allwoselbst 2 kleine Gleck-Wiesel, dann das um die Hütten herum befindlich kleine Trattl zu Raumrecht, das übrige aber alles für ein lediglich Stockrecht erkennet wurde. Hierinnen werden 19 Rinder geweydet.*

Wurden im Waldtomus zwei Auftriebsberechtigte angeführt, so wurden im Josephinischen Kataster von 1787 neun Berechtigte und im Servitutsakt von 1865 nur mehr fünf Nutznießer verzeichnet.

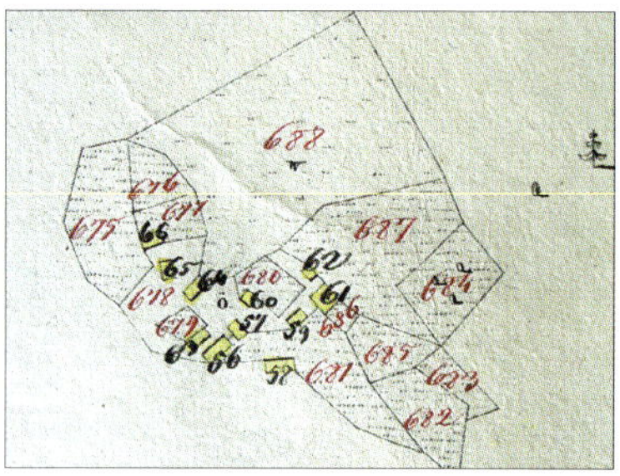

*Auszug aus dem Franziszeischen Kataster von 1824. (StLA)*

Besitzer: Servitutsalm
Bewirtschaftungsart: Galtalm
Bewirtschaftungszeit: Ende Juni bis Anfang September
Karte: Österreichkarte, Blatt 128

*Die Rassenbachalm ist eine alte Rodungsalm*

## Berillenalm (1444 m)

*Der Name „Berillen" ist slawischen Ursprungs und bedeutet so viel wie „Ende" bzw. Grenze.*

Rückblick: Wie bei der Rassenbachalm erfahren wir erstmals 1468 von dieser Alm. Vergleicht man die Namen der Nutzungsberechtigten nach dem Waldtomus mit jenen des Josephinischen Katasters von 1787, dem Parzellenprotokoll von 1824 und dem Servitutsakt von 1870, so erkennt man eine Namensänderung bei vielen der Heimhöfe. 1824 hatten 12 von 13 Nutzungsberechtigten je eine Hütte und einen Trempel. Im Alpkataster von 1913 werden nur noch vier Hütten in gutem Zustand ausgewiesen.

Waldtomus von 1760: 14 Auftriebsberechtigte treiben 127 Rinder auf.

*Auszug aus dem Kataster der Forste Grubegg von 1845*

Besitzer: Servitutsalm
Bewirtschaftungsart: Galtalm
Bewirtschaftungszeit: Ende Juni bis Anfang September
Karte: Österreichkarte, Blatt 128

# Almen in den Niederen Tauern

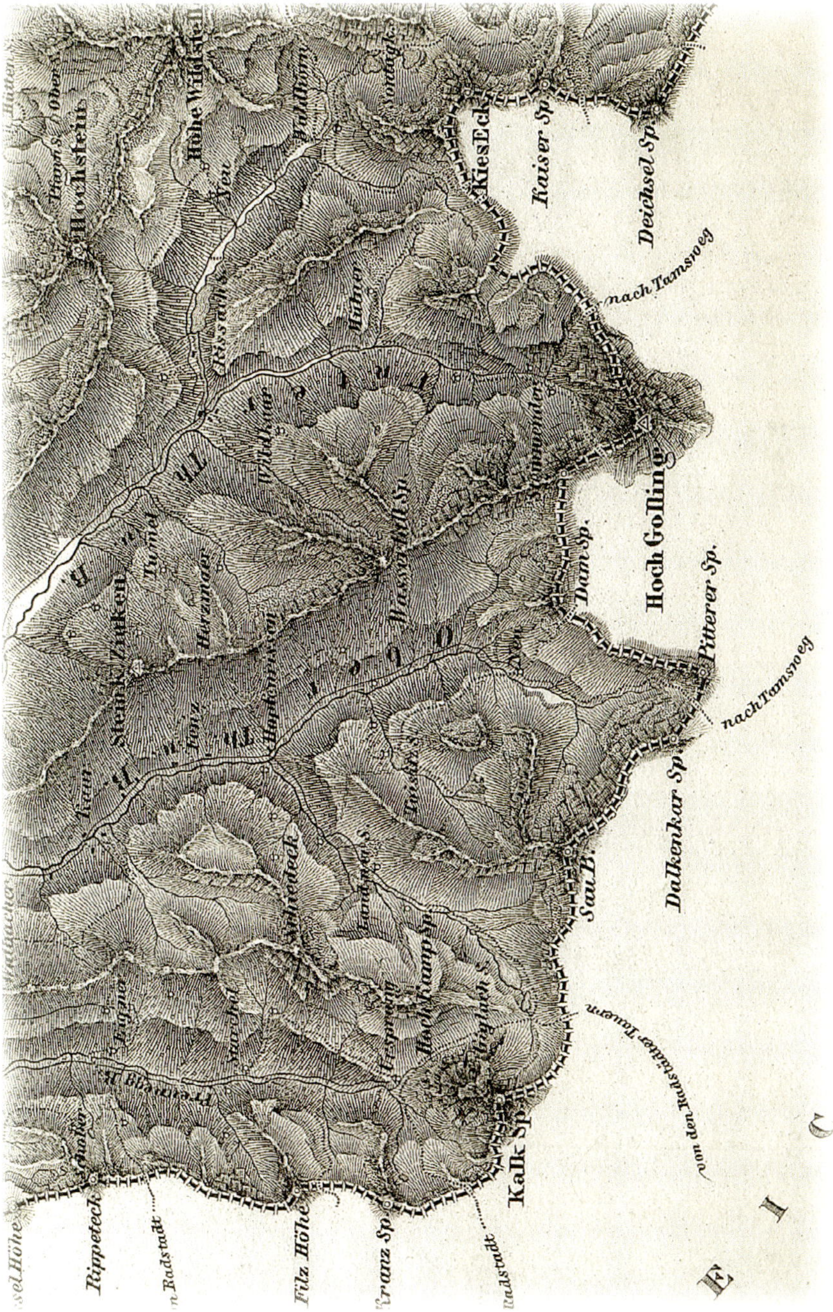


*Schladminger Tauern. Die wichtigen Almen in den Niederen Tauern waren bereits in der Generalkarte von 1818 verzeichnet. In dieser Karte mit dem Maßstab von 1:144.000 wurde natürlich noch nicht jene Genauigkeit erreicht, die wir von unseren modernen Karten gewohnt sind. Ursprung, Giglach, Landauersee, Hopfriesen, Neualm, Duisitzkaralm, Steinwender- und Eiblalm, Riesachsee, Waldhornalm und Neualm sind jedoch eingezeichnet worden.*
*Auszug aus der Karte des „Königreichs Illyrien und des Herzogthums Steyermark. Von dem Kaiserlich Königlich Österreichischen Quartiermeisterstabe"*

# Gemeinde Pichl-Preunegg

## Moarhofalm (1207 m)

Rückblick: In der Karte von 1818 ist die Alm unter dem Namen *Starchelalm* zu finden.
Waldtomus von 1760: Unter der Nummer 850 wird diese Alm *auch als Achornau- und Baumgarts Albm* geführt. *An Vieh werden 50 Stück eigene, dann 50 Stück an aufgenommenen Zins-Vieh geweydet.*

*Die Moarhofalm um 1900. Die Sennerin hält ihre Lieblingskuh. Im Hintergrund stehen auch Rinder der inzwischen ausgestorbenen Rasse der Bergschecken.*

Georg Göth schreibt 1848 über die Almen im Preuneggtal: *Die Zahl der Viehalpen ist groß, nämlich die Gößlalpe mit 2 Hütten für 40 Stück, die Schoberalpe für 36, die Edelbachalpe für 21, die Schupferalpe für 64, die Klausalpe für 52, die Ursprungalpe für 112, die Starchlalpe für 48, die Neudeggalpe für 28, die Strickalpe für 24, die Finstersternalpe für 23 und die Heißenalpe für 12 Thiere, teils Kühe theils Geltvieh. Die Zahl der Hütten beträgt 35. Die Thiere kommen aus den Gemeinden Gleiming, Pichl, Ramsau, Schildlehen, Klaus, Leithen, Maistadt und Rohrmoos. Ein Besitzer treibt in die Alpen nach Oberthal in Rohrmoos. Im Kalkgebirge* [Steirische Kalkspitze] *sind zwei große Höhlen, in welchen der Aberglaube allerlei Gespenster zu sehen wähnt.*

1798 erhält der Moarhof in der Ramsau das Auftriebsrecht auf diese Alm. Um 1900 erwirbt der Moarhof die restlichen Anteile und wird Alleinbesitzer.

Heute ist die Alm mit dem Auto auf der Mautstraße von der *Strickbrücke* leicht erreichbar. Natürlich kann man auch in einer knappen Stunde von der Maut bis zur Alm in das Preuneggtal hineinwandern. Die Hütte wurde zu einer Jausenstation ausgebaut, wobei aber deren Ursprünglichkeit bewahrt wurd.

Besitzer: Johann Fischbacher, Ramsau 64
Bewirtschaftungsart: Galtviehalm
Viehstand: 30 Stück Jungvieh, 150 Schafe, 10 bis 15 Pferde
Bewirtschaftungszeit: Juni bis Oktober
Karte: Österreichische Karte, Blatt 127

*Moarhofhütte im Preuneggtal*

## Ursprungalm (1604 m)

*Die Ursprungalm hat eine lange Geschichte. Sie war 1988 auch Drehort für einen „Heidi"-Film.*

Rückblick: Die Ursprungalm ist die älteste urkundlich genannte Alm im oberen Ennstal. 1180 wurde sie dem Kloster Sankt Peter in Salzburg verkauft. Damals nannte man sie *alba nostra Witegoz urspring.*

1498 wird die Alm im Zuge eines Verkaufs der *Neydeckalm* an das Kloster St. Peter in Salzburg erwähnt.

Aus dem Jahr 1549 ist ein Vertrag erhalten, durch den Streitigkeiten zwischen den Bauern der *Verchtlalm* (heute Klausalm) und der Ursprungalm durch den Amtmann der Grundherrschaft St. Peter beigelegt wurden. Beide Parteien wurden darin zum gemeinsamen Bau eines Grenzzaunes verpflichtet. Außerdem wurde der Auftrieb von Kleinvieh der *Verchtlalm* geregelt. Damals waren Stefan Grueber, Kaspar Poys, Hans Knaus und Hans am Stain Besitzer der Ursprungalm. Letzterer saß am Stoanerhof auf dem Aberg bei Pichl. Noch heute gehört ein Teil der 1000 ha umfassenden Ursprungalm zu diesem Hof, auf dem der hier abgebildete Vertrag bis in die Gegenwart gehütet wurde.

Dem Altbauern ist noch eine Sage von der Verbannung des *Heckwurms* (Kreuzotter) in Erinnerung, erst in letzter Zeit kehren die Giftschlangen wieder zurück.

Waldtomus von 1760: *Ursprung- oder Weithegg-Albm. Hierinnen werden 160 Stuck Rinder geweydet.*

*Vertrag von 1549 zwischen den Almen Verchtel und Ursprung.*

*Ursprungalm. Franziszeischer Kataster von 1824. (StLA)*

*Die Ursprungalm um 1930. (Slg. Hänsel)*

Besitzer: Agrargemeinschaftsalm
Bewirtschaftungsart: Sennerei, Jausenstation
Viehstand: 8 Kühe und 90 Stück Galtvieh, 350 bis 400 Schafe
Bewirtschaftungszeit: Ende Juni bis Anfang September
Almprodukte: Steirerkäse und Butter
Wandervorschlag: Von der Ursprungalm über die Giglachseen zum Znachsattel. Mit dem Auto fahren wir auf der Mautstraße bis zur Ursprungalm. Wir folgen dem markierten Güterweg gut eine Stunde hinauf bis zum Sattel mit Blick auf den Oberen Giglachsee und die Giglachseehütte (1955 m). In wenigen Minuten kommen wir zur Hütte und gehen weiter den markierten Steig in 20 Minuten zum Znachsattel (2059 m). Von hier haben wir einen schönen Fernblick in den Lungau und die darunter liegende verfallene Znachalm (1850 m), wo auch die Ursprungalmbauern Weiderechte haben. Früher hat der Znachsattel *Gmirk* geheißen. Dort ritzten Almleute ihre Namen in herumliegende Steinblättchen und stelllten diese auf größere Steine. Dieser Brauch erinnert an die späteren Gipfelbücher, in die wir uns heute gerne zum Zwecke der Erinnerung, aber auch als Nachricht an die folgenden Bergsteiger eintragen.

Wer noch Zeit und Lust hat, kann von hier in eineinhalb Stunden auf die Lungauer Kalkspitze (2471 m) oder auf die Steirische Kalkspitze (2459 m) steigen. Natürlich sieht man von deren Gipfeln noch viel weiter als vom Znachsattel. Nach dem Abstieg halten wir eine ausgiebige Rast in der bestens geführten Giglachseehütte.
Karte: Österreichische Karte, Blatt 127

*Reste der Znachalm auf Lungauer Seite*

*Nahe dem Oberen Giglachsee wurden vor einigen Jahren zwei Hüttenreste aus der späten Römerzeit entdeckt. Die Hütten könnten für die Almwirtschaft oder auch für die Säumerei über den Znachsattel verwendet worden sein. In der Gemeinde Pichl wurde die eingeblendete römerzeitliche Weideglocke gefunden.*

*Der alte Weg zur Ursprungalm führt an einer Felsplatte mit Felsbildern vorbei. Dieser Weg war für den historischen Bergbau und die Almwirtschaft gebaut worden. Die Säumer, Berg- und Almleute, die über den Znachsattel gingen, haben hier gerastet und die Zeichen in den Fels geritzt.*

*Der Name „Ursprungalm" dürfte auf die Quellen des Ursprungbaches zurückzuführen sein. Dieser Bach verlässt die Alm mit einer Wassermenge von 90 Litern in der Sekunde.*

# Almen in der Gemeinde Rohrmoos-Untertal

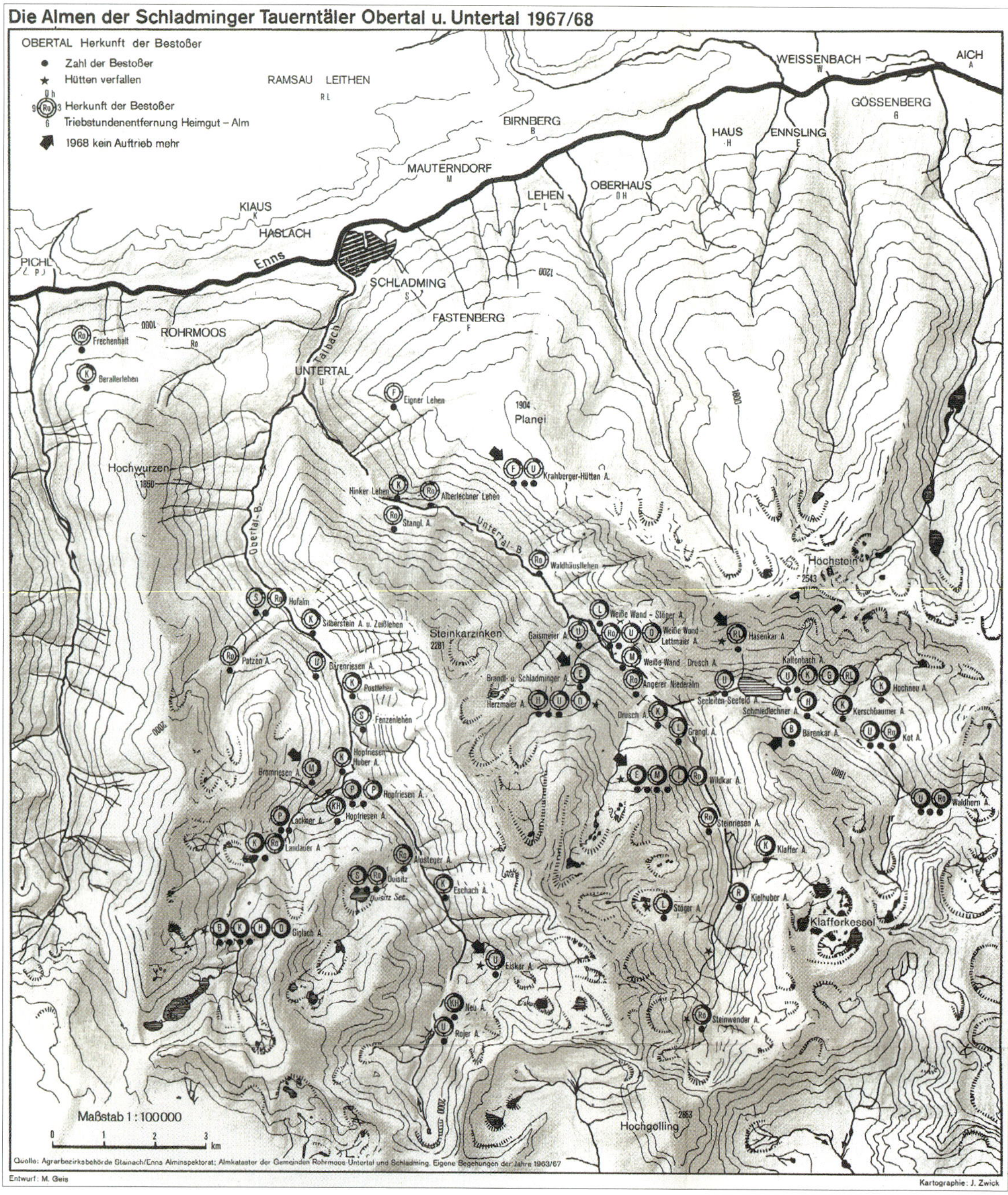


1760 gab es noch 59 Almen. In der Almstatistik von 1952 wurden innerhalb der Gemeindegrenzen Rohrmoos-Untertal 50 Almen gezählt, von denen 21 im Obertal und 29 im Untertal lagen. Die Almweidefläche betrug in beiden Tälern 3372 ha, das sind 23 % der Gemeindefläche. Nach den Besitzformen gab es 12 Gemeinschafts-, 34 Privat- und 4 Servitutsalmen.

## Giglachalm (1856 m)

*Ausschnitt aus: „Giglach-Alpe", gezeichnet von Ignatz Hofer 1829. Die Sennerin wäscht am Bach die „Stölzeln" (flache Milchgefäße zum Abrahmen der Milch). Hinter einem Steinhag sieht man ein mit Wasserkraft betriebenes Butterfass. Die neun Hütten wurden in dieser waldfreien Umgebung mit Steinen erbaut. Die flachen Dächer sind mit Legschindeln gedeckt, die mit Steinen beschwert wurden. Zwischen den Hütten lagern mehrere Ziegen. (StLA)*

Rückblick: 1418 wird die *Albm Gugler* in einem Schiedsspruch durch das Kloster St. Peter genannt.
Waldtomus von 1760: *Rainet die dem Neumayr, Heyß, und Hueber auf der Clauß* [...] *zugehörige* [...] *Gigler-Albm als eine ledigliche Blösse innerseits ans Toysetz-Karr, oben an alle Höhe, ausserhalb an Ursprung, und Landau, unten aber ans Ahorn-Karr. Hierinnen werden 96 Rinder geweydet.*
Wandervorschlag: Von der Holdalm im Obertal zum Giglachsee. Gehzeit 5 Stunden. Wir folgen vom Parkplatz (Bushaltestelle) bei der Holdalm dem markierten Weg zur Lackneralm und weiter steil hinauf bis in das Giglachtal, wo wir zur Giglachalm mit den alten Hüttenresten kommen. Von hier weiter zum Giglachsee und zur bewirtschafteten Ignaz-Mattis-Hütte (1986 m).

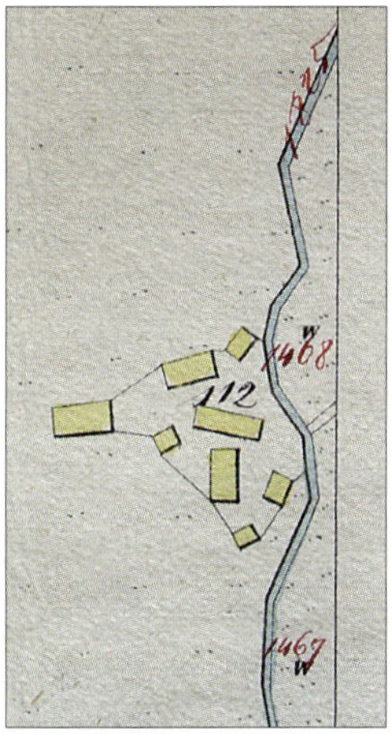


*Giglachalm, Auszug aus dem Franziszeischen Kataster von 1824. (StLA)*

Danach wandern wir denselben Weg zurück oder steigen hinab zur Ursprungalm (Bushaltestelle).
Karte: Österreichische Karte, Blatt 127
Bewirtschaftungsart: Galtvieh, auf der Lackneralm Sennerei
Bewirtschaftungszeit: Ende Juli bis Anfang September

*Giglachalm 1998. Spitzhammer und Hufeisen aus der Umgebung belegen den mittelalterlichen und neuzeitlichen Bergbau.*

*Neue Hüttstätte beim Giglachsee auf 1925 m Seehöhe*

## Holdalm in der Hopfriesen (1062 m) und Wehrhofalm (1020 m)

Rückblick: Hopfriesen und die umgebenden Almen wie Bromriesen-, Hold-, Lackner- und Eschachalm standen immer schon in enger Beziehung zum Bergbau im Obertal. Die Hopfriesenalm ist zugleich Vor- und Nachalm zur Giglachalm.
Waldtomus von 1760: Auf diesen Almen weiden 168 Rinder.

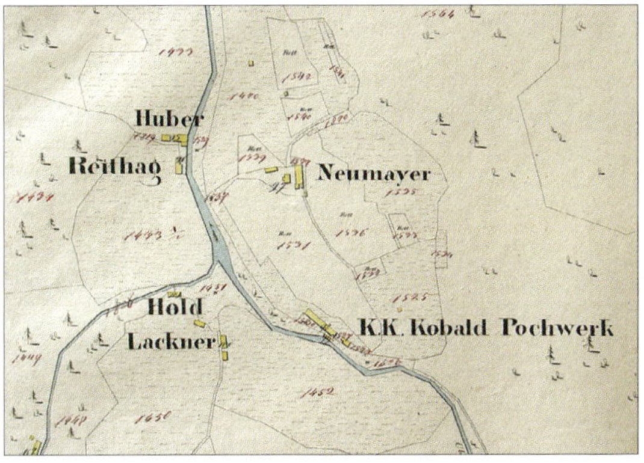


*Auszug aus dem Franziszeischen Kataster von 1824. (StLA)*

*Holdalm um 1910. Feine Dame und Sennerinnen vor der Hütte*

*Die Holdalm beherbergt heute auch eine Jausenstation.*

*Bromriesenalm (1450 m) von Ignatz Hofer 1827. (StLA)*

Bewirtschaftungsart: Galtviehalmen, Jausenstation
Bewirtschaftungszeit: Ende Juni bis Anfang September
Almprodukte: Steirerkäse, Butter
Wandervorschlag: Besichtigung der alten Schmelzhütte. Wegzeit 15 Minuten von der Holdalm
Karte: Österreichische Karte, Blatt 127

*Wehrhofalm. Früher war dies das Fenzlehen. Heute kann man hier echte Almkost mit eigenem Käse und Butter genießen. Kinder werden besonders am „Moosmandlwald" daneben Gefallen finden.*

## Eschachalm (1213 m)

*Eschachalm*

*Eine Jahrringdatierung des Firstbalkens zeigte, dass der Baum 1744 umgeschnitten wurde. Die eingeschnitzte Jahreszahl „1547" ist demnach falsch. Sehr wahrscheinlich wurden die Zahlen von einem Analphabeten angefertigt und falsch dargestellt. „1747" oder „1745" würden stimmen.*

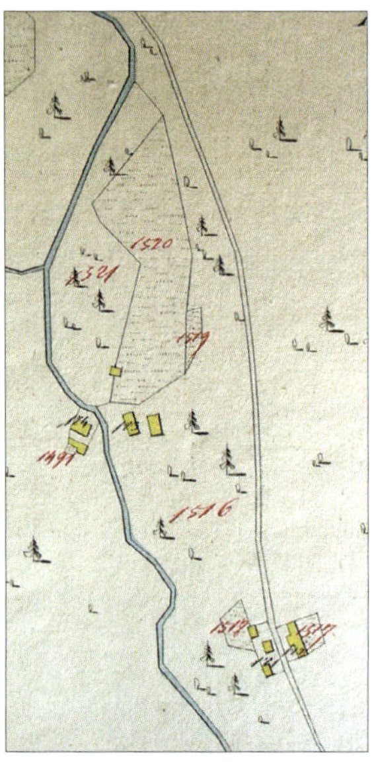

Waldtomus von 1760: *An Vieh weyden 15 Rinder*
Bewirtschaftungsart: Galtvieh, verschiedenste Rinderrassen
Bewirtschaftungszeit: Juni bis Anfang September

*Auszug aus dem Franziszeischen Kataster von 1824. (StLA)*

## Eiskaralm oder „Fechl Albm" (1790 m)

*Galtvieh auf der Eschachalm*

*Eiskar. Ausschnitt aus der „Specialkarte des österreichischen Alpengebietes". 1:75.000, 1877 (etwas vergrößert!)*

Waldtomus von 1760: *Machet den Schluß dieses Mitterberges Ober-Schladmingthals Seiten die dem Flechl, und Neumayr unter der Probstey Gstatt gehörige Eys-Karr-Albm, welche als ein ledigliche Blösse ausserhalb an die Escha-Albm, oben an Ridl, innerseits an die Neu-Albm, unten aber an Flechl gränzet. Der Viehauftrieb bestehet in 40 Rindern und 100 Schaafen.*

Wandervorschlag: Von der Eschachalm zum Eiskarsee. Gehzeit 6 Stunden. Nur etwas für Pfadfinder mit guter Landkarte, die die Einsamkeit suchen! Vom Parkplatz Eschachboden über den markierten Weg zur Eschachalm und weiter den Weg durch den Wald zur Forststraße. Hier der Straße ca. eine halbe Stunde folgen und nach dem Viehgatter nach links zum schwer auffind-

*Hirtenunterstand nahe dem Elendbergsee (2220 m)*

baren alten Almweg abzweigen. Nun kommen wir auf dem steilen Steig hinauf zur Forststraße und knapp unterhalb der Jagdhütte vorbei. Von hier folgen wir kurz der Straße, die wir nach gut 50 Metern wieder verlassen, indem wir nach links in den alten Steig einbiegen. Bald erreichen wir die verfallene Alm mit ihren alten Steinmauern. Keine Forststraße stört jetzt mehr unseren Weg. Nur Reste eines Steiges führen nun durch einen Graben gegen Süden steil bergauf zum Eiskarsee.
Wer noch weiter wandern will, kann die Bergwerksreste im Knappenkar besichtigen. Dazu musss er ein Stück zurückgehen und über den rechten Hang teils weglos steil bergauf steigen. Wegereste führen bis zu den Ruinen der alten Häuser. In der Umgebung finden wir immer wieder Mundlöcher ehemaliger Stollen. Von deren Begehung ist dringend abzuraten! Extremen Bergsteigern kann der Gipfel des Elendberges oberhalb des Knappenkars empfohlen werden.
Rückweg wie Aufstieg.

Karte: Österreichische Karte, Blatt 127

*Der einsame Eiskarsee oberhalb der verfallenen Flechlalm (1938 m)*

## Neualm, Obertal (1618 m)

Rückblick: Die Neualm dürfte durch eine Teilung zu ihrem Namen gekommen sein, denn sie ist zumindest einige Jahrhunderte alt. Dort aufgesammelte Keramikscherben einstiger Töpfe, darunter Rand-, Wand- und Bodenstücke, lassen sich in das Spätmittelalter datieren. Keramik unterscheidet sich in Zusammensetzung und Form und kann deshalb einer bestimmten Zeit zugeordnet werden.

Die klimatisch günstige Lage der Alm und ihr 800 ha großes Areal mit guten Weiden lassen eine besonders produktive Almbewirtschaftung in früherer Zeit vermuten.

Waldtomus von 1760: Die Neualm hat zwei Hüttstätten. Die untere Hüttstatt teilten sich der *Rotthäpp* und der *Hold*. Die obere Hüttstatt gehörte dem *Royer*. Sie war dem Domkapitel Salzburg zugehörig. Auf beide Almen durften insgesamt 140 Rinder aufgetrieben werden.

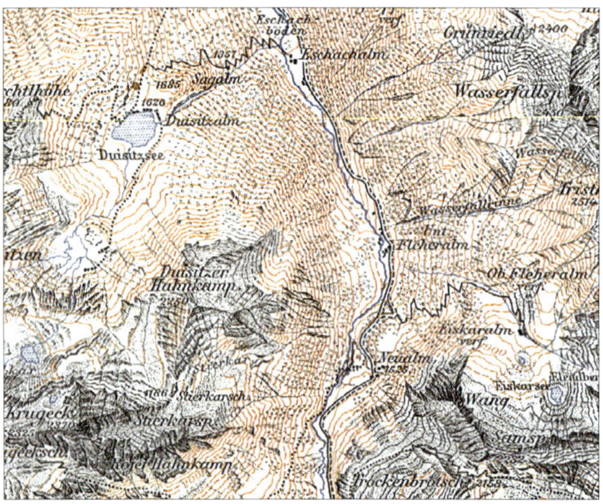


*Auszug aus der „Karte der Schladminger Tauern". DÖAV 1924*

*Die Neualm um 1890. Gezeichnet von A. Heilmann. ZDÖAV 1891*

*Auf den Firstbalken der oberen Hütte befinden sich die Jahreszahl „1777", die Initialen „MRLR", ein „Jesus"- und ein "„Marienmonogramm".*

*Viele der Almhütten werden nicht mehr benötigt und verfallen*

Bewirtschaftungsart: Galtviehalmen
Bewirtschaftungszeit: Ende Juni bis Anfang September
Wandervorschlag: von der Eschachalm über die Neualm zur Keinprechthütte
Gehzeit: 4 Stunden
Vom Parkplatz Eschachboden wandern wir auf dem markierten Weg durch den Wald bis zur Neualm, wo der Waldbestand bereits lichter wird. Von dort gehen wir hinauf in die nächste, wasserreiche Karstufe. Der Weg zur bewirtschafteten Keinprechthütte, der vom Hüttenwirt mit seinem Geländeauto befahren wird, ist leicht zu begehen. Rund um die Keinprechthütte stoßen wir immer wieder auf Spuren einstigen Bergbaus. Vor uns erhebt sich die Zinkwand (2442 m), durch die ein Stollen führt, der mit Führern besichtigt werden kann. Der Abstieg erfolgt wiederum über die Aufstiegsroute.
Karte: Österreichische Karte, Blatt 127

## Duisitzkaralm (1648 m)

*Duisitzkarsee mit Almhütten. Im Hintergrund Wasserfallspitze (2507 m) und Tristhof (2517 m) mit Wasserfallrinne*

Die herrlich gelegene Duisitzkaralm hat eine Fläche von 400 ha, die sich fünf Besitzer teilen. Heute ist diese Alm vor allem ein Ziel für Bergsteiger, Wanderer und Mountainbiker.

Rückblick: Anhand von Keramikscherben alter Kochtöpfe kann diese Alm zumindest in das Spätmittelalter datiert werden.

Waldtomus von 1760: *Bestehet die dem Angerer, Abel, Hörisch, Klemerer, Windbacher, Schlaipfner, und Stummer unter dem Domkapitl Salzburg, und der Herrschaft Schladming zugehörige Toysetz Albm in einer lediglichen Blösse, so innerseits an Royer, oben an alle Höhe, ausserhalb an die Lackner-Albm, und unten an Albsteiger rainet. An Vieh weyden 70 Rinder.*

Bewirtschaftungsart: Galtviehalm

Bewirtschaftungszeit: Juni bis Oktober

Wandervorschlag: Vom Parkplatz *Eschachboden* gehen wir den markierten Weg in eineinhalb Stunden hinauf zur Duisitzkaralm. Dort gibt es zwei zu Jausenstationen ausgebaute Almhütten mit Übernachtungsmöglichkeit. Vom See kann man auf einem markierten Steig in einer Stunde zur Neualm wandern oder über den Höhenweg zur Giglachalm gelangen.

Karte: Österreichische Karte, Blatt 127

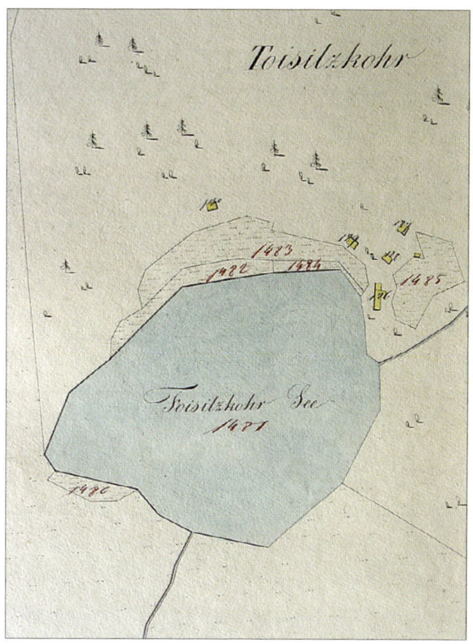


*Auszug aus dem Franziszeischen Kataster von 1824. (StLA)*

## Die Almen im Untertal

Jedes Kar, jede ebene Waldfläche wurde vor einigen Jahrhunderten noch für die Almwirtschaft verwendet. Die zugehörigen Heimgüter sind in der Karte von Manfred Geis (siehe S. 36) vermerkt. Noch im 19. Jahrhundert waren die als Vor- und Nachweiden genutzten Niederalmen im Einzelbesitz, die Hochalmen über der klimatischen Waldgrenze dagegen Gemeinschaftsbesitz. In Zuge der Grundentlastung wurden von Adel und Industrie zahlreiche Almen angekauft und für Jagd- und Forstzwecke umgewidmet.

## Waldhäuslalm (1032 m)

*Die Waldhäuslalm ist heute Gasthaus, Spielplatz für die Kinder und Ausgangspunkt für kleine Wanderungen in die Umgebung sowie ein Platz für gemütliches Beisammensein.*

*Floßfahrten, ein Streichelzoo, ein Spielplatz mit Traktorsitzen, Schaukeln, elektrisch angetriebenen Go-Karts und vielem anderem mehr lassen die frühere Nutzung der Alm vergessen.*

## Sondlalm, früher Gaismaier Alm (1040 m)

<u>Rückblick:</u> Die Alm war früher eine Vor- und Nachalm zur Seekaralm.
<u>Waldtomus von 1760:</u> *Gaißmayrs weisse Wand-Vor- und Nach-Albm. Hierinnen weyden 40 Rinder. Gaißmayrs Mitter- und Hoch-Albm, oder Seekar. An Vieh weyden 36 Rinder.*

*Die verfallene Hochalm der früheren Gaismaier Alm im Seekar*

<u>Besitzer:</u> Bauer Sondl aus Untertal
<u>Bewirtschaftungsart:</u> Galtviehalm, Jausenstation, Spielplatz
<u>Bewirtschaftungszeit:</u> Juni bis Anfang September
<u>Almprodukte:</u> sehr guter Steirerkäse

*Heute ist die Sondlalm ein beliebtes Wanderziel mit Streichelzoo und Spielplatz.*

## Weiße-Wand-Alm (1046 m)

*Kolorierte Ansichtskarte von 1908. (Slg. E. u. G. Bischof)*

Rückblick: Die günstige Lage dieser Zulehen ermöglichte früher einen Auftrieb des Weideviehs bis Mitte Dezember. Das Eigner-Lehen auf dem Fastenberg ist als Relikt der typischen ganzjährigen Bewirtschaftung der Lehen zu werten, die in der Neuzeit zu Almen wurden. Das Almvieh des Steinwenderhofes in Rohrmoos wurde bereits am 6. Mai auf die Weiße Wand zur Lettmaierhütte getrieben, wo es bis 1. Juni weidete. Vom 1. Juni bis 20. September wurde es auf der Steinwenderalm im Steinriesental gehalten. Das Galtvieh trieb man bis in die Obere Steinwenderalm unter der Golling-Nordwand.
Im Herbst brachte man das Vieh wieder zum Lehen bei der Weißen Wand, wo es bis Mitte Dezember blieb. Erst dann wurde es zurück zum Heimhof getrieben. Hier wurde eine Staffelwirtschaft mit drei Höhenstufen betrieben.

Waldtomus von 1760: Der *Stöger*, der *Rittisser* und der *Pilz* durften zusammen 62 Rinder auftreiben.

*Stegerhütte mit altem, flachem Dach*

*Auf dem Firstbalken der Stegerhütte steht die Jahreszahl 1701.*

Bewirtschaftungsart: Galtviehalm und Jausenstation
Bewirtschaftungszeit: Juni bis Oktober

*Hüttstätte auf der Weißen-Wand-Alm um 1900. (Slg. Schlechta)*

*Angerer Lehen im Untertal*

## Almenwanderung von der Unteren Gfölleralm über den Riesachsee zur Waldhornalm

Ausgangspunkt unserer Wanderung ist der Parkplatz nahe dem Riesachwasserfall bei der *Unteren Gfölleralm* (1085 m). Die Gehzeit auf dem nicht immer leichten Weg beträgt 6 bis 7

*Untere Gfölleralm*

Stunden. Wir gehen zunächst über die Brücke zum Gasthaus *Riesachwasserfall*. Von dort führt ein Steig durch den Wald hinauf zum tosenden Wasserfall, den wir weiter oben über eine Holzbrücke queren. Bald darauf erreichen wir die Forststraße, der wir bergauf bis zur Oberen Gfölleralm (1350 m) knapp vor dem Riesachsee folgen.

*Obere Gfölleralm. 1760 wurden 24 Rinder und 50 Schafe aufgetrieben.*

*Auszug aus dem Franziszeischen Kataster von 1824. (StLA)*

*Obere Gfölleralm mit Jausenstation*

*Riesachsee und Riesachalm. Arbeitsgerät aus dem Bauernstand wird um die Jausenstation wie in einem kleinen Freilichtmuseum präsentiert.*

Wir wandern nun auf dem Güterweg hinunter zum Riesachsee und an dessen Ufer entlang an mehreren Almhütten vorbei. Direkt bei der Kerschbaumeralm zweigen wir dann nach links bergauf zur Brandalm ab. Der Weg führt über die Wiese an einer großen Fichte vorbei und dann nach rechts in den Wald hinein, wo wir dem alten, aber noch gut erkennbaren Almweg bis zur Brandalm folgen.

*1760 wurden auf die Brandalm (1662 m) 60 Rinder aufgetrieben.*

*Neualm (1849 m). 1760 wurden auf diese Hochalm zusätzlich 150 Schafe aufgetrieben. Eingefügt: Auszug aus dem Franziszeischen Kataster von 1824. (StLA)*

Einige Meter vor der Brandalm zweigt der Almweg durch den Wald zur Neualm ab. Bereits über der Waldgrenze liegen die Almhüttenruinen dieser Hochalm der Brandalm.

Neben der Neualm zeigt uns ein Wegweiser den gut markierten, kurz aber auch ausgesetzten Steig zur Waldhornalm mit der bewirtschafteten Preintalerhütte an. Von diesem Höhenweg genießen wir den herrlichen Ausblick zum Riesachsee und zu der zur Waldhornalm gehörenden Kotalm.

12 Hüttenreste auf der heute großteils verfallenen Waldhornalm zeugen vom einstigen regen Almleben. Nur auf einer Almhütte bekommen wir Milch, Steirerkäse und Almbutter.

*Waldhornalm mit Preintalerhütte (1657 m)*

*1760 wurden auf die Kot- und Waldhornalm 96 Rinder, 24 Stiere und 5 Pferde getrieben.*

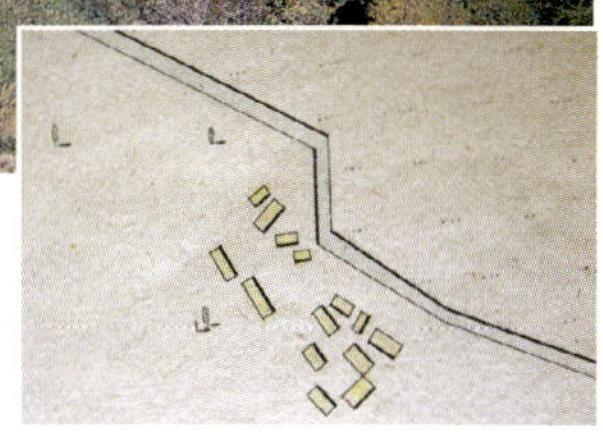

*Auszug aus dem Franziszeischen Kataster von 1824. (StLA)*

## Kotalm (1444 m)

Die Almweiden der 1061 ha großen Waldhorn- und Kotalm reichen bis zu den Sonntagskarseen, wo einst noch eine Hirtenhütte stand. Auf diese kargen Almweiden wurden die Stiere und das Kleinvieh getrieben.

Kotalm, vom Höhenweg zur Waldhornalm aus gesehen

Von der Waldhornalm steigen wir steil bergab zu den Kothütten (1444 m) mit der bewirtschafteten Rojerhütte.

Kotalm. Hirtenhütte mit der Jahreszahl 1813, mit Legschindeldach und Steinbeschwerung

Wir wandern geradeaus zurück zum Riesachsee, wo sich bei den Kerschbaumerhütten der Kreis unserer Rundwanderung schließt. Wir können uns eine Rast am Ufer des schönen Riesachsees gönnen oder uns in den gemütlichen Jausenstationen der Riesachalm oder der Oberen Gfölleralm laben. In einer knappen Stunde sind wir von dort wieder unten beim Parkplatz, zu dem während der Saison auch eine öffentliche Buslinie führt.

Der Wegweiser knapp oberhalb der Neualm

Alter Almweg von der Kerschbaumeralm zur Brandalm

## Die Steinwenderalm am Fuße des Hochgollings
### Erzherzog Johanns Basislager

Rückblick: Die Untere und die Obere Steinwenderalm wurden im Spätmittelalter und in der Neuzeit auch vom Steinwender-Lehen bei der Weißen Wand aus bewirtschaftet.
Waldtomus von 1760: *Hierinnen weyden 18 Rinder.*

*Untere Steinwenderalm. Franziszeischen Kataster von 1824. (StLA)*

Bewirtschaftungsart: Galtviehalm
Bewirtschaftungszeit: Juni bis September

*Untere Steinwenderalm (1218 m)*

Gegenüber dem Schutzhaus *Gollinghütte* liegt an dem hier noch kleinen Steinriesenbach die Obere Eiblalm. Auf dieser Alm wurde 1881 die Franz-Keil-Hütte errichtet. Bereits 10 Jahre später jedoch zerstörte eine Lawine diese erste Schutzhütte in den Schladminger Tauern.

Auf der im nahen Gollingwinkel gelegenen Oberen Steinwenderalm (1705 m) weidete zuletzt nur noch Galtvieh. Diese Alm liegt prachtvoll im mächtigen Talschluss am Fuße der 1000 Meter hohen Nordwand des Hochgollings (2862 m). Die Untere und die Obere Steinwenderalm dienten 1817 Erzherzog Johann und seinem Gefolge als Basislager zur Besteigung des Hochgollings. Der Erzherzog selbst übernachtete auf der Unteren Steinwenderalm.

*Obere Steinwenderalm(1707 m), sw Fotografie um 1930. (Slg. R. Stocker)*

*Gollingwinkel mit Steinwenderalm*

*Obere Steinwenderalm*

*Steinmauerrest und etwa 250 Jahre alte Keramikscherbe*

## Eiblalm (1649 m)

*Reste von Pferchen für das Vieh auf der Oberen Steinwenderalm*

*Obere Eiblalm (1649 m) um 1890, gezeichnet von A. Heilmann. Die mittlere Hütte war das „Franz-Keil-Schutzhaus", die älteste Schutzhütte in den Schladminger Tauern. (Zs.d.DÖAV 1891)*

*Obere Eiblalm 2001. Nur noch Reste des von einer Lawine zerstörten „Franz-Keil-Schutzhauses" sind heute gegenüber der Gollinghütte zu sehen.*

*Hochgolling (2862 m), der höchste Berg der Niederen Tauern*

*Hochgolling. Die Gedenktafel erinnert an die Ersteigung des Hochgollings durch Erzherzog Johann, der 1824 auf dem Gipfel eine kleine Schutzhütte errichten ließ, deren Reste noch zu erkennen sind.*

Wandervorschlag: Vom Parkplatz beim Riesachfall zur Gollinghütte und auf den Hochgolling. Wegzeit 8 Stunden. Eine Übernachtung auf der Gollinghütte wird empfohlen. Wir marschieren zuerst auf dem leicht ansteigenden Güterweg vorbei an der Unteren Steinwenderalm und den Resten der Unteren Stegeralm bis zur Materialseilbahn der Gollinghütte. Über einen Steig erreichen wir diese nach einer halben Stunde. Nur 150 Meter vom heutigen Schutzhaus entfernt sehen wir die Reste der Oberen Eiblalm. Nach weiteren 500 Metern weitet sich vor uns der Gollingwinkel mit den Resten der Oberen Steinwenderalm. Von hier aus können geübte Bergsteiger über den gut markierten, aber steilen und teils ausgesetzten Steig den Hochgolling erklimmen. Vom Hochgolling, dem höchsten Berg der Niederen Tauern, bietet sich ein fantastischer Rundblick auf hunderte Gipfel. Der Abstieg erfolgt auf demselben Weg zurück zum Parkplatz am Riesachwasserfall.

Karte: Österreichische Karte, Blatt 127

# Gemeinde Haus im Ennstal

## Gföll-, Kaibling-, Mitterhaus- und Dürrenbachalm

Rückblick: Keramikscherben bezeugen die Bewirtschaftung ab dem Spätmittelalter. Auf der Kaiblingalm wurde in den 70er-Jahren eine Schipiste gebaut und der Großteil der Hütten abgerissen. Neben der Dürrenbachalm finden sich Bergwerksreste aus der Neuzeit. Die Gföllalm war früher eine Halt für mehrere Bauern vom Oberhausberg.

Waldtomus von 1760: Auf die Kaiblingalm wurden 60 Rinder und auf die Dürrenbachalm 76 Rinder aufgetrieben.

Bewirtschaftungsart:
Galtvieh- und Kuhalmen
Die Mitterhausalm war eine der größten Kuhalmen in dieser Region.

Bewirtschaftungszeit:
Juni bis September

*Mitterhausalm. Auszug aus dem Franziszeischen Kataster von 1824. (StLA)*

*Vom Lehen zu Alm. Gföllalm (1274 m)*

*Kaiblingalm (1784 m) mit TVN-Schutzhütte im Hintergrund*

*Dürrenbachalm (1555 m)*

*Dürrenbachalm, Mauerreste der alten Hüttstatt*

Wandervorschlag: Vom Berggasthaus *Kemeterhof* auf die Kaiblingalm und über die Dürrenbachalm zurück. Gehzeit 4 Stunden. Wir wandern vom Parkplatz beim Kemeterhof (1192m) kurz auf der Kaiblingstraße, von der wir in der zweiten Kehre nach rechts in den Güterweg zur Gföllalm abzweigen. Dort verlassen wir diesen, wenden uns nach links und folgen dem markierten Steig durch den Wald steil bergauf. Wenn wir beim Wegweiser nicht nach rechts abzweigen, erreichen wir nach einer guten Stunde die Kaiblingalm mit dem Naturfreunde-Schutzhaus. Von der Kaiblingalm gehen wir nach Westen zur unteren Schiliftstütze, wo der markierte Steig zur Dürrenbachalm beginnt. Er führt zuerst leicht ansteigend zu einem Zaun mit Überstieg, dann steil bergab bis zur Alm. Dort sehen wir die vielen Steinfundamente früherer Almhütten. Wir wenden uns nach rechts und folgen dem markierten Weg vorbei an der Almhütte hinunter zur Gföllalm.

Karte: Österreichische Karte, Blatt 127

## Gumpental
## Maierlalm, Schmiedhütte, Stanglalm-Moaralm,

*Moaralmsee (1824 m)*

Waldtomus von 1760: Im vorderen Gumpental waren mehrere Halten mit einigen Rindern. Im inneren Gumpental gab es die *Labeggalm* mit 80 Rindern, die *Gumpenalm* mit 130 Rindern, die *Moaralm* mit 80 Rindern und die *Perfallalm*, die eine Hochalm der Gumpenalm war.

*Stanglalm, die neue Moaralm (1325 m)*

Bewirtschaftungsart: Galtvieh- und Kuhalm, Jausenstationen
Bewirtschaftungszeit: Juni bis September
Almprodukte: Steirerkäse, Butter

*Untere Moaralm (1342 m). Vor einigen Jahren löste ein Gewitterregen eine Mure aus, die ein Todesopfer forderte. Rechts im Bild erkennt man noch die dabei entstandenen Waldschäden.*

*Obere Moaralm (1703 m). Steinmauern neben dem Weg erinnern an das einstmals rege Almleben.*

*Galtvieh liegt auf der verfallenen Hüttstatt*

*Einsamkeit am Fuße des Höchsteins*

Wandervorschlag: Moaralmsee. Gehzeit 2 bis 3 Stunden. Das Auto parken wir im Gumpental vor dem Schranken mit der Fahrverbotstafel. Dies ist schon deshalb zu empfehlen, da die Rinder sich gerne an den Rückspiegeln reiben.

Zuerst gehen wir auf dem Güterweg zu den Almhütten im Gumpental. Auf der Maierlalm macht man noch Steirerkäse. Die Schmiedhütte und die Stanglalm sind Jausenstationen. Von der Hütte im Talschluss, der Moaralm, geht der markierte Weg zum Moaralmsee hinauf. Wir folgen diesem steilen Weg, queren dabei einmal an einer ausgesetzten Stelle einen kleinen Bach und erreichen bald darauf die Reste der Oberen Moaralm. Hier gibt es große Steinblöcke zum Ausrasten. Weiter bergauf führt der Steig zum einsamen, romantischen Moaralmsee. Vor uns erhebt sich dort die Steinmauer des Höchsteins (2543 m). Vom Moaralmsee könnte man über zwei markierte Steige auf dessen Gipfel steigen. Dies ist aber nur bergerfahrenen und konditionsstarken Wanderern zu empfehlen. Der Steig südwestlich des Sees führt zunächst zur Moaralmscharte, von der man zur Kaiblingalm und zum Hauser Kaibling (Seilbahn) wandern kann. Eine weitere Wegvariante führt nordwestlich zur Bärfallalm, von der *Pfadfinder* den unmarkierten Weg zur unteren Moaralm hinuntersteigen können.
Karte: Österreichische Karte, Blatt 127

# Gemeinde Pruggern
## Galsterberg- und Sattentalalmen

<u>Rückblick:</u> Die *Galsterbergalm*, die *Galsterberger-Propperalm*, die *Stücklschwaiger-Stubalm* (Keinreiteralm), die *Schupfenalm*, die *Kuhalm* (Peterbaueralm) und die *Sattentalalm* wurden 1606 von der Herrschaft Gstatt durch Kauf erworben. Diese Almen dürften in der Blütezeit der Schwaigengründungen, also im 12./13. Jahrhundert, angelegt worden sein.
<u>Waldtomus von 1760:</u> Auf die genannten Almen wurden zusammen 318 Rinder aufgetrieben.

*Galsterbergalm, Franziszeischer Kataster von 1824. (StLA)*

*Galsterbergalm (1760 m). Sie dient im Winter dem Schisport.*

*Die Ziegenhaltung auf Almen ist wieder aktuell.*

Von 1664 und 1716 existiert eine Almordnung, die die Auftriebsrechte, die Anzahl der Weidetiere und die Weidedauer regelte. Auf die Sattentalalm durften demnach auch 320 Ziegen aufgetrieben werden.

*Sattentalalm, Franziszeischen Kataster 1824. (StLA)*

*Sattentalalm (1339 m)*

*Tagalm, Sattentalalm (1339 m)*

<u>Bewirtschaftungsart:</u> Kuh- und Galtviehhaltung, Sennereien mit Jausenstationen
<u>Bewirtschaftungszeit:</u> Anfang Juni bis Oktober
<u>Almprodukte:</u> Steirerkäse , Butter

Keinreiteralm (1256 m). Die Keinreiteralm wird im Waldtomus von 1760 als „Stücklschwaigers Stub-Aelbml" bezeichnet. Die Stückelschwaige wird erstmals 1486 genannt. Ihre Lage ist nicht genau eruierbar. Der massive Bau der Keinreiteralm lässt aber vermuten, dass es sich um eine früher ganzjährig bewirtschaftete Hube oder um die Stückelschwaige selbst handelt. Eine Tenne und eine Kapelle gehören ebenfalls zur Alm.

Perneralm im Sattental (1310 m)

Pirklalm (1230 m). Sie dient im Winter auch als Schihütte.

Wandervorschlag: Von den Sattentalalmen zum Stierkarsee. 3 Stunden Wegzeit. Wir lassen unser Auto auf dem Parkplatz vor dem Weidegatter und dem Beginn der Almweiden stehen, wandern an den Almen vorbei, hinein in den Talschluss und steigen den markierten Steig teils steil hinauf in das kleine Kar mit dem 1810 m hoch gelegenen Stierkarsee. Hier können wir bei schönem Wetter die Landschaft genießen. Der Rückweg erfolgt auf demselben Weg hinab zu den Almen, wo kräftige, aber köstliche Almspeisen angeboten werden.

Karte: Österreichische Karte, Blatt 128

# Gemeinde Michaelerberg

## Schladmingeralm (1644 m)

*Die Schladmingeralm ist eine Rodungsalm aus dem Spätmittelalter.*

Rückblick: 1760 wurden 3 Hütten verzeichnet. 1843 standen bereits 7 Hütten für 70 Rinder. Heute zählt man wie 1926 12 Hütten mit Ställen, die 12 berechtigten Almfahrern gehören.
Waldtomus von 1760: *Der sammentliche Viehauftrieb besteht in 100 Rindern.*

*Der alte Bergschuh hat noch lange nicht ausgedient!*

Bewirtschaftungsart: Galtviehalm, Sennerei
Bewirtschaftungszeit: Ende Juni bis Anfang September
Almprodukte: Steirerkäse, Butter

Die Alm wird vom Sattental aus, Abzweigung beim Leonhardkreuz (1176 m) auf der Forststraße, später auf dem alten Almweg in gut einer Stunde erreicht.
Karte: Österreichische Karte, Blatt 128

*Der alte Rinderschädel dient vielleicht als Abwehrzeichen.*

# Gemeinde Kleinsölk

## Schwarzensee-Almen, Putzental-, Stummer-, Sachersee-, Breitlahn-, Harmer- und Tuchmoaralm

*30 Almen sind in diesem Auszug aus der „Karte des Königreichs Illyrien und des Herzogthums Steyermark" eingetragen. Von dem Kaiserlich Königlich Österreichischen Quartiermeisterstabe 1818. Maßstab 1:144.000*

<u>Rückblick:</u> Die *Herrlichkeit* Kleinsölk war bis 1848 im landesfürstlichen Besitz. 1277 wurden bereits Bauerngüter in der Kleinsölk genannt. Dass damals auch schon Almen zu den Höfen gehörten, ist sehr wahrscheinlich.

Im Süden teilt sich das Kleinsölktal in das Obertal und das Untertal, in die wiederum eine beachtliche Zahl von kleinen Seitentälern mit ihren Karen und Almen einmünden. Besonders das Obertal war mit überdurchschnittlich vielen Almen gesegnet. Im letzten Jahrhundert sind davon viele aufgelassen worden und inzwischen verfallen, sodass nur noch Reste der Steinmauern und Fundamente zu sehen sind. Die Tradition der Almwirtschaft blieb hier dennoch bis in unsere Zeit erhalten. Nirgends sonst finden sich in den Schladminger Tauern noch so viele Sennereien, die echten Steirerkäse und Almbutter erzeugen. Auf der Tuchmoaralm gibt es sogar einen stillen Wettbewerb, wer den besten Käse erzeugt. Wenn Sie die traditionelle steirische Almwirtschaft erleben wollen, kann Ihnen ein Besuch dieser Almen besonders empfohlen werden.

*Im 17. Jahrhundert hieß der Schwarzensee noch Wild-See. „Karte von J.W.A.", Jaeger 1789, nach Vorlage von G. M. Vischer 1678*

*Schwarzensee in der Darstellung der Josephinischen Landesaufnahme von 1780. (Kriegsarchiv Wien)*

*Schwarzenseealmen. Franziszeischer Kataster von 1824. (StLA)*
*Beide Hüttstätten weisen zusammen 50 Baulichkeiten auf.*

## Schwarzensee-Almen (1163 m)

*Schwarzensee-Alm, Lithographie um 1900. (Slg. Hänsel)*

Waldtomus von 1760: Auf 11 Almen im Obertal weideten 715 Rinder. Auf die Schwarzensee-Alm trieb man 30 Rinder. Die angeführten Huben wurden hier nicht berücksichtigt.

*Schwarzensee-Alm mit Jagdhaus. Kolorierte Ansichtskarte von 1908. (Slg. Hänsel)*

*Schwarzensee mit Lärcheck (2248 m)*

## Putzentalalm (1354 m)

*Putzentalalm 1933, Hütte vlg. Bauer*

Rückblick: Die Putzentalalm wird erstmals 1414 in einer Grenzbeschreibung genannt. 1499 werden die Almrechte an das Stift Admont verkauft. Die Abgaben der drei Bauern betrugen 45 Pfund Butterschmalz und 6 Schilling Pfennig (= 180 Pfennig) in Geld. Erst 1625 werden die Almbauern vlg. Ringdorfer, vlg. Eibenthaller und der vlg. Bauer auf dem Gelsenberg namentlich angeführt.

Die Familie Ladreiter vlg. Bauer war für Innovationen der Technik sehr empfänglich. Unter vielen anderen Errungenschaften wurden eine Seilbahn durch den Kaisergraben, später ein kleines E-Werk für Licht und Radio angefertigt oder in Auftrag gegeben.

Bewirtschaftungsart: Sennereien mit Jausenstationen
Viehstand: 9 Kühe, 58 Stück Jungvieh
Bewirtschaftungszeit: Juni bis September
Almprodukte: Steirerkäse, Butter

*Putzentalalm mit Ladreiter- und Ringdorfer Hütte*

## Putzentalalm (1354 m)

*Das Käsemachen auf offenem Feuer ist eine rauchige Arbeit. Der Käse braucht aber den Rauch, um einen feinen, würzigen Geschmack zu erlangen. Die Käsestöcke werden deshalb für einige Tage auf einem Brett über dem Herd gelagert.*

*Putzentalalm, Almjause: Der graubraune, krümelige Steirerkäse mit seinem würzigen Geschmack, aber auch liebevoll verzierte Almbutter, selbst gebackenes Bauernbrot und ein Häferl mit Buttermilch dürfen bei einer typischen Almjause nicht fehlen.*

<u>Wandervorschlag:</u> Von der Breitlahnhütte zum Schwarzensee und zur Putzentalalm. Wegzeit 2 Stunden. Wir fahren über die Mautstraße bis zur Breitlahnalm, wo wir unser Auto parken. Der angenehme Spaziergang auf der Güterstraße zum Schwarzensee wird durch einen Naturlehrpfad abwechslungsreich gestaltet. Vorbei am Jagdhaus mit Kapelle und weiter am Seeufer entlang, wo ein Wegweiser bereits die Alm ankündigt, zieht sich der Weg flach dahin. Einige Kehren müssen wir nun steiler hinaufgehen, um in das Kar mit den gastlichen Hütten zu gelangen. Von dort können auf markierten Steigen entweder das Schöneck (2540 m) oder die Kaiserscharte (2298 m) erklommen werden.

<u>Karte:</u> Österreichische Karte, Blatt 128

*Die Putzentalalm ist im Winter lawinengefährdet. Einmal wurden die Hütten bereits von einer Lawine zerstört.*

*Ringdorferhütte in der Putzentalalm. Der Heimhof liegt im Ennstal in der Gemeinde St. Martin. Man ist nun wieder bemüht, die alte Tradition der Almbewirtschaftung zu beleben. Als erster Schritt wurde eine Jausenstation eingerichtet und daneben ein Gehege für Steinböcke angelegt.*

## Sacherseealm (1050 m), Stummeralm (1353 m), Breitlahnhütten (1065 m), Harmeralm (1180 m)

Auf der gepflegten Sacherseealm wird eine Sennerei betrieben. Die freundliche Sennerin erzeugt guten Käse und Butter.

Sacherseealm. Ausschnitt aus dem Franziszeischen Kataster von 1824. (StLA)

Der Weg auf die Stummeralm zweigt knapp nach der Mauthütte nach rechts ab. Von dort kann man in einer Stunde in den lieblichen Talschluss mit Rastmöglichhkeit hinaufsteigen.

Harmeralm. Zu dieser Zwergerlidylle gelangt man am besten über einen kurzen Waldweg, der vor dem Schwarzensee abzweigt.

Die Breitlahnalm ist ein regelrechtes Hüttendorf. Eine Hütte wurde zu einem kleinen Gasthaus ausgebaut. Die Breitlahn ist Ausgangspunkt für viele Bergtouren und Almwanderungen.

Wasserfall beim Schwarzensee

## Tuchmoaralm (1509 m)

<u>Rückblick:</u> Die Geschichte der Tuchmoaralm wird im Textteil dieses Buches ausführlicher behandelt.
<u>Waldtomus von 1760:</u> *Der Viehauftrieb dieser Albm besteht in 160 Rindern.*

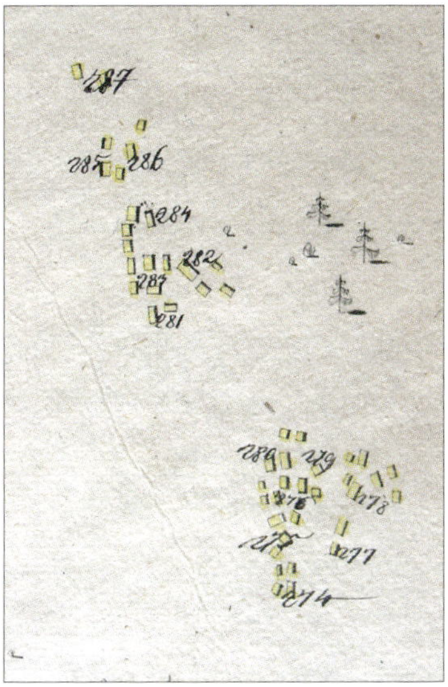

*Die Tuchmoaralm hat zwei nebeneinander liegende und zusammengehörende Hüttstätten mit 22 bzw. 28 Baulichkeiten, die sich aus Hütten und Ställen zusammensetzen.*

*Ausschnitt aus dem Franziszeischen Kataster von 1824. (StLA)*

<u>Besitzer:</u> Gemeinschaftsbesitz
<u>Bewirtschaftungsart:</u> 4 Sennereien mit Jausenstationen
<u>Viehstand:</u> 46 Kühe, 40 Stück Jungvieh
<u>Bewirtschaftungszeit:</u> Ende Juni bis Anfang September
<u>Almprodukte:</u> Steirerkäse, Butter

*Köckhütte auf der Tuchmoaralm. Stolz wird von der Sennerin Rosel Böschko der Käse präsentiert. Die Auftriebsberechtigten kommen aus der Kleinsölk und vom Mitterberg im Ennstal.*

*Käsezubereitung in der Messnerhütte. Auf dieser Alm finden wir noch eine ausgeprägte Käsekultur.*

*Die Käsestöcke werden während ihres Reifungsprozesses im so genannten „Kasten" aufbewahrt.*

*Mithilfe von Modeln formt die Sennerin aus der Almbutter kleine vergängliche Kunstwerke.*

## Tuchmoaralm (1509 m)

*Tuchmoaralm. Die obere Hüttstatt mit Gjoadeck (2525 m)*

*Denkmal nahe den Hütten der Tuchmoaralm*

*Im Tuchmoarkar liegen kleine Seen. Auch Reste von einfachen Hirtenunterständen sind auf diesen Hochweiden zu finden. Über den alten Almweg kann dieses lohnende Ziel erreicht werden.*

# Gemeinde Großsölk

## Gumpenalm (1400 m bis 1650 m)

*„Karte des Herzogthums Steyermark" 1818. Maßstab 1:144.000 (vergrößert!). Als „Alpe Koniken" wurde die Gumpenalm 1263 erstmals urkundlich erwähnt. Auf der Schlein-, der Wachlinger- und der Adambauerhütte gibt es noch Sennereien.*

*Die Schleinhütte der Familie Holzinger wurde 1936 mit Sölker Marmor aus der nahen Marmorader erbaut.*

Waldtomus 1760: *Hierinnen werden 115 Rinder geweydet.*
Bewirtschaftungsart: Sennereien und Jausenstationen
Bewirtschaftungszeit: Juni bis Anfang September
Almprodukte: Steirerkäse, Butter
Wandervorschlag: Von der Schleinhütte auf das Gumpeneck (2226 m). Wegzeit 2 Stunden. Die Wanderung auf dem gut markierten Weg lohnte sich schon alleine wegen der schönen Landschaft und der prächtigen Aussicht. Der dort angelegte Geologielehrpfad gewährt überdies tiefe Einblicke. Die dafür nötige Broschüre kann auch in der Schleinhütte erworben werden.

*Käsekessel und Steirerkäse in der Adambauerhütte. Die 1988 nach altem Muster erbaute Hütte gehört der Familie Leitgab, die auf ihren Biobauernhof auch zahlreiche andere Spezialitäten erzeugt.*

*Wachlingerhütte
Das Türgatter lässt frische Luft hinein, sorgt aber dafür, dass das Vieh draußen bleibt.*

*Verzierte Pfette von der im Jahre 1717 erbauten Wachlingerhütte.*

# Gemeinde St. Nikolai

## Stricker-, Knall-, Breitlahn-, Bräu-, Hohensee-, Hansen-, Mautner-, Winkler- und Kaltenbachalm

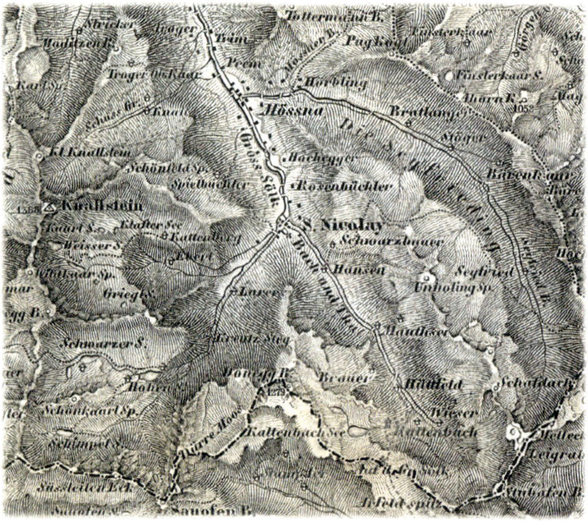


*Almen in der Gemeinde St. Nikolai. „Karte des Königreichs Illyrien und des Herzogthums Steyermark". Von dem Kaiserlich Königlich Österreichischen Quartiermeisterstabe 1818. Maßstab 1:144.000.*

Rückblick: Almordnungen wurden mit der Intensivierung der Almwirtschaft und den daraus entstandenen Konflikten unter den Auftriebsberechtigten notwendig. Überdies sollten sie die Interessen der Herrschaft sichern. Eine solche Almordnung der Grundherrschaft Sölk aus dem Jahre 1577 ist erhalten. Für die Einhaltung der Ordnung auf den Almen hatten so genannte Almmeister zu sorgen. Diese Almordnung galt für Seifried-, Mautner-, Hohensee-, Hüttfeld-, Kaltenbach-, Sumperkar-, Schimpel- und Winkleralm. Geregelt wurden die Viehart, die Auftriebszahl und die Termine des Auf- und des Abtriebes, um ein Überweiden der Almen zu vermeiden und die Wälder zu schonen. Für mehrere Almen existieren spätere Almordnungen aus dem 17. und 18. Jahrhundert, in denen wiederum Weiderechte und Auftriebszahlen vorgeschrieben wurden. Schafe und Ziegen waren wegen des Verbisses vom Waldbereich fernzuhalten. Bei Verstößen gegen die Almordnungen drohten hohe Geldstrafen.

Karte: Österreichische Karte, Blatt 128

Waldtomus von 1760: Auf 24 Almen wurden 2390 Rinder aufgetrieben. In der Seifriedalm, ohne die Breitlahnalm, weideten allein 412 Rinder.

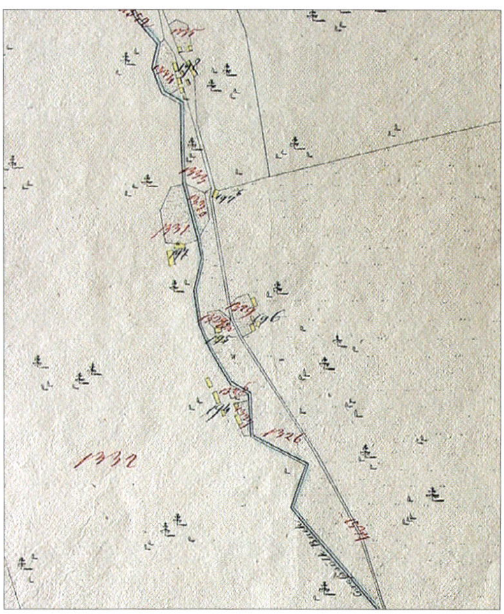

*Ausschnitt aus dem Franziszeischen Kataster von 1824. (StLA)*

*Strickeralm, Griesebnerhütte, sw. Fotografie 1958. Der Radio-Mandl aus Gröbming besuchte mit seiner Familie die Sennerin.*

*Strickeralm, 2001*

## Strickeralm (1353 m)

*Auf die Strickeralm werden 5 Kühe und 110 Stück Jungvieh aufgetrieben. In der Griesebnerhütte werden von Frau Pretscherer Steirerkäse und Butter erzeugt.*

*Auf der Alm, da gibt´s koa Sünd´, weil die Männer müde sind.*

*Buttermodel. Echte Almbutter wird mit deren Hilfe mit Almblumenmustern und christlichen Zeichen verziert.*

## Knallalm (1355 m)

*Knallalm, im Hintergrund der Kristlingofen*

*Knallalm, Stockerhütte, sw Fotografie um 1910. (F. Rießner). Besuch auf der Alm: Eine Sennerin zeigt den Rührkübel zum Buttermachen. Auf dem Brett rechts oben wurden die Milchstötzel zum Trocknen aufgestellt.*

*Stube in der Riesnerhütte, Kachelofen mit Topfkacheln*

## Knallalm (1355 m)

*Knallalm, Modizahütte*

*Tintenfischpilz auf der Knallalm. 1910 von Australien eingewandert*

*Moorlandschaft im Knallkar*

## Breitlahnalm-Seifrieding

*Breitlahnalm, sw. Fotografie um 1920. Hirte und Sennerin mit Milchbutte. In der Seifrieding herrschte früher ein reges Almleben, immerhin weideten dort an die 600 Rinder. (Slg. F. Rießner)*

*Breitlahnalm im Seifriedingtal 2001*

Die Knallalm und die Seifrieding sind von der Mössna aus erreichbar. Die Almen müssen zu Fuß erwandert werden, da die Güterstraße nicht öffentlich befahrbar ist. <u>Karte:</u> Österreichische Karte, Blatt 127

## Hohenseealm (1543 m)

*Hohenseealm 2001*

*Hohenseealm. Franziszeischer Kataster von 1824. (StLA)*

*Hohenseealm 1980*

*Damals standen noch einige Hütten mehr auf dieser Alm. Der Verfall schreitet erschreckend schnell voran.*

Rückblick: Die Geschichte der Hohenseealm dürfte bis in die Schwaigenzeit des 12./13. Jahrhunderts zurückreichen. Die großen Weideflächen und mehrere Hüttstätten rund um den See untermauern die Bedeutung dieser herrlich gelegenen Alm. Die Hütten wurden mit Marmor aufgebaut, der dort in unmittelbarer Nähe ansteht.

## Hohenseealm (1543 m)

*Hohenseealm. Ausschnitt aus kolorierter Ansichtskarte von 1908. (Slg. Hänsel)*

*Ruinen alter Almhütten auf der Hohenseealm*

*Hohenseealm 1956. Franz Mandl sen. aus Gröbming macht mit seinen Kindern Ingrid und Franz eine Bootsfahrt auf dem Hohensee.*

*Marterl am Weg zum Hohensee*

*Bräualm (1165 m). Die Alm liegt am Weg zur Hohenseealm.*

Wandervorschlag: Von St. Nikolai zum Hohensee; 2 Stunden. Der Wasserreichtum, die vielfältige Flora und die Schönheit der Landschaft charakterisieren diese ideale Familienwanderung. Heute ist die Hohenseealm eine Galtviehalm, daher gibt es keine Jausenstation. Eine Jause muss selbst mitgenommen werden! Der gute, markierte Weg bis zur Hohenseealm kann jedoch als leichte Wanderung für Touristen empfohlen werden. Je ein markierter Steig führt von dort über die Seekarscharte in die Kleinsölk bzw. über die Schimpelscharte zur Rudolf-Schober-Hütte ins Murtal. Beide Touren erfordern aber hochalpine Erfahrung!

Karte: Österreichische Karte, Blatt 127

## Hansen-, Mautner- und Winkleralm

Bald nach dem Ort St. Nikolai führt die Sölkpassstraße durch den Almenbereich. Entlang des alten Saumpfades über den Pass entstanden bereits im Mittelalter acht Almen, die von Bauernhöfen von nah und fern bewirtschaftet wurden und werden. Der *Moar in der Au* bringt sein Vieh beinahe 40 Kilometer weit von seinem Hof bis in die Winkleralm.

Obwohl der Sölkpass ein Jahrtausende alter Übergang vom Ennstal ins Murtal ist, wurde er erst vor 40 Jahren durch eine Autostraße erschlossen. Diese ist im Sommer ein beliebtes Ausflugsziel für Auto- bzw. Motorradtouristen und Radfahrer. Davon profitierten auch die Almen entlang der Straße, die aber der alten Tradition der Almbewirtschaftung treu geblieben sind.

*Mautneralm (1368 m). Eine Zufahrt zur Jausenstation ist möglich.*

*Hansenalm (1226 m). Die Alm liegt direkt neben der Straße zum Sölkpass.*

*Winkleralm (1488 m). Die Almhüttte ist in nur 10 Minuten zu Fuß von der Erzherzog-Johann-Hütte erreichbar.*

*Mautneralm (1368 m). Die Sennerin Maria Maierl macht große und gute Käsestöcke. Sie betreut mit ihrem Helfer 7 Kühe, 32 Stück Jungvieh und 3 Schweine.*

*Mahdfeldalm (1718 m). Dies ist die Hochalm der Winkleralm. Hier oben weideten auch früher vorwiegend Pferde und Galtvieh, also Vieh, das nicht gemolken werden muss. Dazu gehören Ochsen, Stiere und Jungvieh.*

## Kaltenbachalm (1560 m)

*An der Kaltenbachalm führte bereits der uralte Saumpfad über den Sölkpass vorbei. Dieser leicht passierbare und niederste Übergang zwischen dem Radstädter Tauern und dem Triebener Tauern ist heute wegen der gut ausgebauten Autostraße ein beliebtes Ausflugsziel.*

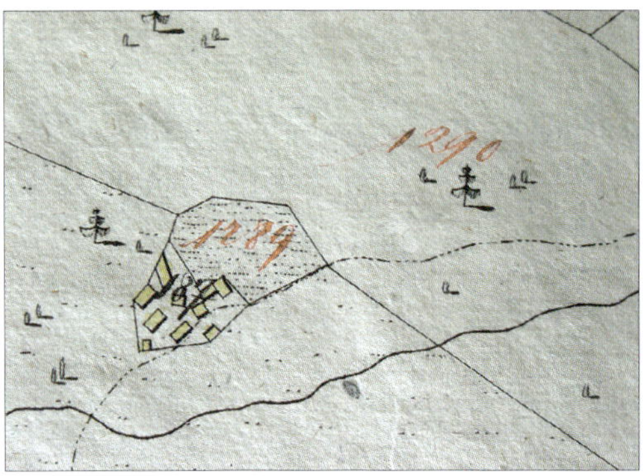


*Kaltenbachalm mit eingezeichnetem Saumpfad. Ausschnitt aus dem Franziszeischen Kataster von 1824. (StLA)*

*Kaltenbachalm, sw. Fotografie um 1930*

Besitzer: Familie Stangl aus Mitterberg
Bewirtschaftungsart: Sennerei und Jausenstation
Viehstand: 12 Kühe, 22 Stück Jungvieh
Bewirtschaftungszeit: Juni bis Oktober
Almprodukte: Steirer- und Murtalerkäse, Butter, Krapfen
Wandervorschlag: Von der Kaltenbachalm auf dem Saumpfad zum Sölkpass. Wegzeit 1 Stunde. Am Weg stehen kleine Pulte mit Erklärungen zur Geologie und Geschichte. Auf der Passhöhe wurde eine umfassende Informationstafel zur archäologischen Grabung aufgestellt.
Karte: Österreichische Karte, Blatt 127

## Sölkpass (1788 m)

Der Sölkpass wurde bereits vor 6000 Jahren begangen, wie mehrere Pfeilspitzen aus Stein beweisen. Ein 3000 Jahre alter Brandopferplatz wurde direkt auf der Passhöhe entdeckt. Wahrscheinlich wollten die Wanderer und Säumer der Bronzezeit durch ihre Opfergaben den Segen der Götter auf den gefährlichen Wegen über das Gebirge erflehen. Noch heute halten Reisende auf der Passhöhe Rast und gehen in die kleine Kapelle, um eine kurze Andacht zu halten.

*Archäologische Grabungsarbeiten auf dem Sölkpass mit Herrn Univ. Doz. Dr. Bernhard Hebert vom Bundesdenkmalamt in Graz*

*Tierknochensplitter aus dem Brandopferplatz, auf dem mehrere Jahrhunderte lang geopfert wurde.*

Die archäologischen Forschungen auf dem Sölkpass wurden vom Bundesdenkmalamt Graz und der ANISA, Verein für alpine Felsbild- und Siedlungsforschung, durchgeführt.

Die Grabungsergebnisse und die Funde werden im Naturparkhaus im Schloss Großsölk präsentiert.

*Zwei bis drei Zentimeter große steinerne Pfeilspitzen aus dem Neolithikum und verzierte Nadeln aus Bronze wurden neben vielen anderen Funden geborgen.*

# Gemeinden Öblarn und Niederöblarn

## Eine kurze historische Betrachtung

*Almen im Walchental und Niederöblarn, Ausschnitt aus der „Karte des Königreichs Illyrien und des Herzogthums Steyermark". Von dem Kaiserlich Königlich Österreichischen Quartiermeisterstabe 1818.*
*Maßstab 1:144.000*

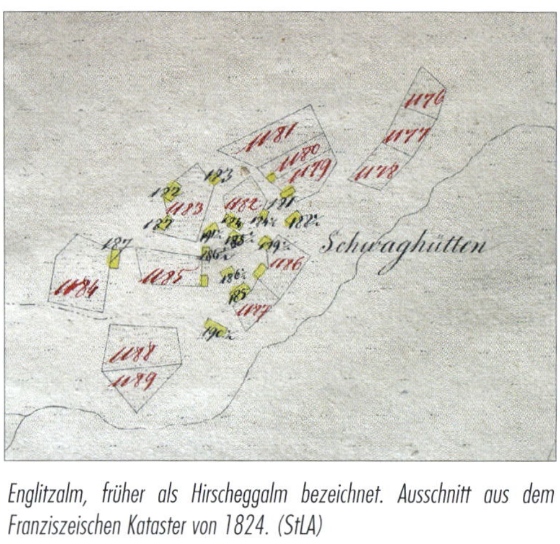


*Englitzalm, früher als Hirscheggalm bezeichnet. Ausschnitt aus dem Franziszeischen Kataster von 1824. (StLA)*

<u>Rückblick:</u> Als 1263 das Kloster Admont von König Ottokar II. umfangreiche Besitzungen in und um den Walchengraben im Tauschweg erwarb, wurden die Gumpenalm, das Ramertal und die Starzenalm (Gemeinde Niederöblarn) erstmals urkundlich erwähnt. Seit dem Spätmittelalter wurde in der Walchen Bergbau nachweislich betrieben. Damit begann der Wald kostbar zu werden und man versuchte dessen Nutzung für Alm und Weide zu beschränken.

<u>Waldtomus von 1760:</u> Die Gebiete befanden sich noch immer im Admonter Besitz und wurden von der Propstei Gstatt aus verwaltet. Auf die *Rammerthal-Albm* durften 40 Rinder aufgetrieben werden. Auf der *Hirschegg-Albm* oder *Albm-Schlag* im Englitztal durften die *Oeblinger-Bauern [...] ihre Albmrechter exerciren, so als ein ledigliches Stockrecht innerseits ans Englitzthal, oben an die Matill-Albm, ausserhalb an Schattwald, und unten an Graben rainet. Der Viehauftrieb bestehet in beyläufigen 140 Rindern, und 12 Pferden, wobey die Probstey Gstatt allein 60 Rinder treibet.* Die Matillenalm, *in einer unbewachsenen Blösse* darüber gelegen, diente als Hochalm. Die ebenfalls Gstatt unterstehende *Stärzen-Albm* war die größte Alm im *Nieder-Öbler-Graben. Der Viehauftrieb bestehet in 120 Rindern.* Insgesamt wurden auf 7 Almen 422 Rinder aufgetrieben.

<u>1843</u> zählt G. Göth in der Gemeinde Öblarn auf der *Wepritzalpe* 7 Hütten für 46 Kühe, auf der *Starzenalpe* 14 Hütten für 98 Kühe, auf der *Ramerthalalpe* 9 Hütten für 96 Kühe, auf der *Englitztalalpe* 8 Hütten für 60 Kühe, auf der *Schröttenkaralpe* 8 Hütten für 65 Kühe und auf der *Mathildenalpe* 4 Hütten für 43 Stück Rindvieh. Für die Gemeinde Niederöblarn werden zwei Almen, und zwar die *Starzenalpe* mit 50 Kühen und die *Halseckalpe* mit 36 Stück Jungvieh und Ochsen, angegeben.

<u>Bewirtschaftungsart:</u> Galtviehalmen bzw. Jagdhütten

<u>Wandervorschlag:</u> Von der Schmelzanlage in der Walchen ins Englitztal. Wegzeit für den Hin- und Rückweg zwei Stunden. Wir lassen das Auto bei der historischen, museal hervorragend revitalisierten Bergwerksanlage stehen. Der *Steinkeller* in Öblarn führt in den *Kupferweg* ein, der auch mit Führung besichtigt werden kann. Wir wandern nun hinein ins Englitztal (1322 m) bis zu den Hütten. Von dort können wir dem markierten Weg zur Ramertalalm (1394 m) folgen. Zurück gehen wir auf dem Güterweg.

<u>Karte:</u> Österreichische Karte, Blatt 127

## Englitztalalm (1322 m) und Ramertalalm (1394 m)

*Hüttendorf der Englitztalalm um 1930 (1322 m)*

*Englitztalalm 2002. Die Alm ist heute in Privatbesitz. Auf 318 ha sind derzeit 30 junge Rinder sowie 2 Kühe mit dem Namen „Zenzi" und „Sadine" zu betreuen.*

*Englitztalalm. Stolz präsentiert das Almpersonal Steirerkäse und Butter, die auf Grund der großen Reinlichkeit in dieser Hütte vorzüglich schmecken.*

*Der Schmuck für den Abtrieb wird vorbereitet. Er dient bis dahin als Zierde der Stube.*

*Die Kuh „Zenzi" wartet bereits aufs Melken. Ein Zeichen, dass sie mit der Sennerin auf der Englitztalalm zufrieden ist.*

*Ramertalalm (1394 m)*

# Gemeinden Donnersbach und Donnersbachwald

Rückblick: Die Flurnamen *Plana, Planei, Planer, Planner, Planina,* vielleicht auch *Planken* könnten römischen Ursprungs sein. Sie wurden wahrscheinlich später slawisiert und bedeuten so viel wie *Alm-Weide*. Eine frühe Nutzung ist angesichts eines römerzeitlichen Fundes in Donnersbach vorstellbar. Wurde Donnersbach bereits 1190 das erste Mal erwähnt, so finden wir jedoch erst 1542 einen Hinweis auf Almen. Die Abschrift eines *Alm=Buechls* von 1671 enthält bereits aufschlussreichere

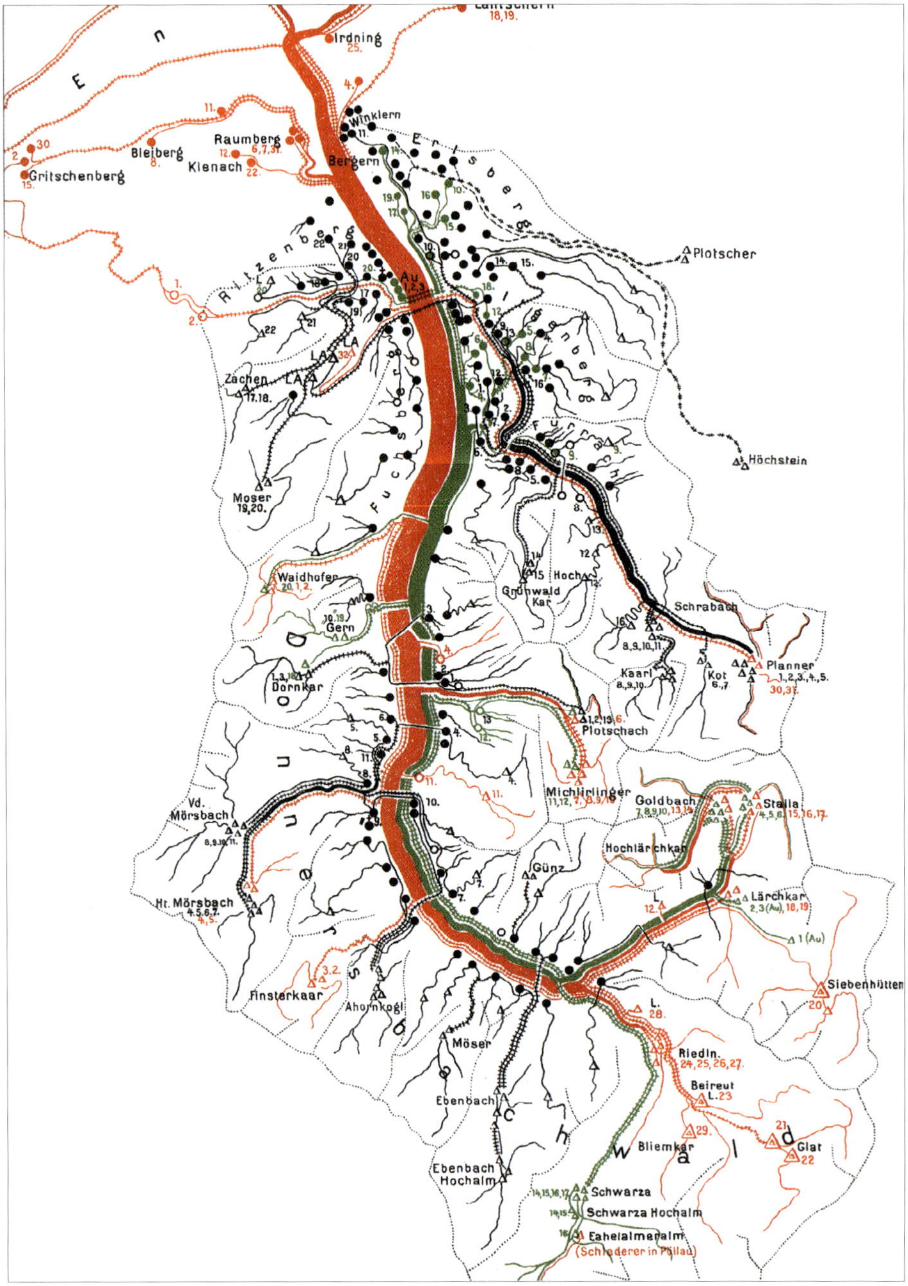


*„Almauftriebskarte des Donnersbachtales 1766" H. Wissmann 1927 (verkleinert)*

*Die Heimgüter reichten über Unterburg im Westen bis St. Martin und im Osten über Stein, Maitschern und Fischern bis Lassing. Allein der Moar im Steinkeller trieb 1760 auf die Siebenhüttenalm 300 Stück Vieh auf.*

## Planneralm (1588 m), Schrabachalm (1336 m) und Lärchkaralm (1292 m)

Hinweise. Damals wurden 134 Kühe und 50 Ziegen von 7 Berechtigten auf die Planneralm aufgetrieben. Wernbacher druckte in seiner *Geschichte des Bezirkes Irdning eine Ordnung* aus dem 15. Jahrhundert, die unter anderem auch den Almauftrieb regelte: *Vermerkt der schwaiger recht. Am ersten, all schwaiger habent die rechten das si vierzehn tag vor auf die alm treibent vor anderen leuten die da nicht schwaiger sein und auch vor mennigleich; und wer das übertrett, der ist ze wandel vervallen Lxxij ph.*

1843 gibt Georg Göth in seiner Topografie des Herzogtums Steiermark für den Bezirk Donnersbach 6737 Joch Alpen an. Darauf durften 99 Pferde, 589 Ochsen, 3125 Kühe, 506 Schafe und 570 Ziegen weiden. Diese Rechte wurden damals aber nicht voll ausgeschöpft. Die Kühe beschreibt er als lichtbraun mit einem weißen Kopf und einem weißen Streifen über den Rücken. Damit sind auch hier die steirischen Bergschecken als die vorwiegende Rinderrasse dieser Zeit nachgewiesen.

Für die Steuergemeinde **Donnersbachau** führt Göth an: *die Rosensteinalpe für 30 Kühe, Hochfuchsenalpe für 30, Randelschwaigalpe für 15, Passer= oder Elendalpe für 40, die Moseralpe für 60, die Seebachalpe für 20 u. die Zachenalpe für 25 Kühe.*

Über die Almen in der Steuergemeinde **Erlsberg** bemerkt Göth: *Die Zahl der Alpen in dieser Gemeinde ist bedeutend, sie sind folgende: Pürstingalpe für 26, Lainstreifalpe für 30, Krummbach oder Melbeck für 30, Faschingboden für 30, Oed für 14, Monitag für 7, Kalchgruber= oder Pichleralpe für 7, Schabalpe für 22, Grünwaldkar für 40, Schoberalpe für 30, Schweinbüchleralpe für 20, Kahrlalpe für 38, Kothhüttenalpe für 40, Planachalpe [Planneralm] für 140 und die Schrabachalpe für 80 Kühe. Überdies durften 14 Schafe und 101 Ziegen aufgetrieben werden.*

Die Steuergemeinde **Donnersbachwald** beschreibt Göth, wie folgt: *Soweit die Bauerngüter reichen, ist die Oberfläche sanft ansteigend, daher die Lage derselben günstiger, als in den anderen Gegenden dieses Bezirkes, auch ist das Tal breiter, daher sonniger, aber im Ganzen hoch gelegen, und deshalb in der Reife aller Früchte viel später. Oberhalb der Baugründe befinden sich die Weiden, an diese schließen sich die Wälder und zuletzt die Alpen an, so daß die Mehrzahl der Bauerngüter in aufsteigender Linie den ganzen Wirthschaftscomplex beisammen haben. Die Zahl der in dieser Gemeinde vorkommenden Alpen ist 41, die bedeutendsten davon sind nebst Angabe der Zahl der aufzutreibenden berechtigten Thieren folgende: Waidhof für 60 Stück, Dornkar für 75, Mörsbach (vordere u. hintere Alpe) für 257 Stück, Ahornkogel für 102, Ebenbach für 107 Kühe und 100 Ochsen, Baireith für 118 Kühe, Glatt für 152 Kühe, Siebenhütten für 90 Ochsen, 170 Kühe, 80 Schafe und 100 Ziegen, Stalla für 140 Kühe, Goldbach für 18 Pferde, 72 Ochsen und 150 Kühe u.s.w., so daß die Zahl aller zum Auftriebe berechtigten Thiere 99 Pferde, 589 Ochsen, 2351 Kühe, 472 Schafe und 379 Ziegen beträgt. Der Auftrieb der meisten dieser Alpen geschieht von fremden Bezirksinsassen* [siehe dazu die Almauftriebskarte gegenüber], *so zum Beispiel aus Wolkenstein, Gstatt, Haus u.s.w.*

Bewirtschaftungsart: vorwiegend Galtviehalmen

*Planneralm 1904. Teilnehmer des 14. Almwanderkurses, der von dem Schweizer Almwirtschaftsexperten Dr. Paul Schuppli geleitet wurde. (Archiv ANISA)*

Wandervorschlag: Leichte Wanderung vom Ende der Gemeindestraße in Donnersbachwald (1066 m) bis zur Lärchkaralm(1292 m). Vom Bauern Meng wandern wir den gut markierten alten Almweg entlang des Lärchkarbaches hinein zur Lärchkaralm. Gehzeit etwa 30 Minuten. Hier können wir uns mit einem Steirerkäsbrot stärken und noch weiter hinauf zur Stallalm (1500 m) oder zur Siebenhüttenalm (1380 m) wandern.

Karte: Österreichische Karte, Blatt 129

## Planneralm (1588 m), Schrabacheralm (1336 m)

Planneralm. Heute ist von der ehemaligen Alm nicht mehr viel übrig geblieben. Ein Schidorf und Pisten haben die Landschaft verändert.

Jungvieh auf der Planneralm. Als Ausgangspunkt für Wanderungen auf die umliegenden Berge ist diese mit einer Straße erschlossene Alm geradezu ideal.

Schrabacheralm. Diese Alm am Weg zur Planneralm wird vorbildlich bewirtschaftet. Eine kleine, moderne Sennerei wurde vor kurzem eingerichtet.

Der Käse muss mehrere Wochen im blitzsauberen Käsekeller der Schrabacheralm reifen, um sein kräftiges Aroma zu erhalten.

Kuh auf der Schrabacheralm

Almjause auf der Schrabacheralm. „Roggenblattln" und „Bauernkrapfen", „Steirerkäse" und „Buttermilch" schmecken hier oben besonders gut.

## Lärchkaralm (1292 m)

*Lärchkaralm, ein leicht erreichbares Wanderziel für die ganze Familie*

*Altes, mit Schnitzereien verziertes Almgerät zur Butterverarbeitung: Buttermodel, Butterradl und Rahmzweck. Davor: Steirerkäsebrot*

*Ein wunderschönes Marterl steht nahe der Lärchkaralm. Wer den ganzen Text lesen möchte, ist eingeladen zur Lärchkaralm zu wandern. Dort erzählt die freundliche Sennerin gerne mehr über dieses Kunstwerk.*

*Die Sennerin stellt die Melkmaschine, Milcheimer und Milchkannen, die sie zuvor sorgfältig gereinigt hat, vor der Almhütte zum Trocknen auf.*

# Almen am Südabfall des Toten Gebirges

## Gemeinde Wörschach und Gemeinde Weißenbach bei Liezen

**Niederhüttenalm (1684 m), Liezener Hütte mit der Almwüstung Rettltret (1762 m), Almwüstung Kühfeld-Kirchfeld (1820 m), Almwüstung Kampertret (1860 m), Brunnalm (1780 m) und Steinfeldalm (1820 m)**

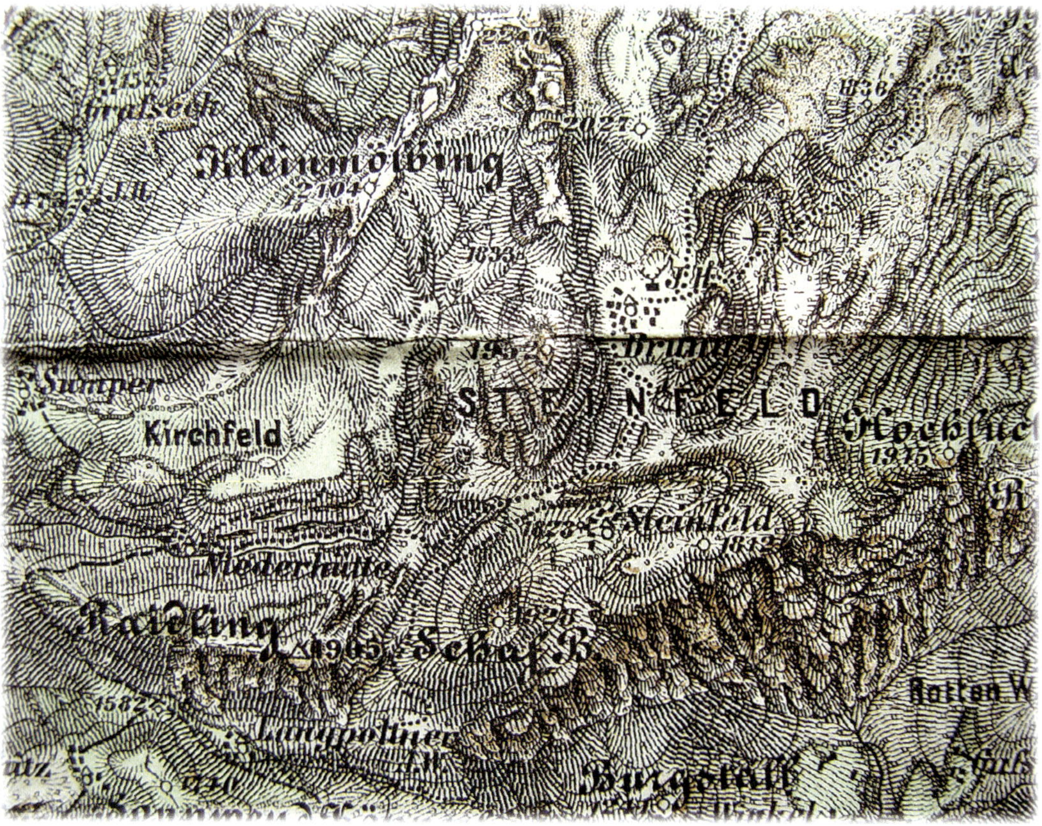


*Vergrößerter Ausschnitt aus der „Karte des Toten Gebirges", 1:75.000, Touristen-Club 1878. (Archiv ANISA)*

Rückblick: Kaum sonst irgendwo finden wir Wüstungen, das sind längst abgekommene Almen, und ein vom Tourismus geprägtes, blühendes Leben so knapp nebeneinander. Feldforschungen auf diesen Almen ermöglichen Aussagen zu deren Geschichte. Beginnen wir mit unserer Wanderung auf der Niederhüttenalm. Hier sind noch 20 Fundamentreste zu erkennen, die auf eine lange Geschichte hinweisen. Heute stehen noch 15 Hütten, die jedoch allesamt keine Sennerei mehr beherbergen. Dafür hält der Hüttenwirt der Hochmöblinghütte hübsche, wollige Schweine, die Jung und Alt begeistern.

Ein markierter Steig führt von der Niederhüttenalm auf das Kühfeld, das auch *Kirchfeld* oder *Güetenfeld* genannt wird. Dieser Almboden ist wegen seiner zahlreichen Wasserlacken besonders reizvoll. Neben der größten Wasserlacke, die bereits als kleiner See bezeichnet werden kann, gelang es dem Autor vor einigen Jahren, eine mit Holzkohle durchmengte Kulturschichte nachzuweisen. Mithilfe der Radiokarbonmethode konnte deren Alter bestimmt werden: Schon vor 800 Jahren, also um 1200 nach Chr. - zu Beginn der Schwaigenzeit - wurde hier Almwirtschaft betrieben. Eine Sage berichtet von einer versunkenen Kirche auf dem Kühfeld, deren Glocke nunmehr im Kirchturm von Niederhofen hängen soll.

## Niederhüttenalm (1684 m), Almwüstung Kühfeld bzw. Kirchfeld (1820 m)

*Niederhüttenalm. Der versierte Pilot bei den Flugaufnahmen war Franz Burian, der auch Hüttenbesitzer auf dieser Alm ist.*

*Das Kühfeld mit dem Kleinmöbling (2160 m) und dem Mittermöbling (2318 m). Neben dem kleinen See wurden die Reste einer 800 Jahre alten Siedlung gefunden.*

Unsere Wanderung führt uns nun zur Liezener Hütte mit der Wüstung Rettltret. Kaum jemandem fällt auf, dass nordwestlich der Liezener Hütte einstmals Almhütten gestanden sind. Kleine Sondierungen haben Keramik aus dem Spätmittelalter und der frühen Neuzeit zu Tage befördert. Das Heimgut dieser Alm, die Rötlschwaig, wurde bereits 1542 genannt und lag nahe bei Liezen (heute Deisl). Es war der Herrschaft Strechau dienstbar. Im Waldtomus von 1760 erfahren wir den genauen Standort dieser Alm: *Folget bei der Herrschaft Strechau dienstbare an beiden Seiten des Grabens sich extendirende Rettl=Albm, so einerseits an die Nider=Hütten=Albm, oben an Ridl, andererseits ans Steinfeld, und unten an das Gräbl stosset. Hierinnen befinden sich zwei Hütten, Und werden 60 Rinder getrieben.*

*Almhütte und Trempel auf der Niederhüttenalm*

*Glocke im Kirchturm von Niederhofen bei Stainach*

*Diese Glocke soll einst auf dem Kirchfeld oberhalb der Niederhüttenalm geläutet haben.*

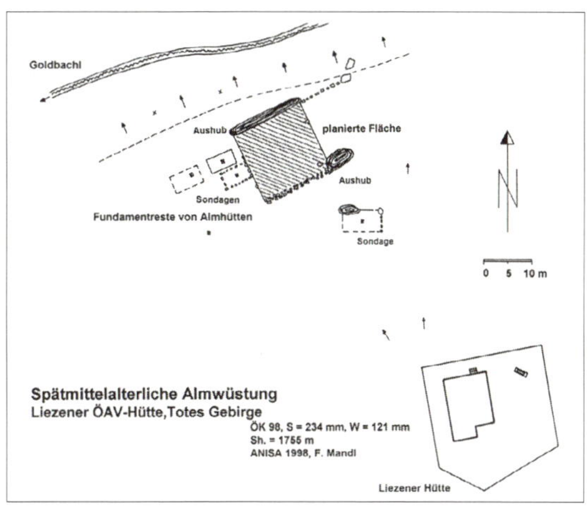

## Liezener Hütte mit der Almwüstung Rettltret (1762 m) und Kampertret (1860 m)

Möglicherweise ist die Hüttstatt der Rettlalm bereits vor ca. 500 Jahren wegen der neuzeitlichen Klimaverschlechterung aufgelassen worden. Vielleicht war auch das daneben liegende Goldbachl versiegt. Das große Gut Rettlschwaig erwarb auch in Donnersbachwald Almrechte und deshalb konnte es leichter auf die hoch gelegene Alm im Toten Gebirge verzichten.

*Das Gebiet der ehemaligen Rettlalm. Heute steht dort die Liezener Hütte des ÖAV Liezen. Die Almweide wird „Schafschwemmboden" genannt.*

*Mittelalterliche Keramik- und Eisenfragmente aus der Wüstung „Rettltret"*

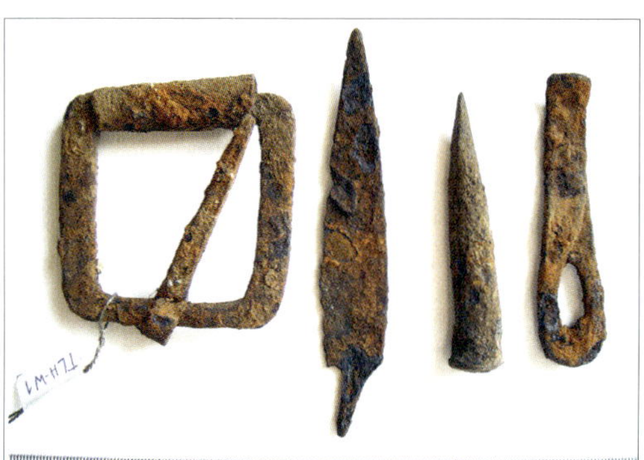

Die Almwüstung *Kampertret* oder *Gampertret* war früher einmal die Nachbaralm der Rettlalm. *Tret* war die Bezeichnung für einen mit der Hütte eng verbundenen Stall. Im *Bergmith-Verzeichnis* von 1587 ist diese Alm als *Gamper Käster* angeführt. Ihr Heimhof war der Nachbarhof der Rettlschwaige im Ennstal bei Liezen. Die Almwüstung liegt im Bereich des oberen Goldbachls auf einer kleinen Anhöhe. Hier konnte ebenfalls anhand von Keramik und Metallgegenständen eine intensive Almbewirtschaftung in vergangener Zeit belegt werden.

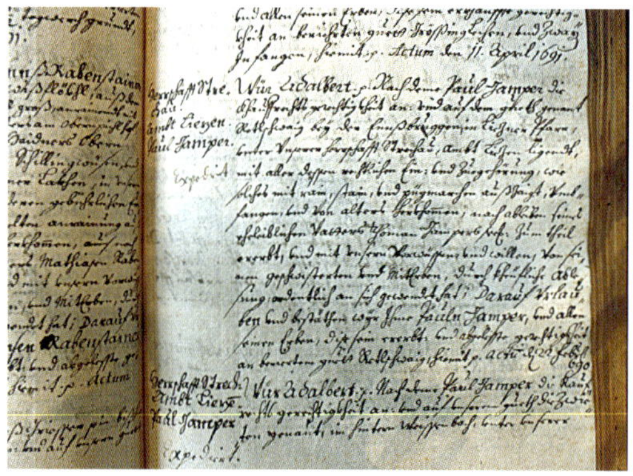

*In einem Admonter Grundbuch des 16. Jahrhunderts finden sich interessante Aufzeichnungen zu unseren Almen. (Stiftsbibliothek Admont)*

Waldtomus von 1760: Kampertret wird nicht erwähnt. Möglicherweise standen damals beide Heimhöfe in engem wirtschaftlichem Zusammenhang und teilten sich diese Alm.

*Keramik aus dem Mittelalter und der Neuzeit sowie ein barockes Medaillon mit dem heiligen Augustinus belegen die Almwüstung Kampertret.*

Vom Kampertret sieht man hinüber zur Steinfeldalm, über die schon viel geschrieben wurde. Margarethe Aigner hat 1981 einen umfassenden Bildbericht aus dem Jahre 1943 über den harten Alltag auf dieser Alm veröffentlicht. Inzwischen ist auch diese Alm verlassen und zu einer Galtviehweide geworden.

## Steinfeldalm (1820 m) und Brunnalm (1780 m)

Blick über das Kampertret zum Kühfeld und dem Raidling

Goldsee oder Kawassersee am Ende der Kampertretalm

Steinfeldalm mit Eiskeller

Waldtomus von 1760: *Stainfeld=Albm. Rainet die verschiedenen Herrschafts Unterthannen eigenthumliche, und an beeden Seiten des Grabens gelegene Stainfeld=Albm einerseits an die Rettl=Albm, oben an Ridl, andererseits an die Brunn=Albm, und unten an Graben. Hierinnen seynd 6. aufgebaute, dann 2. abgekommene Hütten. An Vieh weyden bey 60. Rinder.*

*Brunn=Albm. Lieget in der Runde, und auf beeden Seiten dieses Tauplitz=und Gnänitz=Gebürges die berschiedenen Herrschafts Unterthannen zuständige Brunn=Albm, so einerseits an das Stainfeld, oben an Ridl, andererseits auch ans Stainfeld und unten an Graben gränzet. Hierinnen befinden sich 10. Hütten. Der Viehauftrieb besteht in 190. Rindern.*

1843 erwähnt G. Göth für die **Gemeinde Wörschach:** *Grimmingalpe mit 6 Hütten für 150 Stk. Hornvieh, Sumperalpe mit 7 Hütten mit 147 Stk., ferner die Tausing-, Hinterhütten-, Sneehitz-, Langpolt-, Schlusser-, Aicherlkar- und Grassegalpe mit einem Gesammt-Auftrieb von 160 Stk. Rindern.* Im Gebiet der **Gemeinde Weißenbach** weideten auf der Steinbachalpe, Langpoltenalpe und der Brunnalpe 136 Stück Rindvieh.

Brunnalm. Still und einsam liegt die Alm heute vor uns.

Wandervorschlag: Diesmal eine Almrunde für ausdauernde Wanderer zur Brunnalm. Mit dem Auto fahren wir den Wörschachberg hinauf bis zum Parkplatz vor dem Forststraßenschranken. Von hier folgen wir dem markierten Weg Nr. 281 zur Niederhüttenalm mit der Hochmöblinghütte, wo wir rasten können. Dann gehen wir weiter den Weg Nr. 218 an der Liezener Hütte (Selbstversorgerhütte) vorbei zur Brunnalm, wo wir unser Ziel erreichen. Wer sich gut orientieren kann, sollte noch einen Abstecher zur Steinfeldalm wagen. Zurück folgen wir dem bereits bekannten Weg bis zur Abzweigung zur Langpoltenalm (Weg Nr. 219) und gelangen über einen kurzen Gegenanstieg wieder zum Weg Nr. 281. Wanderzeit ohne Rast 6 Stunden. Am Beginn der Asphaltstraße gibt es ein empfehlenswertes Gasthaus mit Panoramablick ins Ennstal.
Karte: Österreichische Karte, Blatt 98 oder AV-Karte 15/2

# Stadtgemeinde Liezen

*Enzian vom Nazogl*

*Diese Karte ist 125 Jahre alt. Sie weist zum Teil völlig andere Almnamen und Flurbezeichnungen auf, als sie heute gebräuchlich sind.*
*Anstelle der „Hintereggalm" finden wir die Namen „Bräunerhütten" und „Gasner". Der „Nazogel" hieß „Angerhöhe". Überhaupt wurde die Bezeichnung „Anger" viel öfter verwendet als heute.*

*Ausschnitt aus der „Karte des Toten Gebirges", 1:75.000, Touristen-Club 1878. (Archiv ANISA)*

Wer heute durch die geschäftige Einkaufsstadt Liezen fährt, kann sich kaum vorstellen, dass auch hier vor nicht allzu langer Zeit noch die Landwirtschaft dominiert hat. Diese benötigte freilich auch jene Almen, deren Reste heute noch in den Höhen des Toten Gebirges zu finden sind. Dazu gehört die Angeralm auf 1900 m. Sie war aber nicht die einzige Hochalm.

H. Wissmann schreibt in seinem 1927 erschienenen Buch *Das Mitter Ennstal* über die Almwirtschaft: *Durchschnittlich am 1. Mai werden die Lehen mit dem größten Teil der Kühe und Schweine bezogen, wenn dort Heuvorrat ist, der etwa bis zum 15. Mai verfüttert wird, die Almen um den 15. Juni. Die jetzt ganz verschwundenen Hochsommeralmen wurden nur 4 Wochen aufgesucht. Der Abtrieb von Alm und Lehen verschiebt sich vielmehr, je nach der Gunst des Jahres. Während zwei Almstaffeln mit viermaliger Wanderung im Jahr das Häufigste sind, gab es früher mit Einschluß der Hochsommeralmen in seltenen Fällen drei Almstaffeln mit sechsmaliger Wanderung.*

Rückblick: Die Hintereggalm ist eine Nieder- und Rodungsalm. Die Angeralm, die 10 Hüttenreste aufweist, konnte anhand der aufgesammelten Keramik bis zurück in das Spätmittelalter datiert werden. Sie war die Hochalm der Hintereggalm.

Waldtomus von 1760: *Der Viehauftrieb dieser Albm besteht in 300 Rindern.*

1843 schreibt G. Göth kurz über die Almen: *Die Peham, die Grafenegger= u. die Hintereggeralpe haben Viehweiden. Es befinden sich dort 33 Alpenhütten, u. weiden 270 Kühe u. 110 Stk. Jungvieh.*

Besitzer: Gemeinschaftsbesitz

Bewirtschaftungsart: Galtviehalmen und Jausenstationen (auch Milchlieferungsalm)

Viehstand: Jungvieh, wegen der günstigen Lage auch Kühe

Bewirtschaftungszeit: Mai bis September

Almprodukte: Steirerkäse und Butter vom Bauernhof

Wandervorschlag: Rundwanderung von der Hintereggalm zur Angeralm und zurück. Nur für erfahrene Bergsteiger geeignet. Ausgangspunkt ist der Parkplatz bei der Hintereggalm. Von hier wandern wir hinauf bis zum Ende der Almsiedlung und gehen auf dem markierten Steig durch zum Teil steiles Gelände hinauf auf den Nazogl (2057 m). Herrliche Sicht ins Ennstal! Ab hier folgen wir dem markierten Steig auf karstigem Boden gegen

## Hintereggalm (1250 m), Almwüstung Angeralm (1895 m), Aiplalm (1700 m)

Norden zur 1900 m hoch gelegenen Angeralm. Uralte Holzreste von Hütten lassen die einstige Betriebsamkeit erahnen. Nach einer Rast folgen wir dem bergab führenden markierten Steig gegen Osten. Dieser wendet sich später gegen Süden und erreicht die mit Blech verschlagene Hütte der einstigen Aiplalm. Nun führt der Weg immer steiler bergab und bringt uns direkt zu den Weiden der Hintereggalm. Gehzeit ohne Rast 4-5 Stunden.
Karte: Österreichische Karte, Blatt 98 oder AV-Karte 15/3

*Oben: Almhütten auf der Hintereggalm*
*Links: Kapelle auf der Hintereggalm*
*Links unten: Der Gipfel des Nazogls*
*Unten Mitte: Gämsen am Weg zur Angeralm*
*Unten: Holzreste einer Almhütte auf der Angeralm*

## Almwüstung Angeralm (1895 m), Aiplalm (1700 m)

*Oben: Aiplhütte, umgeben von Alpenampfer*

*Links: Reste einer Almhütte auf der verkarsteten Angeralm*

*Unten: Karstlandschaft im Bereich der Angeralm. Vom Wasser zerfressene Karenfelder prägen diese wilde Szenerie von herber Schönheit. Darin ruhen von Gletschern abgeladene Steinblöcke, so genannte „Gletschertische".*

# Almen im steirischen Salzkammergut

*Historische Übersicht der Almlandschaft im Salzkammergut. Etwas vergrößerter Ausschnitt aus L. Ravenstein: „Karte der Salzburger-Alpen und des Salzkammergutes". Maßstab: 1:250.000, Erscheinungsjahr 1886. Die Karte ist in Segmenten auf Leinen aufgezogen.*

Der Name dieser vielfältigen Landschaft verrät bereits, dass das Salz eine dominierende Rolle in deren Geschichte gespielt hat. Das Salzkammergut lebte über Jahrtausende vom Salz. Bergbau und Saline beeinflussten die Natur, die Wirtschaft und das Leben der Bewohner nachhaltig. Der große Holzbedarf erzwang eine Einschränkung der privaten Waldnutzung. Bereits im Mittelalter und zu Beginn der Neuzeit erließ der Landesfürst als Eigentümer von Bergbau und Wäldern Verordnungen zum Schutz des Waldes. Der Salzbergbau führte zu einer relativ hohen Bevölkerungsdichte und einer Art Nebenerwerbsbauerntum. Dieses konnte die Region jedoch nicht vollständig mit Nahrungsmitteln versorgen.

# Gemeinde Tauplitz

*Almen im Bereich von Tauplitz*

*Auf ca. 1:75.000 vergrößerter Ausschnitt aus der „Karte des Königreichs Illyrien und des Herzogthums Steyermark". Von dem Kaiserlich Königlich Österreichischen Quartiermeisterstabe 1818 Maßstab 1:144.000.*

Im Bereich der heutigen Tauplitzalm sind in der Karte aus dem Jahr 1818 die *Krennalm*, die *Moosalm* und die östlich davon gelegene *Steyrersee-Alm* zu finden.

Beinahe 80 Jahre später finden wir auf der kolorierten Landkarte zusätzlich noch die *Lopern-*, die *Ross-*, die *Gras-*, die *Mitterplass-*, die *Pichl-* und schließlich die *Tauplitzalm.* Damals bekam die Almregion um den Schneiderkogel die Sammelbezeichnung *Tauplitzalm.* Auf dieser Alm wurden nun die Hüttstätten mit ihren Namen genannt.

*Almen im Bereich von Tauplitz um 1894. Ausschnitt aus der „Karte des Salzkammergutes", Blatt II. Wien 1894, Maßstab 1:75.000*

Rückblick: Die Gruben des Almgebietes, in denen auch einige kleine Seen liegen, sind klimabedingt natürlich waldfrei. Darin bilden sich so genannte „Urweiden". Wahrscheinlich wurden diese schon - wie die Weiden auf dem Dachsteingebirge - in urgeschichtlicher und in römischer Zeit genutzt.

Archäologische Forschungen erscheinen aber auf Grund der starken Zersiedelung und der massiven Erdbewegungen für den Pistenbau wenig Erfolg versprechend. Historische Aufzeichnungen belegen die Almwirtschaft auf der Tauplitzalm im Spätmittelalter. Auf der Krennalm konnten mehrere Keramik-

## Tauplitzalm

bruchstücke der alpinen, dunklen und glatten Ware aus dem Spätmittelalter mit der Armbrust als Töpfermarke aufgesammelt werden. Die Tauplitzalm wurde sehr früh für den Wintersport erschlossen. Große Schneemengen und die Weiten des Toten Gebirges dahinter zogen sowohl Schifahrer als auch Tourengeher an. Die wirtschaftliche Bedeutung verlagerte sich von der Almwirtschaft zur Tourismuswirtschaft. Die Nachhaltigkeit dieses Wirtschaftszweiges ist ein wichtiges Ziel.

*Tauplitzalm um 1910, sw. Foto von J. Kain. (Slg. Hänsel)*

*Tauplitzalm 2001*

*Tauplitzalm 1998. Das frühere Almgebiet wurde für den Tourismus erschlossen.*

## Tauplitzalm

## Tauplitzalm

*Losenbauerhütte 2001, die letzte alte Almhütte mit Sennerei*

*Schwärmerisch schreibt Josef Rabl in seinem 1883 erschienenen Salzkammergutführer: „Wegen seiner schönen Almen und Seekessel verdient dieses Gebirge den interessantesten Theilen des Todtengebirges beigezählt zu werden. Es ist ein der Wüste des Todtengebirges vorgelagerter, mit Seespiegeln und üppiger Vegetation reich geschmückter Garten, der Grossartiges und Liebliches in seltener Weise vereinigt. Seine herrlichen Matten sind belebt von zahlreichen Sennhütten, deren Reinlichkeit und Nettigkeit auf's Angenehmste überrascht."*

*Die Tauplitzalm wurde schon früh zu einem Schisportzentrum. In der ersten Hälfte des vorigen Jahrhunderts begnügten sich die Wintersportler damit mit Tourenschiern hinaufzuwandern und von der Schutzhütte aus die umliegenden Berge ohne mechanische Aufstiegshilfen zu besteigen.*

In der zweiten Hälfte des 20. Jahrhunderts ergriff der Massentourismus zunehmend Besitz von vielen Almen. Besonders für den Wintersport wurden Hotels, Straßen, Lifte und sogar künstliche Beschneiungsanlagen errichtet. Im Sommer, wenn der Schnee die Landschaft nicht bedeckt, wird die Umgestaltung der Natur deutlich. Diese Entwicklung betrifft aber nicht alleine die Tauplitzalm, die hier stellvertretend für ähnliche intensive Aufschließungsmaßnahmen herangezogen wurde.

Überall, wo eine Straße hinführt, wird früher oder später die alte Almhütte einem komfortablen Haus weichen müssen. Es ist in den Alpen keine Seltenheit mehr, dass in so genannte *Almhütten* ein Hallenbad und eine Sauna eingebaut werden. Der Eigentümer oder auch der Gast, so sagt man, verlange nach diesem Luxus. Man muss mit dem Auto bis vor die Hüttentür fahren können, damit man die Koffer mit all dem Luxus vom Tal nicht zu weit zu tragen braucht. Die Natur auf der Alm soll so wie im Tal wirtschaftlich genützt werden.

## Lopernalm (1540 m), Steirerseealm (1550 m), Krennalm (1500)

*Nach G. Göth wurden um 1843 auf diese Alm mit 22 Hütten 140 Kühe aufgetrieben.*

*Die Lopernalm, gesprochen wird dieser Name „Loweanaralm", ist von der Straße zur Tauplitzalm zu sehen. Der Name ist slawisch-romanischen Ursprungs und bedeutet so viel wie „Alpe" und „Alm".*

*Steirerseealm am Fuße des Sturzhahns. Auch hier werden viele der traditionellen Almhütten komfortabel ausgebaut.*

*Krennalm um 1910, sw. Foto von J. Kain. Vor der Hütte stehen mehrere Bergschecken. Über diese inzwischen ausgestorbene Rasse schreibt G. Göth 1843: „Der Schlag des Rindviehes ist, bedingt durch die steilen und hohen Alpen, klein, von Farbe rothbraun und weiß." (Slg. Hänsel)*

*Steirerseealm um 1900, Kolorierte Ansichtskarte. (Slg. Schlechta)*

# Gemeinden Bad Mitterndorf und Pichl-Kainisch

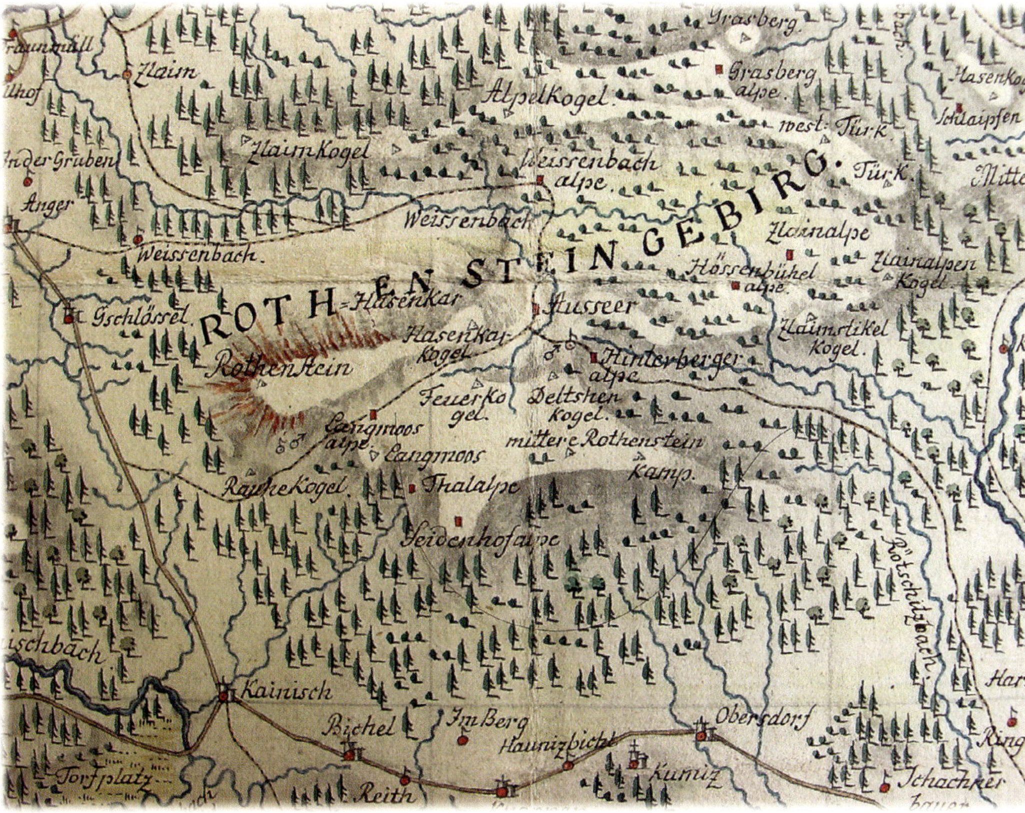


*Die Almen auf dem Feuerkogel (1632 m) um 1780 . Ausschnitt aus: „Charte vom Salzkammergut Aussee, im Lande Obersteyer", von Michael Kefer , K. K. Mapier von Hallstatt. (StLA)*

<u>Rückblick:</u> Keramikscherben aus dem Spätmittelalter belegen die Almwirtschaft auf dem Feuerkogel. 1755 wurde die Almordnung der Tal- und Seidenhofalm von 1683 wegen Streitigkeiten der 20 Auftriebsberechtigten erneuert.

<u>Waldtomus von 1760:</u> Auf der Langmoosalm standen 12 Hütten. 33 Rinder durften dort weiden. Auf der Tal- und Seidenhofalm waren 135 Rinder erlaubt. Hier wurde sogar der Schweineauftrieb geregelt. Eine halbe Hube durfte 4, eine Viertelhube 2 Schweine auftreiben. Auf die Zleimalm trieben 10 Bauern 101 Rinder.

G. Göth schreibt 1843 über die Almen von Mitterndorf: *Die Zahl der Viehalpen ist sehr bedeutend, nämlich die Raß-, Mitter-, Fahrnrin-, Rothmoos-, Deltschen-, Zlaim-, Rechentrett-, Klausgraben-, Schwarzacker-, Riesen- und Laueralpe, auf welche in Summe 45 Hütten und 348 Kühe sich befinden.*

In der Steuergemeinde Pichl befanden sich um 1830 auf der Langmoosalm 12 Hütten für 40 Kühe, auf der Talalm 8 Hütten für 40 Kühe, auf der Seidenhofalm 13 Hütten für 70 Kühe, auf der Steinitzenalm 2 Hütten für 20 Kühe, auf der Goseritzalm 11 Hütten für 75 Kühe, auf der Schreiberinalm 3 Hütten für 28 Kühe und auf der Finitzalm 10 Hütten für 60 Kühe. <u>Bewirtschaftungsart:</u> Galtviehalmen

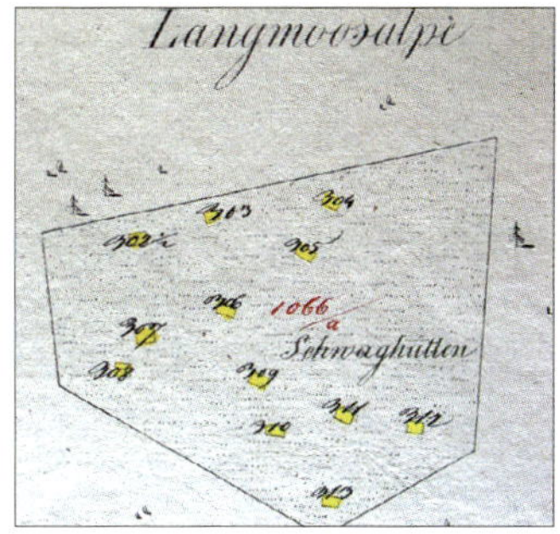


*Ausschnitt aus dem Franziszeischen Kataster von 1824 (StLA)*

## Seidenhofalm (1560 m), Totes Gebirge

*Seidenhofalm um 1890, gezeichnet von Friedrich Simony. Der große Geograph und Dachsteinforscher Simony verbrachte seine letzten Bergsommer auf dieser Alm. (DG 1895)*

*Seidenhofalm, 1998 vom Flugzeug aus fotografiert. Zu erkennen sind die Fundamentreste früherer Hütten.*

*Die herrliche Seidenhofalm im Herbst 2001. Im Hintergrund Almhütte mit Rastplatz für den müden und hungrigen Wanderer.*

## Langmoos- und Talalm (1510 m)

*Langmoosalm*

*Talalm. Eine neue Hütte wird gebaut. Betonierte Unterkellerungen sind nun auch auf der mit Güterwegen erschlossenen Alm möglich.*

*Talalm mit ihren „hohen" Hütten*

## Matlhalt (1100 m), Totes Gebirge

*Halt oberhalb des „Steinwandlerbauern". Die „hohe" Hütte auf dieser Weide weist vielleicht auf eine frühere Verwendung als Alm hin.*

*Die Matlhalt dient heute als Schafweide.*

*Zleimalm. Ausschnitt aus der Forstkarte der Kainisch Forste von 1845*

## Zleimalm (1350 m), Totes Gebirge

*Zleimalm vom Flugzeug aus gesehen. Die Alm liegt in einem versumpften Tal und wird von Bad Mitterndorf aus bewirtschaftet.*

*Zleimalm mit den „hohen" Hütten, 1985. Diese Bauweise wurden vor 200 Jahren vom Landesfürsten verordnet, da man glaubte damit Holz sparen zu können.*

*Zleimalm. Die „hohen" Hütten hatten auch Nebengebäude. Wasser- oder auch Feuerhütten und Sautrempel standen in ihrer Nähe.*

## Knödelalm (801 m) und Steinitzenalm (980 m)

*Die „Knödelalm" bei Bad Mitterndorf ist ein Beispiel der modernen alpinen Gastromonie, die sich uriger Namen bedient. Wenn auch keine Milchwirtschaft betrieben wird, so kann man hier eine ausgezeichnete bodenständige Küche genießen.*

*Steinitzenalm. Auf dieser Alm wird wieder eine Sennerei betrieben. Steirerkäse und Butter aus eigener Produktion bietet die Jausenstation ihren Gästen an. Darunter sind viele Mountainbiker, da eine Radroute hier vorbeiführt. Bild darunter: Ausschnitt aus dem Franziszeischen Kataster von 1824. (StLA)*

## Goseritzalm (1419 m) und Finitzalm (1597 m)

*Goseritzalm. Dieser Name leitet sich vom slawischen Wort „gozdavica" ab und bedeutet „wo die Holzfäller hausen". Ausschnitt aus der Forstkarte der Kainisch Forste von 1845. Die Almböden sind mit grüner Farbe gekennzeichnet. Die Gemeindegrenze war zugleich auch Forstgrenze.*

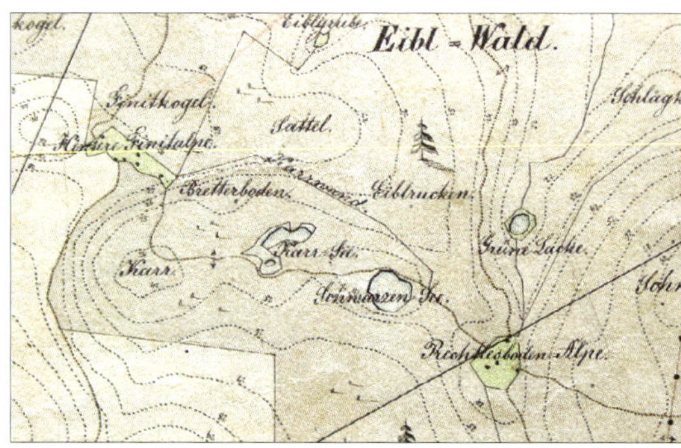


*Finitzalm. Ausschnitt aus der Forstkarte der Kainisch Forste von 1845. Die inzwischen gänzlich verfallene Perchtelsbodenalm ist in diesem Kartenausschnitt zu sehen.*

*Hintere Finitzalm 1984*

*Die Almhütten sind inzwischen verfallen.*

# Bad Aussee mit der Katastralgemeinde Strassen

Die Almen auf dem Zinken. Ausschnitt aus der „Specialkarte des österreichischen Alpengebietes". 1880. Maßstab: 1:75.000

Rückblick: Im Groß- und im Kleinkar konnten Spuren römischer Almwirtschaft nachgewiesen werden. Dabei handelt es sich um einen Siedlungsplatz, aus dem eine Probe Holzkohle für eine Radiokohlenstoff-Datierung entnommen wurde. Beinahe auf jeder der hier vorgestellten Almen konnten Keramikscherben von altem Geschirr und Kochtöpfen aufgesammelt werden, die bis zurück in das Spätmittelalter datiert werden können.

Waldtomus von 1760: Auf 9 Almen wurden 460 Rinder aufgetrieben. Auf den Almen standen 65 Hütten. Einige der Auftriebsberechtigten übten damals ihr Weiderecht nicht aus und verfügten auch über keine eigene Hütte.

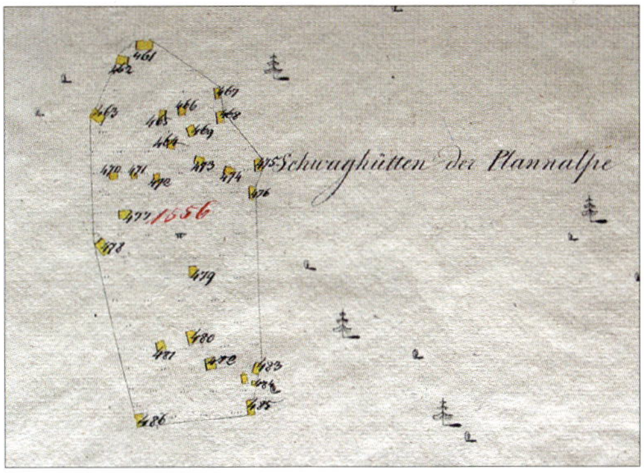


Planeralm. Franziszeischer Kataster von 1824. (StLA)

1843 zählt G. Göth folgende Almen auf: *Zu Viehalpen und zwar als Voralpen werden benützt die Koppentrett mit 12 Hütten und einem Auftrieb von 60 Kühen, Wingegg (Fidl) mit 2 Hütten für 10 Kühe, der Weissenbach mit 30 Hütten für 100 Kühe und 200 Schafe, die Siedlalpe mit 10 Hütten für 50 Kühe, die Gsprangalpe mit 9 Hütten für 40 Kühe. Als Hochalpen die Blann [Planeralm] mit 16 Hütten für 75 Kühe und 100 Schafe, die Mitteralpe mit 9 Hütten für 56 Kühe, die Handleralpe mit 4 Hütten für 13 Kühe, die Herrnalpe mit 9 Hütten für 34 Kühe, die Lahnfriedalpe mit 6 Hütten für 28 Kühe und 30 Schafen, die vordere Deltschen mit 4 Hütten für 30 Kühe, das Langmoos mit 10 Hütten für 52 Kühe und 40 Schafe. Auf dem Koppenkar weiden 5 Ochsen.*

Planeralm. Flugaufnahme 1998

## Planeralm (1663 m), Handleralm (1650 m)

*Planeralm mit den für das Ausseer Land typischen „hohen" Hütten*

*Planeralm. Nicht nur die schönen Ansichten sollen gezeigt werden. Müll darf einfach nicht in eine Doline entsorgt werden. Hier geht es um die Qualität des Trinkwassers im Tal.*

*Handleralm 1984. Auf den Almen um den Zinken werden die Almhütten sehr aufwändig gepflegt und viele Neubauten sind zu sehen. Das Weidevieh nimmt jedoch ab. Eine Wiederbelebung der Sennerei wäre wünschenswert.*

## Herrenalm (1421 m)

*Herrenalm 1984. Inzwischen wurde eine neue Almhütte errichtet.*

*Herrenalm 1984. Die „hohe" Hütte hat ebenerdig den Stall und im Stock darüber den Wohnbereich mit Herd und Schlafplatz.*

Alle Almen um den Zinken liegen im Waldbereich und viele der jetzigen Hüttstätten sind durch Rodung geschaffen worden. Nur in waldfreien Gruben lagen die begehrten Urweiden.

## Gsprangalm (1446)

*Gsprangalm, Blockbau ohne Verschalung*

*Die meisten der „hohen" Hütten sind mit einer Verschalung aus Brettern und Schindeln versehen. Dieser Blockbau ist an die 200 Jahre alt.*
*Die Blockwände verband man durch einfaches einseitiges Verkämmen und Verschränken, wobei die rund belassenen Stämme abwechselnd übereinander gelegt wurden.*

<u>Besitzer:</u> Servitutsalmen
<u>Bewirtschaftungsart:</u> Galtviehalmen
<u>Bewirtschaftungszeit:</u> Juni bis Anfang September
<u>Wandervorschlag:</u> Vom Ödensee zur Planeralm. Nur für *Pfadfinder.* Wegzeit 3 Stunden. Wir suchen den alten Almweg und gehen deshalb zuerst auf der Forststraße mit offenen Augen bis zu einer passenden Abzweigung. Unser erstes Ziel ist die Sillalm. Kurze Zeit später erreichen wir die Gsprangalm und die Handleralm. Von dort noch eine halbe Stunde bis zum Hüttendorf der Planeralm. Für den Rückweg können wir vom Zinken den steilen, aber markierten Steig nach Unterkainisch bei Bad Aussee wählen.
<u>Karte:</u> Österreichische Karte, Blatt 96

## Großes Kar (1350 m), Landfriedalm (1380 m), Neualm (1610 m)

*Großes Kar mit Unterstandsstall für das Galtvieh*

*Neualm 1980. Die 1997 sanierte Almhütte liegt genau auf der Landesgrenze zwischen der Steiermark und Oberösterreich. Sie ist Ersatz für die verfallene Bärenlackenalm. Auftriebsberechtigt ist der Höllwirt in Obertraun.*

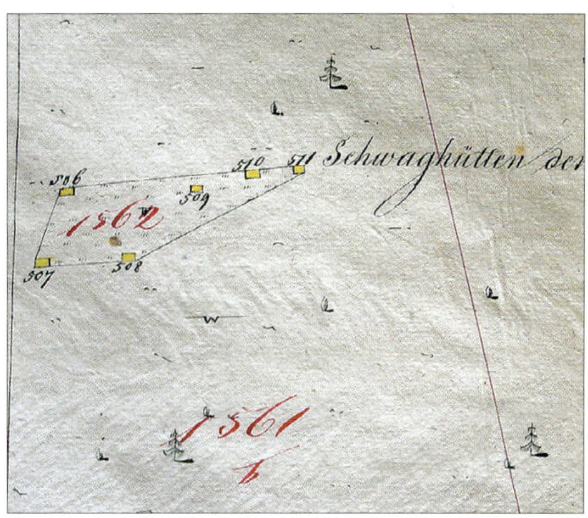


*Landfriedalm. Ausschnitt aus dem Franziszeischen Kataster von 1824. (StLA)*

# Gemeinde Grundlsee

Übersichtsdarstellung der Almen um Grundlsee und Altaussee. Ausschnitt aus: „Das Salzkammergut in Oberösterreich". Jac. Jos. Pauliny. Wien 1855.

Rückblick: Urgeschichtliche Streufunde aus der späten Bronzezeit von der Lackenalm und vom Wildensee belegen zumindest eine 3000 Jahre zurückreichende Begehung der Almregion um Grundlsee. Auf vielen Almen konnten Keramikbruchstücke aufgesammelt werden, die sich in das Mittelalter und vor allem in die Neuzeit datieren lassen.

Waldtomus von 1760: Auf 15 Almen weideten 603 Rinder. Für die Bewirtschaftung der Almen standen 202 Hütten zur Verfügung.

Georg Göth schreibt 1843 über die Berge um Grundlsee: *Dieses Kalkgebirge ist durchaus kahl, zerrissen, voll von Klüften und Löchern. Nur in den Tiefen, wo die Alpen liegen, gibt es grüne Flächen. Der übrige Theil wird selten betreten, und Steinhäufen (Tauben) leiten den Jäger in der rechten Richtung.*

An Almen erwähnt er: *Vor- und Niederalpen sind die Zimitzalpe mit 9 Hütten für 44 Kühe und 58 Schafe, die Vorderbachalpe mit 32 Hütten für 135 Kühe und 158 Schafe, die Salzaalpe mit 33 Hütten für 176 Kühe und 193 Schafe, die Schneggenalpe mit 16 Hütten für 53 Kühe und 97 Schafe, die Schlaipfenalpe mit 5 Hütten für 32 Kühe und 32 Schafe, und die Lahnergruben mit 4 Hütten für 18 Kühe und 35 Schafe. Hochalpen sind die Schoberwiesalpe mit 14 Hütten für 61 Kühe und 122 Schafe, die Brunnwiesalpe mit 16 Hütten für 71 Kühe und 80 Schafe, die Henaralpe mit 23 Hütten für 90 Kühe und 132 Schafe, die Breitwiesalpe mit 7 Hütten für 40 Kühe und 87 Schafe, die Gößlalpe mit 13 Hütten für 53 Kühe und 92 Schafe, die Langgangalpe mit 4 Hütten für 23 Kühe und 38 Schafe, die Nöstenalpe für 15 Kühe und 21 Schafe, die Blankeraualpe mit 18 Hütten für 109 Kühe und 136 Schafe, und der Großberg mit 3 Hütten für 18 Kühe und 36 Schafe.* Zusammen sind dies 15 Almen mit 938 Kühen, 1317 Schafen und 197 Hütten. Die Bezeichnung *Kühe* ist nicht ganz exakt, da in dieser Zahl auch das Jungvieh enthalten ist. In der Gesamtsumme der Weidetiere sind die Nieder- und Hochalmen zusammengezählt worden. Dies bedeutet, dass weniger als 938 Rinder gleichzeitig auf den Almen weideten. Wenn wir die Zahlen mit dem Waldtomus vergleichen, erkennen wir die beachtliche Differenz.

Wenn wir die Hütten der Niederalmen aus dem Waldtomus addieren, so erhalten wir 80 Hütten. Diese Zahl stimmt weitgehend mit der Zahl der Auftriebsberechtigten überein. Diese hielten 603 Rinder auf den Almen. Im Schnitt hält ein Auftriebsberechtigter somit 7 bis 8 Rinder.

## Vordernbachalm (1129 m)

*Blick von der Gößler Wand über den Grundlsee gegen das Dachsteingebirge*

*Auf der Vordernbachalm standen um 1850 33 Hütten, die dazugehörende Neusteinalm hatte 2 Hütten. Auf der Lahngangseealm standen 5 Hütten. Ausschnitt aus der „Karte der Almen im steirischen Salzkammergut", um 1850. (StLA)*

*Vordernbachalm. Heute ist das rege Treiben, das hier im 19. Jahrhundert herrschte, völlig verschwunden. Keine Musik erklingt mehr. Keine Sennerin ruft mehr nach dem Almvieh.*

## Vordernbachalm (1129 m), Neusteinalm (1650 m)

Vordernbachalm um 1890. Auf diesem sw. Foto sehen wir noch das einstige Hüttendorf. (LMT)

Neusteinalm, die Hochalm der Vordernbachalm, 2002. Heute vermodern die letzten Holzreste der Almhütten. (Foto G. Graf)

Ausschnitt aus dem Franziszeischen Kataster von 1824. (StLA)

## Lahngangalm (1494 m), Henaralm (1596 m)

Lahngangalm beim Lahngangsee, 1982

Henaralm. Diese Alm gehörte zu den größten Hochalmen im Toten Gebirge. Keramikfunde an der Quelle dieser Alm sprechen für eine intensive Bewirtschaftung bereits im Spätmittelalter. Gleich oberhalb der Alm steht das Albert-Appel-Haus, das in den Sommermonaten bewirtschaftet ist.

**Schoberwiesalm (1704 m), Brunnwiesenalm (1581 m), Breitwiesenalm (1619 m), Zimitzalm (983 m)**

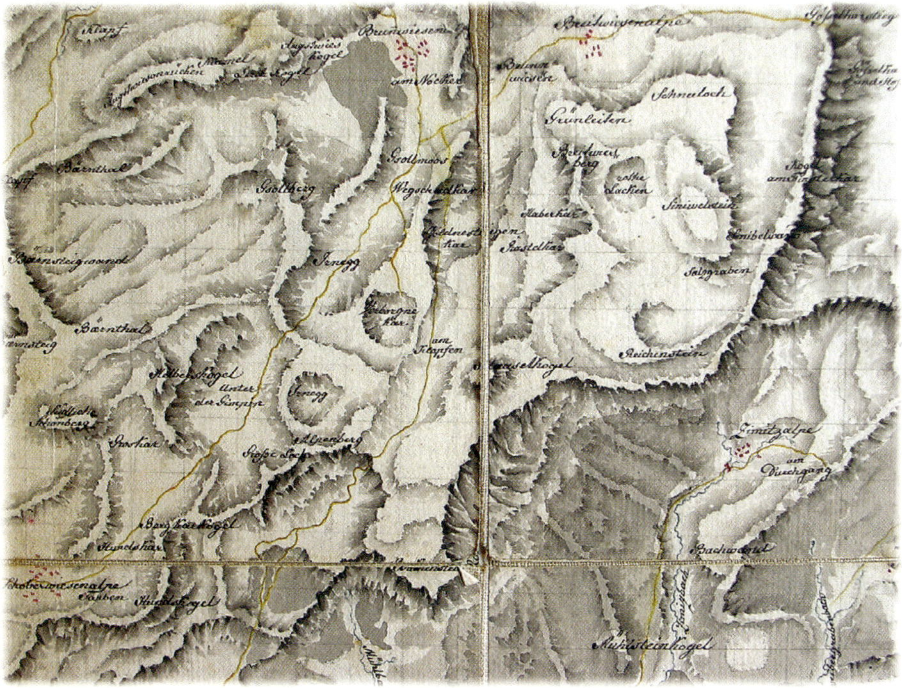


*Schoberwies-, Brunnwiesen-, Breitwiesen- und Zimitzalm mit ihren Hütten. Ausschnitt aus der „Karte der Almen im steirischen Salzkammergut", um 1850. (StLA)*

*Brunnwiesenalm (beide Abbildungen)*

*Breitwiesenalm (beide Abbildungen)*

## Brunnwiesenalm (1581 m)

*Almrausch auf der Brunnwiesenalm*

*Brunnwiesenalm. Alter „Trempel“ (Stall), der heute noch als Unterstand für das Galtvieh dient. Die Hütte wurde in einfacher Blockbauweise gezimmert. Das Dach ist steil und die Schindeln wurden nicht gelegt, sondern bereits genagelt.*

## Salzaalm (1100 m), Henaralm (1596 m)

*Salzaalm um 1850. Ausschnitt aus der „Karte der Almen im steirischen Salzkammergut“. Auf dieser Alm gab es damals 32 Almhütten. (StLA)*

*Henaralm. Kleiner „Sautrempel“ (Stall für ein Schwein)*

Besitzer: Servitutsalmen
Bewirtschaftungsart: Galtviehalmen
Wandervorschlag: Von Gößl auf die Vordernbachalm. Wegzeit 3 Stunden. Wir gehen von Gößl auf dem steilen, markierten Steig Richtung Pühringerhütte bis zur Forststraße, der wir nun nach rechts bis zur Vordernbachalm folgen. Hier können wir eine Runde um die Almwiese wandern. Im hinteren Bereich der Alm liegt etwas versteckt ein Denkmal für einen hier verstorbenen Ballonfahrer. Der durch die Almwiese fließende Bach ermöglichte es wohl, dass hier auf dieser grünen Insel einst eine so große Alm angelegt werden konnte.
Karte: Österreichische Karte, Blatt 97

## Gemeinde Altaussee

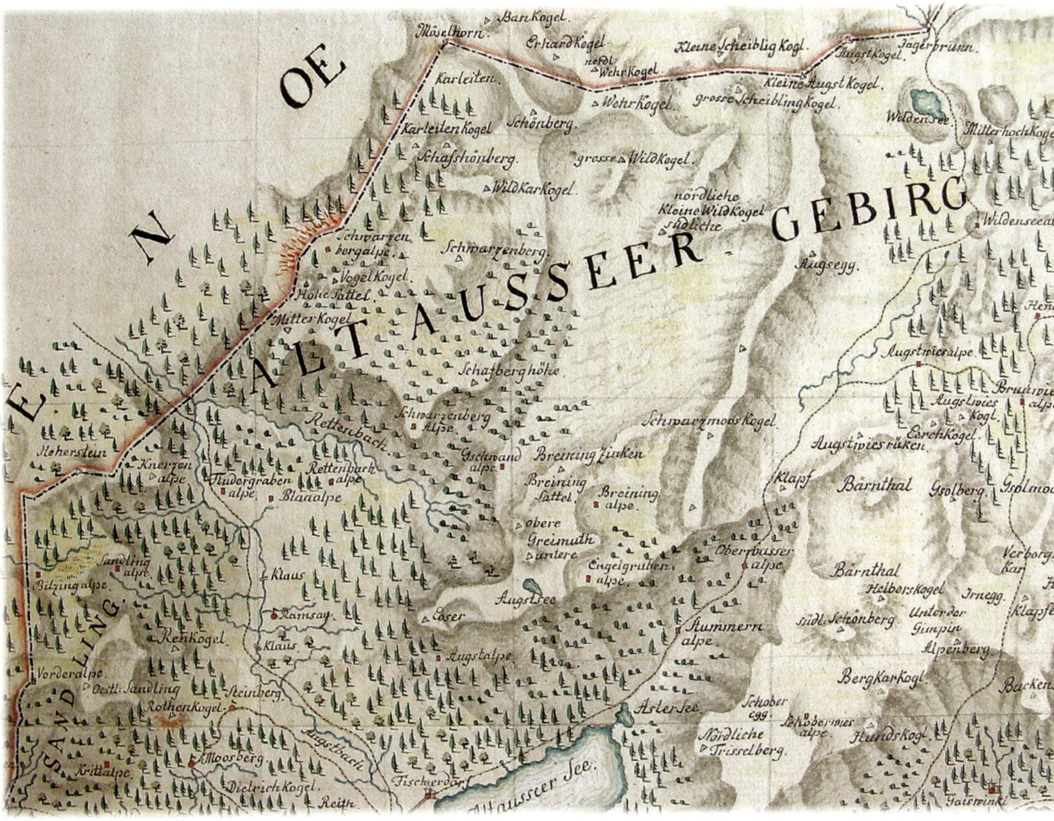


*Die Almen nördlich von Altaussee. Ausschnitte aus: „Charte vom Salzkammergut Aussee, im Lande Obersteyer". Karte von Michael Kefer, K. K. Mapier von Hallstatt. Kopie von 1780. (StLA)*

Rückblick: Die Geschichte der Almen von Altaussee reicht bis in die Urgeschichte zurück. In der Nähe des Wildensees wurde vor mehr als 100 Jahren eine Fibel aus Bronze gefunden. Die nächsten Spuren einer Benützung der Almen stammen erst aus dem Mittelalter. Dabei handelt es sich um Keramikbruchstücke, die beinahe auf jeder der Almen gefunden werden konnten.
Waldtomus von 1760: Auf 14 Almen mit 159 Hütten wurden 783 Rinder aufgetrieben.

G. Göth schreibt 1843: *Niederalmen sind die Rettenbachalpe mit 28 Hütten für 103 Kühe, die Blahalpe mit 24 Hütten für 130 Kühe, die Vludergrabenalpe für 40, die Krittalpe für 32, die Stummalpe für 23 und die Oberwasseralpe für 34 Kühe und 30 Schafe, Hochalpen sind die Sandlingalpe mit 18 Hütten für 86 Kühe und 100 Schafe, die Schwarzenbergalpe mit 14 Hütten für 110 Kühe und 110 Schafe, die Schafbergalpe für 20 Kühe, die Gschwandtalpe mit 15 Hütten für 84 Kühe und 100 Schafe, die Augstalpe mit 9 Hütten für 24 Kühe und 120 Schafe, die Elmgruben mit 5 Hütten für 25 Kühe und 30 Schafe, die Preiningalpe mit 12 Hütten für 80 Kühe und 94 Schafe, und die Augstwiesen mit 32 Hütten für 102 Kühe und 115 Schafe, die Wildenseealpe mit 18 Hütten für 107 Kühe und 104 Schafe. Ochsenweideplätze sind: Woissing, Schafberg, Bernthal, Grünbühel, Feigenthal, Ramsaukogel, Hirschkar und Roßkogel u. a. m. worauf im Ganzen 91 Ochsen weiden. Das Alpenvieh kommt außer der hier vorliegenden Gemeinde auch aus Reitern.* Göth zählt wie auch in der Gemeinde Grundlsee 15 Almen, auf die man 990 Kühe, 91 Ochsen und 803 Schafe trieb. Insgesamt führt Göth 145 Hütten an. Da er für 5 Almen keine Angaben zur Anzahl der Hütten macht, wird es davon in Summe wohl noch mehr gegeben haben als die im Waldtomus genannten. Wir erhalten durch diese alten Daten eine Ahnung von der Intensität der früheren Almwirtschaft im Toten Gebirge.

## Blaa-Alm (894 m)

Blaa-Alm 1864. Fotografiert von F. M. v. Hohenlohe. (LMT)

Blaa-Alm 1908. (Slg. Hänsel)

Blaa-Alm 2001. Heute bevölkern zahlreiche Touristen die Alm. Die Freizeitanlage mit ihrem schönen Bergpanorama lockt Spaziergeher und Mountainbiker gleichermaßen an. Zum Glück wird versucht durch einen Parkplatz den Autoverkehr etwas fern zu halten.

## Rettenbachalm (843 m)

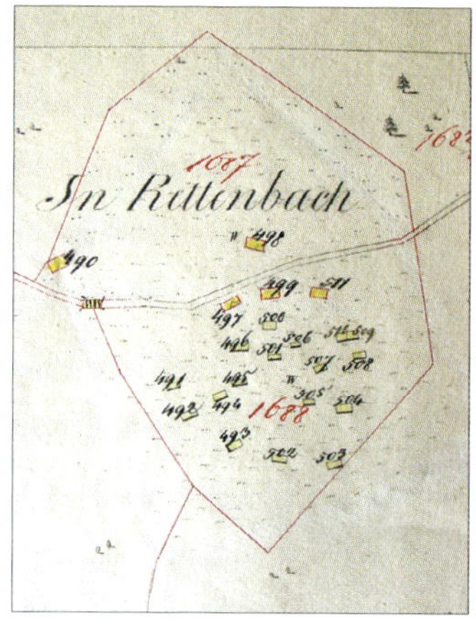


Ausschnitt aus dem Franziszeischen Kataster von 1824 (StLA)

Rettenbachalm, Kainhütte. Die „hohe" Hütte wurde um 1800 gebaut.

Rettenbachalm, Kainhütte.
Die offene Herdstelle über dem Stall im Inneren der Hütte erforderte besondere Sorgfalt, um einen Hüttenbrand zu vermeiden. Der Rauch zog ohne Kamin ab.

Rettenbachalm, Kainhütte.
Hinter der Stube mit dem Herd befinden sich der Kasten (Keller) und der winzige Schlafraum, in den gerade ein kleines Bett hineingezimmert werden konnte.

## Fludergrabenalm (950 m)

Fludergrabenalm um 1910. (LMT)

Fludergrabenalm 2001. Nur wenige Hütten stehen noch.

## Ausseer Sandlingalm (1250 m)

Ausseer Sandlingalm. Karl Pinser, um 1860. (Slg. Gaisberger)

Sandlingalm

Wandervorschlag: vom Altausseer Salzbergwerk zu den Sandlingalmen
Wegzeit: 4 Stunden
Ziele unserer Wanderung sind die Ausseer und die Vorder-Sandlingalm bei der Lambacherhütte im Land Oberösterreich. Diese Wanderung führt durch eine malerische Landschaft mit wunderschönen Ausblicken.
Karte: Österr. Karte, Blatt 96

*Die Ausseer Sandlingalm liegt auf der Nordostseite des Sandlings (1717 m), des Salzbergs von Aussee. Von der Alm sieht man hinüber zum Loser (1837 m).*

## Schwarzenbergalm (1368 m)

*Ausschnitt aus dem Franziszeischen Kataster von 1824. (StLA)*

*Schwarzenbergalm 1864. Fotografiert von F. M. v. Hohenlohe. (LMT)*

*Schwarzenbergalm 1980. Im Almgebiet steht heute die Ischler Hütte, die während der Sommermonate bewirtschaftet ist. Zu dieser Alm wurde früher das Vieh vom Rettenbach über den schwierigen und ausgesetzten „Naglsteig" getrieben. Dies war nur mit den leichten Bergschecken möglich.*

## Gschwandalm (1492 m)

*Gschwandalm Ausschnitt aus dem Franziszeischen Kataster von 1824 (StLA)*

*Gschwandalm*

*Die Gschwandalm liegt hinter dem Bräuningzinken und war die Hochalm zur Rettenbachalm. „Pfadfinder" können diese Alm vom Loserparkplatz (1600 m) aus erreichen. Man geht zunächst zur Bräuningalm, folgt dem Steig zum Schwarzmoossattel und weiter in einem Bogen nach Westen zur Gschwandalm.*

## Augstalm (1368 m)

*Augstalm mit Blick zum Dachsteingebirge*

*Namen mit der Silbe „Augst-" wie „Augstalm" könnten von der römischen Bezeichnung „Augusta" stammen. Augustus war ein Titel der römischen Kaiser. Die römerzeitliche Bergbausiedlung am Michlhallberg an der Südseite des Sandlings und die vielen Streufunde beweisen eine rege Tätigkeit der Menschen während der Römerzeit in dieser Region. Auf den Almen des Toten Gebirges konnte bisher kein römerzeitlicher Fund nachgewiesen werden. Intensive Feldforschungen könnten diese Lücke schließen. Links: Der Brunnen der Augstalm um 1930, fotografiert von J. Kain. (Slg. Hänsel). Oben: Der Brunnen 2001*

## Eglgruben-Alm (1560 m), Bräuningalm (1607 m)

*Eglgruben-Alm. Die Alm ist am Rande der Weißen Wand zum Altausseer See gelegen.*

*Bräuningalm. Viele Rinder weiden noch auf dieser Alm, darunter auch freundlich exotische Hochlandrinder.*

## Augstwiesenalm (1415 m)

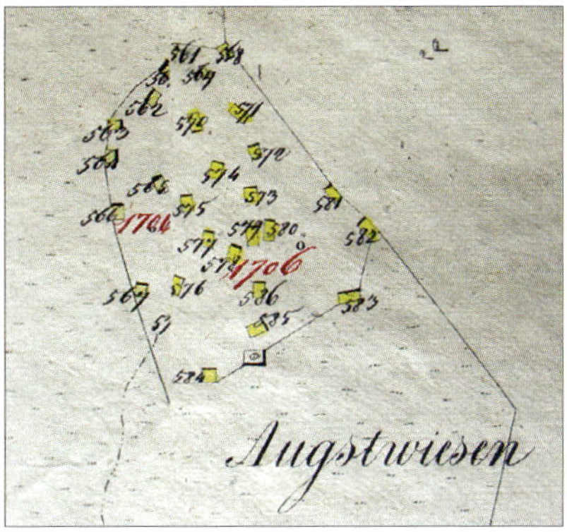


*Ausschnitt aus dem Franziszeischen Kataster von 1824. (StLA)*

*Augstwiesenalm 2001*

*Augstwiesenalm. Noch immer besteht auf der Augstwiesen ein Hüttendorf mit über 20 Hütten, das liebevoll gepflegt wird. Jungvieh weidet in den Gruben dieser Alm. Von hier ist es nicht mehr weit zur Henar- und Wildenseealm, die etwas höher liegen. Auch dort herrscht ein reges Treiben.*

## Wildenseealm (1525 m)

*Ausschnitt aus dem Franziszeischen Kataster von 1824. (StLA)*

*Wildenseealm 1982*

*Herbst auf der Augstwiesen. Rechts im Hintergrund sieht man den „Redenden Stein" (1900 m). Die Weiden sind so genannte „Urweiden", die, klimatisch bedingt, seit jeher für Wild und Vieh Nahrung boten. Die Hüttstatt der Augstwiesenalm ist jedoch gerodet worden. Sie liegt am Randbereich der wertvollen Weide.*

# Almen im Oberösterreichen Salzkammergut

*Der oberösterreichische Teil des Dachsteingebirges. In diese, für die damalige Zeit sehr genaue Karte, wurden beinahe alle Almen eingezeichnet. Auszug aus der „Karte des Erzherzogthums Österreich ob und unter der Enns". K. K. General - Quartiermeister Stab. Aufgenommen zwischen 1809 und 1819. Ausgabe Wien 1843. Maßstab 1:144.000*

# Marktgemeinde Bad Goisern

## Vordere Sandlingalm (1350 m)

Rückblick: Am Fuße der *Vorderen Sandlingalm* wurde in der Römerzeit Salz abgebaut. Dass damals schon Weidewirtschaft auf diesen Weiden betrieben wurde, scheint sehr wahrscheinlich. Einen archäologischen Nachweis gibt es für diese Zeit aber noch nicht. Mit der bäuerlichen Binnenkolonisation im 11./12. Jahrhundert beginnt die uns bekannte Almwirtschaft auf diesen Almen.

Besitzer: Servitutsalm, 8 Berechtigte
Bewirtschaftungsart: Galtviehalm, Jausenstation
Bewirtschaftungszeit: Ende Juni bis Anfang September
Karte: Österreichische Karte, Blatt 96

*1920 ereignete sich ein Bergsturz, bei dem ein Felsturm von der Westwand des Sandlings zusammenbrach und mehrere Almhütten verschüttete. Die Almleute konnten sich und das Vieh, gewarnt durch den vorangehenden Steinschlag, noch rechtzeitig auf die andere Hangseite der Alm retten. Foto J. Kain. (Slg. Hänsel)*

*Vordere Sandlingalm. Die Almhütte mit stabilen „Dachbäumen" anstatt dünnerer Dachsparren hält einer hohen Schneelast Stand.*

*Vordere Sandlingalm mit Blick auf den Sandling (1717 m)*

*Vordere Sandlingalm. Hier wird der alte Brauch des Vogelfangs noch geübt. Laut Naturschutzgesetz müssen diese schönen Vögel aber bald wieder freigelassen werden!*

## Sarsteinalmen (1800 m)

Rückblick: Auf dem Sarstein gab es einstmals drei Almen, und zwar die *Vordere Sarsteinalm* (1638 m), die *Hohe Sarsteinalm* (1820 m) und die *Niedere Sarsteinalm* (1697 m). Keramikscherben von der Hohen Sarsteinalm lassen sich bis in das Spätmittelalter zurück datieren. Im Servitusregulierungserkenntnis von 1863 wurden 18 Rinder für diese Alm genehmigt.
Bewirtschaftungsart: Schafalm, Jausenstation
Bewirtschaftungszeit: Ende Juni bis Anfang September

*Rechts: Niedere Sarsteinalm mit Dachstein um 1910. (Slg. F. Mandl)*
*Unten: Hohe Sarsteinalm. Friedrich Simony 1863. (DG 1895)*

Die Almen auf dem Sarstein sind der Witterung extrem ausgesetzt. Dies wirkte sich nachteilig auf die Almwirtschaft aus. Auch herrschte Wasserknappheit, deshalb wurden Wasserlacken erweitert und gepflegt. Auf der obigen Abbildung sieht man eine solche Lacke, die mit Holzstämmen eingefasst wurde.

Wandervorschlag: Sarsteinüberschreitung vom Pötschenpass nach Obertraun entlang der Landesgrenze zwischen Oberösterreich und Steiermark. Wegzeit 6 Stunden. Wir folgen immer dem markierten Steig, kommen an allen Almen vorbei und genießen die herrlichen Weitblicke.
Karte: Österreichische Karte, Blatt 96

*Blick von der Hirschaualm über den Hallstättersee zum Sarstein*

## Gemeinde Obertraun

In der Gemeinde Obertraun beginnt die Almregion bereits in 536 m Seehöhe mit der Koppenwinkelalm, wogegen die höchste Alm, die Modereckalm, auf 2002 m Seehöhe liegt. Die Schafweiden reichen dort sogar bis auf 2500 m Seehöhe. Kaum eine Almregion in Österreich weist einen so großen Höhenunterschied und die damit verbundenen Unterschiede in Klima, Fauna und Flora auf.

Rückblick: Die Geschichte der Almen ist in dieser Gemeinde sehr gut erforscht. Schon vor mehr als 100 Jahren wurden Streufunde, Beile und ein Schwert aus Bronze gefunden und mit Skepsis in der Altertumsforschung registriert. Man wollte nicht recht glauben, dass bereits in der Urgeschichte Menschen in hochalpinen Regionen anzutreffen waren. Inzwischen wurden weitere Streufunde bekannt. 1984 fand man im Rahmen der archäologischen Grabung im Gebiet der Lackenmoosalm den ersten spätbronzezeitlichen Hüttenrest. Spätere systematische Begehungen der Almregion von Obertraun ergaben beinahe 20 weitere Siedlungsorte, die der mittleren und späten Bronzezeit angehören. Auch spätrömische Siedlungsspuren konnten nachgewiesen werden.

Mittelalterliche Siedlungsspuren sind ab dem 13. Jahrhundert nachweisbar. Aber erst das Urbar der Herrschaft Wildenstein aus dem Jahr 1700 enthält genauere schriftliche Aufzeichnung über die Almen. Insgesamt lagen 26 Almen im Gemeindegebiet Obertraun, wovon sechs Almen von der Steiermark aus bewirtschaftet wurden.

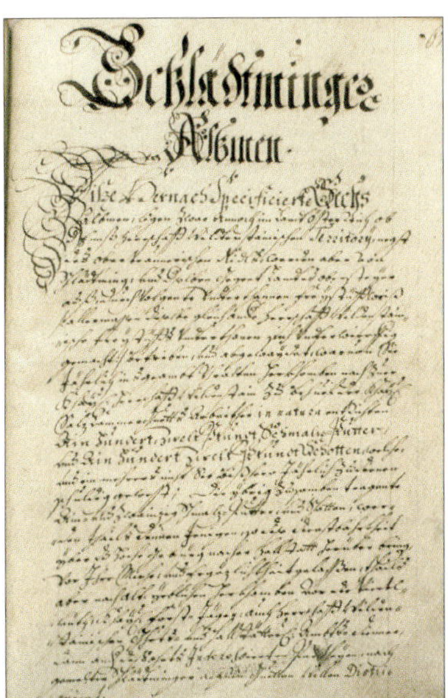

*Auf sechs Almen auf dem „Stein" waren Bauern aus der Steiermark auftriebsberechtigt. Diese Almen nannte man „Schladminger Almen".*

*Urbar der Herrschaft Wildenstein von 1700. (OÖLA)*

## Koppenwinkelalm (536 m)

*Koppenwinkelalm. Mit 536 m Seehöhe ist sie die niederste Alm in dieser Region. (Slg. Hänsel)*

*Die Koppenwinkelalm ist in einer halben Stunde von der Koppenbrücke erreichbar. Eine empfehlenswerte, gemütliche Wanderung ist der Weg entlang der Traun nach Obertraun.*

Wandervorschlag: Von der Koppenwinkelalm zum Altarstein. 6 Stunden Wegzeit und 850 Höhenmeter. Nur für erfahrene Bergsteiger geeignet! Wir gehen zunächst auf dem nicht markierten Weg Richtung Südosten, bis er enger und steiler wird und steigen schließlich die Kehren auf steinigem Pfad - zum Teil mit aus dem Fels gemeißelten Tritten und Stufen - hinauf zu einer Rastbank. Dort liegt ein Schalenstein mit einer großen Schale. Nun wird der Weg allmählich flacher und bald kommen

## Obertrauner Landfriedalm (1345 m)

wir zur Obertrauner Landfriedalm. Von dieser Alm folgen wir weiter dem Steig bis zum Altarstein, wo wir unser Ziel erreicht haben. Der Rückweg erfolgt über den Aufstiegsweg.

*Schalenstein am halben Weg von der Koppenwinkelalm zur Obertrauner Landfriedalm*

*Obertrauner Landfriedalm 1982*

*Obertrauner Landfriedalm 2001*

## Altarstein (1355 m)

*Landfriedalmen. Ausschnitt aus dem Franziszeischen Kataster von 1824. (OÖLA)*

*Altarstein. Dieser mächtige Sturzblock wurde schon im Mittelalter und in der Neuzeit als Grenzstein zwischen Oberösterreich und der Steiermark verwendet. Mehrere eingemeißelte Messzeichen zeugen davon. Den Sennerinnen von der Ausseer und der Obertrauner Landfriedalm diente er als Treffpunkt und Gebetsort.*

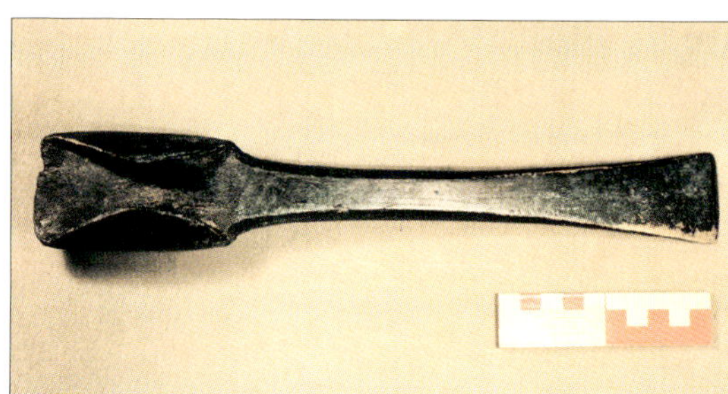

*3000 Jahre altes Bronzebeil von der Landfriedalm. (Nathist. Mus. Wien)*

## Obere Schönbergalm (1680 m)

Obere Schönbergalm. Der extreme Zustieg von der Unteren Schönbergalm wurde auch vom Almvieh gemeistert. Etwas oberhalb der Hüttstatt liegen die kargen Weiden. Nur in den wenigen Gruben wächst das Gras etwas üppiger.

Verfallene Hütte auf der Oberen Schönbergalm. Noch gut zu erkennen ist die Holzeinfassung der Herdstelle aus aufgeschichteten Steinen, auf denen das Feuer brannte.

„Tauben" sind aus Steinen errichtete Wegmarkierungen, die oft weithin sichtbar sind. Die Tauben gaben sogar manchem Ort seinen Namen. „Taubenkar", „Taubenriedl", „Weiße Tauben" sind nur einige davon.

## Däumelalm (1765 m)

*Däumelkogel (2001 m). Hier wurde ein Bronzeschwert gefunden.*

*Däumelalm. Hüttstätte der kargen und steinigen Alm*

*Däumelalm. Die Hütten wurden zum Teil an große Sturzblöcke gebaut. Aus Holzmangel wurden Steinmauern errichtet.*

*Däumelschwert aus der späten Bronzezeit. Das Schwert ist im Hallstätter Museum ausgestellt.*

## Gjaidalm (1738 m)

Die grüne, wasserreiche Gjaidalm und das benachbarte Tiefkar sind seit der Bronzezeit almwirtschaftliches Kulturland. Die Gjaidalm wurde aber bereits vor 100 Jahren stärker touristisch genutzt und schließlich mit einer Schutzhütte erschlossen. Die Errichtung militärischer Anlagen und der Ausbau eines Schizentrums haben negative Auswirkungen auf dieses sensible Karstgebirge: Mit Müll gefüllte Dolinen, in den Fels gesprengte Pisten und das drainagierte Moor zeugen davon. Die Schutzhütte hat inzwischen einen Kanalanschluss ins Tal bekommen, ein erster Schritt für die Umwelt. Seilbahnen bringen Wanderer sicher und schnell zu diesem Ausgangspunkt für viele Wanderungen im Dachsteingebirge.

*Gjaidalm 1821. Kolorierter Stich von Piringer. (Archiv ANISA)*

*Gjaidalm 2001*

*Fragment einer römerzeitlichen Weideglocke aus Bronze. Mit diesem Fund konnte die römerzeitliche Weidewirtschaft auch auf der Gjaidalm nachgewiesen werden.*

## Modereckalm (2002 m)

*Modereckalm um 1845. Das kolorierte Bild von Friedrich Simony zeigt ein über dem Dachstein aufziehendes Gewitter. Bergschecken und Ziegen weiden vor den breiten niederen Almhütten im Salzburger Stil. (Archiv ANISA)*

Die höchstgelegene Alm im Mittelalter und in der Neuzeit auf dem Dachsteingebirge war die Modereckalm, die von Ramsauer Bauern bewirtschaftet wurde.

*Flugaufnahme 1998*

*Modereckalm 1996*

*Modereckalm 1984*

*Reste der hinteren Almhütte, die auf dem Bild Simonys zu sehen ist. Errichtet wurde sie im 16. Jahrhundert.*

## Lackenofen (2037 m)

*Am Fuße des Lackenofens wurde eine längst verfallene Hütte 1984 archäologisch untersucht. Möglicherweise handelte es sich um ein Hospiz für die Säumer, die von Hallstatt in die Ramsau am Dachstein unterwegs waren.*

*Die älteste Keramik dieser ehemaligen Behausung ist zwischen 12. und 14. Jahrhundert zu datieren.*

Wandervorschlag: Von der Gjaid- über die Modereck- und die Langkaralm zum Lackenofen. Nur für erfahrene Bergsteiger! Wegzeit 7 Stunden. Von der Gjaidalm gehen wir auf dem markierten Weg in Richtung Guttenberghaus. Am Ende des Wasserbodens zweigen wir nach Südosten auf einen unmarkierten Steig zur Modereckalm ab. Von hier gehen wir nach Osten zur Langkaralm und nun nach Norden, den roten Markierungen folgend, bis zum Lackenofen, der als kleine Erhebung vor uns aufragt. Hier sehen wir die ausgegrabenen Hüttenreste. Karte: Österreichische Karte, Blatt 96 und 127

## Langkaralm (1950 m)

*Langkaralm 1990. Die alte Hüttstätte liegt auf einer kleinen grünen Insel im weiten Karst des östlichen Dachsteinplateaus.*

*Langkaralm 1984. An der Felswand wurde mit Steinen ein Pferch errichtet, um bei Schlechtwetter das Vieh an einem sicheren Ort zu wissen. Das Bild zeigt sehr gut die von Latschen bewachsenen Kalkflächen, die für eine Weide unbrauchbar sind. Nur in den engen Karstgassen bildeten sich in diesen Höhen für die Almwirtschaft geeignete Weiden.*

## Das östliche Dachsteinplateau

Oben: Unterhalb des Schladminger Gletschers. Blick in die Brunngrube mit alten Moränenresten und über das Plateau zum Grimming
Unten: Blick vom Lackner Miesberg (2232 m) zum Napfenkogel (2032 m) und Hirzberg (2051 m). Im Hintergrund sieht man das Tote Gebirge.

# Gemeinde Hallstatt

Der Salzbergbau florierte jedoch weiter und erreichte mit der eigentlichen Hallstattzeit um 600 vor Christi Geburt seine Blüte in der Urgeschichte. Dr. Fritz Eckhart Barth hat über Jahrzehnte in den urgeschichtlichen Stollen archäologische Untersuchungen durchgeführt und wesentliche Erkenntnisse zum Salzbergbau gewonnen. In der späten Latènezeit finden wir Spuren des Salzbergbaues auf der Dammwiese, etwas oberhalb der hallstattzeitlichen Stollen. Aber erst im Mittelalter, unter Herzog Albrecht I. von Österreich, gewann Hallstatt wieder an Bedeutung, die ungebrochen bis heute anhält.

*Hallstatt um 1840. (OÖLA)*

*Hallstatt 2001*

*Im urgeschichtlichen Teil des Salzberges wurde ein kleines Denkmal zu Ehren der Knappen errichtet.*

Hallstatt ist einzigartig! Durch seine Lage, seine Geschichte und sein Salz wurde es weltbekannt und 1997 sogar zum Weltkulturerbe erklärt. Hier lag bereits vor der eigentlichen Hallstattzeit ein Zentrum spätbronzezeitlicher Besiedlung. Ohne Hallstatts bedeutenden, mehr als 3500 Jahre alten Salzbergbau gäbe es keine urgeschichtliche Almwirtschaft auf den dortigen Bergen. Diese Almwirtschaft war für die Versorgung der Bergleute mit Lebensmitteln notwendig, weil die Siedlung am See kaum über landwirtschaftliche Nutzflächen verfügte. Die Nutzung der hochalpinen Weiden wurde durch die hallstattzeitliche Klimaverschlechterung um 900 vor Christi Geburt unterbrochen. Damals begannen die Gletscher wieder anzuwachsen und die klimabegünstigte Zeit endete ziemlich abrupt.

*Mit viel Erfolg führt derzeit Dr. Anton Kern (Naturhistorisches Museum Wien) archäologische Untersuchungen des Gräberfeldes auf dem Hallstätter Salzberg durch. Diese Grabungen können im Sommer besichtigt werden.*

## Hirschaualm (835 m)

*Der auf 508 m Seehöhe gelegene Hallstättersee um 1820. Ausschnitt aus der Franziszeischen Landesaufnahme. (Kriegsarchiv Wien)*

Rückblick: Die mittelalterliche Almwirtschaft beginnt nach den bisherigen Bodenfunden im 14. Jahrhundert. Aus dem Urbar der landesfürstlichen Herrschaft Wildenstein von 1700 erfahren wir erstmals Genaueres. Demnach wurden auf 18 Almen 724 Rinder aufgetrieben. 1793 zählte man 52 Hütten, 11 Kaser und 23 Ställe. Damals traten auch die Vorschriften für einen Holz sparenden Almhüttenbau in Kraft. Der daraus resultierende Typ der *hohen Hütte* prägt seither das Erscheinungsbild der Almen in Salzkammergut. Relativ schnell verschwand der ältere Bautyp, die *niedere Hütte,* von den Almen. Die *hohe* Hütte erschien den Zeitgenossen damals auch bequemer und moderner. Allerdings war ihre Errichtung zeitaufwändiger, da die Schindeln auf dem Steildach entweder mit Holznägeln oder den teuren Eisennägeln befestigt werden mussten.

*Hirschaualm um 1920. (Archiv ANISA)*

*Hirschaualm 2001. Die letzte verbliebene „hohe" Hütte*

## Durchgangalm (1378 m)

Durchgangalm, Wasenhütte

In nächster Nähe von Hallstatt wurde die Almwirtschaft besonders intensiv betrieben. Allein im Südbereich des Plassen bis hin zum Dachsteingebirge wurden einstmals 20 Almen bewirtschaftet. Auf einigen von diesen sieht man heute nur noch die Steinkränze, die den ehemaligen Hütten als Fundamente dienten.

Wandervorschlag: Vom Salzberg zur Durchgangalm und Abstieg nach Hallstatt. Wegzeit 4 - 5 Stunden. Wir folgen dem steilen, markierten Weg zur Dammwiese, auf der latènezeitliche Siedlungsspuren im Zusammenhang mit dem Salzabbau nachgewiesen werden konnten. Ein Knüppelweg führt uns dort über moorigen Boden wieder in den Wald. Auf dem breiten Weg gehen wir bis zu einer Abzweigung mit Wegweiser. Dort biegen wir nach rechts ab und erreichen nach 15 Minuten die Wiesen der Durchgangalm. Diese Alm ist eine typische Rodungsalm des Mittelalters.

Karte: Österreichische Karte, Blatt 96

*Jahreszahl und Initialen in der Dachpfette einer „hohen" Hütte auf der Durchgangalm. Die Jahreszahl „1797" weist auf die Fertigstellung der Hütte hin.*

*Links: Alter Holzschuh. Die Sennerinnen im Salzkammergut trugen diese so genannten „Knospen" bei Arbeiten im Freien. Die Schuhe blieben aber außerhalb des Wohnbereiches.*
*Rechts: Neuer Knüppelweg auf der Dammwiese*

## Wiesalm (1689 m)

*Wiesalm. Die Alm wurde in einer natürlich waldfreien Grube, die nicht gerodet zu werden brauchte, angelegt.*

*Wiesalm um 1880. Sw. Fotografie von Friedrich Simony. (DG 1895)*

*Wiesalm, Jodlerhütte 2001*

Simony beschreibt sein Bild: *Die hier abgebildete Hütte besteht aus einem roh aufgeführten Unterbau von Stein, welcher den Viehstall umschließt, und einem aus knorrigen Zirbenstämmen höchst primitiv zusammengezimmerten, innen durch eine Querwand in zwei ungleich große Gelasse abgeteilten Oberstock, von welchen das vordere größere als Küche und zugleich als Wohngemach, das dahinterliegende kleinere zur Aufbewahrung der Erzeugnisse der Sennwirtschaft dient.*

## Hirlatzalm (1900 m)

*Hirlatzalm 2001. 1880 standen hier noch vier intakte Hütten, deren Wände mit Steinen hochgezogen waren. Heute überwachsen Legföhren (Latschen) die einstigen Weideflächen der Alm.*

*Der Jagdsteig von der Wiesalm zur Hirlatzalm ist nicht leicht zu finden. Der alte Almweg führte zuerst nach Osten und in einem Bogen zurück auf die Alm. Heute sind die Weiden großteils mit Latschen überwachsen.*

## Taubenkaralm (1827 m) und Hallstätter Gletscher

Die Taubenkaralm, deren unteres Kar schon in der späten Bronzezeit genutzt wurde, liegt direkt unterhalb des Gletschers. Damals ist auf einer seichten Kuppe eine Hütte errichtet worden. Eine Datierung der dort gefundenen Holzkohle weist in die frühe Urnenfelderzeit (etwa 1300 v. Chr.). Der Fund eines Fragments einer Bronzesichel stützt die These einer landwirtschaftlichen Tätigkeit in so früher Zeit. Dass die Alm in der Römerzeit und im Mittelalter genutzt wurde, konnte bisher nicht nachgewiesen werden. Erst in der frühen Neuzeit wurden drei Hütten gebaut, die um 1830 - wohl wegen des schlechten Klimas - aufgegeben wurden.

*Taubenkaralm um 1800. Ziegen und Rinder weideten damals noch auf dieser Alm. Tuschpinselzeichnung. (OÖLA)*

*Oberes Taubenkar mit Eissee und dem zurückweichenden Hallstätter Gletscher 2001. Sedimentuntersuchungen zeigen, dass vor 3000 Jahren dieses und auch das darüber liegende Kar mit dem Oberen Eissee eine dichte Vegetation aufwiesen und wahrscheinlich in der späten Bronzezeit auch landwirtschaftlich genutzt wurden. Ob in der klimabegünstigten Römerzeit und im Mittelalter eine Beweidung möglich war, wissen wir noch nicht. Ein Gletschervorstoß könnte den „wahren" Kern der Sage von der übergossenen Alm bilden.*

## Simonyhütte (2205 m)

*Taubenkaralm*
*Kupferschnalle für den Glockenriemen eines Rindes*

*Im hohen Gras der aufgelassenen Taubenkaralm. Auch bei unbeständigem Wetter kann man wandern. Geeignete Kleidung sowie Erfahrung mit Karte und Kompass sind aber dafür unerlässlich.*

Wandervorschlag: Zweitägige Wanderung von Hallstatt zum Hallstätter Gletscher und über die Gjaidalm nach Obertraun. 1700 Höhenmeter und 10 Stunden Gehzeit. Diese anspruchsvolle Wanderung führt uns zunächst von Hallstatt durch das Echerntal zum *Tiergartenloch*, einer riesigen Doline, die unweit des Weges besichtigt werden kann. Durch die *Herrengasse* gelangen wir zu unserem nächsten Ziel, zur *Wiesalm*. Nach einer ausgiebigen Rast und Besichtigung der Alm mit ihren Hütten und Hüttenresten steigen wir auf dem alten Reitsteig aus der Monarchie hinauf zum bewirtschafteten *Wiesberghaus*. Von hier kann die verfallene *Ochsenwiesalm* besichtigt werden, wenn man dem markierten Steig etwa 300 Meter in östlicher Richtung folgt. Diese Alm diente den ersten Touristen im 19. Jahrhundert als Stützpunkt für ihre Dachsteinbesteigungen.

Bis zur modernen und ökologisch geführten *Simonyhütte* ist es nun nicht mehr allzu weit. Wir übernachten auf der nach Friedrich Simony benannten Hütte. Der berühmte Geograf hat von 1840 bis 1890 das Dachsteingebirge erforscht und beschrieben.

*Die herrlich gelegene Simonyhütte (2205 m)*

Von der Simonyhütte gehen wir am nächsten Tag zum Hallstätter Gletscher und steigen deshalb hinunter in das Kar mit dem Rest des *Oberen Eissees* und dann wieder ein Stück hinauf bis zur Gletscherzunge, die sich im Abschmelzprozess befindet. Danach wenden wir uns nach Norden und folgen dem schlecht markierten Steig bergab, der teils etwas ausgesetzt zum *Oberen Taubenkar* mit dem Eissee führt. Auch dieser See hat wegen Wassermangels an Größe eingebüßt. Von hier steigen wir weglos gegen Norden in das grüne Taubenkar hinab, wo für ein geübtes Forscherauge die Reste der einstigen Almwirtschaft zu sehen sind. Der Rückweg erfolgt nun auf dem gut markierten Steig Richtung Nordost zur Gjaidalm, von der wir mit der Seilbahn in das Tal fahren können.
Karte: Österreichische Karte, Blatt 96 und 127

*Huskies bei der Simonyhütte*

# Gemeinde Gosau
## 10-Almen-Wanderung

*Gosau wurde über die Grenzen Österreichs hinaus berühmt durch seine von zahlreichen Künstlern seit dem ausgehenden 18. Jahrhundert auf Papier und Leinwand verewigten Seen. Es liegt in der Tat in einem landschaftlich sehr abwechslungsreichen Hochtal. Ringsum ragen mächtige und geschichtsträchtige Berge auf: der Gosaukamm im Süden, das Dachsteingebirge im Südosten, der Plassen im Osten, der Kalmberg im Norden und die Hornspitze im Westen. Die Wege zu den Hochalmen waren daher oft steil und gefährlich.*

*Die Almwirtschaft in den waldreichen, mit waldfreien Karen und Rodungsböden für Almweiden gesegneten Gebirgen Gosaus reicht wahrscheinlich bis in die Urgeschichte zurück, denn Hallstatt liegt nicht weit entfernt. Vor einigen Jahren ist auf der Seekaralm ein Bronzebeil gefunden worden. Dies ist der erste archäologische Nachweis einer urgeschichtlichen Begehung auf einer Alm in Gosau.*

*Gosau mit Gosauseen und Almen. Auszug aus der „Karte des Salzkammergutes"; Blatt 2, 1:75.000, um 1880. (Archiv ANISA)*

Die erste Nennung von Gosau erfolgte im frühen 13. Jahrhundert in einer Urkunde des Salzburger Klosters St. Peter. Dieses förderte als Grundherrschaft die alpine Rodungstätigkeit. Bis 1825 hieß die Region um Gosau *Kuhtal.*

1687 durften in Gosau von 40 Berechtigten 472 Stück Weidevieh aufgetrieben werden. Darunter waren auch viele Pferde für die Holzlieferungen für das Pfannhaus in Hallstatt. 1860, nach dem Regulierungserkenntnis durften die Bauern in Gosau 912 Rinder auftreiben. Seither nahm die Intensität der Almwirtschaft ab und erreichte 1966 mit 195 Rindern einen Tiefstand. Heute weidet auf den Almen der dem Dachstein vorgelagerten Höhen wieder mehr Vieh. Allerdings handelt es sich dabei vorwiegend um Galtvieh, das leichter betreut werden kann. Der Wanderer kann sich an dem Treiben des Viehs und dem Klang des Geläutes erfreuen. Eine Beispiel gebende Ausnahme, die zeigt, wie eine moderne Almbewirtschaftung funktionieren kann, ist die mit mehreren Sennereien ausgestattete Plankensteinalm.

## Gosau (750 m), Gosausee (937 m)

*Gosau mit dem Gosaukamm im Hintergrund*

*Altes Bauernhaus in Gosau*

A. Schaubach berichtet 1846 über die Ernährungsgewohnheiten der Menschen auf den Gosauer Almen: *Das Lieblingsgericht derselben sind die Nocken, eine in Fett schwimmende Mehlspeise, welche dem, der an Sennhüttenkost gewöhnt ist, gewiß munden wird, und hierin sind die Gosauer besondere Gutschmecker, denn nirgends gibt es bessere Nocken, als hier, und keine Frau kann sie gehörig, nur Männer.*

*Oben: Seilbahn vom Gosausee zur Gablonzer Hütte und Zwieselalm*

*Rechts: Gosausee. Stahlstich v. Jakob von Alt, um 1840. (Archiv ANISA)*

*Unten: Almweide neben dem Gosausee*

## Niedere Holzmeisteralm (976 m)

*„Hohe" Hütte in Gosau. Stahlstich von Schmidl, um 1835. (Archiv ANISA)*

*Die Niedere Holzmeisteralm ist auch eine empfehlenwerte Jausenstation.*

*Butterrühren in der Holzmeisteralm um 1930 (Slg. Grete Urstöger)*

*Herd in einer „hohen" Hütte in Gosau. Schmidl, um 1835. (Archiv ANISA)*

*Die Sennerin ist stolz auf ihre vielen „Häferl" mit schönen Almsprücherln.*

*In den Türstock der Almhütte der Holzmeisteralm wurde die Jahreszahl „1787" eingeschnitzt. Mehrere Holzproben, die von DI Michael Grabner von der Univ. f. Bodenkultur in Wien datiert wurden, bestätigten dieses Alter. Die Einfassung der Herdstelle wurde 1873 erneuert. Keramikfunde auf dieser Alm weisen bis zurück in das Mittelalter.*

Frau Schwaighofer hat schon viele Sommer als Sennerin auf der Holzmeisteralm verbracht. Sie hat derzeit 16 Rinder in Mutterkuh-Haltung zu betreuen.

## Obere Holzmeisteralm (1164 m)

*Hinterer Gosausee mit der Oberen Holzmeisteralm. Diese Servitutsalm wird von einem Bauern von Mai bis September mit 10-15 Rindern bestoßen.*

*Jausenstation Obere Holzmeisteralm am Hinteren Gosausee.*

Wandervorschlag: Wanderung entlang der Gosauseen zur Oberen Holzmeisteralm und zurück. Gehzeit 3 Stunden. Der Parkplatz bzw. die Bushaltestelle beim Wirtshaus am Vorderen Gosausee sind der Ausgangspunkt unserer Wanderung. Wir wandern zunächst auf dem markierten Fahrweg entlang des Ufers des Vorderen Gosaussees, kommen dann vorbei an der Niederen Holzmeisteralm und der Gosaulacke. Durch einen Wald gelangen wir zum Hinteren Gosausee, an dessen Ende eine Jausenstation liegt. Wer bei Kräften ist und Zeit hat, kann den steilen Steig hinauf zur Adamekhütte gehen. Hier gibt es Übernachtungsmöglichkeiten.

## Ebenalm (1157 m)

*Jausenstation Ebenalm am Weg zur Plankensteinalm*

*Felsritzbilder am Wegrand*

*Auch in der Nähe der Grubenalm befinden sich Felsbilder. Die Zeichen haben Almleute, Holzknechte, Jäger und Wilderer in den Fels geritzt. Die ältesten dieser Felsritzbilder reichen bis in das Mittelalter zurück.*

## Plankensteinalm (1530 m)

*In der Leutgebhütte kann sich der Wanderer mit einer köstlichen Jause aus echten Almprodukten für den weiten Heimweg stärken.*

*Die Mutterkuh-Haltung ist eine tierfreundliche Alternative zur Überschussproduktion von Milch und liefert dem Konsumenten hochwertiges Fleisch.*

*Jeden Tag wird die Milch von 12 Milchkühen zu erstklassigem Labkäse verarbeitet, der im sauberen Käsekeller neben der Hütte reifen kann.*

*Auch auf der Alm bleibt die Zeit nicht stehen. Sonnenenergie hilft der Sennerin beim Käsemachen. Hier lohnt sich eine Einkehr für den Gourmet.*

*„Hohe" Hütte mit Sennerinnen, um 1910. (Slg. Grete Urstöger)*
*Die 231 ha große Plankensteinalm ist eine Rodungsalm.*

*Als die 13 Hütten der Almbauern infolge der Grundentlastung von 1848 in das Eigentum der Bauern übergingen, wurden deren Anger mit Steinhagen von den Servitutsflächen, die heute den ÖBF gehören, abgegrenzt.*

## Plankensteinalm (1530 m)

*Die zentrale Lage der Plankensteinalm eröffnet eine herrliche Aussicht auf den Plassen, den Salzberg Hallstatts, und das Dachsteingebirge. Sie kann auf mehreren Wegen mit unterschiedlichen Mitteln erreicht werden. Wer den 7 km langen Fußweg scheut, kann den Gosauer Bummelzug benutzen ( Er fährt ab 20 Personen. Auskunft beim Tourismusbüro). Für Mountainbiker besonders reizvoll ist die markierte Route von Gosau über die Rossalm nach Hallstatt.*

Wandervorschlag: Große Almwanderung von Hintertal zur Plankensteinalm über die Schleifsteinhütten und zurück über die Schäferalm nach Mittertal. Nur für ausdauernde Wanderer mit Karte! In Hintertal nach links abbiegen und das Auto parken oder noch besser mit dem Buss nach Hintertal fahren. Der markierte Steig beginnt am Waldrand und führt uns steil hinauf zu den Schleifsteinhütten. Dort kann man auch den kleinen Steinbruch besichtigen. Nun weiter den schönen Waldweg zur Grubenalm, dann ein Stück fast eben auf der Forststraße bis zur Wegabzweigung und auf diesem Steig bis zur Plankensteinalm. Bis hierher 3 Std. und 800 Höhenmeter! Unser nächstes Ziel ist die Schäferalm. Wir folgen zuerst dem markierten Steig bis zur Forststraße und erreichen nach einer Stunde auf dieser die Alm. Von hier brauchen wir nur noch 300 Höhenmeter nach Mittertal abzusteigen. Reine Gehzeit 5 Stunden. Karte: Österreichische Karte, Blatt St. Wolfgang, 95

*Die Plankensteinalm ist eine mittelalterliche Rodungsalm.*

## Rossalm (1387 m)

*Die Wände der Hütte zieren altes Almgerät und zahlreiche Häferl, die Geschenke von Besuchern sind. Auf der Rossalm weiden 20 Rinder, darunter 8-9 Kühe, aus deren Milch die Sennerin köstlichen „Knoblauchkäse" bereitet. Direkt an der Hütte vorbei führt eine schöne Mountainbike-Route.*

Im Bereich um die Rossalm ließ Herzog Albrecht der I. von 1292 bis 1297 Salz gewinnen. Dieser Salzabbau war heiß umkämpft, da der Salzburger Erzbischof sein Monopol verletzt sah. Albrecht verzichtete schließlich gegen eine Entschädigung von 3000 Mark Silber auf den weiteren Abbau. Noch heute sieht man etwas oberhalb der Rossalm das taube Gestein dieser einstigen Salzgewinnung. *Saure Wasser* (salzhältiges Wasser) soll es dort auch noch geben.

## Schleifsteinhütten (1310 m)

*Die Schleifsteinhütten dienten den Arbeitern des nahe gelegenen Schleifsteinbruches als Unterkunft.*

Bereits 1563 wird acht Besitzern aus der Gosau das *Schurfrecht auf der Ressen* zugedacht. Johann Steiner schreibt in seinem Büchlein von 1832 über diesen Steinbruch unter anderem: *Hier werden große, runde, und auch kleinere Schleifsteine erzeugt, welche erstere zum meisten den Schmieden zur Abschleifung des Eisens aus dem Groben dienen. Die Gewinnung dieser Schleifsteine ist sehr beschwerlich, indem der Arbeiter oft zwei Klafter, und auch mehr von der Erddecke abräumen muß, um zu den brauchbaren Gestein zu gelangen. Die großen Schleifsteine haben 4 1/2 Schuh im Durchmesser, und 4, auch mehr Zoll Dicke, die kleinen 18 Zoll im Durchmesser, und 3 bis 3 1/2 Zoll Dicke.* Noch heute werden Schleifsteine gebrochen.

*Der alte Schleifsteinbruch liegt etwa 200 Meter südlich der Hütten.*

## Zwieselalm (1463 m)

*Eigentlich liegt die Zwieselalm bereits im Salzburger Land. Doch die Alm ist mit der Seilbahn von Gosau aus leicht erreichbar und deshalb viel besucht.*

*Von der Almweide oberhalb der Zwieselalm eröffnet sich ein wunderbarer Ausblick über Abtenau hinüber zum Tennengebirge.*

*Die Silberdistel dient den Almleuten auch als Wetteranzeiger.*

## Großedtalm (1300 m)

*Alte „Edtalmhütten" nahe der Zwieselalm, um 1890. Sw. Fotografie von Ludwig Hardtmuth*

*Auch die Großedtalm liegt bereits im Salzburger Land. Diese Alm kann mit einem Bummelzug vom Rußbachtal aus erreicht werden.*

Wandervorschlag: Leichte, aber schöne Almenrunde auf markierten Wegen. Vom Parkplatz Gosausee fahren wir mit der Seilbahn (Retourkarte kaufen) hinauf zur Gablonzerhütte. Von hier (Weg 625) wandern wir am Sonnenhof vorbei, über die Zwieselalmhöhe zur Zwieselalm, auf die vier Bauern aus Abtenau, Annaberg, Gosau und Rußbach auftreiben. Nun folgen wir dem Weg 622 Richtung Westen bergab zu einer Bergwiese mit Wegweiser. Von hier Blick zum Dachstein mit Gosaugletscher. Wer mag, kann über die nassen Almwiesen zur Großedtalm wandern. Wir aber steigen die 250 Höhenmeter zurück hinauf zur Gablonzerhütte. Gehzeit etwa 2 bis 3 Stunden. Karte: Österreichische Karte, Blatt St. Wolfgang Nr. 95; Alpenvereinskarte Dachsteingruppe Nr. 14

## Iglmoosalm (1206 m)

*Oben: Die 300 Jahre alte Iglmoosalm ist für die Almenwanderung zur Schartenalm, wo keine Einkehr möglich ist, die ideale Raststation.*
*Unten: Iglmoosalm um 1900, Sennerin beim Butterrühren. (Slg. G. Urstöger)*

## Schartenalm (1540 m)

*Schartenalm Ursprünglich hieß die untere Hüttstatt „Eisgrubenalpe". Gut zu erkennen sind die eingezeichneten Grundstücksgrenzen. Katasterauszug von 1895 (Archiv ANISA)*

Die Schartenalm ist so wie die meisten Almen in Gosau eine Rodungsalm aus der frühen Neuzeit. Der Beginn von Servitutsrechten ist Mitte des 17. Jahrhunderts anzusetzen. Die auf der Schartenalm gefundene Keramik reicht nicht über diesen Zeitraum hinaus. Auf die Obere Schartenalm wurden 1687 von 18 Berechtigten 169 Rinder und 1700 bereits 231 Rinder von 26 Berechtigten aufgetrieben. 1864 wurden die Servitutsrechte im Zuge der Grundstücksentlastung endgültig festgelegt. Aus dieser Zeit stammen die besonders die Schartenalm charakterisierenden Steinhage. Sie grenzen die Hütten und die diese umgebenden Anger, die im Eigentum der Bauern stehen, von den Servitutsweiden, die den Bundesforsten gehören, ab. Hier finden wir die für das Salzkammergut typische *hohe* Hütte.

Seit dem Ende des 19. Jahrhunderts ging die Bestoßung kontinuierlich zurück. 1937 wurden 105 Rinder, 1968/69 nur noch 30 Rinder aufgetrieben. Dank der Einführung von Alpprämien steigen die Auftriebszahlen nunmehr wieder.

*Keramik aus der Neuzeit von der Schartenalm*

## Schartenalm (1540 m)

*Obere Schartenalm. Die Almhütte, die bereits um 1900 auch eine Jausenstation war, wurde später zur „Paul-Preuß-Hütte". Sie ist heute eine Selbstversorgerhütte. Kolorierte Ansichtskarte, um 1910. (Slg. Hänsel)*

*„Hohe" Hütte auf der Schartenalm. Interessant ist das erkerartig herausgebaute „Plumpsklo".*

*Drei „hohe" Hütten, sieben „niedere" Hütten und einen luxuriösen Neubau gibt es auf der Schartenalm. Jede Almhütte hatt ihren eingegrenzten Anger.*

*Die Steinhage markieren den Grenzverlauf zwischen dem Eigentum der Bundesforste und dem Eigentum der Bauern.*

Wandervorschlag: Von Gosau-Ramsau über die Iglmoosalm zur Schartenalm und zurück; ein Almbesuch auf markierten Wegen in Richtung Goiserer Hütte. Wir beginnen unsere Wanderung beim Schranken der Forststraße in Ramsau und folgen dem Steig durch einen Hochwald, die Forststraße mehrmals überquerend, gut 400 Höhenmeter hinauf zur empfehlenswerten Jausenstation Iglmoosalm. Wer sich bei der Sennerin besonders beliebt machen will, bringt ein „Almhäferl" mit. Von hier wandern wir etwas gemächlicher nochmals 350 Höhenmeter durch lichten Wald zur Schartenalm. Auch hier begleitet uns immer wieder die Forststraße. Die Schartenalm hat zwei Hüttstätten. Auf der unteren Alm sind die archaisch wirkenden Steinhage am besten zu betrachten. Zurück gehen wir den Aufstiegsweg. Gehzeit der gesamten Tour 5 Stunden.
Karte: Österreichische Karte, Blatt St. Wolfgang Nr. 95

# Gemeinde Bad Goisern

## Hütteneckalm (1240 m)

Goisern hat, vielleicht weil Hallstatt in der Nähe liegt, eine jahrtausende alte Geschichte vorzuweisen. Streufunde aus dem Neolithikum, aus der Bronze-, der Hallstattzeit und Siedlungsreste aus der Römerzeit sowie aus dem Frühmittelalter beweisen die wichtige Stellung dieses Ortes in früherer Zeit. Ein ganz besonderer Schatz von Goisern ist seine Ortschronik, die im Spätmittelalter begonnen worden ist. Mühlwanger, der fantasievolle erste Chronist, lässt die Geschichte - dem Geschmack seiner Zeit entsprechend - bis zum Beginn der Weltentstehung zurückreichen. Um die Bedeutung seiner Pfarre zu unterstreichen, siedelt er in Goisern sogar ein frühchristliches Bistum und Klöster an. Auch sollen rund um Goisern schon in der Frühzeit zahlreiche Erze und an zwei Orten Salz abgebaut worden sein. Vielleicht lag der von Mühlwanger behauptete römerzeitliche Salzbergbau am Michlhallberg, wo Archäologen vor einigen Jahren eine verschüttete römerzeitliche Siedlung erforscht haben. In deren Nähe wurden 120 Hipposandalen auf einem Abschnitt von nur 3 km Wegstrecke gefunden. Dies ist übrigens ein Weltrekord und lässt die überregionale Wichtigkeit des Ortes erahnen.

Goisern war auch Sitz der landesfürstlichen Herrschaft Wildenstein. Zu ihr gehörten die Almen des oberösterreichischen Salzkammergutes. Da viele Landwirtschaften von den Salzarbeitern nur im Nebenerwerb betrieben wurden, gab es im Gebiet Goiserns eine Vielzahl von Almen, auf die jeweils nur wenig Vieh aufgetrieben wurde. Immerhin aber hatten Goisern, Steeg, Gosau und Obertraun im Gegensatz zu Ischl und vor allem Ebensee ausreichend Weideland für die Haltung des Viehs. Die Bauern dieser so genannten *Zwergwirtschaften* hielten bevorzugt Kleinvieh. Die Zahl der Ziegen erreichte 1848 1700 Stück, nahm dann aber wieder ab.

Laut Regulierungserkenntnis von 1864 gab es in Goisern 26 Almen, auf die 912 Rinder und 7 Pferde aufgetrieben wurden. 1986 wurden 206 Rinder und 4 Pferde auf 14 Almen gehalten.

*Die Karte des „Erzherzogthums Oesterreich" von 1823 zeigt uns das südliche Salzkammergut mit Almeintragungen in Form von Dreiecken.*

*„Das Dachsteingebirge vom Hütteneck aus", Friedrich Simony um 1860. (Slg. M. Schlechta)*

## Hütteneckalm (1240 m)

„Sisi-Salettl" auf der Hütteneckalm. Kaiserin Elisabeth, die Gemahlin Kaiser Franz Josefs I., besuchte mehrmals die Hütteneckalm, um von hier aus den Ausblick auf den Dachstein zu genießen.

Almjause auf der Hütteneckalm, Alpengasthaus Zeppetzauer. Der Käse wird „Schüsselkäse" genannt, weil er in Schüsseln reift.

Wandervorschlag: Familienwanderung auf die Hütteneckalm. Mit dem Auto fahren wir von Goisern gegen Südosten, zweigen nach St. Agatha ab, an Pichlern vorbei kommen wir zu einer Schotterstraße, der wir noch bis zur Straßengabelung folgen. Dort parken wir neben der Forststraße mit dem Wegweiser zur Hütteneckalm. Von hier folgen wir - endlich zu Fuß - der Forststraße, auf der wir in einer Stunde die Alm erreichen. Dort können Sie den Tag genießen, vom *Sisi-Salettl* aus den Dachstein bewundern oder im Gasthaus essen. Wer noch Lust auf Bewegung verspürt, sollte um die Zwerchwand wandern. Rückweg auf der bekannten Route zum Auto.
Karte: Österreichische Karte, Blatt Bad Ischl Nr. 96

Blick über die Almweide der Hütteneckalm zum Dachsteingebirge mit dem Hallstätter Gletscher

Das zahme Alpenfleckvieh bevölkert inzwischen viele Almen rund um das Dachsteingebirge. Es ist zäh, berggängig und gibt viel Milch. Für die empfindlichen Almböden der Kalkgebirge wird es aber bereits zu schwer.

# Bad Ischl

## Rettenbachalm (636 m)

Die Landwirtschaft in Ischl war von Nebenerwerbsbauern geprägt, die nur wenige Rinder halten konnen. Meist wurden Ziegen gehalten, die die Nahrung der im Salzbergbau und im Forst tätigen Arbeiterfamilien beträchtlich verbesserten. Der bisher älteste Nachweis von Almwirtschaft sind Keramikfragmente aus dem Spätmittelalter von der Schwarzenbergalm. Nach dem Regulierungserkenntnis von 1865 durften in Ischl auf 38 Almen 1247 Rinder aufgetrieben werden. Der Förster Johann Steiner berichtet über den Alltag auf der Rettenbachalm vor 180 Jahren: *Man erblickt in einer schönen Waldebene eine Anzahl von 32 unregelmäßig beisammenstehenden Alpenhütten, einem kleinen Dörfchen ähnlich. Die Alpentriebsrechte sind festgesetzt, und dürfen nur mit höherer Bewilligung und Einstimmung verkauft, oder wie immer im Besitze verändert werden, so wie auch die Anzahl des aufzutreibenden Viehs - in dieser Alpe auf 311 Stücke - festgesetzt ist. Nach der allgemeinen hier bestehenden Waldordnung, besteht der Viehauftrieb auf die niederen Alpen alljährlich am St. Urbanstage, auf die hohen am St. Veitstage; der Heimtrieb von Michaelis bis gegen Theresia.*

*Es ist nicht unangenehm, mitten zwischen diesen hölzenen Gebirgspallästen, und dem herum weidenden stattlichen Viehe beim Klange der Viehglocken, und freudigem Gebrülle der Rinder an der Seite einer gesprächigen freundlichen Alpendirne ein paar Stunden zu verweilen, und sich entweder etwas von ihrer Lebensweise erzählen oder vorludeln zu lassen.*

*Reichlich liefert dieses von aromatisch duftenden, kraftvollen Kräutern gemästete Vieh, dem ohnedies sonst ärmlich lebenden Gebirgslandmanne des Kammergutes, Milch und Butter, obwohl er dafür die ganze Auftriebszeit hindurch die Alpendirne bloß für die einzige, zwar äußerst beschwerliche Pflege des Viehs, ohne sie und das in den Alpen müßig gehende Vieh zu einem anderen Erwerbe benützen zu können, belöhnen muß; allein durch einen einzigen Sturz eines hoffnungsvollen Rindes von einem Felsenabhange in die gräuliche Tiefe des Bergthales, verschwindet sein gehoffter Reichthum, zerfließt seine Freude auf den Anblick seines Lieblings beim Heimtrieb in eine häusliche Kummerthräne!*

Eine schöne Alm liegt auf dem Ahornfeld (1585 m). Alte Fundamentreste und der freie Blick auf den Wolfgangsee sind der Wanderung von Ramsau bei Bad Ischl oder von der mit einer Seilbahn erschlossenen „Katrin" zum Ahornfeld wert.

## Ahornfeld (1585 m)

*Rettenbachalm. Die Alm ist heute auch mit dem Auto erreichbar. Von einer Wanderung von Ischl aus ist wegen der staubigen Schotterstraße sogar abzuraten. Ein Gasthaus und eine Almhütte laden zur Rast ein.*

*Heute sind die Sennereien aufgegeben worden. Einige alte Hütten werden jedoch noch liebevoll gepflegt.*

<u>Wandervorschlag:</u> Almtour von der Rettenbachalm (636 m) zur Schwarzenbergalm mit der Ischler Hütte (1368 m). Vom Parkplatz Rettenbachalm wandern wir zuerst auf der Forststraße, wo wir bald auf die Markierung treffen. Dieser folgen wir weiter über den Steig, der uns über einen steilen Waldrücken bis zu den ersten Almweiden bringt. Hinter einem kleinen Sattel sehen wir bereits die Alm vor uns. Die Ischler Hütte bietet eine Einkehrmöglichkeit. Nicht weit von hier befindet sich die Raucherkarhöhle. Mit über 80 km vermessener Ganglänge ist sie eine der längsten Höhlen Österreichs. Gehzeit für die ganze Tour 4 Stunden.
<u>Karte:</u> Österreichische Karte, Blatt Bad Ischl Nr. 96

# St. Wolfgang und Rußbach

„Reisekarte durch das Salzkammergut und dessen nächste Umgebung" von Johann Michael Ramsauer, um 1850. Verkleinerter Ausschnitt. (Slg. Schlechta)

St. Wolfgang ist mit der Geschichte des Klosters Mondsee eng verknüpft. Der Gründungsvorgang des Klosters war bereits 748 abgeschlossen. Archäologische Ausgrabungen belegen, dass das Kloster auf römischen Mauerresten errichtet wurde.

*St. Wolfgang ist ein bekannter Wallfahrts- und ein beliebter Ferienort. Die Kunstliebhaber kennen die wunderschöne Kirche mit dem weltberühmten gotischen Pacheraltar.*

Dies beweist einmal mehr die Kontinuität der Besiedlung, deren Dichte im Frühmittelalter nach den Wirren der Völkerwanderungszeit jedoch nicht mehr sehr hoch sein konnte. Ein Ziel der Klostergründung war die neuerliche Kultivierung der Umgegend. Sehr wahrscheinlich ist damals Wald für neues Siedlungsland auch im Wolfgangtal gerodet worden. Die Viehwirtschaft bevorzugte in der Römerzeit und auch noch im Frühmittelalter die Haltung von Schafen und Ziegen. Der damals vorherrschende lichte Laubwald eignete sich besonders gut für diese Kleintierhaltung.

Der berühmte Wallfahrtsort St. Wolfgang ist nach Bischof Wolfgang von Regensburg benannt, der im 10. Jahrhundert wirkte. Der Legende nach warf Wolfgang eine Hacke und gründete dort, wo sie hingefallen war, das Heiligtum. Historiker meinen aber, dass mit diesem Beilwurf tatsächlich alte Grenzstreitigkeiten um den *Aberseeforst* zwischen dem Bistum Salzburg und dem Kloster Mondsee beigelegt worden seien.

## Almgeschichte, Alltag auf der Alm

Alle Almen um St. Wolfgang sind Rodungsalmen. Auch die auf dem Schafberg. Archäologische Belege für eine früh- oder gar urgeschichtliche Almwirtschaft gibt es hier bis heute noch keine. Die urgeschichtlichen Streufunde (z.B. auf dem Schafberg) sind für einen Nachweis einer *uralten* Almwirtschaft nicht geeignet, da sie durchaus auch von anderen Tätigkeiten herrühren können.

Die älteste schriftliche Nachricht über die Landwirtschaft im Wolfgangland ist in einem Urbar von 1416 zu finden. Damals hatte bereits jeder Bauernhof seine Nieder- und seine Hochalm. 1780 zählte man 62 Almen. Danach nahm die Anzahl der Almen allmählich wieder ab.

St. Wolfgang lag außerhalb des *Kammergutes*, musste aber seine Wälder für dessen Salzverarbeitung bereitstellen. Heute nimmt die Gemeinde mit ihren Privatalmen eine Sonderstellung im Salzkammergut ein, wo Servitutsalmen üblich sind.

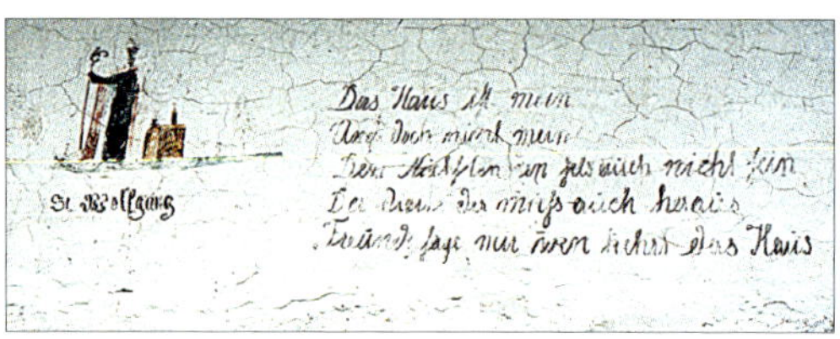

*Inschrift auf einem alten Bauernhaus in Rußbach:*

*„Das Haus ist mein*
*Und doch nicht mein*
*Dem Nächsten kann es auch nicht sein*
*Den dieser der muß auch heraus*
*Freund frag nur wen gehört das Haus?"*

### Alltag auf der Alm

Anna Kristek-Laimer schilderte 1948 in ihrem Roman *Der Hof in Windhag* das Almleben: *Auf der Leonsbergalm begann in dieser Zeit der Tag für die Sennerinnen schon um die dritte Stunde nach Mitternacht. Kaum zeigten sich die ersten hellen Streifen am östlichen Himmel, öffneten sich nacheinander die Türen der aus Steinen grob zusammengefügten Hütten. Die Ernstrosl hatte [...] einen eigenen Ruf für ihre Kühe [...] Bald hörte sie von der Schneid den Klang der wohlbekannten Glocke ihrer Leitkuh. Und die Rosl fing mit heller Stimme ihrem Vieh entgegenzusingen an: „He, du Schwarze, du! He-i, geh über´s Wegerl, Do bin i!" Immer wieder lockte und rief sie.*

*Jause beim „Rußbacher". Der hier typische Käse heißt „Dodakas". Dieser geschmackvolle Sauerkäse muss nur wenige Tage reifen.*

Zum Rußbacherhof gehört eine Alm auf dem Leonsberg, deren 1972 abgebrannte Hütte 1982 neu errichtet wurde. Die Geschichte des Erbhofes *Rußbacher - seit* 1742 im Besitz der Familie Eisl - reicht wahrscheinlich bis in das 12. Jahrhundert zurück. 1416 wird der Hof als *Pfinzingergut* erstmals urkundlich erwähnt. Der Hofname geht auf den 1530 erwähnten Florian Rueßpacher zurück. Die Altbäuerin, Frau Karoline Eisl, war bis 1958 Sennerin auf der Leonsbergalm. Um die Butter ins Tal zu liefern, ging sie damals ihrem Mann jeden Freitag mit dem 20-25 kg schweren Schaffel auf dem Kopf zwei Stunden lang entgegen. Josef Eisl packte dann die Butter auf seine Kraxe und trug sie zurück zum Hof, wo die Heuarbeit auf ihn wartete.

*In der Stube des Biobauern „Rußbacher" sitzt der Heimatforscher Dir. Andreas Kopf zwischen der Bäurin Fanni Eisl, die einige Jahre Sennerin auf der Vormaueralm gewesen ist, und der Altbäuerin Karoline Eisl, die viele Almsommer auf der Ackeralm und der Leonsbergalm verbracht hat.*

## Almabtrieb

Drei Sennerinnen aus St. Wolfgang posieren im Festtagsgewand im Fotoatelier. Fotografie um 1910. (Slg. A. Reisenbichler)

### Der Almabtrieb

Für Einheimische und Touristen gleichermaßen attraktiv ist der von Frau Marianne Limbacher vom Lippenbauernhof organisierte festliche Almabtrieb. Dieses traditionelle Fest schilderte der 1870 in Russbach geborene Prof. Raimund Berndl in seinem 1924 erschienen Buch *Naturschilderungen*: *Fröhlichste Stimmung herrschte im Ort, wenn an einem der goldenen Samstage nach Michaeli die weidenden Herden nach glücklich überstandenem Sommer, dem kein Rind durch Absturz oder Blitzschlag zum Opfer gefallen war, aus den umliegenden Almen heimkehrten. Schon von weitem hörte man das feierliche Geläute der Almglocken und bald darauf erschien auch schon der festlich geschmückte Zug. Voll Würde und Stolz hebt und neigt der Almstier, der „Jodl", oder die Glockenkuh an der Spitze des Festzuges das reichgeschmückte Haupt; die Hörner tragen schwere Kränze und „Schwingbuschen" von Tannen und Eibenreisig, verschlungen und verwebt mit den letzten Alpenblumen, überstrahlt von den goldigen Blütenkörbchen des*

Almabtrieb. Glockenkuh in St. Wolfgang. Foto: Andreas Kopf 2000

*Kreuzkrautes und den großen Blumenbechern des blauen, roten und gelben Enzians, behängt mit bunten Bändern und Schleifen, Gold- und Silberflitter. In diesem Prunk schreiten nun gegen hundert Rinder - Kühe und Jungvieh - einher; daran reihen sich Ziegen und Schafe und zuletzt kommt die Sennerin mit dem „Almwagerl" und verteilt an die Zuschauer köstlichen „Almrausch" (verschieden geformte Krapfen) und das seltsame „Mus", gekocht und gedünstet aus Mehl, Milch und Butter.*

Frau Marianne Limbacher vom Lippenbauerhof fertigt den Schmuck für den Almabtrieb, der am ersten Samstag im September festlich begangen wird.

## Alte Almbilder von St. Wolfgang

Sennerin vor ihrer Hütte. Daneben das sauber gereinigte Milchgeschirr. Foto um 1920. (Slg. A. Reisenbichler)

Breitenbergalm um 1920, Sennerin Marie Ellmauer vor der Hütte der Hochalm des Grabnerganghofes. (Slg. A. Reisenbichler)

Leonsberg, großes Einweihungsfest der Stücklhütte 1934. Nachdem ein Blitz die alte Hütte zertstört und dabei 32 Rinder getötet hatte, wurde die große Hütte errichtet. (Slg. Eisl/Rußbacher)

Hoheneckalm, die Hochalm des Leitenbauern, um 1920. In der Mitte steht Fanny Hödlmoser, die Schwester des Bauern. (Slg. A. Reisenbichler)

„Hiatabua" von der Hoheneckalm. Früher war es üblich, dass Kinder auf der Alm helfen mussten. Auf das Vieh aufzupassen, war nicht immer anstrengend, aber doch verantwortungsvoll. (Slg. A. Reisenbichler)

## Schafberg (1782 m) und Schafbergalm (1326 m)

Bereits 841 n. Chr. wird der Schafberg in einem Grenzstreit als *montem quem vulgo nominatur Skaesperc* bezeichnet. Der Name *Schafberg* könnte ein Hinweis auf eine frühmittelalterliche Almweide sein. Das Schafbergmassiv liegt großteils im Land Salzburg.

An einem schönen Tag kann man vom Gipfel des Schafberges aus hunderte Berge und 14 Seen bewundern.

*Die Fahrt mit der 1892/93 erbauten Zahnradbahn auf den Schafberg ist ein unvergessliches Erlebnis. Auf einer Strecke von 8,5 km werden 1243 Höhenmeter bewältigt.*

*Die Schafbergalm ist heute eine Galtalm. Für den durstigen Schafbergwanderer gibt es eine urige Jausenstation.*

Wandervorschlag: Von St. Wolfgang mit der Zahnradbahn auf den Schafberggipfel und zu Fuß bis zur *Schafbergalm*. Von hier wieder mit der Bahn zurück nach St. Wolfgang.
Karte: Österreichische Karte, Blatt Bad Ischl Nr. 65 u. 95

## Vormaueralm (1420 m)

*Vormaueralm mit Vormauerstein vom Schafberg aus gesehen*

*Fanny Eisl und Sophie Hinterberger 1956, vor der Moarhütte auf der Vormaueralm. (Slg. Fam. Eisl, vlg. Rußbacher)*

Erstmals wurde die Vormaueralm 1325 genannt.

*Blasmusik auf dem Vormauerstein. (Slg. A. Kopf)*

Wandervorschlag: Von Aschau bei St. Wolfgang oder Schwarzenbach bei Rußbach über die Sommeraualm auf die Vormaueralm. 750 Höhenmeter auf gutem, markiertem Almweg. Jause nicht vergessen!
Gehzeit für diese Tour: 3-4 Stunden
Karte: Österreichische Karte, Blatt Bad Ischl Nr. 65 u. 95

## Schwarzensee (716 m), Moosalm (749 m)

*Der Schwarzensee nahe Rußbach bei St. Wolfgang ist ein idealer Ausgangspunkt für viele Wanderungen. Bis hierher darf man mit dem Auto fahren. Danach kann der Wanderer auf autofreien Wegen die Natur genießen. Viele Almen können erwandert werden und sogar der Attersee ist von hier aus ein lohnendes Ziel.*

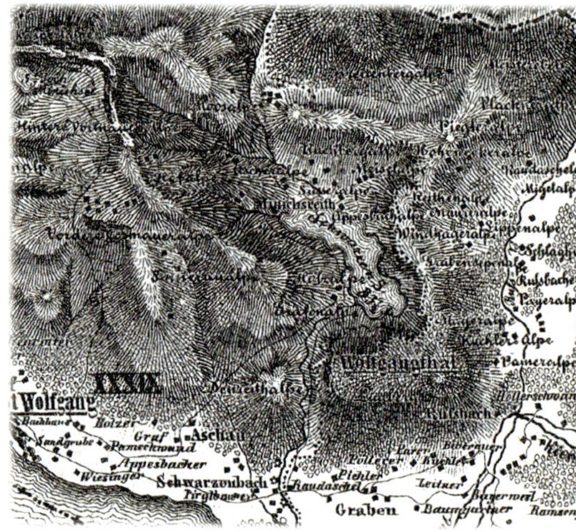


*Almen um den Schwarzensee. Souvent, der berühmte oberösterreichische Kartograf, hat in diese bereits 140 Jahre alte Karte jede Almhütte eingezeichnet. Kartenausschnitt aus „Souvent`s Administrativ-Karte von Oberösterreich", Blatt. Nr. 14, um 1860. (Archiv ANISA)*

*Moosalm. Riesige Weiden, die von einem Bach durchflossen werden, und große Almhütten prägen diese herrliche Alm. Eine typische Rodungsalm, deren Ursprung wahrscheinlich in das Mittelalter zurückreicht.*

*Die Jahreszahl „1777", die Initialen „I H" und eine Zimmermannsrosette wurden in die Dachpfette kunstvoll eingeschnitzt. Pfettendächer sind besonders tragfähige Dächer, die auch großen Schneelasten standhalten.*

Der Wald in der Gemeinde St. Wolfgang umfasst 25 km≈ Fläche. Nur Almspezialisten wissen, dass in diesen Hochwäldern *Almeninseln* existieren. Souvent zeichnete in seine Karte 40 Almen mit 95 Hütten ein. Die kleinen Almen mit 1 bis 3 Hütten überwogen. Die größte Alm war die Leonsbergalm mit 16 Hütten, dann folgten die Vormaueralm mit 8 und die Moosalm mit 7 Hütten. In der aktuellen *Österreichischen Karte* finden wir 31 Almen mit 57 Hütten eingetragen. Demnach haben wir einen Rückgang zu verzeichnen. Amtlicherseits sind aber 47 Almen registriert, von denen 45 Privat- und 2 Staatsalmen sind. Hier liegt eine Differenz vor, die darauf hinweist, dass viele Almen inzwischen wieder mit Wald aufgeforstet worden sind. Laut Statistik wurden 1986 657 Rinder auf 20 Almen aufgetrieben. Trotz der augenscheinlichen Differenzen zwischen den Almzählungen liegt hier eine rekordverdächtigte Dichte an Almen vor, wie sie kaum woanders in den Alpen erreicht wird. Diese Vielzahl von kleinen Almen spiegelt die bäuerliche Besitzstruktur des Wolfganglandes wider, in dem es 1787 nur 6 Bauernhöfe mit mehr als 50 Joch Grund neben 64 Höfen zwischen 2 bis 50 Joch und 47 Häuslern mit 0 bis 2 Joch Grund gab.

Viele der Hütten haben inzwischen ihre ursprüngliche Funktion verloren und dienen nun der Jagd, dem Wochenendvergnügen oder dem Tourismus.

## Felsbilder bei St. Wolfgang

In der Umgebung von Rußbach gibt es viele *Felsritzbilder.* So werden Zeichen, die in die weiche Verwitterungsschichte von Kalkfelsen geritzt wurden, bezeichnet. Diese sind nicht, wie ursprünglich angenommen, Jahrtausende alt, sondern zumeist der Neuzeit zuzuordnen. Sie sind kaum älter als 500 Jahre und bestehen aus einfachen Zeichen, Kreuzen, Grübchen, Leitern, Pentagrammen, christlichen Symbolen wie das IHS und vielem mehr. Auch im Bezug auf die Interpretation sind sich die Forscher nun einig, dass es sich um volkskundliche Inhalte handelt und nicht um geheimnisvolle Mitteilungen fremder, längst untergegangener Kulturen. Die Bildstationen liegen oft an alten Almwegen, daher liegt es nahe, dass neben Jägern und Holzarbeitern besonders die Almleute ihre Zeichen, Glückssymbole und Nachweise ihrer Anwesenheit in den Fels geritzt haben.

*Felsritzbildwand mit Zirkelkreises eines Zimmerers(?). Nicht weit davon gibt es alte Almhütten.*

*Der Felsbildforscher Andreas Kopf hat Abgüsse der wichtigsten Felsbilder des Wolfgangtales auf die Außenwand der Rußbacher Volksschule montiert. Interessierte können diese daher jederzeit besichtigen.*

## Leitenalm (830 m)

*Die Leitenalm war die Niederalm des Leitenbauernhofes, dessen Hochalm auf dem Hoheneck liegt. Die „Stockhütte" wurde 1810 erbaut.*

*Kleiner Gemüsegarten auf der Alm. Das ist in einer solchen Pracht aber nur auf niederen Almen möglich.*

*„`s Vieh is selm gscheit, kennt ia Almzeit."*

## Grubenalm (1320 m)

*Die Alm trägt ihren Namen zu Recht: Sie liegt tatsächlich in einer Grube unweit der Leonsbergalm. Gleich neben der Hütte des Meislbauern mit der Jahreszahl „1791" gibt es eine Quelle in einer kleinen Doline.*

*„Holz-Adler" auf der alten Hütte der Grubenalm*

## Leonsbergalm (1371 m)

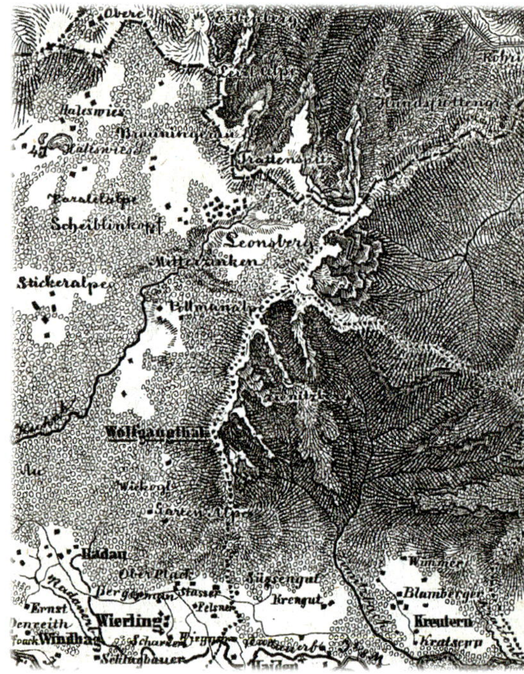


*Leonsbergalm. Kartenausschnitt aus „Souvent's Administrativ-Karte von Oberösterreich", Blatt. Nr. 15, um 1860. (Archiv ANISA)*

Die Leonsbergalm ist die größte und vielleicht auch die schönste Alm in der Gemeinde St. Wolfgang. Sie hat ihren Namen vom alten Grenzberg *Leonsberg*, der bereits 748 als *liupinesperc* erstmals in einer Grenzbeschreibung genannt wird. Eine Nennung, in der auch die Alm angesprochen wird, finden wir erstmals im16. Jahrhundert. Zweifellos handelt es sich um eine alte Rodungsalm, deren Gründung jedoch nicht vor dem 11./12. Jahrhundert anzusetzen sein wird.

Peter Grabner, vlg. Boabauer, der Chef der 1912/14 gegründeten Agrargemeinschaft Leonsberg, zu der 13 Bauern gehören, erzählt, dass zuvor 34 Besitzer die Alm bestoßen haben. Um 1700 habe das Kloster Mondsee die Almen an die Bauern verschenkt, weil diese sie zum Überleben benötigt hätten. Von den Almfahrern der Agrargemeinschaft betrieben der Lippinger und der Graf bis in die 60er-Jahre noch Sennereien. Heute dient die Alm als Hochalm für etwa 150 Kälber, die je nach Vegetation von Ende Juni bis September hier weiden. Seit eine Straße die Alm erschließt, benötigen die Bauern keinen Hirten, sondern wechseln einander bei der Nachschau ab. Einige Hütten werden, um sie zu erhalten, vermietet.

## Leonsbergalm (1371 m)

*Hüttstatt der Leonsbergalm. Schon 1537 leisteten laut Urbar die Bauern dem Stift Mondsee von dieser Alm den „Lewensperger Khäsedienst".*

*Vom Rand der Leonsbergalm kann man zum Attersee hinunterschauen. An schönen Tagen sieht man von hier weit ins Land Oberösterreich.*

*Fließendes Wasser auf einer Alm im Kalkgebirge ist etwas Besonderes.*

*In die Dachpfette dieser Hütte wurde das Baujahr „1788" eingeschnitzt.*

*Beim Almfest am 15. August 1985 wurde der Almschmarrn in der großen Pfanne des Meislbauernhofes bereitet, aus der einst Kaiser Franz Joseph gegessen haben soll.*

*Rinder mit Hörnern strahlen Zufriedenheit aus.*

## Strobl am Wolfgangsee und Abtenau: Laimeralm (783 m), Postalm (1284 m), Schnitzhofalm (1160 m), Wiesleralm (1361 m), Retteneggalm (1211 m)

*Auf dieser Karte aus dem Jahr 1554 ist im Bereich der Postalm die Bezeichnung „Taukl poden" eingetragen. Ausschnitt aus der Karte „Das Landt und Erzstifft Salzburg - mit den anstossenden Coherenczen" von Markus Setznagel. Die Karte ist gesüdet! (SLA)*

Als *Salzburgisches Salzkammergut* wird das Gebiet um den Wolfgangsee bis zur oberösterreichischen Landesgrenze heute touristisch vermarktet. Diese Bezeichnung ist historisch falsch, denn der habsburgischen landesfürstlichen Kammer unterstanden nur die Salinen in Oberösterreich und in der Steiermark. Die heutigen Gemeinden Strobl und St. Gilgen gehörten zum erzbischöflichen Pfleggericht Hüttenstein. Erst 1850 ersetzte der Gemeindename *Strobl*, der auf eine dort im 16. Jahrhundert ansässige Wirtsfamilie zurückgeht, die Bezeichnung *Abersee.*

Im Gegensatz zum Mondsee wurden bisher am Aber- oder Wolfgangsee keine Spuren urgeschichtlicher oder römerzeitlicher Besiedlung entdeckt. Anscheinend erfolgte die Besiedlung erst durch die bayerische Landnahme im Frühmittelalter. Laut Güterverzeichnis des Erzbischofs Arn (788/90) wurde u.a. der Abersee vom Bayernherzog Odilo der Salzburger Kirche geschenkt. Noch ältere Rechte hatte das Frauenkloster Nonnberg, das bereits um 710/11 großen Landbesitz mit Almen in der Osterhorngruppe und Fischereirechte im Abersee erhalten hatte. Auch das um 748 gegründete Kloster Mondsee erhob Ansprüche auf das Aberseegebiet. Der Streit zwischen Salzburg und Mondsee zog sich über Jahrhunderte hin. Erst die 1462 erstmals genannte *Seidenfadengrenze* trennte die Fischereirechte im See. Sie bildet bis heute die Landesgrenze zwischen Salzburg und Oberösterreich. Das Aberseegebiet wurde erst zwischen dem 9. und 12. Jahrhundert gerodet, wogegen im westlichen Teil der Osterhorngruppe eine römerzeitliche Weidewirtschaft vermutet wird.

Für die im 11./12. Jahrhundert gegründeten 91 *Schafschwaigen* in der nördlichen Osterhorngruppe mit einer Gesamtleistung von 10.477 ca. 1/2 kg schweren Käsen müssen auch Hochweiden zur Verfügung gestanden sein. Da jedoch die Osterhorngruppe nicht über der natürlichen Waldgrenze liegt, kann es sich entweder um schon gerodete Weiden oder wahrscheinlicher um Waldweide gehandelt haben. Misch- oder Laubwälder sind dafür bestens geeignet. Diese Weideform benötigte nicht unbedingt Almhütten, da man das Kleinvieh jeden Tag zurück zum Hof treiben konnte. Diese Hypothese wird durch fehlende Almnennungen im Spätmittelalter untermauert. Eine solche Weideart entspricht nicht der heute üblichen Almwirtschaft. Diese beginnt in der Osterhorngruppe erst zu Ende des Mittelalters, als die Schwaigen von der Schaf- zur Rinderhaltung wechselten. Anstatt 60 Schafe wurden nun 12 Rinder auf einer ganzen Schwaige gehalten.

Die Rodung der Wälder wurde aber bereits im 13. Jahrhundert Beschränkungen unterworfen. 1524 erließ Erzbischof Mathäus Lang eine erste Waldordnung. Die Aberseer Wälder waren für die Halleiner Salinen zu entlegen. Nachdem 1563 mit dem Salzbergbau in Ischl begonnen worden war, wurden diese Wälder für das Salzkammergut interessant. 1579 schloss Kaiser Rudolf II. mit Erzbischof Khuen-Belasy einen Holzlieferungsvertrag.

Die nun entstehenden Rodungsinseln waren insbesonders den Bauern aus Abtenau willkommenes neues Weideland, auf dem sie Almen gründeten.

Eine Datierung von Holzproben aus der Hütte der *Schnitzhofalm* zeigt, dass diese bereits 1562 erbaut worden ist. Die Schnitzhofalm, deren 1331 erstmals genannter Heimhof in Abtenau liegt, wird urkundlich aber erst 1615 erwähnt. Die erste Almnennung in Abtenau erfolgte 1230. Dabei handelt es sich um die auf 1500 m liegende *Zinkenalm,* deren Lage keine aufwändige Rodung erforderte.

## Abersee

*Postalm, „Reisekarte durch das Salzkammergut und dessen nächste Umgebung" von Johann Michael Ramsauer, um 1850. (Slg. M. Schlechta)*

Hübner 1796: *Der Alpenstand ist überaus beträchtlich: in dem Aberseer Bezirke befinden sich 65, im St. Gilgner 31, und im Burgauer 20 - in allem 116 Alpen. An diesen Theils Vor-, Theils Hochalpen haben 259 Besitzer Antheil, vorzüglich Hüttensteinische, oder St. Gilgener Unterthanen, einige wenige aus den Pfleggerichten Thalgau, und der Abbtenau, nebst einigen österreichischen Unterthanen von Ischl, Mondsee, St. Wolfgang und Unterach. Das Salzburg. Benedictiner Stift zu St. Peter besitzt hiervon eine überaus schöne und fruchtbare Alpe, der Prümwald genannt, auf welcher aber keine anderen, als Geisekäse gemacht werden, und wofür das Stift alle 12 Jahre 30 Gulden, als festgesetzte Anleit an das Pfleggericht St. Gilgen zu entrichten hat.* Die sehr wahrscheinlich in das Frühmittelalter und in die Römerzeit zurückreichende Tradition der Schaf- und Ziegenhaltung ist hier noch klar zu erkennen.

Mit den Rodungen für die Ischler Saline entstanden weitere Almen. Um 1800 war die größte Almausdehnung erreicht. Insgesamt gibt es trotz Almauflassungen heute noch 23 Almen, von denen 11 auf der heutigen *Postalm* liegen.

## Heimathaus, Laimeralm (783 m)

*Das Aberseer Heimathaus „Lipphaus" liegt neben der Wolfgangseer Bundesstraße. Das Haus stammt aus der Zeit um 1500 und ist in seiner ursprünglichen Form erhalten geblieben.*

*Gezeigt werden die Räume mit der alten bäuerlichen Einrichtung und als Besonderheit Felsbilder aus dem Aberseegebiet.*

*Im gesamten Aberseegebiet genießt die Volksmusik einen hohen Stellenwert. Bereits 1974 sang die Familie Laimer traditionelle Lieder und Jodler. Inzwischen feiert die vergrößerte Familie Erfolge im In- und Ausland.*

*Die Laimeralm hieß früher „Schrudel-Alm". Die erste Nennung reicht in das 17. Jahrhundert zurück. Auf dem Firstbalken der Hütte steht die Jahreszahl 1739. Viele alte Einrichtungsgegenstände und die offene Feuerstelle kann man besichtigen.*

## Postalm (1284 m)

Dieses Almgebiet in der östlichen Osterhorngruppe erhielt seinen heutigen Namen erst zu Ende des 19. Jahrhunderts. 1859 erwarb der Postmeister, Hotelbesitzer und Bürgermeister Ignaz Franz Koch aus Bad Ischl das Wetzlergut in Gschwend und damit auch die Weiderechte auf der dazugehörenden Alm. 1865 kaufte er überdies die Almen Zwerchenberg und Wieslach. Koch nützte die Almen vornehmlich für die Haltung seiner Postpferde. Anlässlich eines Besuches der Kaiserin Elisabeth ließ er 1865 die Postalmhütte und die Postalmkapelle erbauen. Nach der Eröffnung der *Ischlerbahn* wurde die Pferdepost eingestellt und die Alm verkauft, während sich die Bezeichnung *Postalm* über das ganze Almgebiet ausbreitete.

*Postalm und Kapelle. Heute hat die Familie Schmeisser vom Pichlergut in Strobl die Postalm von den Bundesforsten gepachtet und hält darauf 25 Stück Jungvieh und 25 Kühe. Die Milch wird täglich ins Tal gebracht. Der Wanderer ist auch eingeladen die 1974 renovierte Kapelle zu besichtigen, die von Frau Sams und anderen freiwilligen Helfern liebevoll betreut wird.*

*Rinder, Almweide und Autostraßen mit Parkplätzen streiten sich leider allzu oft um die Gunst des Touristen. Eine vernünftige Lenkung bzw. eine Eindämmung des Autoverkehrs wären dringend notwendig.*

## Schnitzhofalm (1160 m)

*Die Schnitzhofalm liegt in Strobler Gemeindegebiet, wird aber von Abtenau aus bewirtschaftet.*

*Ausschnitt aus dem Franziszeischen Kataster, 1829 (SLA)*

Die 100 ha große Schnitzhofalm wurde 1615 erstmals genannt. Die Alm ist Gemeinschaftseigentum von zwei Bauern. 2/3 gehören zum Schnitzhof auf dem Radochsberg, dem ältesten Erbhof in Abtenau. An die alte Almhütte wurde ein moderner Stall mit einer Sennerei angebaut.

*Auf die Schnitzhofalm wird von Pfingsten bis Oktober aufgetrieben. Die Hütte war ursprünglich eine Doppelhütte.*

*Die Alm des Schnitzhofes gehört zu den ältesten der Postalm. Möglicherweise hat sie sogar die älteste Hütte. Denn Datierungen von Holzproben, die DI Michael Grabner von der BOKU Wien vorgenommen hat, erbrachten ein Alter von 433 Jahren. Das heißt, dass die Hütte bereits vor den 1579 vereinbarten Holzschlägerungen für die Saline Ischl errichtet worden ist.*

## Schnitzhofalm (1160 m)

*Auf der Schnitzhofalm „dirigiert“ der Käsemeister Johann Schnitzhofer sein eingeschultes Team. Die Hütte wurde mit viel Gefühl für Tradition modernisiert. Für die Dachdeckung wählte man Holzschindeln, die Steinmauern vor dem Haus wurden aus lokalem Gestein errichtet, die Innenräume haben ihre Ursprünglichkeit bewahrt. Keine Werbung prangt auf den Sonnenschirmen, die Speisen werden auf Gmundner Keramik serviert. Es gibt zwar Hintergrundmusik, doch diese ist echte Volksmusik in dezenter Lautstärke.*

*Der Käse von der Schnitzhofalm ist von so hervorragender Qualität, dass er sich durchaus mit dem Vorarlberger Bergkäse messen kann.*

Johann Schnitzhofer hat die Grundlagen der Käserei in Rotholz gelernt und sich überdies selbst in Tirol, Vorarlberg und in der Schweiz weitergebildet. Inzwischen erzeugt er preisgekrönten Bergkäse. Auf seiner Speisekarte finden sich außerdem Bierkäse, köstlicher Pfefferkäse und Kräuterfrischkäse. Jeden Tag werden 250 Liter Milch verarbeitet. Der Almladen bietet überdies Almbutter, Hausbrot, Würstel, Speck, Honig und zahlreiche preisgekrönte Schnapssorten - alles aus eigener Produktion - an! Auf seinem Hof ruht noch das auf Maria Theresia zurückgehende große Brennrecht. Wer kein Käseliebhaber ist, kann sich an Kaspressknödel oder Gulasch vom Biorind und Mehlspeisen laben.

*Gleich neben den Hütten der Schnitzhofalm wird der Besucher über die Almwirtschaft informiert. Von hier führen mehrere wunderschöne Wanderungen auf die Höhen der Postalm.*

Wir können interessierten Almbauern eine Besichtigung der vorbildlichen Sennerei dieser Alm nur empfehlen. Vielleicht würden sich dadurch manche Besitzer von Jausenalmen auf die alte Tradition der Almwirtschaft besinnen und ihre *Galtalmen* wieder mit Sennereien ausstatten.

## Wiesleralm (1361 m) und Retteneggalm (1211 m)

Postalm. So weit man sehen kann, nichts als Almen. Was gibt es Schöneres für einen Almenwanderer?

Der alte Alm- und Forstweg auf die Postalm

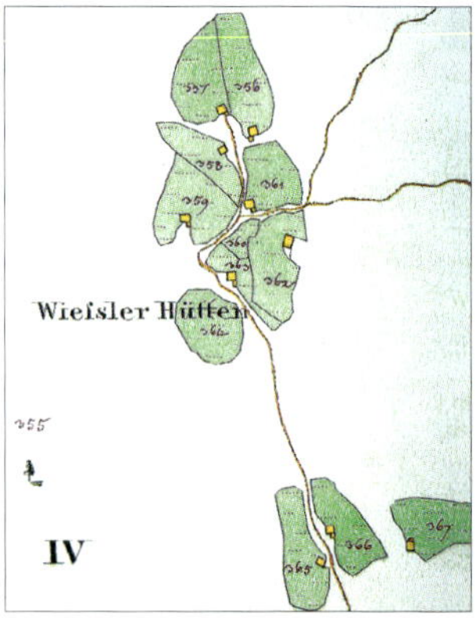


*Die Wiesleralm wird erstmals 1608 genannt. Damals war man drei Monate auf der Alm. Die Weiden der Almen in diesem Bereich sind aber erst durch die Rodungen ab 1770 vergrößert worden.*

*Ausschnitt aus dem Franziszeischen Kataster, 1829 (SLA)*

Auf der *Retteneggalm* wird traditioneller Almkäse bereitet. Dafür wird die Milch mit einer eigenen Bakterienkultur gesäuert. Außerdem erzeugt die Sennerin Frau Gsenger Schnitt- und Labkäse. Auf der Alm wird Fleckvieh gehalten. Zu Beginn des Almsommers gibt eine Kuh 20 Liter Milch, später werden es 15 Liter und weniger. Zweimal am Tag wird gekäst. Für den Käseliebhaber ist diese Alm sicher von Interesse. Der Altbauer, ein geschickter Handwerker, hat die Sennerei originell modernisiert: Ein von ihm konstruierter Butterstampfkübel erleichtert die Arbeit der Sennerin. Außerdem ist er ein begabter Schnitzer. Seine Werke sind rund um die Alm zu bewundern.

*Retteneggalm. Wir empfehlen die kurze Wanderung über den Güterweg hinauf zur Alm. Die gute Jause hat man sich dann redlich verdient.*

*Schnitzereien warten auf die Käufer.*

*Ein kleines Glockenspiel neben dem Bach wird die Kinder begeistern.*

## Volkskundliche Betrachtungen aus dem Postalmgebiet

Das Almleben der Sennerin wirkt in alten Aufzeichnungen romantisch und dürfte schon damals etwas verklärt worden sein. Und doch bedeutete für eine Frau, die das Glück hatte, Sennerin sein zu dürfen, die Zeit auf der Alm: *Unabhängigkeit sowie eine sonst nicht gestattete Freiheit und vielleicht sogar mehr Lebensqualität.* Doch dafür lastete auf ihr die schwere Verantwortung, über das Wohlergehen des Viehs zu wachen. Wie wir im folgenden Text über das Almleben von Lorenz Hübner von 1796 sehen, führte der Verlust eines Rindes auf der Alm zu einem traurigen Abtrieb am Ende der Almzeit.

*Wenn der Lenz oder die Zeit des Auftreibens herannahet, so ist es ordentlich, als wenn das Vieh in den Ställen sich darnach sehnte: es ist ein immerwährendes Reißen an den Ketten, um los zu werden; und wenn diese abgelassen werden, so läuft das Vieh voll Begierde den Alpen zu. Die Sendinn hüpft, und springt, wenn sie das erste Mahl die Alpenglocke hervorlangt; schällt damit freudig um die Ohren ihrer lieben Begleiter; jauchzet und jodelt denselben ihre Alpenaccorde zu, und hält ungefähr folgende Apostrophe an sie: „E hau du Scheckeil, du Braune, du Reigeil, du Roseil, du Hirscheil, du Gamseil, du Blümeil (und so fort, lauter Kuhnamen) - und du Jodel (so heißt der Stier) freut euch, moargen gehn wir in unser Paradais, das wir im vorigen Jahr, Gott gesegnets, verlassen haben". Bey dem Auszuge selbst folgen den Kühen auch Schafe, Ziegen, und Schweine; die Sendinn trägt ihre geliebteste Henne im Arme, und ein großes Schaff auf dem Kopfe, worin sie ihre erste Speise hat. Ein Knecht geht vor den Rindern, welche von der Glockkuh oder einer Kuh mit der Glocke angeführt werden.*

*Den Beschluß macht abermahl ein Knecht als ein Treiber, bis alles Vieh auf der Alpe ist, wo nun die Sendinn allein bleibt, und in ihrer reinlichen Hütte vergnügt, und selbst unter Donner und Blitz beherzt ihre Alpenwirthschaft hält. Der meisten Sendinnen Lieblingsgetränke ist Branntwein, wobey sie sich auch sehr wohl befinden: ihre Kleidung besteht aus halbwollenem Zeuge; wöchentlich liefern sie von der gesammelten Milch Butter, Schotten, Schmalz und Käse.*

*Wenn die Abtriebszeit im Herbste herangekommen ist, so schmückt die Sendinn die erste oder Glockenkuh, nebst noch 3 oder 4 anderen Kühen, so wie den Jodel (Stier) mit einem Kranze von Goldpapier oder Rauschgolde, und die übrigen mit grünen Kränzen: dem Jodel aber hängt sie anstatt der Glocke einen Milchsöchter (Milchgefäß, Milchgelte) in dessen Mitte ein hölzener Glachel (Schwängel, Klöppel) beweglich angemacht ist, an den Hals; und so zieht sie, ebenfalls ländlich geschmückt und singend, von der Alpe in ihr Dorf ein. Ist aber auch nur ein Stück auf der Alpe verunglückt, so ist ihr weder den Stier, noch die Kühe, noch sich zu schmücken erlaubt; sie schleicht dann mit verweinten Augen und traurig, und gleich einem römischen Feldherrn, dem man die Ehre des Triumphs versagte, unbejauchzt in ihr unwillkommenes Winterquartier zurück.*

*„Heimkehr von der Alm", 1889. Die Heimkehr bedeutete Rückkehr in den Alltag auf dem Bauernhof und damit auch in ein Zusammenleben auf engstem Raum. (ANISA)*

Alter Almspruch von der Postalm:

*Bei der ersten Hütten bin i niedagsessen,*
*Bei der zweiten Hütten hab i Mili gessen.*
*Bei der dritten Hütten war der Riegel für,*
*Bei der vierten Hütten war mir d`Sennrin z`schiach,*
*bei der fünften Hütten hab i einigschaut,*
*Sitzt der Jaga drin und frißt a Kraut.*
*Bei der sechsten Hütten habm mi d`Flöh vertriebm,*
*Und bei der siebten Hütten bin i blieben.*

Bis 1736 durften nach der Sittenordnung nur Senner auf einer Alm sein, danach wurde das Verbot wegen des akuten Männermangels gelockert und es durften auch Frauen, die einen Sittenschein, eine *Sendinenwapplung,* der Geistlichkeit vorweisen konnten, Sennerinnen werden. Diese Sennerinnen waren jedoch meist schon älter und für die männlichen Besucher unattraktiv. Die Sennerinnen bekamen oft Besuch von Verwandten und Bekannten, die eine Almjause erwarteten. Später wurden die Sennerinnen jünger und die Almen entwickelten sich zum beliebten Treffpunkt der Jugend und so manche Heirat wurde bei Musik und Tanz auf der Alm versprochen.

# Gemeinde Forstau
## Vorder- und Mitterfageralmen (1600 m - 1800 m)

Bereits zu Ende des 11. Jahrhunderts werden in einer Grenzbeschreibung des Erzbistums Salzburg die *Weitgaßalmen* im hinteren Forstautal genannt. Die Fageralmen sind Rodungsalmen und dürften im Zuge der Schwaigengründungen im 11. /12. Jahrhundert angelegt worden sein.

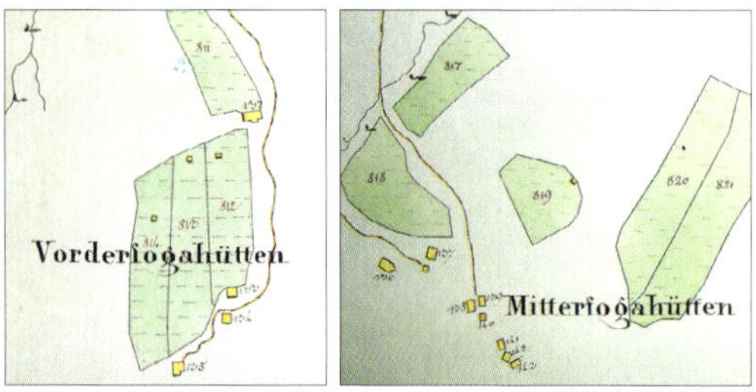


*Die Fageralmen vor beinahe 200 Jahren mit den eingezäunten Angern. Ausschnitt aus dem Franziszeischen Kataster, 1829. (SLA)*

Die Fageralmen gehören zur Gemeinde Forstau. Da die Almen durch eine Güterstraße aufgeschlossen sind, können sie mit dem Mountainbike oder dem Auto erreicht werden. Von der Trinkeralm bzw. Zeffererhütte ist die Familienwanderung auf den Hinteren Fager (1964 m) zu empfehlen.

*Sennerin Emma Buchsteiner vor ihrer geliebten Premhütte, um 1942*

*Radstädterkäse und Butter von der Sennerin Emma.*

*Der Radstädterkäse ist ein magerer Sauerkäse, der nicht zu lange gelagert werden darf.*

*Die Premhütte, die letzte Käsalm, auf der Fager. Noch vor 200 Jahren gab es 78 Almen mit Sennereien im Pfleg- und Landgericht Radstadt.*

*Maria Zefferer war Sennerin auf der Mitterfageralm, die Sennerin Emma Buchsteiner ist bereits 61 Sommer auf der Vorderfageralm.*

*Mitterfageralm mit der schönen Zeffererhütte*

# Almen um Radstadt

## Sauschneidalm (1731 m), Tauernkaralm (1675 m)

In den Gemeinden Unter- und Obertauern gab es früher viele Almen. Heute beherbergen einige noch Jausenstationen, und Galtvieh wird gesömmert. Auf zwei Almen besinnt man sich wieder der alten Sennerei und erzeugt Käse.

Die Sauschneidalm gehört zum Sauschneidhof in Radstadt und ist eine uralte Alm aus der Schwaigengründungszeit. Heute ist sie eine Milch- und Galtalm. Die Milch wird ins Tal gebracht.

*Sauschneidalm. Eine Alm, deren Revitalisierung empfohlen werden kann. Der Melker mit seinen Kühen bringt Leben auf die Alm.*

Die Milchzentrifuge aus der Entstehungszeit solcher Maschinen und die moderne, durchdachte Kleinkraftwerkanlage könnten uns nicht besser die Gegensätze aus einer 70-jährigen Almwirtschaftsgeschichte zeigen. Dass hier oben noch Milchkühe sind, ist einem aufgeschlossenen Bauern zu verdanken, der sich einen Melker leistet. Vielleicht begeistern sich Bauer und Melker für die alte Tradition dieser Alm, auf der 800 Jahre lang Käse erzeugt worden ist, und versuchen es wieder?

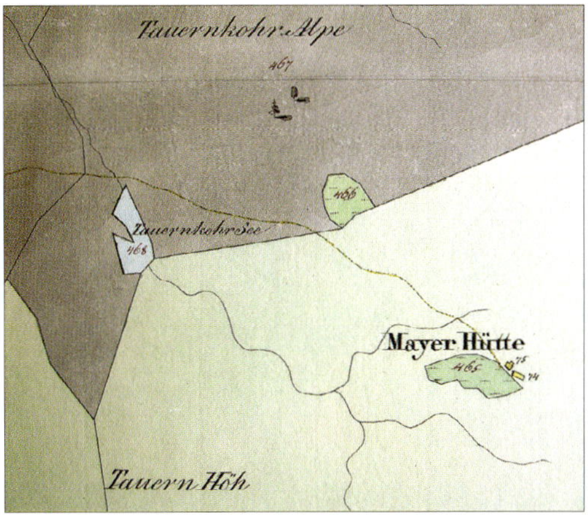


*Tauernkaralm mit den alten Mayer Hütten. Ausschnitt aus dem Franziszeischen Kataster, 1829. (SLA)*

*Die Tauernkaralm ist eine beliebte Jausenstation und kann über eine steile Forststraße mit dem Auto erreicht werden.*

Die Tauernkaralm liegt in einem schönen Kar. Man grillt hier frische Fische vom nahen See für die Gäste. Auch die uralte Hütte selbst ist es wert, hier heraufzuschauen und die Jahrhunderte alte Architektur zu bewundern.

Wandervorschlag: Von Untertauern auf markiertem Weg zur Sauschneidalm und Tauernkaralm. Vom Heimhof, dem Gasthof zur Post (1010 m), wandern wir gemächlich den steilen, aber guten Weg hinauf zum Güterweg und halten uns gegen Süden bis zum Steig auf die Sauschneidalm, wo wir wieder zur Güterstraße kommen, die uns zur Tauernkaralm bringt. Reine Gehzeit bis zur Tauernkaralm 3 Stunden.
Karte: Österreichische Karte, Blatt Radstadt, Nr. 126

## Gnadenalm (1300 m), Radstädter Tauern - Obertauern (1738 m)

*Am Straßenrand zum Tauernpass sind Gedenktafeln und Römersteine aufgestellt. Wer mit offenen Augen die Landschaft betrachtet, wird sie finden.*

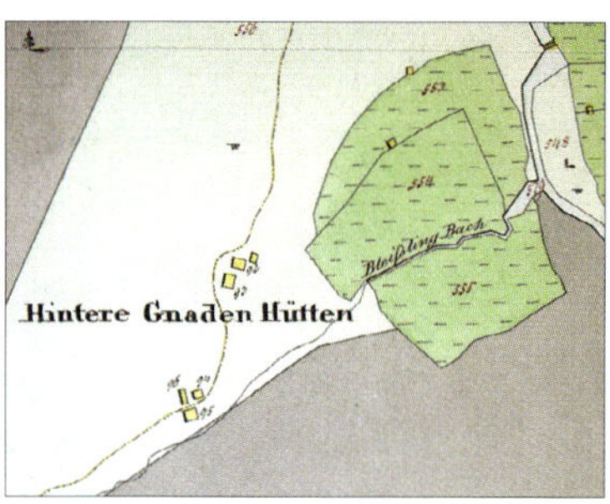


*Ausschnitt aus dem Franziszeischen Kataster, 1829 (SLA)*

*Die hintere Gnadenalm wird von einem Ehepaar bewirtschaftet, das den Gast mit selbstgemachten Spezialitäten verwöhnt. Das Vieh dieser Alm wird von Montag bis Samstag immer auf eine andere Weide gebracht. Samstag und Sonntag darf das Vieh auf dem großen Anger, der die Hüttstätten umgibt, weiden. Dadurch erholen sich die Weideplätze und das Vieh findet wieder frische Gräser.*

*Disco-Almhütte in Obertauern, das vom Wintertourismus geprägt ist*

*In der Römerzeit nannte man den Pass „In Alpe". Hier fand man 1825 römische Keramik, Münzen und Waffen. Ein Hinweis auf eine Raststation auf der Sraße „Iuvavum-Virunum", die Kärnten mit Salzburg verband. Für die Versorgung der Reisenden, musste hier mit größter Wahrscheinlichkeit eine römerzeitliche Almwirtschaft existiert haben.*

*Der Friedhof von Obertauern ist die letzte Ruhestäte für Säumer und Wanderer aus den letzten Jahrhunderten, die hier oben verunglückt sind. Dieses Mahn- und Denkmal blickt auf eine 2000 Jahre zurückreichende Geschichte, die zu schützen sich lohnte!*

# Lungau: Salzburgs Almgau hinter dem Tauern

Lorenz Hübner schrieb 1796: *Der Alpen ist hier, wie sich leicht vermuten läßt, eine überaus große Menge. Da das ganze Lungau selbst seiner physikalischen Lage nach nichts anderes als eine weitschichtige Alpe ist, und noch dazu von allen Seiten höhere Thäler und Gebirgsgegenden über sich hat, so läßt sich leicht auf die beträchtliche Anzahl von Alpen und Weidplätzen schließen.* Bereits Hübner erkennt, dass die Höhenlage und die klimatischen Voraussetzungen die Bauern im Lungau zu einer ausgeprägten Viehwirtschaft zwangen, da der Ackerbau nur sehr eingeschränkt möglich war. Noch die Almerhebung von 1986 wies 551 Almen aus, wovon 450 bewirtschaftet wurden. Im 1.019 km≈ großen Gerichtsbezirk Tamsweg, nahm im selben Jahr die Almfläche 540 km≈ ein. In der Neuzeit war die benützte Almfläche um etwa 20 % größer.

*Ausschnitt aus: Markus Setznagel „Das Landt und Erzstifft Salzburg - mit den anstossenden Coherenzen" von 1554. Die alte, gesüdete Karte zeigt das Kernstück des Lungaus, die Orte Tamsweg, Mauterndorf und St. Michael, mit den von dort ausgehenden alpinen Seitentälern. (SLA)*

Die frühe Geschichte des Lungaus ist eng mit dem Saumhandel über das Gebirge verknüpft. Der Name *Tauern,* der ursprünglich einen Übergang bezeichnet, ist hier allgegenwärtig. Die nachweislich 6000-jährige Begehung des nahe gelegenen Sölkpasses macht auch einen urgeschichtlicher Übergang in den Lungau wahrscheinlich. Vielleicht ist der Oberhüttensattel als solcher anzusprechen, da nicht weit davon ein neolithisches Artefakt gefunden wurde. Die Straßenbaukunst der Römer machte den Radstädter Tauernpass sogar befahrbar. Damals muss es dort bereits Raststationen mit angeschlossener Viehwirtschaft gegeben haben. Im 6. und 7. Jahrhundert siedelten Slawen, von Karantanien (Kärnten) kommend, im Lungau. Die slawischen Bauern wurden von der bairischen Kolonisation bald überlagert und gingen schon im 11./12. Jahrhundert in der deutschsprachigen Bevölkerung auf. Dennoch bezeugen heute noch zahlreiche auf slawische Wurzeln zurückgehende Flur- und Ortsnamen die slawische Landnahme. Im Hochmittelalter wurde der inneralpine Raum gezielt besiedelt. Die damals angelegten großen Viehhöfe, die Schwaigen, benötigten Almen. Eine ganze Schwaige musste 300 kleine Käse zinsen. Wo die kleinste Aussicht auf einen wirtschaftlichen Erfolg bestand, wurden im Spätmittelalter weitere, meist kleine Bauernhöfe angesiedelt. Die Pest, die in der Mitte des 14. Jahrhunderts besonders nahe von wichtigen Verkehrswegen wütete, bereitete dieser Expansion ein jähes Ende und entvölkerte beinah ganze Täler. Davon profitierten arme Bergbauern, die nun im Interesse der Grundherrschaft tiefer liegende und ertragreichere Güter einnehmen durften. Aus verlassenen Kleinsthöfen wurden Niederalmen oder Lehen der großen Güter.

Die Geschichte der Almen reicht gewiss in die Slawenzeit zurück, wie viele slawische Almnamen vermuten lassen. Möglicherweise gab es bereits in der späten Römerzeit eine bescheidene hochalpine Weidewirtschaft. Gesicherte Daten könnten aber nur archäologische Forschungen ermitteln.

*Ein schönes Beispiel für slawische Almnamen ist das Hüttendorf „Granglitz", was so viel wie „Waldgrenze" bedeutet. Diese Alm liegt im Göriachtal auf 1839 m Höhe am Beginn des waldfreien Weidelandes. Diese Urweiden dienten den ältesten Bauerngütern im Mittelalter als erstes Weideland. Man ersparte sich die mühevolle Rodungsarbeit. Ausschnitt aus dem Franziszeischen Kataster, 1829. (SLA)*

## Gemeinde Tweng, Lantschfeldalmen (1612 m - 2300 m)

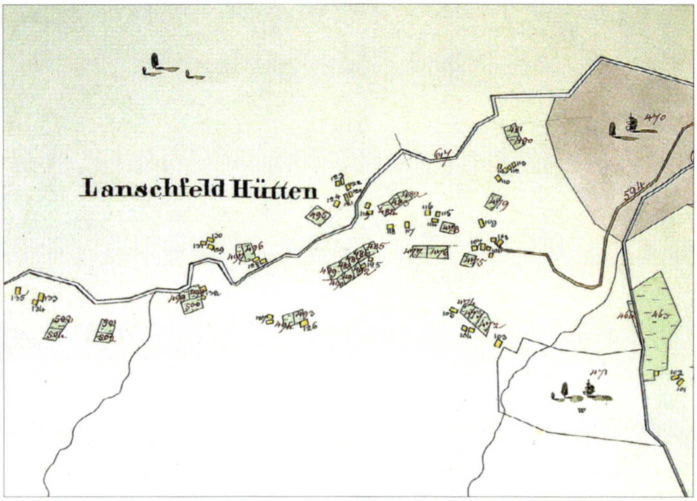


*Das Lantschfeld entfaltet sich wie ein Fächer im Talschluss des Lantschfeldtales. Vor 175 Jahren standen dort noch 50 Hütten. Ausschnitt aus dem Franziszeischen Kataster, 1829. (SLA)*

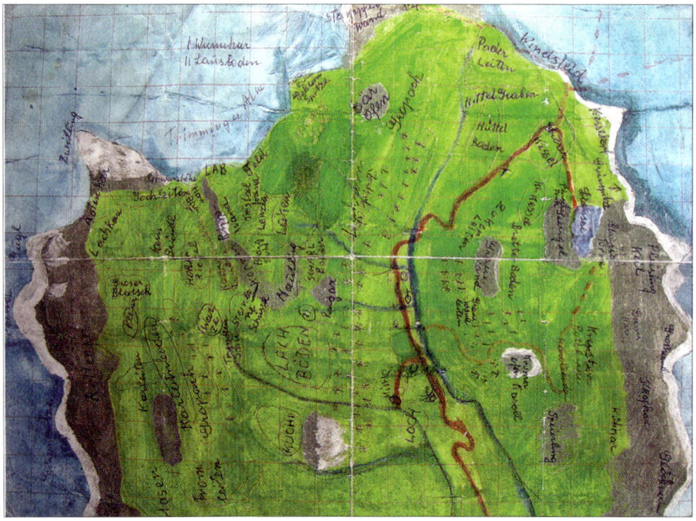

*Von einem Hirten angefertigte Karte der Lantschfeldalm. Für die Suche nach dem Vieh in einem 13,5 km≈ großen Almgebiet sind genaue Lagebezeichnungen, die in handelsüblichen Karten fehlen, unerlässlich. Die Kuh- und Schafweiden erstrecken sich bis hinauf auf 2300 m. Die Lantschfeldalm ist eine Genossenschaftsalm, auf die 13 Bauern 257 Stück Vieh treiben. Der Auftrieb fand traditionell um den 15. Juni statt. Als letzter Tag für den Almabtrieb galt der Michaelitag (29. September).*

Die Weite dieser Alm, die zu den größten zusammenhängenden Almgebieten im Lungau zählt, überrascht. Die Hütten liegen knapp unter den Urweiden und zweifellos reicht die Geschichte hier weit zurück. In Tweng gab es eine kleine römerzeitliche Straßenstation. Wir wissen aufgrund der Forschungen im Dachsteingebirge, dass in der Nähe alter Siedlungen auch Almwirtschaft mit Kleinvieh betrieben wurde. Gerade die leicht erreichbaren Almen des Landschfeldtales erscheinen hierfür prädestiniert. Doch steht ein archäologischer Nachweis noch aus.

Zur Annahme, dass die mittelalterliche Almwirtschaft hier bereits im Frühmittelalter einsetzte, berechtigt der slawische Name *Lantsch*, was so viel wie *Wiese* bedeutet. Diese Flurbezeichnung finden wir im Lungau mehrfach.

Eine Sage berichtet uns vom bestraften Übermut der Sennerinnen: *Diese genossen das üppige Almleben und badeten sogar bei Sonnenaufgang in frisch gemolkener Milch, um eine zarte und geschmeidige Haut zu bekommen. Diese Verschwendung blieb aber nicht ungestraft. Ein Fluch kam über sie und darum folgten auf jede ihrer Almfahrten viele Regentage, die ihren Übermut abkühlen und ihnen das Wirtschaften schwer machen sollten.* Die Sage will erklären, warum die Sennerinnen von den Lungauern als *Landschfeldhexen* bezeichnet wurden. Diesen war aufgefallen, dass es, sobald die Almen bezogen waren, zwei Wochen lang regnete. Blieb der für die Felder nötige Regen Anfang Juni aus, meinten die Einheimischen: *Wead guat sei, wonn de La´schfödhexen Oim fong, nocha tuats regna.*

Wandervorschlag: Von Tweng (1233 m) zum Hüttendorf Lantschfeld (1649 m) sind 10 km zurückzulegen. Achtung, diese Distanz muss man auch zurückgehen! Wer ein Fahrrad hat, sollte deshalb nicht darauf verzichten. Die Wanderung beginnt direkt in Tweng oder vor dem Forststraßenschranken mit kleinem Parkplatz. Ziel sind die zwei Almhütten mit Sennereien und natürlich die Kapelle im Hüttendorf.
Karte: Österreichische Karte, Blatt Nr. 156 und Nr. 157

## Lantschfeldalmen

*Russische Kriegsgefangene haben um 1915 die Kapelle neu errichtet. Das Alter des Vorgängerbaues der Kapelle ist nicht mehr feststellbar, dürfte aber einige Jahrhunderte zurückreichen. Im Hintergrund sieht man die Almhütten. In den 30er-Jahren des 19. Jahrhunderts war ein Großteil des Hüttendorfes durch Lawinen zerstört worden.*

*Almkapelle, innen. Johann Fanninger, vlg. Müllnerbauer, aus Unternberg errichtete den Glockenturm mithilfe des Lions Clubs von Bad Ischl. Daher weihte der Dechant von Ischl diesen am 15. August 1964 ein. Die Glocke, die während des Zweiten Weltkrieges als Kirchenglocke von Tamsweg verwendet worden war, hatte der Bauer mit Selchfleisch dem Rauchfangkehrer Weichselbaumer aus Tamsweg abgekauft.*

*Helga und Peter Lindschinger betreuen die Genossenschaftsalm. Sie servieren eine köstliche Brettljause mit selbstgemachtem Käse. Auch in der Müllnerhütte erzeugt die Sennerin guten Radstädter Käse .*

*Alte Hütte im Lantschfeld. Das Almleben ist auch hier etwas ruhiger geworden und viele der Hütten werden nicht mehr benötigt.*

## Das Riedingtal bei Zederhaus
### Schwarzenbichlerhütte (1400 m), Königalm (1667 m), Zauneralm (1700 m)

Auf Almen der Radstädter Tauern wird noch immer der altbekannte *Radstädter Käse* erzeugt. Dieser magere Sauerkäse wurde von dem Käsemeister Vincenz Charousek 1893 untersucht. Er urteilt über diesen abschließend: *Schöne Form, schönes Aussehen, blaugrünes Inneres, guter Schnitt und ein gesunder, angenehmer Geschmack. Es trifft aber selten zu, dass ein Radstädter Käse alle diese Eigenschaften in sich verbände ...*

Nunmehr sind über 110 Jahre vergangen und wir haben den Käse auf mehreren Almen gekostet und mussten ebenfalls unterschiedliches Aussehen und verschiedenste Geschmacksrichtungen feststellen.

In der neu errichteten Schwarzenbichlerhütte am Eingang zum Riedingtal betreibt Frau Löcker vom Trimmingerhof eine kleine moderne Sennerei. Sie erzeugt sechs verschiedene Käsesorten: Camembert, Tilsiter, Edamer, Mozzarella, Almkäse, Weichkäse mit Rotschmiere und köstlichen *Lungauer Winterkäse.* Die Sennerei, die mit dem Auto von Zederhaus leicht erreichbar ist, stellt ein besonders positives Beispiel für einen Neubeginn in der Lungauer Käsekultur dar.

*Ein Teil der kleinen Käserei in der Schwarzenbichlerhütte bei Zederhaus.*

*Ausschnitt aus dem Franziszeischen Kataster, 1829 (SLA)*

Im hinteren Riedingtal liegen die Almen: *Königalm, Zauneralm* und *Örgenhiasalm,* die alle Käse erzeugen. Kulinarisch besonders lohnend ist die Einkehr in die *Zauneralm.* Auf diese Gemeinschaftsalm treiben vier Bauern 140 Rinder und 18 Kühe auf. Die Alm betreut die Familie Kremser vom Zaunerhof aus Dorf. Die Liste der Produkte aus eigener Erzeugung ist lang. Von der Alm: Sauerkäse, Frischkäse, Topfen, Butter, Aufstriche, Milch, Buttermilch, Sauermilch, Rahmkoch. Vom Hof: Bauernbrot, Speck, Wurst, Hartwürstl, Säfte, Kräuter und Salben.

*Die Zaunerhütte war 20 Jahre ohne Sennerin und wurde 1990 neu erbaut. Nun ist wieder blühendes Almleben eingekehrt. Ein gelungenes Beispiel für Revitalisierung!*

*Eine Spezialität von Frau Löcker ist das auch „Almmarzipan" genannte Ramkoch. Rezept: Rahm, Mehl, Butter, Zucker, Anis, Zimt, Rum verrühren und aufkochen. In Form geben und ruhen lassen. In Schnitten servieren.*

## Zauneralm (1700 m)

*Käsemachen auf der Zauneralm*

*Nach der Wanderung zur Franz-Fischer-Hütte verträgt man eine kräftige Almjause.*

Wandervorschlag: Herrliche Höhenwanderung auf markierten Steigen. Von der Hoislalm (1550 m) zur Franz-Fischer-Hütte (2018 m) und weiter zur Hasellöch-Scharte (2136 m). Von hier bergab zur Königalm, von wo es nur noch wenige Minuten zur Zauneralm sind. Reine Gehzeit 4 bis 5 Stunden!
Karte: Österreichische Karte, Blatt Nr. 156

*oben: Zauneralm im Riedingtal*
*unten: Gruberalm im Riedingtal*

## Maurergut bei Zederhaus

Das Heimatmuseum *Maurergut* wurde in einem alten Bauernhof, von dem von 1509 bis 1978 alle Besitzer überliefert sind, eingerichtet. Die heutige Bausubstanz reicht 500 Jahre zurück und ermöglicht dadurch den seltenen Einblick in den längst vergangenen Alltag der Lungauer Bauernkultur.

*Denkmalhof „Maurergut". Die Öffnungszeiten erfahren Sie beim Fremdenverkehrsverband Zederhaus.*

*Für die Geschichte der Almwirtschaft von besonderem Interesse sind hier gezeigte Geräte zur Milchverarbeitung. Die Wohn- und Arbeitsräume sowie der Stall vermitteln den Besuchern eindrucksvoll den bäuerlichen Alltag. Dazu gehörte auch, dass der Mist den Winter über im Stall gesammelt und die Futteranlagen einfach nach Stand des Mistes erhöht wurden.*

## Bergmahd

Im kargen Lungau waren die Menschen einst gezwungen jeden Grashalm zu nutzen, um das Vieh den Winter über durchfüttern zu können. Daher wurde auch das Gras auf Bergrücken über der Baumgrenze gemäht. *Es gehörte eine eigene Geschicklichkeit und eine Übung von Jugend auf dazu, um in diesen harten, steilen und abschüssigen Hängen, wo jeder Fehltritt in die Tiefe führen kann, Tag für Tag, Woche für Woche vom frühen Morgen bis in die Nacht, mit Fußeisen an die Füße angeschnallt zu arbeiten,* notierte Michael Dengg 1913. Erika Hubatschek dokumentierte diese heute nicht mehr durchgeführte Bergmahd eindrucksvoll in den 30er-Jahren des vorigen Jahrhunderts.

Die Bergmahd an den Südhängen der Niederen Tauern entwickelte sich zu einer eigenen Form der Heugewinnung. Kleine primitive Unterkunftsbauten - *Mankai-Hüttln* genannt - dienten als Schutz- und Schlafplätze. Die Beförderung des Heus bis zum Hof war ebenfalls Schwerarbeit. Meist wurde es zu einem lawinensicheren Platz, dem *Tristhof*, getragen und dort zwischengelagert.

*Bergmahd, Rantenalm 1941. Foto: J. Spreitzer. (Slg. K. Heinzmann)*

Im Winter wurde das Bergheu mit Schlitten zum Hof gefahren. Dabei wurde das *aufgeschöberte* Heu vom Schnee freigeschaufelt und auf den Schlitten mit Stricken netzartig vertäut hinunter ins Tal gefahren. Von dort zogen Ochsen die Schlitten zum Hof. Diese Heubringung war sehr gefährlich und konnte nur von gewandten Knechten durchgeführt werden.

## Weißpriach- und Znachtal
### Lanschfeld - Oberhüttensattel (1400 - 1866 m), Znachalmen (1400 - 2059 m)

Das breite Weißpriachtal mit seinem Seitental, dem Znachtal, wies 1861 noch 43 bewirtschaftete Almen auf. Dagegen zählte man im benachbarten viel kleineren Lignitztal lediglich 16 Almen.

Die große Almweide unterhalb des Oberhüttensattels wurde noch 1829 *Landschfeld* (slaw. Bez. für *Wiese*) genannt. Heute sagt man *Lanschfeld.* Die *Schönalm* und die *Wirpitschalm* haben schöne Seen mit Fischbestand. Der Schönalmsee war Eigentum des Erzbistums und wurde mit der Alm bereits 1535 erwähnt.

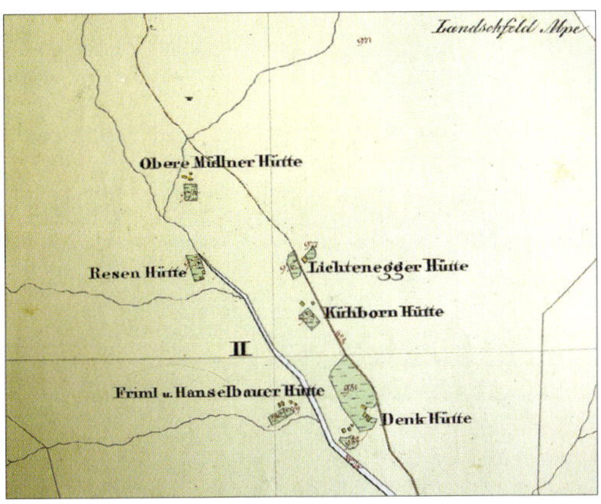


*In der Landschfeld Alpe standen vor 200 Jahren 18 Gebäude. Ausschnitt aus dem Franziszeischen Kataster, 1829. (SLA)*

*Die Oberhütte am wunderschönen See ist ein äußerst lohnendes Ziel.*

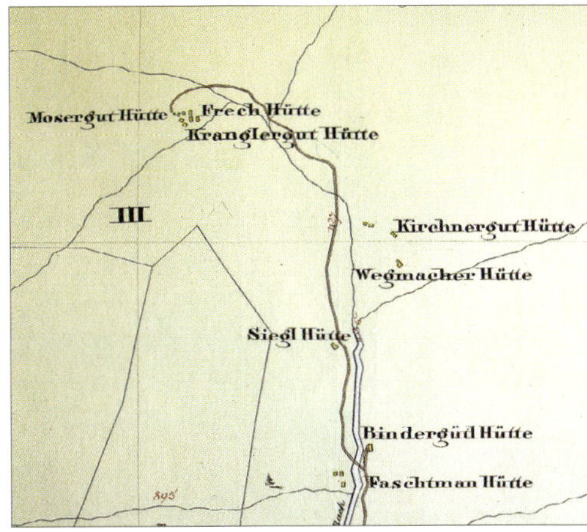


*Znachtal. Hinter der Moserhütte stand einstmals ein kleines Almdorf. Ausschnitt aus dem Franziszeischen Kataster, 1829. (SLA)*

*Almwüstung im oberen Znachtal. Der Znachsattel (2059 m) war wie der Oberhüttensattel ein alter Übergang vom Mur- in das Ennstal.*

*Wer stille, einsame Plätze liebt, sollte das Znachtal aufsuchen. Vom Parkplatz an dessen Eingang bis zur Almwüstung gehen wir 2 Stunden. Von dort kann man auch über den Znachsattel zum Giglachsee wandern.*

## Göriach (1180 m)
### Künstler und Käsemacher

Wer von Maria Pfarr, dem alten Wallfahrtsort, hinauf auf das weite Plateau von Zankwarn und Fern und weiter nach Göriach fährt, kann sich an der Weite des Lungaus und den alten Höfen, die hier noch stehen, erfreuen. Ihm begegnet hier ein letzter poetischer Abglanz einer versunkenen Welt.

Eine bunte Kuh zeigt uns den Hof des *Hiasnbauern* nahe Göriach an. Dort lebt die Familie Naynar. Der Bauer Gunther Naynar ist akademischer Maler und Käsemacher aus Passion. Seinen Käse liefert er an Gourmettempel, verkauft ihn aber auch ab Hof. Die Palette seiner Käsesorten aus Kuh- und Ziegenmilch ist reichhaltig und kreativ. Auch der passende Wein kann hier erworben werden. Ein Fest für Augen und Gaumen.

*Göriach darf sich glücklich schätzen, einen Künstler in zweifacher Hinsicht zu besitzen: Der Hiasnbauer ist ein hervorragender bildender Künstler und ein meisterhafter Käsemacher zugleich! Ein kulturelles Highlight im Lungau stellen seine künstlerischen und kulinarischen Aktionen im Spätsommer dar. Dabei versteht er es vorzüglich avantgardistische Elemente in ein traditionelles Umfeld einzubinden und moderne Kunst zu vermitteln.*

*Der Herbst 2002 stand im Zeichen des Würfels.*

*Archäologisches Happening auf dem Hiasnhof. Hier wurden ein Würfel, ein Handy und uralte Knochen von Ziegen als Relikte einer zukünftig vergangenen Würfelkultur freigelegt.*

## Göriachalm (1430 m), Landawirseen (2047 m) und Hochgolling (2864 m)

Der Name *Göriach* ist slawischen Ursprungs wie auch viele der anderen Almnamen bis zum Göriachwinkel. Uns begegnet auch hier wieder ein *Lantschfeld.* Die frühen Zehenthöfe dieser Gegend, die um 1074 als Besitz des Klosters Admont genannt werden, mussten keine Milchprodukte abliefern. Käseabgaben wurden im Zuge der Schwaigengründungen im Hochmittelalter eingeführt. Deshalb können Höfe mit Käseabgaben meist als Schwaigen angesprochen werden.

Man erzählt über die Almen um Göriach, dass sie großen Viehherden Nahrung bieten konnten. Als man vom Fettkäse zum Magerkäse wechselte, wurde *Butterschmalz* als Abgabe eingeführt. Dieses Butterschmalz soll in Göriach eine besonders gute Qualität gehabt haben. Zu Ende des Mittelalters und Beginn der Neuzeit ging man auch zu Geldabgaben über.

Blick vom Gipfel des Hochgollings hinab zur Göriachalm

*Zugriegelam Ausschnitt aus dem Franziszeischen Kataster, 1829 (SLA)*

*Landawirseen oberhalb der Landawirseehütte. Schaf- und Jungviehweide auf 2000 m Seehöhe*

Josef Schitter beklagt in seinem Mariapfarrer *Heimatbuch* den Verfall der Almen sowie die Zweckentfremdung der Hütten als Wochenendhäuser. Diesem Vorgang versucht das Land Salzburg aber mit großzügigen finanziellen Förderungen für den Almerhalt gegenzusteuern. Daher wurden auf einigen Almen wieder Sennereien eingerichtet und eine Käsetradition fortgesetzt oder neu begründet. Die Göriachalm wartet auf den Einzug einer Sennerin!

Wandervorschlag: Von der Göriachalm zu den Landawirseen und der Landawirseehütte (1985 m). Gehzeit bis zur Hütte 2 Stunden.
Karte: Alpenvereinskarte, Niedere Tauern III, Nr. 45/3

*Göriachalm*

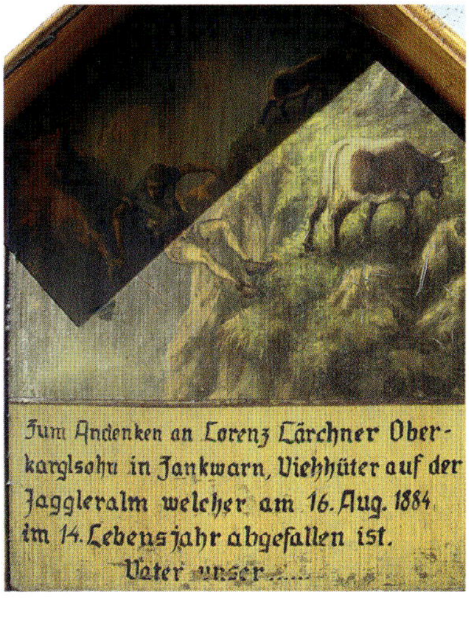


*Die Arbeit der Viehhüter war schwierig und gefährlich, wie uns die Votivtafel an der Kapelle am Eingang ins Görichtal zeigt.*

## Lessachalmen

Das Lessachtal überrascht durch seine Größe; im Talschluss entfaltet es sich nochmals in große Kare mit Seen. Bauernhöfe reichen hier bis auf 1400 m und Hüttstätten von Almen bis auf 1920 m. Eine bäuerliche Besiedlung mit Kleintierhaltung erfolgte vielleicht bereits in spätrömischer Zeit, sicher aber mit der slawischen Landnahme im 7. Jahrhundert. Denn der Name *Lessach* ist slawischen Ursprungs und bedeutet *Holz* bzw. *Wald.* Zunächst wurden im Sommer die Bergwiesen über der natürlichen Waldgrenze für die Viehwirtschaft genützt. Man ersparte sich so die arbeitsintensive Rodung, die erst in den folgenden Jahrhunderten mit dem Vordringen der inneralpinen Besiedlung in die Grenzgebiete des Ackerbaus in Angriff genommen werden musste. Auch hier waren die hochmittelalterlichen Schwaigengründungen ausschlaggebend für die Ausweitung des Almengebietes.

*Ein vermögender Bauer hält selten mehr als 24 bis 30 Kühe; ein mittelmäßiger 10, und der Kleinhäusler 2 oder 3 nebst einigen Geisen. [...] indeß die beste Kuh auf zweimaliges Melken nicht über 8 Viertel Milch gibt, höchstens 2 Centner wiegt [...]* schrieb 1796 Vincenz Hübner. 1900 standen noch 130 Almgebäude inklusive der Ställe.

*Blick von der Lanschitzscharte (2345 m) auf die drei Lanschitzseen im Lessachtal. Die Hochweiden reichen bis hinauf auf 2100 m.*

*Blick von der Deichselspitze (2670 m) in den herrlichen Talschluss des Lessachtales. Wir sehen auf den Zwerfenbergsee (2024 m), den Angersee (2090 m) und links davon noch auf einen Teil des Lungauer-Klaffersees (2197 m). Den Hintergrund bilden Bischofsmütze und Dachsteingebirge.*

<u>Wandervorschlag:</u> Große Rundwanderung um die Deichselspitze. Besonders einsame und schöne Almwanderung. Die vielleicht schönste Tour im Lungau ist nur erfahrenen Bergsteigern anzuraten (reine Gehzeit 7 Stunden und 1500 Höhenmeter)! In aller Früh fahren wir über die Mautstraße zur Laßhoferalm-Kaisergraben (1270 m). Die Tour beginnt und endet bei der Laßhoferalm. Zunächst steigen wir hinauf zum Zwerfenbergsee. Nach einer Rast auf diesem schönen Ort folgen wir der Markierung zur einsamen Kaiserscharte (2298 m), von wo wir auffallende Moränenreste sehen können. Wir gehen zunächst beinahe eben an der Nordseite der Deichselspitze vorbei und steigen dann hinab bis zur Halterhütte (1854 m) oberhalb der Putzentalam, Kleinsölk. Von hier queren wir in gleicher Höhe zum markierten Steig, der auf die Lanschitzscharte (2345 m) führt. *Ein guter Kletterer kann von der Kaiserscharte den Grat über die Deichselspitze (2684 m) und den Zischken (2661 m) direkt zur Lanschitzscharte klettern (Schwierigkeit I bis III).* Von der Scharte geht es kurz sehr steil bergab über einen wenig ausgetretenen Schafsteig. Trittsicherheit erforderlich! Früher wurde hier oben gemäht! Über den dann flacher werdenden Steig erreichen wir den unteren Lanschitzsee (1778 m), von hier führt uns ein guter Weg vorbei an den Bacheralmen hinunter und zurück zu unserem Startplatz.
<u>Karte:</u> Alpenvereinskarte, Niedere Tauern III, Nr. 45/3

## Almen von Krakauhintermühlen bis St. Peter am Kammersberg

*Almen im steirischen oberen Murtal. Kartenausschnitt aus der „Kronländerkarte", 1818 - 1836. Maßstab: 1:144.000. (Archiv ANISA)*

Von der Lungauer Grenze bis nach St. Peter erstrecken sich vom Hauptkamm der Niederen Tauern sieben Täler gegen Süden. In allen Tälern herrschte bis 1950 ein blühendes Almleben mit Sennereien. In die oben abgebildete Kronländerkarte aus der ersten Hälfte des 19. Jahrhunderts wurden 48 Sennereialmen eingetragen. Auf den in der aktuellen amtlichen Karte verzeichneten 38 Almen sind nur wenige Sennereien erhalten geblieben. Die meisten Almen werden heute mit Galtvieh bestoßen oder dienen dem Jagdvergnügen. In einigen der noch erhaltenen Hütten sind für die Wanderer Jausenstationen eingerichtet worden.

### Die Geschichte der Almen

Die **Greimalm** ist eine der größten Almen in dieser Region und liegt am Beginn der weiten, waldfreien Weiden des 2474 m hohen Greims. Die Geschichte dieser Alm reicht vielleicht in spätrömische Zeit zurück. Ihre Heimhöfe könnten im bereits römerzeitlich besiedelten St. Peter am Kammersberg zu suchen sein. Im Frühmittelalter siedelten Slawen in diesem Tal, die an die Reste römerzeitlicher Kultivierung anschließen konnten. Die erste schriftliche Erwähnung von Almen finden wir in einer Königsurkunde von 1007, in der Wölz und Katsch und deren Herrschaftsrechte genannt werden. Die Greim gehörte dem Bischof von Freising und wurde von der Herrschaft Rothenfels aus verwaltet. Auf dieser Alm gab es 68 Weiderechte - *Bluembsuech* genannt -, die im *Kreisbrief* von 1533 neu geregelt wurden. Die Greimalm war eine *Gemeinalm.* Im Waldtomus von1759 werden 400 Rinder für diese Alm angegeben.

Auf den intensiv bewirtschafteten Almen gab es immer wieder Streitigkeiten über Grenzen und Auftriebsrechte. Über solche Konflikte berichten die oft einzigen schriftlichen Quellen für unsere Forschung. Von der Schöderalm ist ein *Almbrief* von 1522 erhalten geblieben, der den *Bluemgesuech* in der Gemeinschaftsweide regelt. Damals gab es für diese Alm 14 Auftriebsrechte mit zusammen 101 Stück Vieh.

Der Viehbestand hing von der Größe des Hofes ab und zeigt große Unterschiede. So hielt der Durchschnittsbauer Heinrich Ranft (Raftner) 1542 6 junge Stierl, 2 Kalbinnen, 1 Fohlen, 5

*Almweide auf der Greimalm. Im Vordergund ein Schalenstein, dessen Bedeutung und Alter nicht bestimmt werden können. (B. Hebert, BDA Graz)*

Lämmer, 6 Kühe, 2 *Spenkälber*, 14 Schafe und 2 Schweine auf der Alm. Dagegen trieb Andre Mair vlg. Hofmoar 10 Ochsen, 10 Stierl, 36 Kühe, 30 Schafe, 16 Schweine, 3 Stuten, 1 Fohlen und 24 *Spenkälber* auf.

1843 schreibt Georg Göth in seiner Topografie des Herzogtums Steiermark über diese Almen: *Als Viehweiden dienen die Rantenalpe mit 15 Hütten für 80 Kühe, die Alpe am Preber mit 5 Hütten für 30 Kühe und 20 Ochsen, die Letrichalpe [Etrachalm] für 60 Kühe und 125 Ochsen, die Hemafeldalpe für 12 Kühe und 12 Ochsen, und die Höfel- und Scheucheralpe für 12 Kühe und 12 Ochsen, und zwar aus den Gemeinden* ***Krakauhintermühl, Krakauschatten, Krakaudorf, Ranten, Seebach, Rinnegg, Freiburg*** *und von der Herrschaft Pur.* **Schöderberg:** *Zu Viehweiden dienen die Gingelalpe für 6 Kühe und 20 Ochsen aus der Gemeinde* ***Schöderberg,*** *die Schöderalpe für 24 Kühe aus den Gemeinden* ***Schöder*** *und* ***Ranten,*** *die Stempferalpe für 40 Kühe und 50 Ochsen aus den Gemeinden* ***Schöder, Feistritz, Freiberg*** *und* **Tratten,** *die Kuhalpe für 8 Kühe und 20 Ochsen aus* ***Schöderberg,*** *die Hoch- oder Mirzlalpe für 8 Kühe und 30 Ochsen aus* ***Lasnitz,*** *die Grössingalpe für 8 Kühe und 10 Ochsen aus* ***Murau,*** *die Traschelalpe für 8 Kühe aus der Gemeinde* ***Ranten,*** *die Riegelalpe für 8, die Wilsenalpe für 6 Ochsen aus* ***Schöder,*** *die Goldbachalpe für 30 und die Kopethalalpe für 8 Ochsen aus* ***Schöderberg,*** *Auf sämmtlichen Alpen weiden den Sommer hindurch an 400 Schafe.* Auf den Zinkenkogel in der Gemeinde **Baierdorf** werden 30 Kühe und 20 Ochsen aufgetrieben. Für **Pöllau** werden die Leutgebalpe, die Rackl- und Röttlalpe und die Greimalpe angeführt. Auf allen diesen Almen weidete die inzwischen ausgestorbene Bergschecke, die Göth so beschreibt: *Der Schlag des Hornviehs ist ein Gemisch des ein- und mehrfarbigen, vorzüglich roth mit weissen Streifen auf dem Rücken, mehr klein als groß.*

Nach Robert Sieger haben 1922 auf diese Almen 121 Auftriebsberechtigte 499 Kühe, 1719 Galtrinder, 365 Schweine, 553 Ziegen, 3528 Schafe, 35 Pferde und 330 Stück Zinsvieh aufgetrieben.

*Die Kreutzerhütte liegt an der Sölkpassstraße. Hier bekommt man Murtaler Käse und vieles mehr aus der eigenen Produktion.*

Wandervorschlag: Zu den Steinbauten in der Hubenbaueralm. Mit dem Auto können wir über Krakauhintermühlen bis knapp vor den Etrachsee (1374 m) fahren. Von hier wandern wir auf dem markierten Weg zum Hubenbauertörl (2051 m). Bis hierher 2 Stunden. Vom Törl gehen wir nun ein kurzes Stück weglos über den breiten Rücken in Richtung Edelfeld und kommen zu archaisch wirkenden Steinmauern und kleinen Bauten. Hier sollten weniger Geübte umkehren; sichere Geher und Pfadfinder können ganz hinauf auf das Edelfeld (2310 m) steigen. Von dort genau nach Süden über den Hang hinunter gelangt man zu einer großen Anlage, die aus einem Pferch und einer Steinhütte besteht. Weglos gehen wir den breiten Bergrücken weiter bergab und dann in einem Bogen kurz nach Osten zum Grüblsee, wo Steinbauten aus jüngster Zeit zu sehen sind. Vom Grüblsee geht es weiter Richtung Süden über den Hang hinunter bis zu dem markierten Weg, der uns wieder zum Auto bringt.
Karte: Alpenvereinskarte, Niedere Tauern III, Nr. 45/3

**Steinbauten für Bergmahd und Hirten. Vom Hubenbauertörl bis zur Schimpelscharte**

*Steinpferch für das Vieh mit kleinem Steinbau für den Hirten. Von einer Felswand heruntergefallene Steine wurden für den Bau dieser archaisch wirkenden Anlage verwendet.*

*Eine mit Steinplatten errichtete alte Hirtenhütte, in der ein eingeebneter Platz auf eine Schlafmöglichkeit und eine kleine Feuerstelle auf karge Mahlzeiten hinweisen.*

*Kleiner mit Steinplatten aufgeschichteter Bau für die Bergmahd. Ein kaltes Loch zum Schlafen, mehr war das nicht! Das Alter einiger Bauten reicht bis in das Mittelalter. Oft sind sie jedoch erst im 19. Jahrhundert entstanden.*

*Steinmänner wurden als Signalpunkte für die Hirten errichtet. Von solchen Punkten kommunizierte man mittels akustischer und optischer Zeichen, um sich so den weiten Abstieg zur Alm zu ersparen.*

*Eine Steinhütte mit Holzüberdachung und Tür. Ein Bauwerk für Hirten und Mäher aus dem 19. Jahrhundert. Dahinter sieht man einen Steinhag, in den das Vieh bei Schlechtwetter getrieben wurde.*

*Steinmänner und eine kleine Steinhütte auf dem Berggrat lassen uns ein wenig von den unvorstellbaren Entbehrungen und Mühen der Knechte, die die letzten Gräser sammeln mussten, erahnen.*

Halter am offenen Feuer. Radierung von Emmerich Millim, um 1940 (Slg. Günter Graf)

Unten: Felsneralm um 1920. Heute steht ein Hotel auf dieser Hüttstatt. (Slg. M. Schlechta)

# Geschichte der Almwirtschaft

## Interdisziplinäre Forschung

Die folgende Arbeit versucht einen Einblick in die Geschichte der Almwirtschaft rund um den Dachstein von der Bronzezeit bis heute zu geben. Die hier zusammengefassten Forschungsergebnisse wurden von der ANISA, Verein für alpine Felsbild- und Siedlungsforschung, in mehr als 25-jähriger Tätigkeit mit Schwerpunkten in der Dachsteingruppe und im Toten Gebirge erarbeitet. Die Forschung auf den abgekommenen Almen wird *hochalpine Wüstungsforschung* genannt. Da die schriftlichen Quellen über die Almwirtschaft in diesem Bereich nur in Ausnahmefällen bis in das Mittelalter zurückreichen, muss sich die hochalpine Siedlungsforschung zunächst der Archäologie bedienen, aber auch mehrere andere Forschungsdisziplinen wie Geodäsie, Geografie, Geologie, Physik ($^{14}$C-Datierungen), Zoologie, Botanik (Pflanzenbestimmung, Pollenanalyse, Den-drochronologie, Limnologie), Volkskunde und Geschichte heranziehen. Da die Zusammenarbeit vieler Wissenschaften nötig ist, spricht man von *interdisziplinärer Forschung.*

*Kalzinierte Knochenreste aus dem Brandopferplatz „Sölkpass". Diese Knochen werden archäozoologisch untersucht, um Rückschlüsse auf die Tierarten, die Anzahl der Individuen und deren Alter zu erhalten. Damit ist auch eine relative Begehungsfrequenz des Passes feststellbar.*

## Raum und Klima

Bodenbeschaffenheit, Lage und Klima sind wesentliche Voraussetzungen für die Almwirtschaft, daher wollen wir zuerst kurz diese Rahmenbedingungen und deren Erforschung erörtern.

*Die Almlandschaft am Augstsee, Gemeinde Altaussee. Blick zum Dachsteingebirge.*

### Eine Regionsbeschreibung

Die geographische und klimatische Situation weist Österreich als ein alpines Land aus. 77% der Gesamtfläche gelten als Berggebiet. Von der Gesamtkatasterfläche Österreichs wird ein Anteil von fast 20% als Almfläche ausgewiesen. Damit hat Österreich einen der höchsten Anteile an Almen in Europa. Die Steiermark lag 2001 mit 70.801 ha Futterfläche an vierter Stelle hinter Tirol (218.049 ha), Salzburg (87.237 ha) und Kärnten (86.841 ha). Von den landwirtschaftlichen Betrieben in Österreich sind mehr als 30% Bergbauern, die teilweise unter sehr schwierigen Bedingungen für den Weiterbestand eines lebendigen Bergraumes arbeiten. Damit wird auch die Grundlage des österreichischen Tourismus gesichert, der sich im Wesentlichen auf eine intakte und attraktive Urlaubsregion in den Bergen stützt. Die historischen Karten in diesem Buch zeigen die wichtigsten Almen der Niederen Tauern, des Toten Gebirges und des Salzkammergutes.

## Eine geographisch - geologische Übersicht

Die Enns entspringt im Salzburger Land im Süden von Flachau. Nahe der Oberennsalm in den Radstädter Tauern auf 1750 m Seehöhe beginnt sie ihren 254 km langen Weg bis zur Donau. In Mandling betritt sie die Steiermark und zugleich die Dachstein-Tauern-Region. Die Hauptorte im oberen Ennstal sind die Städte Radstadt und Schladming und die Märkte Haus, Gröbming und Öblarn. Die Enns trennt, von Westen nach Osten fließend, zwei Gebirge von unterschiedlichem geologischem Aufbau.

### Die Niederen Tauern

*Blick über Schladming in die Niederen Tauern. Die Tauern mit ihrem Wasserreichtum ermöglichen eine reiche Flora bzw. Almweide bis auf über 2000 m. Das Wasser wird auch für die Stromerzeugung verwendet.*

Südlich der Enns befinden sich die vorwiegend aus altem kristallinem Gestein aufgebauten *Niederen Tauern.* Das Wort *Tauern* ist wahrscheinlich eine alte Bezeichnung für einen Gebirgsübergang und dürfte aus der keltischen Sprache kommen. Dies zeigt, dass man schon in urgeschichtlichen Zeiten Pässe zur Überwindung des Gebirges nutzte. Die mit Hunderten von Gipfeln übersäten Tauern sind im Vergleich zur Dachsteingruppe die viel größere Gebirgsregion.

*Kristallin in den Schladminger Tauern. Schoberalm unter dem Schober, Preunegg.*

Der Anteil der Niederen Tauern bis zum Grenzbereich des Salzkammergutes, der in diesem Beitrag berücksichtigt wird, umfasst annähernd 2100 km$^2$.

*Schladminger Tauern* heißt deren Abschnitt zwischen dem Radstädter Tauernpass und dem Sölkpass. Namensgebend war Schladming zu Füßen dieses Gebirges. Diese Stadt war auch das Zentrum des mittelalterlichen und frühneuzeitlichen Bergbaus. Besonders in der Grauwackenzone weist dieses Gebirge nämlich zahlreiche Vererzungen auf.

Der von Westen nach Osten ziehende Tauernhauptkamm ist von vielen Quertälern zerfurcht und zerschnitten. Dies ist auf die wasserundurchlässigen Gesteine zurückzuführen. Das Wasser suchte seine Wege nach unten in das Haupttal bevorzugt entlang der geologischen Störlinien. Die Eiszeiten schabten tiefe Trogtäler in diese Rinnen zu beiden Seiten des Hauptkammes. Dadurch haben die wasserreichen Tauern einen gerippten, stark gegliederten Aufbau erhalten. Sie weisen überdies eine bis in große Höhen reichende Vegetation auf, die die Grundlage der Almwirtschaft ist.

## Dachstein und Totes Gebirge

Dachsteinplateau mit Modereckalm und Schladminger Gletscher, 1984. „Der Stein, das Schneegebirge, Todtengebirge, die verwunschene Alpe, Namen, welche dieser Kalkmasse gegeben werden, ist eines der merkwürdigsten Gebirge, die ich noch gesehen!" (Erzherzog Johann 1810)

Das gewaltige Karstmassiv der Dachsteingruppe wird zu den Nördlichen Kalkalpen gezählt. Darin grenzen die Bundesländer Steiermark, Salzburg und Oberösterreich aneinander. Der 2995 m hohe Gipfel des Dachsteins krönt dieses Gebirge, das vorwiegend aus gebanktem Dachsteinkalk aufgebaut ist. Westlich des Hauptgipfels stehen die Felskolosse Mitterspitz (2925 m) und Torstein (2948 m). Zahlreiche Höhlen durchziehen das helle, wasserlösliche und wasserdurchlässige Gestein. Der Dachsteinkalk hat sich vor 220 Millionen Jahren in der Obertrias gebildet, als sich die abgestorbenen Meerestiere und Korallenriffe eines hier einstmals bestehenden tropischen Meeres ablagerten. Muschelkalk und Riffkalk sind häufig im Karst des Dachsteingebirges zu beobachten. So genannte *Kuhtritte* und Korallenstrukturen treten an der Oberfläche hervor. Erdgeschichtlich gesehen sind die Alpen, deren Bildung vor über 100 Millionen Jahren einsetzte, ein junges Gebirge. Als es durch Pressung und Hebung aus den Tiefen dieses Meeres entstand, wurden die Kalkplatten vom älteren kristallinen Untergrund zerbrochen und überschoben. Deshalb sehen wir verschieden geneigte Bankungen im Kalk, der seine Eigenheiten im zackigen Gosaukamm und den etwas behäbigeren Formen der Dachsteingipfel zeigt.

Dachsteinsüdwand: Die mächtigen Bankungen des Dachsteinkalkes sind gut zu erkennen.

Vom Dachsteingipfel nach Westen streicht der Gosaukamm mit der berühmten Bischofsmütze (2455 m) und dem aus Korallenriffen aufgebauten Donnerkogel (2054 m) ab. Wenden wir uns am Dachsteingipfel nach Norden, so sehen wir die Reste der Gletscher des Dachsteins, die noch vor 150 Jahren mehr als doppelt so groß gewesen sind. Dahinter trifft der Blick auf den weltberühmten, geschichtsträchtigen Salzberg, den Plassen (1953 m), oberhalb von Hallstatt. Tief im Tal unten versteckt liegt Hallstatt mit dem Hallstätter See (508 m). Weiter östlich taucht der mächtige Sarstein (1975 m) mit seinem Gipfelplateau aus dem Koppental auf. Schließlich dehnt sich nach Osten das beinahe 300 km² große östliche Dachsteinplateau aus, an dessen Südrand noch der Kufstein (2049 m), der Stoderzinken (2048 m) und die Kammspitze (2139 m) aufragen. Weiter östlich, durch die tiefe Einkerbung der Salza abgetrennt, glänzt der Grimming (2351 m), der lange Zeit als der *mons Styriae altissimus* galt, weil sein mächtiger Stock direkt aus dem Talboden herauswächst und das ungeschulte Auge täuscht.

Mit Friedrich Simony, der erstmals 1840 das Dachsteingebirge betrat, kam einer der großen Geologen und Geografen Europas in unsere Region. Er zählte auch zu den Mitbegründern des Alpenver-eins. Friedrich Simony blieb dem Dachsteingebirge, über das er ein umfassendes geografisches Werk schrieb, 50 Jahre lang treu. Dieses Buch stellte eine wissenschaftliche Pionierleistung dar und zeichnet sich überdies durch seine treffende und verständliche Sprache aus. Lassen wir Simony über den Zerfall der Gebirge sprechen:

*Nähern wir uns dem Hochgebirge, betreten wir seine malerischen Thäler, steigen wir über die durchfurchten Gehänge zu den vielgestaltigen, weitausschauenden Gipfeln empor, so begegnen unsere Blicke überall den Spuren einer unaufhaltsam fortschreitenden Zerstörung. Der Boden, auf welchem wir wandeln, die Bergwände, zwischen welchen unser Weg sich hinzieht, sind mit Schutt verschiedener Art bedeckt; die Hunderte und Tausende von Kuppen, Zinnen, Kämmen und Graten, welche eine erklommene Spitze nah und fern umstarren, sind nichts als Ruinen zerrissener, zerklüfteter, tausendfältig benagter und ausgefurchter Höhenzüge, welche einst als compacte, ungegliederte Massen aus den Tiefen des Urmeeres zu einem das jetzige weit überragende Niveau emporgewachsen waren. Das Wasser in seinen verschiedenen Aggregats- und Ansammlungsformen, verbunden mit dem unaufhörlichen Wechsel der Temperatur, gibt den überall thätigen Zerstörungsapparat ab, welcher rastlos Stäubchen um Stäubchen, Stein um Stein, Stockwerk um Stockwerk von den Gebirgen abträgt und die zermalmten Trümmer derselben hier über Niederungen breitet, dort dem Meere, der weiten Bildungsstätte neuer Landmassen, zuführt.*

Dieses Karrenfeld durchteilt die Almweide der mittleren Schönbergalm.

„Seelein" in der Nähe der Maisenbergalm auf dem östlichen Dachsteinplateau

Im hochalpinen Bereich führen dem Wanderer besonders Karrenfelder die herbe Schönheit der Verkarstung vor Augen. Das kräftige Grün in den Gruben, die seit Jahrtausenden als Almweiden genützt werden, und das helle Grau des Dachsteinkalks leuchten in der Landschaft. Wasser ist in dieser Karstregion selten anzutreffen. Dennoch bilden sich in postglazialen Mulden Lacken und kleine Seen auf Wasser sperrenden tonigen Schichten.

*Der wasserlösliche Kalk bildet durch die Verwitterung Muster und Formen von bizarrer Schönheit.*

Große Höhlensysteme sind vor allem im Nordbereich des Dachsteingebirges anzutreffen. Die Hirlatzhöhle oberhalb von Hallstatt ist mit 1030 Meter Tiefe und 90.000 erforschten und vermessenen Metern labyrinthähnlicher Gänge derzeit die längste Höhle Österreichs. Die 1180 Meter tiefe Mammuthöhle, die besichtigt werden kann, weist noch immerhin eine Ganglänge von 54 km auf. Weitere Schauhöhlen sind die 107 Meter tiefe und 3.944 Meter lange Koppenbrüllerhöhle und die 70 Meter tiefe und 2.000 Meter lange Rieseneishöhle nahe Obertraun. Viele weitere kleinere Höhlensysteme auf der Südseite des Dachsteins und auf dem Dachsteinplateau sind bereits erkundet worden. Kleinere Höhlen und Schächte im Bereich von Almen wurden gerne als Keller zur kühlen Aufbewahrung der Almprodukte verwendet.

*Blick aus dem Portalbereich des Bärenlochs auf das östliche Dachsteinplateau*

Im Norden des Plateaus streichen grüne Nadelwälder hinab in das Mitterndorfer Becken. Der Ödensee bei Kainisch ist ein eiszeitliches Relikt. Gegen Westen steigt das Gebirge bis zum Ausseer Zinken (1854 m) an, darunter sehen wir Bad Aussee und das tief eingeschnittene Koppental mit der Traun, die in den Hallstätter See (508 m) entwässert. Der Hallstätter See wird gerne als *Fjord des Salzkammergutes* bezeichnet, da vor allem sein südlicher Teil von hoch aufragenden Felswänden umgeben ist. Von Hallstatt bis zum Dachsteingipfel sind immerhin 2500 Höhenmeter zu überwinden. Hallstatt und seine Umgebung gehören zu den sechs Kulturdenkmälern Österreichs, die von der Unesco zum Weltkulturerbe gezählt werden. Zu dessen Kernzone gehören auch große Teile des Dachsteinstockes. An dem annähernd 3000 km$^2$ großen Salzkammergut haben heute die Bundesländer Oberösterreich, Salzburg und Steiermark Anteil. Dieser ursprünglich landesfürstliche Besitz erhielt seinen Namen im Spätmittelalter und in der frühen Neuzeit auf Grund des Salzbergbaus in Hallstatt, Bad Ischl und Altaussee. E. Koller beschreibt das Salzkammergut treffend als *eine geschlossene, landesfürstliche Großwirtschaft, in deren Dienst alles stand: Berg und Wald, Wasser und Weg, Mensch und Tier.*

## Klima und Almwirtschaft

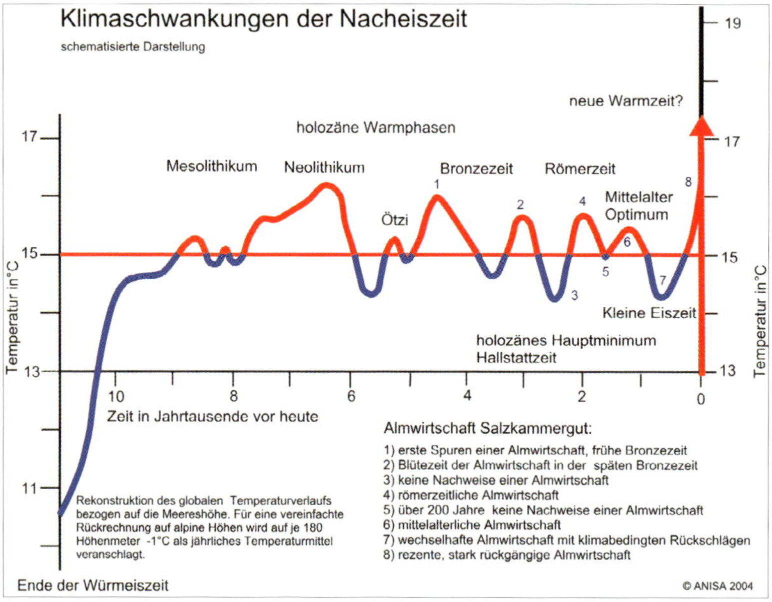


Die Schönheit der Landschaft des Salzkammergutes beeindruckte zahlreiche Schriftsteller, darunter J. A. Schultes, der Ende des 18. Jahrhunderts und zu Beginn des 19. Jahrhunderts schwärmerisch von den lieblichen Seen und den verkarsteten Kalkstöcken mit den Almen erzählte. Besonders nachdem Kaiser Franz Joseph Bad Ischl zu seiner bevorzugten Sommerfrische gewählt hatte, setzte eine breite touristische Erschließung ein. Diese erreichte ihre erste Blüte nach dem Bau der Eisenbahn in dieses Kleinod, das bevorzugt von Adeligen und wohlhabenden Bürgern aufgesucht wurde. Einige davon interessierten sich für die regionale Volkskultur und hinterließen uns wertvolle volkskundliche Aufzeichnungen. Diese Forscher berichten auch über die Bräuche auf den Almen des als eigener *Staat im Staat* bezeichneten *Kammerguts.*

Zum steirischen Salzkammergut gehört auch ein Teil des Toten Gebirges. Das Tote Gebirge weist ähnliche geologische Eigenheiten auf wie das Dachsteingebirge. Dort trifft man ebenso auf herrliche Weideflächen, die mit kleinen Seen und Lacken ausgestattet und für die Almwirtschaft gut geeignet sind.

Am Fuße dieses Gebirges liegen die berühmten Salzkammergutseen: *Altausseer See, Grundlsee* und *Toplitzsee.* Die nicht weniger bekannten Orte *Altaussee, Bad Aussee* und *Bad Mitterndorf* gelten als beliebte touristische Ziele. Aber auch der Plassen, der Sarstein, der Sandling, der Traunstein und natürlich die durch die Rodung für die Saline entstandene Postalm sind hier zu erwähnen.

Die Möglichkeit, hochalpine Regionen wirtschaftlich zu nutzen, hängt maßgeblich von den klimatischen Bedingungen ab. Im Boreal, nach der letzten Eiszeit, war das Klima für hochalpine Begehungen zunächst noch ungünstig. Dies änderte sich vor etwa 8000 Jahren infolge einer nachhaltigen Klimaerwärmung erheblich.

Vor 6000 bis 5000 Jahren, also in der Zeit *Ötzis*, des Eismannes vom Tisenjoch, wurde es etwas kälter. Eine Eis- und Schneedecke überdeckte seine Mumie, die erst im heißen Sommer 1991 wieder so weit ausaperte, dass sie von Touristen in einer kurzzeitig oberflächlich aufgetauten Wasserlacke gefunden werden konnte. Anscheinend wurde am Ende des 20. Jahrhunderts der Temperaturanstieg aller vorangegangenen günstigen Klimaperioden überschritten. Nicht auszuschließen ist aber, dass die Gletschermumie schon zuvor kurzzeitig aufgetaut und, ohne Schaden zu nehmen, wieder eingefroren ist. Zumindest die hintere Schädeldecke könnte aus dem Eis getaut sein, worauf eine kahle, abgenagte Stelle hindeutet.

In der frühen und mittleren Bronzezeit wurde es zunächst wärmer, gegen Ende dieser Phase sanken die Temperaturen wiederum. In der späten Bronzezeit, also vor 3200 bis 2800 Jahren, herrschte ein günstiges Klima, das beste Bedingungen für Begehung und Besiedlung des Hochgebirges schuf. Diese Zeit wird auch *Urnenfelderzeit* genannt, da die Toten eingeäschert und in Tonurnen mit Grabbeigaben bestattet wurden. Von der regen Nutzung hochalpiner Regionen zeugen Reste von Hütten, Bergwerken und Brandopferplätzen sowie Streufunde.

Die frühe Eisenzeit, auch *Hallstattzeit* genannt, wurde von einem katastrophalen Klimasturz in den Alpen überschattet. Diese Zeit wird von den Klimaforschern als *Holozänes Hauptminimum* bezeichnet. Ihren Höhepunkt erreichte diese Klimadepression um die Mitte des 1. Jahrtausends vor Christus. Der Hallstätter Salzbergbau erlitt zudem empfindliche Rückschläge durch Wassereinbrüche in den Gruben. Auf den Bergen der Ostalpen wurden bisher auffällig wenig Streufunde aus dieser Zeit gefunden. War es auf den Hochalmen in dieser Zeit für eine Bewirtschaftung zu kalt?

*Salzberg oberhalb von Hallstatt. Archäologische Ausgrabungen legten spätbronzezeitliche Stollenteile frei. Grünliche Verfärbungen weisen auf eingelagerte Bronzeobjekte hin. Ein gut erhaltener Holzpflock ist ebenfalls zu erkennen.*

Erst in der späten Eisenzeit und zu Beginn der römischen Kaiserzeit wurde das Klima in den Alpen wieder freundlicher. Während die späte Eisenzeit im hochalpinen Raum durch Funde kaum belegt ist, können wir in der kulturell und wirtschaftlich hochstehenden römischen Kaiserzeit bereits von einer intensiven Almwirtschaft sprechen. Zu Ende des 5. nachchristlichen Jahrhunderts mit dem Zusammenbruch des römischen Imperiums klang diese aus, wohl auch im Zusammenhang mit dem schlechter werdenden Klima. Die folgende Völkerwanderungszeit war klimatisch ungünstig und ist wahrscheinlich deshalb auch im Almbereich archäologisch nicht fassbar.

Eine neuerliche Erwärmungsphase mit einem besonders günstigen Klima (Klimaoptimum) vor 1000 Jahren ermöglichte eine intensivere Nutzung alpiner Regionen im Früh- und im Hochmittelalter. Bereits im 7. Jahrhundert nach Christus beginnt der Aufbau und Ausbau einer Almwirtschaft, die der uns bekannten Form der traditionellen Almwirtschaft entsprechen dürfte. Ihre Blütezeit erlebte die mittelalterliche Almwirtschaft im Spätmittelalter (14. bis 15. Jahrhundert), wie nicht nur schriftliche Quellen, sondern auch massive archäologische Nachweise belegen.

Diese intensive Almbewirtschaftung wurde von der so genannten *Kleinen Eiszeit* ab ca. 1580 empfindlich gestört. Einige Almen wurden damals aufgelassen, wovon heute noch Wüstungen (abgekommene Siedlungen) aus dieser Zeit zeugen. In der Neuzeit wird aber die Almwirtschaft weiterhin, zum Teil sogar intensiv, betrieben. Vielleicht versuchten die Menschen gerade wegen des wechselhaften, zeitweise schlechten Klimas, die geringeren landwirtschaftlichen Erträge im Tal, die Hungersnöte zur Folge hatten, soweit als möglich mit der Almwirtschaft auszugleichen bzw. aufzubessern. Funde von Ofenkacheln aus dem 17. bis 19. Jahrhundert auf den Almen zeugen ebenfalls von einem verschlechterten Klima. Ende März 1828 etwa bezweifelte das

Pflegegericht Wildenstein die Möglichkeit des Auftriebs von Vieh auf die Schladminger Almen (auf dem Dachsteinplateau) für dieses Jahr: *da noch Dato in diesen Gegenden der tiefste Winter herrscht, und die dortigen Triften mit haushohem Schnee bedeckt sind, was zum mindesten jedwede Möglichkeit entfernt, daß diese Alpengründe vor Ende Juli befahren werden können, während solche gewohnt mit Ende Juni besucht werden sollten, da mit Eintritt des 24. August der Ordnung nach wieder abgetrieben wird.*

Anlässlich einer Verhandlung um die Pachtverlängerung mit der Herrschaft Wildenstein 1851 betonen die Bauern, dass sie unter anderem Ofenkacheln und Bauholz 6 bis 7 Stunden zu ihren Almen transportiert und auf eigene Kosten Hütte, Trempel und Wärmstuben errichtet hätten.

*Kachelofen in einer Almhütte auf dem Dachsteinplateau. Diese wurde 1843 erbaut, in einer Zeit, als die Gletscher ihren Höchststand in der „Kleinen Eiszeit" erreichten. Der Grund für den Einbau des Ofens war die damalige Klimaverschlechterung.*

## Wald und Bäume auf der Alm

Mit den Klimaschwankungen änderte sich auch die obere Baumgrenze. Erreichte sie in der Bronzezeit noch eine Höhe von 2100 m, so sank sie in der Hallstattzeit bis knapp unter 2000 m. Nach einer kurzen Erholung im Frühmittelalter erreichte sie schließlich in der Kleinen Eiszeit den niedersten Stand von 1800 Metern. Seit 150 Jahren erholt sich die Vegetation wieder allmählich, der Hochwald wird wieder dichter und die Baumgrenze steigt langsam an. In den 50er-Jahren des vorigen Jahrhunderts wurden zusätzlich Aufforstungsmaßnahmen im Bereich der Schönberg- und der Gjaidalm auf dem Dachsteingebirge durchgeführt.

Doch der Wald war im Laufe der Geschichte auch massiven menschlichen Eingriffen ausgesetzt. Die ur- und frühgeschichtlichen Bauern nutzten die natürlich waldfreien Flächen. Spätestens im Hochmittelalter wurden Wälder auch für die Errichtung von Almen gerodet. Die Almwirtschaft war vor allem in der vom Klimawechsel geprägten Neuzeit vermehrt gezwungen auch die Waldweide zu nützen. Für den Hüttenbau und die Bewirtschaftung der Almen waren Wälder eine Grundvoraussetzung. Verordnungen der Grundherren gegen diese vermeintliche Holzverschwendung wurden von den Auftriebsberechtigten ignoriert, da sie deren Beachtung zur Aufgabe der Almen gezwungen hätte.

Besonders reduziert wurden die Wälder aber durch den hohen Holzbedarf der landesfürstlichen Bergwerke und Salinen. Schon seit Beginn der Neuzeit beschränkten Vorschriften die individuelle Nutzung der Wälder. Damals setzte ein zäher Kampf um Wald und Weide zwischen Bauern und Grundherrn ein.

Vielerorts blieben nur noch die Hochwälder erhalten, die wegen der umständlichen Zubringung unrentabel waren. Die typischen Wälder unserer Region bestehen je nach Höhenlage aus Fichte, Tanne, Lärche und Zirbe. In geschützten Lagen erreichen vor allem Lärchen und Zirben ein hohes Alter und können heute der Klimaforschung dienen.

Grafenbergsee 1908. Der Wald ist durch die intensive Alm- und Holzwirtschaft des 18. und 19. Jahrhunderts deutlich zurückgedrängt worden.

Reste von Holzstämmen, die 1870 nahe der Grafenbergalm für den Bahnbau gefällt wurden.

Grafenbergsee 1997, Flugaufnahme. 90 Jahre später sehen wir einen jungen Fichtenwald, der sich in den nächsten Jahrzehnten wegen der zurückgegangenen Almenbewirtschaftung weiter ausbreiten wird können.

Wiesalm, Gemeinde Hallstatt. Latschen, Lärchen und Zirben in der Kampfzone des Waldes

Wiesalm, Gemeinde Hallstatt. Im Hochgebirge wachsen die Bäume äußerst langsam. Die Jahresringe der Latschen, Lärchen und Zirben, die bis zu 600 Jahre alt werden können, sind daher besonders schmal.

## Jahrringchronologie von Bäumen

### Aufbau der Jahrringchronologie des Dachsteingebirges

Datierungsprobe (Almhütte)

Datierungsprobe (Grabung)

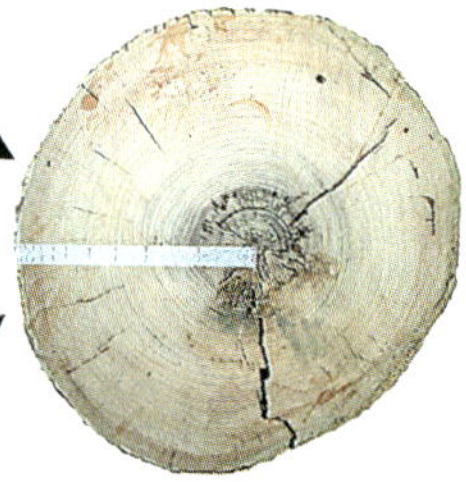
Baumscheibe mit Jahrringen

Probenentnahme von lebenden Bäumen und Bergung von abgestorbenen Stämmen aus einem Gebirgssee zur Erstellung einer Standardkurve.

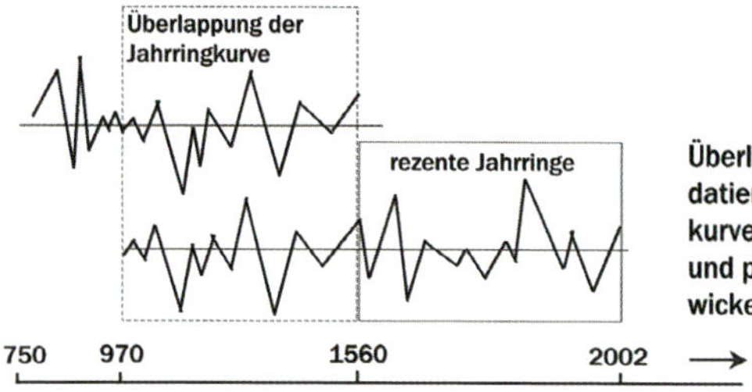


Überlappen sich mindestens 50 Jahrringe, so kann die Probe verlässlich datiert werden. Das Datieren erfolgt durch den Vergleich der Standardkurve mit den Jahrringen der Probe. Damit man Überlappungen schneller und präziser identifizieren kann, wurden Computerprogramme entwickelt.



Die Jahrringchronologie oder Dendrochronologie, ist eine Methode zur Altersbestimmung von Hölzern. Sie beruht darauf, dass das jährliche Wachstum der Bäume, das sich in der Breite der Jahrringe spiegelt, vom Klima abhängig ist. Bäume, die unter den gleichen klimatischen Bedingungen heranwachsen, entwickeln gleiche Wachstumsmuster. Anhand der Jahrringe von Bäumen ist die Altersbestimmung von Hölzern möglich. Es werden möglichst viele Proben von Hölzern mit mindestens 50 Jahrringen benötigt, um zeitgleiche Jahrringe ermitteln zu können. Mithilfe einer einmal erstellten Standardkurve kann man sowohl Holz von alten Bauten mit großer Genauigkeit datieren als auch Rückschlüsse auf das Klima ziehen.

Die Breite der einzelnen Jahresringe spiegelt das Klima des jeweiligen Jahres wider. Je wärmer und feuchter die Sommer sind, desto breiter sind sie, weil die Bäume bei günstigem Wetter stärker wachsen.

*DI Michael Grabner (BOKU Wien) entnimmt mit dem Zuwachsbohrer eine Holzprobe aus einer alten Almhüttentüre. Er konnte damit beweisen, dass die mit archaischen Zeichen und Jahreszahlen verzierte Türe um 1630 angefertigt worden war.*

Die folgende Tafel zeigt einen stark vergrößerten Ausschnitt aus der Baumscheibe einer Lärche. Darauf wurde das Hauptminimum der Kleinen Eiszeit blau markiert. Diese Kältephase ist auf Grund der geringen Breite der Jahrringe gut erkennbar. Dazwischen lassen sich aber auch immer wieder Jahre mit einem günstigeren Wetter erkennen. In diesen sind die Jahrringe deutlich breiter.

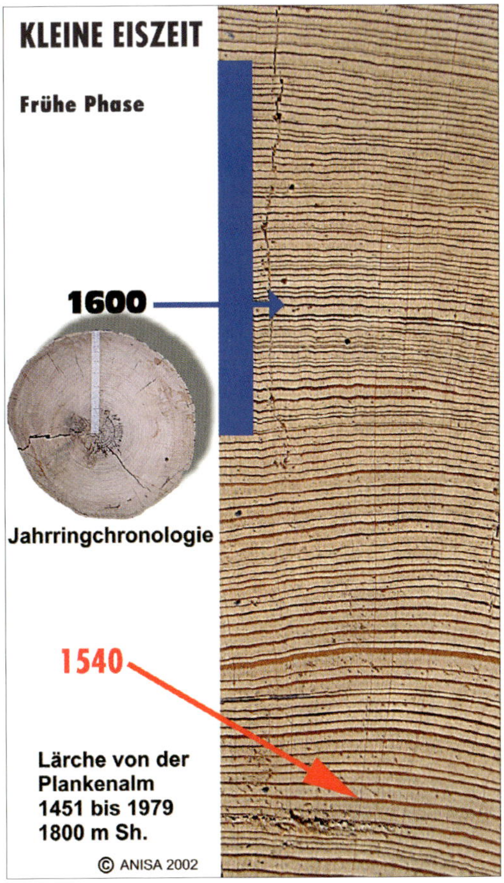


## Die Sage von der verwunschenen Alm

Auf dem Dachsteingebirge liegen alte, vergessene Almmatten. Steinkränze der Fundamente längst verfallener Almhütten zeugen von einer früheren Blütezeit. Daher ist es nicht verwunderlich, dass die Sage von der verwunschenen oder übergossenen Alm auch in unserer Region erzählt wird. Dieses Wandermotiv ist überall vorzufinden, wo es Gletscher gibt.

Die Sage könnte sich auf das *Untere Taubenkar* (1827 m) beziehen, das in der späten Bronzezeit sowie auch im Mittelalter und in der Neuzeit für die Almwirtschaft genützt wurde. Möglicherweise rankt sich die Geschichte auch um das *Obere Taubenkar.* Dort soll nämlich vor Jahrhunderten eine Alm bestanden haben. Die Sage erzählte Paul Laimerrainer aus Hallstatt Friedrich Simony in der Mitte des 19. Jahrhunderts, wie folgt:

*Vor mehreren hundert Jahren gab es auf dem Dachsteingebirge noch kein Eisfeld. Üppiger Grasbewuchs deckte das Gebirge, und zahlreiche Almen lagen in den verschiedenen Mulden. Eine der ertragreichsten bestand in jenem Kar, das derzeit von der Zunge des Karlseisfeldes eingenommen wird. Auf dem Betriebe dieser Alm lag ein besonderer Segen, und zwar verdankte sie diesen der besonderen Gunst der Bewohnerinnen des nahen Gjaidsteins, den „wilden Frauen", die in den Höhlen dieses Berges hausten. Diese hatten eine Vorliebe für die Sennerinnen der Alm gefasst. Dank ihrer geheimnisvollen Einwirkung fiel nie ein Weidevieh ab, die Euter der Bergschecken strotzten von der fettesten Milch, die Butter und Käse in kaum zu bewältigender Menge abgab. Dafür erwiesen sich aber auch die Sennerinnen ihren Gönnerinnen dankbar. Regelmäßig wurde an jedem Spätabend hinter jede der Hütten ein Topf frischgemolkener Milch, ein Stück Butter und ein Laib Käse aufgestellt, und ebenso regelmäßig war am nächsten Morgen der Topf leer, Butter und Käse verschwunden.*

„Ansicht des Schneegebirges bey Hallstadt", 1825. Aquarell des Salinenzeichners Josef Laimer, 30,5 cm x 44 cm. (Museum der Stadt Bad Ischl). Der Gletscher überdeckte damals das Obere Taubenkar. Doch erst 1856 sollte er seinen Höchststand erreichen. Die spärlichen Baumreste auf dem Bild zeugen von der Klimaverschlechterung und dem damit verbundenen Rückgang der Weide. Der schlechte Bauzustand der Hütten ist ebenfalls deutlich erkennbar. Die Alm wurde bald darauf aufgelassen.

Aber der ganz außerordentliche Ertrag machte die Bewohnerinnen dieser gefeiten Alm allgemach übermütig und ließ sie ihre Wohltäterinnen mehr und mehr vergessen. Die nächtlichen Liebesgaben wurden immer kärglicher zugemessen und blieben zuletzt ganz aus. Der Übermut aber wuchs immer mehr und mehr und stieg schließlich so weit, dass die Sennerinnen die Wege, auf denen ihre Liebsten zu ihnen kamen, mit Käselaiben pflasterten, die Fugen mit Butter verstrichen und, wenn die nächtlichen Besucher eingetroffen waren, mit ihnen zuchtlose Kurzweil trieben. Da kam aber die Strafe für solch undankbares, freventliches Handeln. Eines Nachts brach ein entsetzlicher Sturm los und wirbelte ungeheure Massen von Schnee turmhoch über der Alm zusammen. Die „wilden Frauen" aber schauten dräuend auf den von ihnen verwünschten Boden nieder und waren von da an für immer verschwunden.

Aber auch die Alm kam nie mehr zum Vorschein. Vieh und Menschen blieben unter dem Schnee begraben, der sich allgemach zu Eis verwandelte, und nur die zwei am oberen Saume des Gletschers wild aufstarrenden Felszacken, die der Volksmund mit dem Namen „die Dirndln" belegt hat, geben als unvergängliches Wahrzeichen Zeugnis für jenes ob freventlichem Übermute vollzogene Strafgericht.

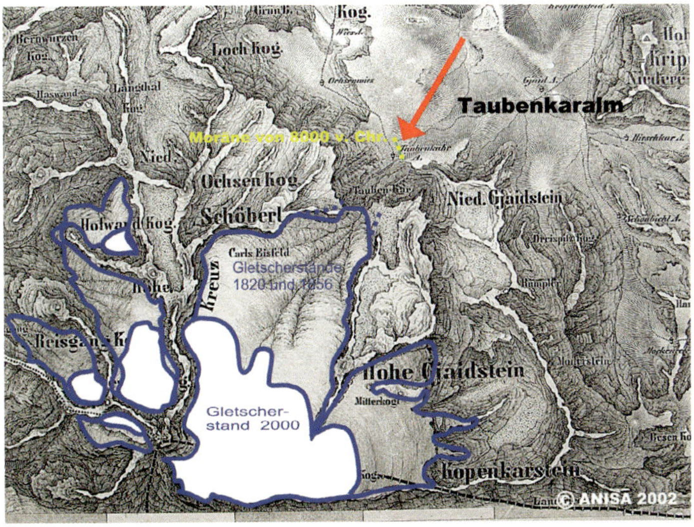


Christus) datiert. Heute wäre eine ausgesprochen gute Weide für eine Almwirtschaft im *Unterem Taubenkar* vorhanden, diese wird aber wegen der intensiven Talwirtschaft nicht mehr benötigt.

*Veränderung des Hallstätter Gletschers zwischen 1820 und 2000*

*Kartengrundlage: „Das Salzkammergut in Oberösterreich" Souvent 1840*

Der Hallstätter Gletscher reichte knapp nach 1600 beinahe bis zur nördlichen Kante (1967 m) des *Oberen Taubenkars*. Mehrmals gab es bis in die Mitte des 19. Jahrhunderts Gletschervorstöße. Die gleichzeitige Klimaverschlechterung führte zur Auflassung mancher Almen. In der *Mooshammer'schen Forstkarte des Salzkammergutes* von 1798 sind im Taubenkar noch drei Hütten eingezeichnet. Für die Taubenkaralm wurde eine Verschlechterung der Weideplätze mit dem Vorrücken des Gletschers von Gewährsleuten Mitte des 19. Jahrhunderts bestätigt. Friedrich Simony schreibt 1871 von einer *verwunschenen Alm*, die sich im *Oberen Taubenkar* befunden haben soll. Er meint, dass diese Fläche *in nicht allzu ferner Zeit wieder vollständig abgeschmolzen sein werde.*

Vom Gletscher abgetragene Humusschichten beweisen einen früheren Pflanzenbewuchs, der eine Weidenutzung im *Oberen Taubenkar* denkbar erscheinen lässt. Die kleinen Moränen am Südrand des *Unteren Taubenkars* und auch die größere, weiter nach Norden reichende Moräne, auf der eine spätbronzezeitliche Hütte nachgewiesen werden konnte, wurden von R. Moser in die *Egesen Periode* (ca. 8000 vor

*Blick von der Simonyhütte über den oberen Eissee zum Hallstätter Gletscher am 13. August 2001. Die kleine Gletscherzunge weicht weiter zurück.*

Gernot Patzelt

## Forschungen im Gletschervorfeld

Oberes Taubenkar mit mächtigem Eissee. Kolorierte Ansichtskarte von 1906. 1856 war der Gletscher fast bis zu dem Stein vorgestoßen, auf dem die Personen sitzen.

Oberes Taubenkar im August 2001 mit dem Rest des Eissees

Gemeinsam mit Herrn Univ. Prof. Dr. Gernot Patzelt vom Institut für Hochgebirgsforschung der Universität Innsbruck führte die ANISA 2001 erste Feldforschungen zur Bestimmung des Alters einer früheren Vegetation im Oberen und im Unteren Taubenkar, dem heutigen Gletschervorfeld, durch. Nach Untersuchung und Datierung der entnommenen Proben schreibt Prof. Patzelt:

*Die Übergossene Alm am Hochkönig ist das namengebende Beispiel für eine Gattung von Alpensagen, die Almfrevel und ihre Folgen zum Inhalt haben. Nach gesegneten, ertragreichen Sommern werden die Almleute übermütig, verschwenderisch oder hartherzig, worauf als Strafe Unwetter mit schweren Schneefällen und daraus folgende dauerhafte Eisbedeckung dem Almsegen und dem Laster ein Ende bereiten.*

*Über das Dachsteingebiet wurde zuvor eine solche Vergletscherungssage von Friedrich Simony veröffentlicht. Sie kann unschwer mit dem Hallstätter Gletscher in Verbindung gebracht werden, der bei Hochständen im Oberen Taubenkar in das Almweidegebiet herunterreichte.*

*In diesen Sagen ist als realer Kern die Erinnerung an einschneidende Umweltveränderungen festgehalten, die sich aus Erfahrung von Klimaschwankungen interpretieren lassen. Durch die Untersuchung von Bodenprofilen im Bereich der Gletscher können solche Ereignisse tatsächlich nachgewiesen werden.*

Sedimentprobe vom Oberen Eisseekar, Hallstätter Gletscher

Stark gepresste Sedimentlinse unter der Moräne im Oberen Eisseekar

Friedrich Simony hat den letzten großen Vorstoß und Hochstand des Hallstätter Gletschers zwischen 1840 und 1856 miterlebt, messend verfolgt und hervorragend dokumentiert, wie das sonst für keinen Gletscher der Ostalpen der Fall ist. Er berichtet, wie der steil aufgewölbte Eisrand des Zungenendes Rasenwülste zusammenschiebt. Das ist ein Zeichen dafür, dass der Gletscher längere Zeit vorher dieses Ausmaß nicht erreicht hat.

Im Sommer 2001 wurde im Oberen Taubenkar auf dem Felskopf, auf dem Simony die Messmarke „d" angelegt hat, 4 - 5 m oberhalb der Endmoräne von 1856, ein Humusprofil von 47 - 50 cm Mächtigkeit aufgegraben. Die untersten 3 cm an der Basis dieser Humusauflage wurden datiert. Die Probe ergab ein Alter von 4900 Jahren. Mindestens seit dieser Zeit hat der Gletscher die Stelle nicht bedeckt und die Ausdehnung von 1856 nicht überschritten.

Der Hallstätter Gletscher hat demnach um die Mitte des 19. Jahrhunderts eine außergewöhnliche Größe erreicht. Die neuzeitliche Klimaverschlechterung, die um 1580 AD beginnt und zur Vergletscherung des Oberen Taubenkares geführt hat, könnte als reale Erfahrung in der Sage festgehalten sein.

Am Hang auf der Südseite des Taubenriedels, in ca. 2100 m Höhe, knapp oberhalb des oberen Eisseebodens, wurden an einer Stelle, die 1856 von ca. 100 m mächtigem Eis überlagert war und erst um 1920 eisfrei wurde, unter der Grundmoräne des Gletschers Humusreste von 10 - 15 cm Mächtigkeit aufgegraben. Eine Probe der gesamten Humusmenge ergab ein mittleres Alter für die Bodenbildungszeit zwischen 1260 bis 1020 vor Christus. Eine weitere Probe vom obersten Humusabschnitt im Kontakt mit der Grundmoräne ergab für die Endphase der Humusbildung eine Zeit von 980 bis 820 vor Christus. Die Überfahrung des Bodens durch den Gletscher muss kurz danach, somit zu Beginn der Hallstattzeit erfolgt sein.

Da für die gleiche Zeit Gletscherwachstum auch am Guslarferner und am Gepatschferner in den Ötztaler Alpen festgestellt wurde, handelt es sich um eine allgemeine Gletschervorstoßperiode, die der schon länger bekannten, hallstattzeitlichen Klimaverschlechterung entspricht.

In der Bodenbildungszeit davor waren der Taubenriedl und daher auch das Obere Taubenkar mindestens 400 Jahre lang eisfrei. Humusbildung ist ohne entsprechende Vegetation nicht möglich. Somit war damals in einem großen Teil des Gletschervorfeldes des Hallstattgletschers, das heute von frischem, kaum bewachsenem Moränenschutt bedeckt ist, Beweidung möglich. Die Klimagunst der späten Bronzezeit war der Almweidewirtschaft in den Hochlagen des Dachsteinplateaus sicher zuträglich.

Friedrich Simony markierte 1883 auf diesem Stein den Gletscherstand des Hallstätter Gletschers.

Auf der Endmoräne des Hallstätter Gletschers von 1856 im Oberen Taubenkar. Univ. Prof. Dr. Gernot Patzelt untersucht die Humusdecke für eine Probenentnahme.

## ZEITTAFEL
### Almwirtschaft im Salzkammergut und Dachsteingebirge

Kalibrierte $^{14}$C-Daten (▮), Dendrochronologie (●), Streufunde (◆) kein Fund (-)

| | | Siedlungsphasen: | |
|---|---|---|---|
| **Frühe Bronzezeit:** | | 2300 | ◆ |
| | | 2000 | ▮▮ |
| **Mittlere Bronzezeit:** | | 1550 | ▮▮ |
| | | 1450 | ▮◆ |
| | | 1400 | ▮▮▮▮▮◆◆ |
| **Späte Bronzezeit:** | | 1350 | ▮▮▮◆◆◆◆◆◆ |
| Urnenfelderzeit | | 1225 | ▮▮◆◆◆◆◆ |
| Hallstattzeit | | 1150 | ◆◆◆◆◆ |
| | | 1075 | ▮◆ |
| | | 1025 | ◆ |
| | | 900 | ◆ |
| **Hallstattzeit:** | | 800 | - |
| | | 700 | - |
| | | 610 | - |
| **Latènezeit:** | | 475 | - |
| | | 390 | - |
| | | 250 | - |
| | | 120 | - |
| **Römerzeit:** | v. Chr. | 15 | - |
| provinzialrömische Zeit | n. Chr. | 100 | ▮▮▮◆ |
| | | 200 | ◆◆◆◆ |
| | | 300 | ▮◆◆◆◆◆◆◆◆◆◆◆◆ |
| Spätantike | | 400 | - |
| Völkerwanderungszeit | | 500 | - |
| **Frühmittelalter:** | | 600 | ▮◆ |
| | | 700 | ▮ |
| | | 800 | ▮ |
| | | 900 | ▮ |
| **Hochmittelalter:** | | 1000 | ▮ |
| | | 1100 | ▮ |
| **Spätmittelalter:** | | 1250 | ▮▮ |
| | | 1300 | ▮▮ |
| | | 1400 | ▮▮▮▮▮ |
| **Neuzeit:** | | 1500 | ▮●●●● |
| | | 1600 | ●●●●●●●●●●●●●●●●●●●●● |
| | | 1700 | ●●●●●●●●●●●●●●●●●●●● |
| | | 1800 | ●●●●●●●●●●●●●●●●●●● |
| | | 1914 | ▮●●●● |
| | | 2002 | - |

Siedlungsdichte:

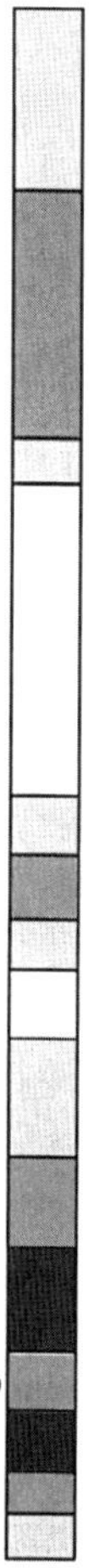

Kalibrierte $^{14}$C-Daten von Holzkohle aus Hütten. Dendrochronologische Daten von Blockbauten. © Verein ANISA, 2002

Die Tabelle zeigt die zeitliche Konzentration der Streufunde und der Siedlungsstationen, die entweder durch $^{14}$C-Datierungen oder dendrochronologische Untersuchungen nachgewiesen werden konnten. Bereits in der Bronzezeit haben über tausend Jahre währende Begehung und Besiedlung auf dem Dachsteinplateau Spuren hinterlassen. Eine Siedlungstätigkeit während der Hallstatt- und der Latènezeit ist bislang nicht nachweisbar, wogegen bereits 5 Hüttenreste aus der römischen Kaiserzeit entdeckt werden konnten. Aus der Völkerwanderungszeit sind wiederum keine archäologischen Funde bekannt. Von einer frühmittelalterlichen Siedlungstätigkeit ab dem 7. Jh. zeugen einige Hüttenreste. Im Hochmittelalter beginnt die neuerliche Blütezeit der Almwirtschaft, die ihren Höhepunkt im Spätmittelalter erreicht. Hauptsächlich wegen des wechselhaften Klimas setzt in der Neuzeit ein allmählicher Rückgang der Almwirtschaft über 1800 m Seehöhe ein, während in tieferen Lagen die Almwirtschaft zeitweise wie noch nie zuvor florierte. Missernten wegen des schlechten Klimas zwangen wahrscheinlich zur intensiven Nutzung niederer Almen.

## Die Anfänge der Almwirtschaft

Die Almwirtschaft oder zumindest die Nutzung alpiner Weiden ist nach dem gegenwärtigen Stand der Forschungen seit 4000 Jahren in der Dachsteinregion und im Salzkammergut eine wesentliche landwirtschaftliche Tätigkeit. Die Almen der urgeschichtlichen Zeit wurden auf natürlichen Urweiden errichtet. Das sind Weiden, die entweder über der Waldgrenze oder in natürlich waldfreien Gruben liegen. In letzteren bildet sich ein eigenes Mikroklima (Kälteseen), das das Aufkommen von Baumbewuchs verhindert. Diese Weiden konnten ohne mühselige Rodung genutzt werden.

## Salzbergbau in Hallstatt und der Beginn der Almwirtschaft

*Salzbergtal oberhalb von Hallstatt. Hier wurde seit der Bronzezeit Salz abgebaut.*

Die Bewohner des urgeschichtlichen Hallstatt standen vor großen Versorgungsproblemen. Vor allem der Bedarf an Lebensmitteln konnte aufgrund der beengten geographischen Lage in Hallstatt gewiss nur unzureichend gedeckt werden. In der frühen Phase des Salzbergbaues, von etwa 1800 bis 900 v. Chr., war aber das Klima für die Nutzung der Urweiden auf den Gebirgen rings um Hallstatt sehr günstig. Auf dem östlichen Dachsteinplateau setzte wahrscheinlich schon damals eine frühe Form der Almwirtschaft ein, die zweifellos zur Versorgung der Bewohner Hallstatts diente. Möglicherweise wurden bereits Milchprodukte, Haustiere, aber auch Fleisch von Wildtieren, wie Streufunde von Lanzenspitzen vermuten lassen, nach Hallstatt gebracht. In der eigentlichen Hallstattzeit ist wegen des verschlechterten Klimas keine Almwirtschaft auf den Hochalmen nachweisbar. Die Nahrungsversorgung könnte damals durch eine besser ausgebaute Agrarwirtschaft in den inzwischen vielleicht weiträumig gerodeten Talbereichen um Bad Goisern und durch den Handel mit Salz erfolgt sein.

*Dickes Seil und Holzteile aus der Hallstattzeit in einem altem Stollen des Salzberges*

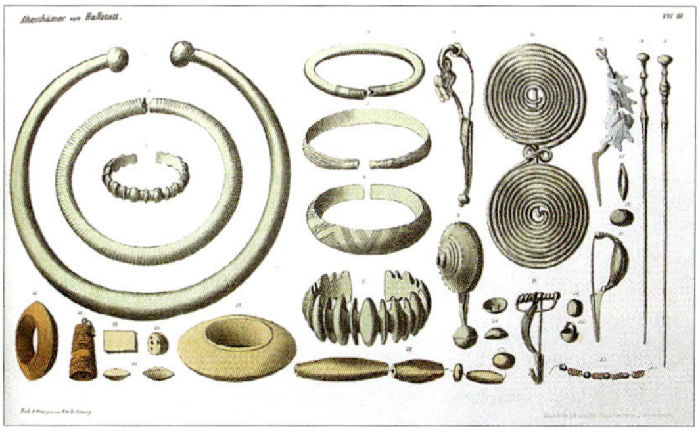

*Funde aus dem Hallstätter Gräberfeld. Gezeichnet von Friedrich Simony. (Alterthümer 1851)*

*Wässerung der urgeschichtlichen Holzfunde aus dem alten Teil des Salzberges am Fuße des Plassen. Links im Bild: Dr. Fritz Eckart Barth, der langjährige Grabungsleiter (Naturhistorisches Museum in Wien)*

*Funde aus dem Gräberfeld des Salzbergtales oberhalb von Hallstatt. Inzwischen datieren die reichen, oft übereinander erfolgten Bestattungen bis in die Urnenfelderzeit zurück.*

## Wege um das Gebirge und Wege über das Gebirge

Der Salzberg von Hallstatt wird seit beinahe 4000 Jahren wirtschaftlich genutzt. Über Jahrtausende hinweg war das Salz das weiße Gold der Bergknappen, mit dem man blühenden Handel, sogar mit weit entfernten Kulturen betrieb. Einer dieser urzeitlichen Handelswege konnte in den letzten Jahren erforscht werden. Der Saumpfad führte von Hallstatt durch das Koppental bis Bad Mitterndorf, von dort durch das Salzatal ins Ennstal, dann durch die Sölk über den Sölkpass ins Murtal und weiter in den Süden. Viele Streufunde aus Bronze, wie Beile, Lanzenspitzen und Steighilfen (später *Steigeisen* genannt) für vereiste Wege wurden im lawinengefährdeten Koppental unterhalb der Trasse bis zur Traun aufgesammelt. Dies kann als Hinweis darauf angesehen werden, dass auch im Winter ein reger Verkehr auf diesem Saumpfad herrschte. Wahrscheinlich wurden Lawinen so manchem Träger oder Salzhändler zum Verhängnis.

*Hallstatt um 1850. Nach der Natur gezeichnet von Friedrich Simony. (Alterthümer 1851)*

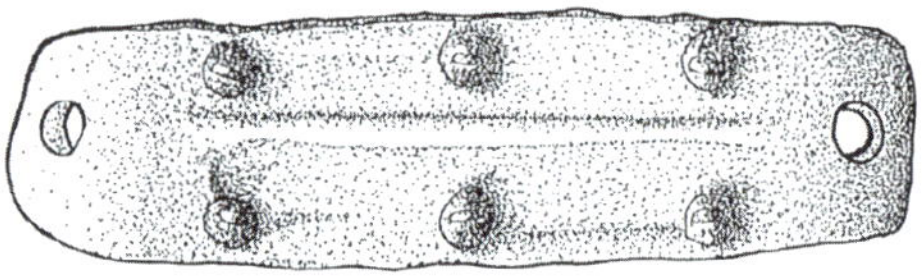

*Koppental. Steighilfe aus Bronze, Länge: 123 mm, Breite: 33 mm. Urnenfelderzeit.*

Streufunde aus dem Fundbestand der Urnenfelderzeit von der Koppentrasse zwischen Hallstatt und Bad Aussee. Lappenpickel für den Salzabbau (290 mm lang), Tüllenlanzenspitze (143 mm lang), Ösenhalsreif (140 mm Durchmesser) und Lappenbeil (290 mm lang). Derzeitiger Aufbewahrungsort: Kammerhofmuseum Bad Aussee. Finder: Karl Gaisberger, Altaussee

Auf dem in 1780 m Seehöhe gelegenen Sölkpass konnten Begehungsspuren bis in die ausgehende Jungsteinzeit zurückverfolgt werden. Die späte Bronzezeit und die Hallstattzeit sind aber auch hier die vorherrschenden Kulturschichten, wie archäologische Untersuchung ergaben. Ein ausgeprägter Brandopferplatz aus dieser Zeit beweist zusätzlich die kultische Bedeutung dieses Passes.

Der einfachste und kürzeste Weg von Hallstatt nach Süden führte über das Dachsteingebirge und über den Sölkpass. 1999 und 2000 wurden von der ANISA archäologische Untersuchungen unter der Leitung von Univ. Doz. Dr. Bernhard Hebert (Bundesdenkmalamt Graz) auf der Passhöhe durchgeführt. Funde und Spuren von Feuerstellen bezeugen, dass dieser Übergang seit 6000 Jahren benutzt wird.

Grabung auf dem Sölkpass im Sommer 2000

Über das östliche Dachsteingebirge führen mehrere Fußwege. Eine ausgeprägte Tiefenlinie auf dem Plateau zieht sich über die *Wiesalm, Gjaidalm, Maisenbergalm* und *Grafenbergalm* hinunter in das Ennstal. Sie stellt eine logische Wegverbindung dar, auf der man allerdings Höhen von 1950 Metern überschreiten muss. Eine weitere Wegvariante führte entlang der Südhänge des *Napfenkogels* zur *Plankenalm* und durch die *Notgasse* nach Gröbming. Der beschwerliche Weg von Hallstatt über den Stein in die Ramsau war wohl eher von lokaler Bedeutung. Man musste hier Höhen von 2200 Metern überwinden. Der Weg über Obertraun zur Landfriedalm, *Königreichalm, Wiesalm, Neubergalm* in das Ennstal ist die am wenigsten beschwerliche Wegverbindung nach Süden. Dieser Steig überschreitet zwischen dem *Königreich* und der *Wiesalm* nur unwesentlich die 1700-Meter-Marke. Mehrere urgeschichtliche Siedlungs- und Streufunde sprechen für sein hohes Alter. Die Nutzung der Almen auf dem Dachsteinplateau bis in oberösterreichisches Territorium durch Bauern aus der Ramsau, Weißenbach und Gröbming gründet möglicherweise auf diesen frühen Saumverkehr.

Aus dem Fels gemeißelte Stufen erleichtern die Begehung des steilen Landfriedalmsteiges (Gemeinde Obertraun). Vermutlich wurde er während der Blütezeit der Almwirtschaft angelegt.

Steintauben sind heute noch Wegweiser auf dem unübersichtlichen Plateaugebirge. Diese Markierungen können aus wenigen aufgeschichteten Steinen, aber auch aus großen Steinhaufen bestehen. Man errichtete sie an gut sichtbaren Stellen neben dem Weg. Im Laufe der Zeit wurden unzählige Wege mit Steintauben markiert, sodass man sich heute nicht immer an diesen orientieren darf. Einige der Tauben sind uralt und inzwischen in Humus eingebettet. Sogar Ortsbezeichnungen leiten sich von diesen Steintauben ab. *Rott Tauben am Stein, Taubenkar, Weiße Tauben, Dreitaubenkogel* und *Taubenriedel* sind nur einige dieser lokalen Bezeichnungen.

Alte Steintaube als Wegmarkierung im Bereich der Lackenmoosalm

Manche der Steintauben sind weithin sichtbar und ermöglichen auch bei Nebel eine Orientierung.

## Almwirtschaft in der mittleren und späten Bronzezeit

Streufunde und bisher 20 Datierungen von Holzkohle aus Hüttenresten mithilfe der Radiokarbonmethode belegen die Hochweidennutzung auf dem Dachsteinplateau ab der mittleren Bronzezeit. Eine umfassende archäologische Untersuchung konnte noch nicht durchgeführt werden. Die bisher gewonnenen Daten decken sich mit den jüngsten Forschungsergebnissen aus Hallstatt. Eine wirtschaftliche Verbindung scheint deshalb bereits vor 4000 Jahren bestanden zu haben.

*Hornsteinartefakt von der Plankenalm. Diese Klingen wurden bis in die frühe und vielleicht noch mittlere Bronzezeit verwendet. Länge: 47 mm*

*Messer aus Bronze mit punzierten Verzierungen. Länge: 142 mm*

1984 wurde vom Verfasser die erste spätbronzezeitliche Siedlung auf dem Dachsteinplateau entdeckt und teilweise archäologisch erforscht. Die hier besprochene spätbronzezeitliche Siedlung kann von orientierungskundigen Bergsteigern besichtigt werden. Sie liegt im Zentrum des östlichen Dachsteinplateaus an der Südseite des Lackenofens (2036 m) in einer glazial überprägten, flachen Karstmulde mit Restdolinen und einer kleinen Schachthöhle. Das Objekt befindet sich auf einer unauffälligen Moränenkuppe. Der Fundort ist am besten von Obertraun aus erreichbar. Man fährt mit der Seilbahn zum Krippenstein bzw. zum Oberfeld und gelangt von dort über die Modereckalm in drei Stunden zum Lackenofen. Die nur teilweise markierten, steinigen Zustiege erreichen allerdings Höhen von 2000 m.

Im Laufe der archäologischen Grabung kam eine Reihe von Keramikfragmenten zum Vorschein. Neben zwei Feuerstellen mit vereinzelten kalzinierten Knochenresten wurden auch unverbrannte Knochen von Schaf, Schwein, Rind und Pferd gefunden. Zwei Feuergruben zeugen von einer intensiven Heiz- und Kochtätigkeit. Das Steinfundament ermöglicht einen Rekonstruktionsversuch in Hinblick auf Größe und Bauart. An der Westseite, der Wetterseite, befindet sich eine relativ mächtige, 6 m lange und 3 m breite Steinansammlung. Diese dürfte der Rest einer verstürzten Steinmauer sein, die möglicherweise allein stehend oder vor einer Holzwand errichtet worden war. Die Reste der Seitenwände bestehen aus 5 m langen Steinfundamenten, die jedoch mit auffallend weniger Steinen errichtet wurden als die Westwand. Die Ostseite ist hingegen beinahe frei von Steinen. Diese Seite der Hütte dürfte, wie aus dem teilweisen Fehlen eines Steinfundamentes zu schließen ist, als Eingang gedient haben. Dies scheint auch wahrscheinlich, wenn man die davor befindlichen Feuergruben berücksichtigt. Pfostenlöcher, die auf eine Überdachung der Feuerstellen hinweisen, konnten nicht festgestellt werden. Die ca. 4 m mal 4 m große Hütte dürfte einen Innenraum zwischen 10 $m^2$ und 12 $m^2$ gehabt haben. Holz hatte sehr wahrscheinlich als hauptsächlicher Baustoff Verwendung gefunden. Dass es sich zumindest teilweise um eine Blockhauskonstruktion gehandelt haben muss, kann anhand der Steinfundamente angenommen werden. Parallelen zu diesem Steinfundament, die Vergleiche zulassen, findet man inzwischen an 14 weiteren urgeschichtlichen Fundplätzen. Die römerzeitlichen, mittelalterlichen und neuzeitlichen Fundamente weisen ebenfalls bis auf wenige Ausnahmen Steinreihen als Unterleger für die Stämme eines Blockbaues auf.

Als weiteres Fundmaterial ist die Holzkohle zu erwähnen, die einen Teil der Grabungsfläche ausfüllte. Mit Hilfe der Radiokarbonmethode konnte eine Probe der Holzkohle um 1360 v. Chr. datiert werden. Das $^{14}C$-Alter erbrachte die gleiche Zeitstellung wie die mittel- und spätbronzezeitlichen Zufallsfunde auf dem östlichen Dachsteinplateau. Die von R. Pittioni datierte Keramik fügt sich ebenfalls nahtlos ein.

Da ausschließlich Knochen von Jungtieren gefunden wurden, kann die Hypothese aufgestellt werden, dass die Tierhaltung saisonär erfolgte. Diese Vermutung beruht auf der Annahme, dass im Falle einer ganzjährigen Tierhaltung in dieser Siedlung auch Knochen von älteren Tieren vorhanden sein müssten. Die Jungtierknochen rühren wahrscheinlich daher, dass schwache Jungtiere nach dem Auftrieb in hochalpine Regionen bzw. nicht überlebensfähige Neugeborene verendeten oder notgeschlachtet werden mussten. Man kann somit mit großer Wahrscheinlichkeit auf eine temporäre Siedlungsform schließen.

*Lackenofengrube (1980 m). Urgeschichtliche Steinsetzung für das Fundament eines Blockbaues. Im Hintergrund sind von links nach rechts der Eselstein (2553 m), die Hohe Rams (2551 m), die Scheichenspitze (2664 m) und der Landfriedstein (2535 m) zu sehen.*

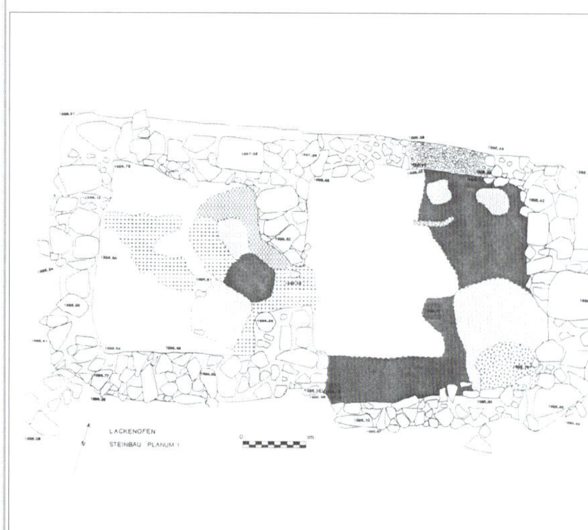

*Lackenofengrube. Feuergruben in der ehemaligen spätbronzezeitlichen Hütte*

Die intensive mittel- und spätbronzezeitliche Hochweidenutzung ist in Zusammenhang mit den Anfängen des *Hallstätter Bergbaubetriebes* zu sehen. Um die Hypothese, dass auf den bronzezeitlichen Stationen eine Art Almwirtschaft betrieben wurde, die die Nahrungsgrundlage der Bergleute in Hallstatt ergänzen sollte, weiter untermauern zu können, wurde auch der nördliche Bereich des Dachsteingebirges oberhalb von Hallstatt und Obertraun untersucht. Die Erwartung, dass die prähistorischen Hüttstätten in der Nähe Hallstatts eine größere Dichte aufweisen müssten, wurde durch die Entdeckung von 5 weiteren Siedlungsstationen bestätigt. Ebenso sind Streufunde, deren Zahl ebenfalls vom Südrand des Dachsteinplateaus gegen Hallstatt und Obertraun hin zunimmt, als weitere Bestätigung dieser Hypothese anzusehen.

Wahrscheinlich existierten weitere bronzezeitliche Siedlungen, die aber durch die römische, mittelalterliche und vor allem neuzeitliche Almwirtschaft gestört bzw. zerstört worden sind. Eine solche Überbauung konnte vermutlich bei archäologischen Untersuchungen des römerzeitlichen Hüttenrestes in den Rotböden freigelegt werden. Dort entdeckte man knapp neben dem römerzeitlichen Fundament eine Feuerstelle aus der mittleren Bronzezeit.

Prähistorische Streufunde im unwegsamen hochalpinen Gelände - insbesondere Bronzeschwerter - wurden und werden als *Weihegaben* bzw. *Passfunde* interpretiert. Doch neben der kultischen Interpretation sollte man nicht auf andere mögliche Ursachen für das Vorhandensein dieser Funde vergessen. Wie leicht konnten Menschen auch Naturereignissen wie Blitzschlag, Hochwasser, Windwurf oder Lawinen zum Opfer fallen. Aber auch Erschöpfung, schwere Verletzungen durch Sturz oder im Kampf mit Mensch und Tier sind nicht auszuschließen. Entlang der urgeschichtlichen Trasse von Hallstatt durch das Koppental konnten in den letzten Jahren viele Streufunde durch gezieltes Suchen getätigt werden. Gerade im Bereich des lawinengefährdeten Koppentales ist die Häufung von Streufunden durch tragische Naturereignisse erklärbar. Dass sich die Funde meist viele Meter unterhalb der Trasse befanden, könnte ein Hinweis auf die Verschleppung durch Lawinen und Muren sein. So mancher Gegenstand dürfte schlichtweg auch nur verloren worden sein.

*Gewandnadeln aus Bronze vom Dachsteingebirge*

*Späte Bronzezeit*

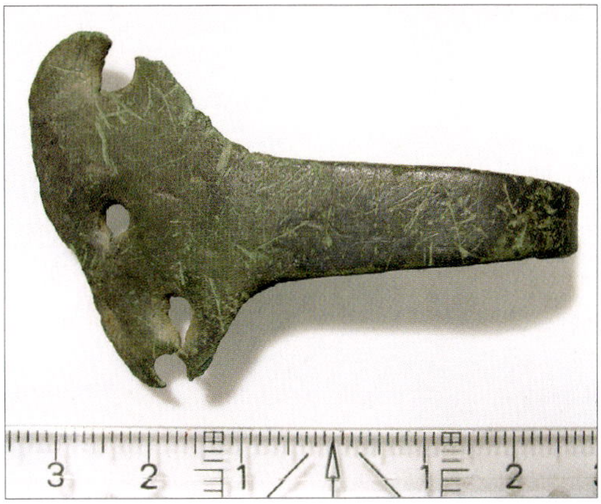

*Gürtelhaken aus Bronze. Länge: 59 mm. Urnenfelderzeit*

## Römerzeitliche Almwirtschaft

Silbermünze mit dem Portrait des Kaisers Probus (276 - 282 n. Chr.) aus der ersten archäologisch untersuchten römerzeitlichen Almhütte

Wie bereits erwähnt, sind keine Spuren einer hochalpinen Weidewirtschaft aus der eigentlichen Hallstattzeit bis hin zur römischen Kaiserzeit nachweisbar. Verschiedene Faktoren wie ungünstiges Klima, Veränderung der Besiedlung und Wirtschaftsform können mögliche Ursachen sein. Den Römern wird eine Abneigung gegen die Alpen nachgesagt. T. Livius (59 v. Chr - 17. n. Chr.) bezeichnete sie als *foeditas*, als Scheußlichkeit. Auch nannten sie das Schellengeläute und das Jodeln der Hirten ein *fürchterliches Jubelgebrüll*. Dies hinderte sie dennoch nicht daran, ab 15 v. Chr. die Alpenländer zu erobern und ins römische Reich einzugliedern. Ab dem 1. Jahrhundert nach Christus fasst auch hier die römische Kultur Fuß. Straßennetze über die Alpen bis zum Limes an der Donau werden angelegt. Die alpinen römischen Provinzen Rätien und Noricum lieferten Sklaven und Rohstoffe wie Eisen nach Rom. In den inneralpinen Tälern wurde gerodet und kleine römische Siedlungen in Form der *Villa Rustica* - das sind Gutshöfe, deren Name heute noch im Wort *Weiler* fortlebt - wurden gegründet. Wir finden eine hochentwickelte Kultur mit einer ausgeprägten Geldwirtschaft vor. Selbst in den entlegenen Gebirgsregionen verlieren nun Menschen Münzen aus Silber und Bronze, die heute der archäologischen Forschung für Datierungen willkommen sind. Erst aus dem 18. Jahrhundert, aus der Zeit Maria Theresias, finden wir wieder Münzen in dieser Zahl, jedoch in schlechterer Qualität auf den heute meist zu Wüstungen gewordenen Almen.

Die Bauern der Römerzeit verwendeten nach Angaben von schriftlichen Quellen vor allem Schafe

Weideglocke aus Bronze, Keramikfragment und eine Fibel aus dem 3./4. Jahrhundert n. Chr. vom Dachsteingebirge

und Ziegen für die Milchproduktion. Zum überwiegenden Teil wurde aus deren gehaltvoller, aber nur sehr schwer entrahmbarer Milch Fettkäse bereitet. Rinder wurden von den Römern hauptsächlich zur Fleischproduktion gezüchtet und als Arbeitstiere verwendet, da sie deren pure Milch nicht vertrugen und höchstens als Abführmittel verwendeten. Dagegen haben vermutlich die Alpenbewohner weiterhin ihre kleineren, für die Berge viel besser geeigneten Rinder (Bergschecken) gezüchtet und gemolken. Die Römer

Wetzstein aus einer römerzeitlichen Almhütte in den Törlgruben (1720 m) auf dem östlichen Dachsteinplateau

führten anscheinend ihre Viehhaltung auch in den neuen Provinzen ein. Denn die bisher in den Hochregionen der Alpen gefundenen römerzeitlichen Weideglocken sind so klein, dass sie vermutlich für Schafe oder Ziegen angefertigt wurden. Durch sie konnten schriftliche römische Quellen über eine alpine Weidewirtschaft bestätigt werden. Alleine auf dem Dachsteingebirge konnten bislang 10 Stück dieser bis zu 11 cm hohen Glocken als Streufunde aufgesammelt werden. Auch in Hallstatt wurden mehrere römerzeitliche Weideglocken aus Bronze gefunden. Als G. Grabherr die römerzeitliche Salzbergsiedlung Michlhallberg bei Altaussee archäologisch untersuchte, entdeckte er ebenfalls diese typischen Weideglocken aus Bronze.

*Die Ziege und das Schaf waren in der Römerzeit bevorzugte Milchlieferanten für die Almwirtschaft. Der Federzeichnung von Emmerich Millim (um 1930) wurde symbolisch eine römerzeitliche Weideglocke hinzugefügt.*

*Römerzeitliche Weideglocke aus Bronze mit einem eisernen Klöppel vom östlichen Dachsteinplateau*

## Eine römerzeitliche Almhütte

Systematische Geländebegehungen führten zu weiteren erfolgreichen Entdeckungen auf dem Dachsteinplateau. 1995 entdeckten Dr. Günter Graf und der Verfasser eine Steinsetzung aus der Römerzeit in den 1640 m hoch gelegenen Rotböden. Sie lag auf einer kleinen Erhebung in einer natürlich waldfreien Karstmulde.

Ein Jahr später wurde von Univ. Doz. Dr. Bernhard Hebert (Bundesdenkmalamt Graz) in Zusammenarbeit mit der ANISA die erste römerzeitliche Almhütte im Alpenraum ausgegraben. Der Befund dieser archäologischen Sensation zeigt uns einen Steinkranz als Fundamentierung eines ehemaligen Blockbaues aus Holz. Im Inneren der Hütte wurden in einer ausgeprägten Kulturschicht eine Herdstelle mit Holzkohle, ferner Keramik, Münzen, Knochenreste von Schaf und Ziege, kleine Schuhnägel, der Klöppel einer römerzeitlichen Weideglocke aus Eisen sowie der eiserne Bügel eines Halsreifens für die Glockenbefestigung ausgegraben. Dies sind sichere Hinweise auf eine Almwirtschaft zur späten Römerzeit im Gebiet der Marktgemeinde Gröbming im Ennstal. Im Ort selbst waren schon lange zuvor römerzeitliche Grabsteine und Münzen gefunden worden.

Die Almsiedlung in den Rotböden kann anhand mehrerer $^{14}$C-Datierungen und der gefundenen Münzen zwischen der Mitte des 1. Jahrhunderts n. Chr. bis in das 4. Jahrhundert n. Chr. datiert werden. Hebert meint jedoch, dass die Münzen des *Probus* und *Claudius II.* sowie die *Keramik* die Gründung der Siedlung erst ab der Mitte des 3. Jahrhunderts n. Chr. wahrscheinlich machen.

*Fibel aus Bronze aus dem 2. Jahrhundert nach Chr. Länge: 76 mm Dachsteingebirge*

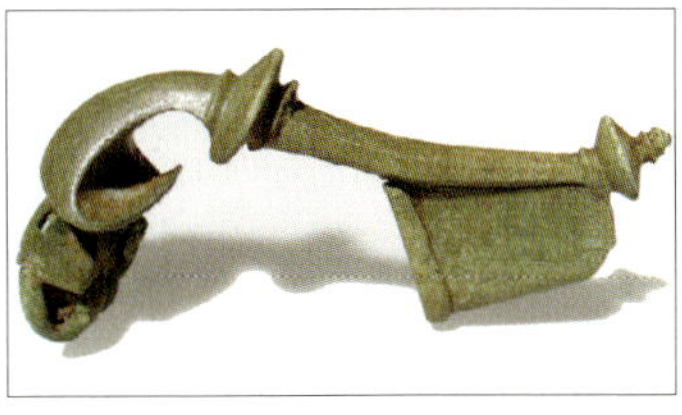

Grabung Rotböden (1642 m) 1996. Sehr gut zu sehen ist der Steinkranz des ehemaligen Fundamentes für einen Blockbau.

Rekonstruktion eines Topfes anhand von Keramikscherben aus der Grabung in den Rotböden Höhe ca. 10 cm (B. Hebert 1998)

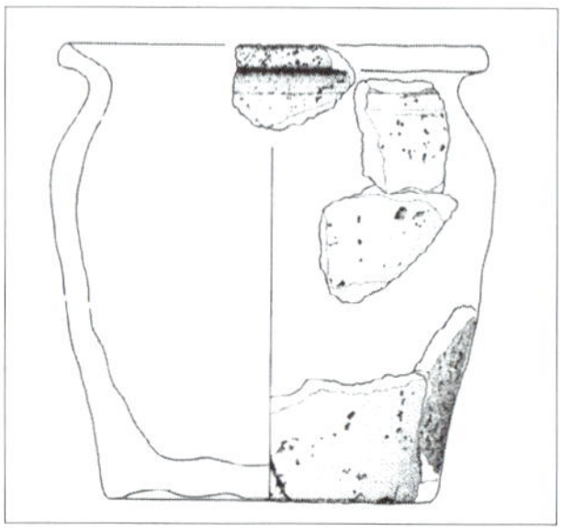

Glöckchen aus Bronze Streufund vom Dachsteingebirge Durchmesser: 59 mm

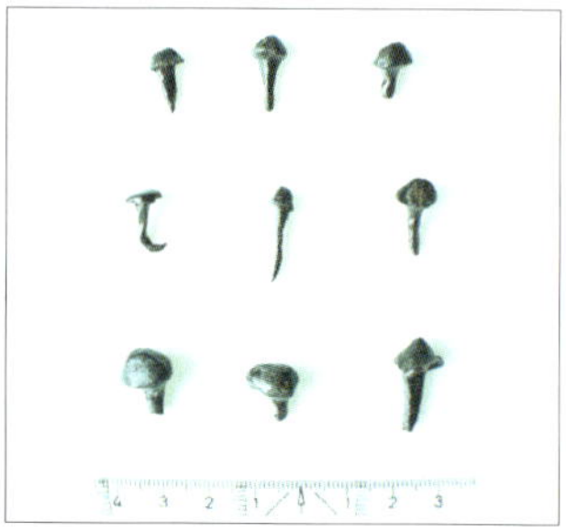

Schuhnägel aus der römerzeitlichen Almhütte in den Rotböden

Eisenkette mit Aufhängevorrichtung Möglicherweise eine Hilfseinrichtung für die Entwässerung der Käsemasse Länge: 40 cm

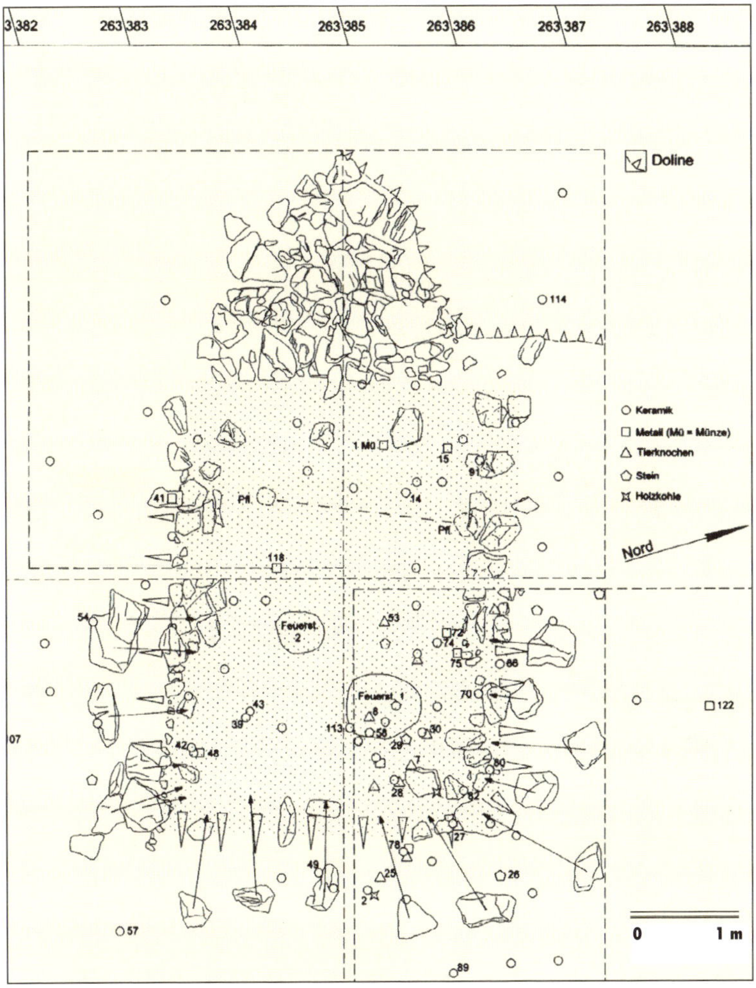

Ohne wetterfeste und begeisterte Archäologen wären die Ausgrabungen in so extremen Lagen nicht möglich gewesen. Mit Univ. Doz. Dr. Bernhard Hebert hat die ANISA bereits fünf Ausgrabungen erfolgreich durchgeführt.

Rotböden. Plan der ersten archäologisch erforschten römerzeitlichen Almhütte in den Alpen. (B. Hebert 1998)

Funde von einem Römerweg bei Altaussee. Neben vielen Hipposandalen wurde auch eine Pferdefibel aus Bronze in der dazugehörenden Siedlung gefunden. Eine Publikation über diese Forschungen am Michlhallberg ist vor kurzem erschienen.

## Ein Heimhof aus der Römerzeit?

Die in 1780 m Seehöhe gelegene Grafenbergalm wurde auch zur Römerzeit genutzt. Eine Münze von Kaiser Constantius II. (355 - 361 n. Chr.) und zwei römerzeitliche Weideglocken aus Bronze und Eisen, die dort gefunden wurden, bezeugen dies. Möglicherweise konnte der dazu gehörige Heimhof lokalisiert werden. In der östlichen Ramsau, nur drei Gehstunden von der Alm entfernt, legten archäologische Grabungen Teile einer römischen Siedlung auf dem so genannten *Burgstall*, einer steil abfallenden Bergkuppe, in 950 m Seehöhe frei. Es handelt sich hierbei um eine spätrömische Rückzugssiedlung aus dem 3. bis wahrscheinlich 5. Jahrhundert nach Christus. Auf dieser ehemaligen Befestigungsanlage wurde 1999 von der Gemeinde Ramsau und dem Bundesdenkmalamt ein Archäologiepfad mit Erklärungen eingerichtet, der das ganze Jahr über frei zugänglich ist.

*Burgstall, Ramsau am Dachstein, Archäologiepfad*

*Die Kuppe des Burgstalls, Ramsau am Dachstein*

*Römerzeitlicher Schlüssel vom Burgstall, Ramsau am Dachstein. Länge: 8 cm*

*Burgstall, Ramsau am Dachstein, Archäologiepfad*

## Neubeginn im Frühmittelalter

Flügellanzenspitze aus dem 8./9. Jahrhundert von der Stornalm

Im Tal ist dieser Zeitabschnitt vor allem durch Gräberfelder archäologisch nachweisbar. Im Nordosten des Dachsteinplateaus, in Krungl bei Bad Mitterndorf wurde ein karolingisch-ottonisches Gräberfeld aus dem 8. bis 11. Jahrhundert archäologisch untersucht. Ebenso wurden im Ennstal im Weiler Friesach (Gde. Aich) Reihengräber freigelegt. Im 7./8. Jh. setzt die frühmittelalterliche Almwirtschaft auf dem Dachsteinplateau ein.

Die Völkerwanderungszeit endet mit dem Abzug der Langobarden aus Pannonien. Nach einem Vertrag mit den Awaren wird der Weg in den Westen für die nachkommenden Slawen frei. Vom Beginn des 7. Jahrhunders n. Chr. bis zum Ende des 9. Jahrhunderts drangen die zeitweise unter der Oberhoheit der Awaren stehenden Alpenslawen tief in den Alpenraum vor. Das slawische Karantanien umfasste etwa die Steiermark und Kärnten. Als die Karantanen 749 den Baiernherzog Odilo gegen die wieder erstarkten Awaren zu Hilfe rufen mussten, gerieten sie unter die bairische bzw. fränkische Oberherrschaft, konnten aber bis in das 9. Jahrhundert weitgehend ihre Unabhängigkeit bewahren. Die Christianisierung der Slawen wurde seit der Mitte des 8. Jahrhunderts von Salzburg aus betrieben.

Die Namen zahlreicher Orte, Fluren, Berge und Almen gehen auf slawische Wurzeln zurück und erinnern an die slawische Besiedlung im Frühmittelalter. Beispiele slawischer Almnamen sind: *Berillen, Finitz, Goseritz, Luser, Planer, Sill, Stainitzen* und *Stoder.*

Einzelfunde und Radiokarbondatierungen von Holzkohle aus einem ehemaligen Rastplatz (um 645 n. Chr.) lassen dies jedenfalls vermuten. Der letztere Nachweis ist insofern von besonderer Bedeutung, als es sich dabei um Spuren einer frühen slawischen Weidewirtschaft handeln könnte.

Wahrscheinlich ab der Mitte des 8. Jahrhunderts setzt vom Westen her allmählich die bairische Besiedlung ein, die zur Wende vom 9. zum 10. Jahrhundert intensivere Formen annimmt und im 11. Jahrhundert ihre Blüte erreicht. Baiern und Slawen dürften friedlich nebeneinander gelebt haben. Die bereits erwähnten zahlreichen Orts- und Flurnamen slawischen Ursprungs können auch als Indiz für das Weiterleben der slawischen Sprache - vor allem in bäuerlichen Kreisen - gewertet werden.

In die auch vom Klima begünstigte Siedlungsphase des 10. und besonders des 11. Jahrhunderts fällt wahrscheinlich auch der Beginn der eigentlichen mittelalterlichen Almwirtschaft. Diese Zeit lässt sich mit Resten eines Steinfundaments und Funden aus der Steiniggrube belegen. Diese hochalpine temporäre Besiedlung zu Ende des Frühmittelalters fand unerwartet früh statt und ist zeitgleich mit den ersten urkundlichen Nennungen von Siedlungen im Talbereich. Dies bedeutet, dass mit dem Besiedlungsaufschwung dieser Zeit auch die Almwirtschaft sogleich einsetzte.

## Steiniggrube, eine frühmittelalterliche Alm

*Steiniggrube, östliches Dachsteinplateau*

Reste einer frühmittelalterlichen Almhütte konnten in der Steiniggrube (Tiefgrube) nachgewiesen werden. Das Steinfundament eines Blockbaues weist die überdurchschnittliche Größe von 5,5 m x 9 m auf. An der Nordseite war sehr wahrscheinlich ein Vordach angebracht, das vielleicht als Melkunterstand diente. Möglicherweise waren auch an den anderen Seiten der Hütte die Dachfronten vorgezogen. Die $^{14}C$-Datierung einer Holzkohlenprobe erbrachte ein Alter von 1295 Jahren. Dieses Ergebnis ist als wichtiger Beleg für diese vom Fundbestand her schwer greifbare Periode zu werten.

Anlässlich der Sondierung dieses Platzes wurden eine stark verrostete 72 mm lange Messerklinge, eine Pfeilspitze aus Eisen und eine dickwandige Wandscherbe aus braunem, grob gemagertem Ton aufgesammelt. Einige Knochenreste von Rind, Schaf, Ziege, Hirsch und Reh aus der Feuergrube wurden dankenswerterweise von Dr. Erich Pucher (Naturhistorisches Museum in Wien) bestimmt.

*Steiniggrube, Keramikbruchstück*

*Steiniggrube, Pfeilspitze aus Eisen*

*Steiniggrube, Fragment einer Hirschgeweihstange*

# Hoch- und Spätmittelalter

## Heimhöfe und ihre Almen

Seit dem Hochmittelalter setzt eine breitere schriftliche Überlieferung ein. Urkunden, Urbare und Almordnungen zeugen nun von der Almwirtschaft. Die meisten Almen in unserer Region werden jedoch erst im ausgehenden Mittelalter bzw. in der beginnenden Neuzeit erstmals urkundlich genannt.

Die Bauern des Mittelalters waren nicht Eigentümer des von ihnen bearbeiteten Grund und Bodens, sondern dieser wurde ihnen von den Grundherrn in unterschiedlicher Rechtsstellung gegen die Leistung verschiedener Abgaben überlassen. Die Grundherrschaften leiteten auch die Binnenkolonisation, die auf Grund der Bevölkerungszunahme im Hochmittelalter nötig wurde. Im Rahmen dieses Landesausbaus drangen die Dauersiedlungen in immer größere Höhen vor. Vor allem an und über den Grenzen des Getreidebaues wurden Viehhöfe, so genannte Schwaigen angelegt. Um überlebensfähig zu sein, benötigten diese Bauerngüter nicht nur relativ große Grundflächen, sondern auch Almen.

## Schwaigenzeit - Heimhof und Alm sind eine untrennbare Einheit

Die Blütezeit der traditionellen Almwirtschaft beginnt mit den Schwaigengründungen im 11. und 12. Jahrhundert. Eine Ausnahme, auf die wir später noch zurückkommen werden, stellt das Salzkammergut dar. Sein vom Salzbergbau geprägtes, kleinstrukturiertes Bauerntum ließ nur für wenige Schwaigen, die große Weideflächen benötigten, Platz.

Schwaigen wurden von den Grundherrschaften in dünn besiedelten alpinen Landstrichen gegründet. Sie waren das Ergebnis geplanter landesfürstlicher Besiedlungspolitik mit wirtschaftlichen Interessen. Schwaigen sind dauernd besiedelte und selbständige Bauerngüter mit großen Weideflächen, die in erster Linie der Vieh- und Milchwirtschaft gewidmet waren. Die wenigen Äcker und die Wiesen rund um den Heimhof dienten dem Getreideanbau für den Eigenbedarf bzw. der Gewinnung des Winterheus. Daher mussten diese Höfe mit großen Almflächen ausgestattet werden. Die Schwaigen wurden in der Regel von der Grundherrschaft bestiftet. Dies bedeutete, dass sie zum Zeitpunkt der Gründung mit Vieh, manchmal auch mit Salz und mit Arbeitsgerät versehen wurden. Diese Bestiftung musste jedoch in Falle des Verlusts vom Besitzer der Schwaige ersetzt und bei einer Hofübergabe an den neuen Besitzer weitergereicht werden. Daher die Redensart: *Eisern Vieh stirbt nie.*

Nach 1200 werden nur mehr vereinzelt Schwaigen gegründet. Zu Ende des 15. Jahrhunderts werden in den Urbaren Schwaigennennungen unkenntlich, der Name verbleibt aber bei so manchem Bauerngut als Hofname (*Vulgoname*). Orts-, Hof- und Familiennamen wie *Schwaig, Schwaighofen* und *Schweiger* erinnern an die ältere Schwaigenzeit. Walter Abrahamczik führt für die Region um Gröbming immerhin 9 Höfe an, aus deren Namen heute noch die ursprüngliche Funktion als Schwaige erkennbar wird. Daneben erinnern zahlreiche Orts-, Hof- und Almennamen mit Wortbestandteilen wie *-reith, -gschwend, -gseng* oder *-brand* an die große Rodungstätigkeit des Hoch- und Spätmittelalters.

Schwaigen zinsten der Grundherrschaft vor allem tierische Produkte wie Käse, Butterschmalz, Flachs, Tierhäute bzw. Leder, Schafwolle oder Loden und im geringen Maße auch Fleisch. Sofern nicht ausdrücklich von *Rinder-* oder *Schafschwaigen* die Rede ist, wird mit einem gemischten Viehbestand zu rechnen sein. Ziegen wurden ebenfalls auf der Alm gehalten. In Urbaren wird dann von *Schaf-* und *Geißvieh* gesprochen. Bis in das 14. Jahrhundert hinein dürfte laut Quellenangaben im Gebirgsland der Anteil der Schafe

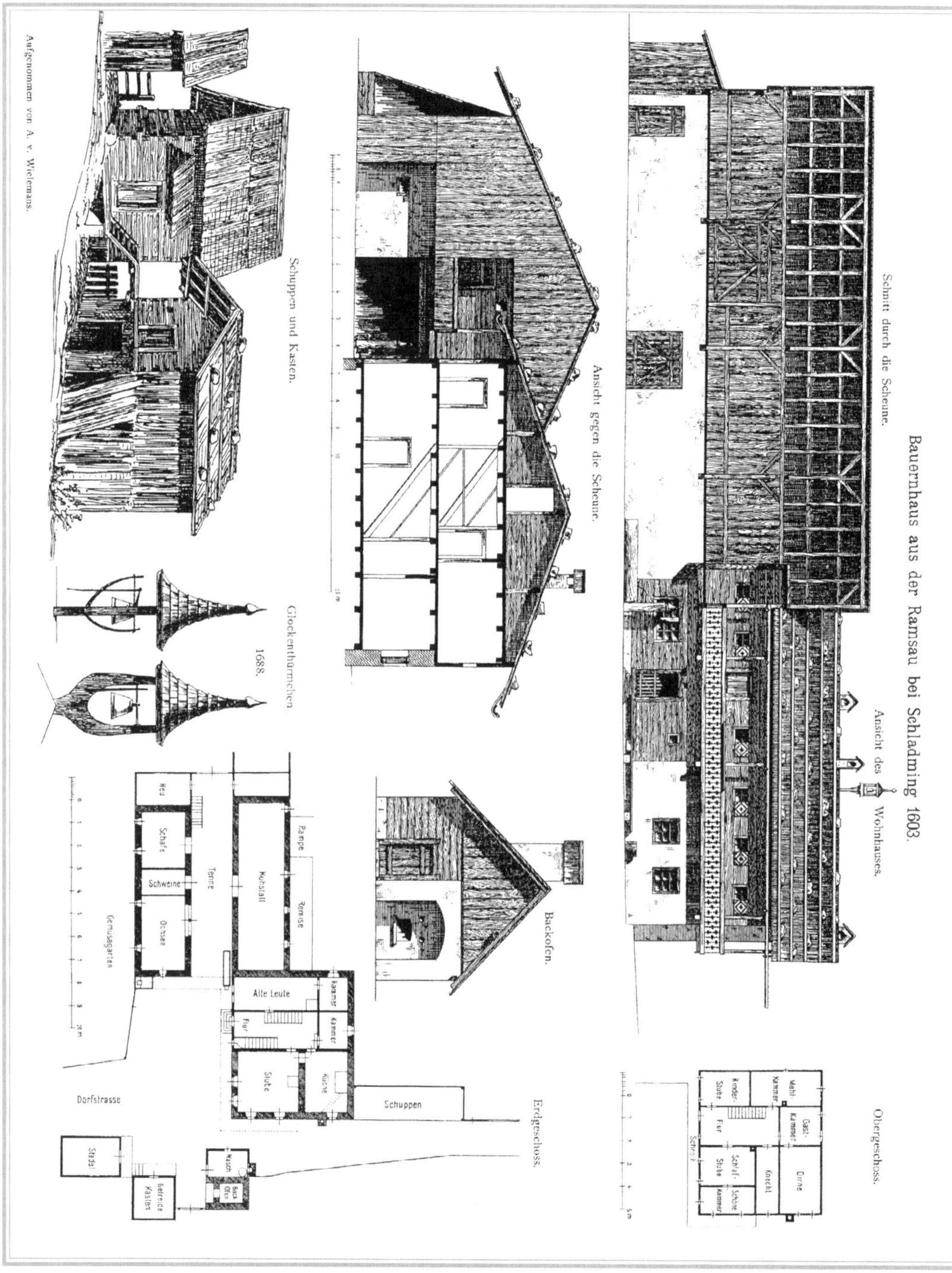


*Ramsauer Bauernhöfe und Nebengebäude, 1906. Aus: Das Bauernhaus in Österreich-Ungarn. Taf. 7.*

überwogen haben. Die Intensivierung der Rinderzucht erfolgte hier erst im ausgehenden Mittelalter.

Der Käse war das wichtigste Almprodukt und wird bereits in den ältesten Urbaren (Abgabenverzeichnisse, Grundbücher) als Naturalzins gefordert. *Ganze Schwaigen* mussten 600 Käse zinsen und hatten nach spätmittelalterlichen Quellen einen Viehbestand von 12 Kühen oder 60 Schafen mit Lämmern zu halten. Der Käse wurde wahrscheinlich aus Kuh- und aus Schafmilch hergestellt. Ob zu dieser Zeit auch Ziegenmilch - wie etwa im 19. Jahrhundert - verarbeitet wurde, ist noch weitgehend ungeklärt. Wahrscheinlich wurde im Mittelalter Fettkäse produziert, der von Hand zu kleinen, etwa einen halben bis einen Kilogramm schweren Laiben geformt wurde. Aber auch die Käseform, das so genannte *Kaskee*, konnte von der Herrschaft als Gewichtsvorgabe gestiftet werden.

## Ganglschwaig, Winkl, Gröbming

Der Heimhof der Stoder-, der Schildenwang- und der Plankenalm auf dem Dachsteinplateau war die Ganglschwaig in Winkel bei Gröbming. Sie zählte zu den Salzburger Höfen im oberen Ennstal, wo Besitz des Erzstiftes seit dem Anfang des 10. Jahrhunderts nachweisbar ist. Aus dieser frühen Zeit sind keine Quellen über die Auftriebszahlen des Viehs auf die Schildenwang- und die Plankenalm erhalten. Erst ab 1627 geben schriftliche Quellen über das Vermögen der Ganglschwaig Auskunft. Dabei wurde auch der Viehbestand berücksichtigt, für das Jahr 1627 wurden 11 Kühe und 25 Schafe sowie 25 *Milchstötzel* aufgezeichnet.

1719 sind für die Ganglschwaig 19 Kühe, 50 Schafe und 50 *Milchstötzel* vermerkt. Weiters gehörten zum Hof zwei Pferde, vier Stiere, zwei Ochsen, 11 Kälber, 10 Schweine und acht Hennen.

Zwar ohne Auftriebszahlen, aber dennoch von

*Die heutige Ganglschwaig in Winkel bei Gröbming*

*Die Plankenalm gehörte zu den Almen der Ganglschwaig. Vorne: neue Ramsauer Hütte*

Bedeutung sind für uns die Abgaben der Ganglschwaig im Urbar von ca. 1350. Damals mussten 300 Laib Käse, zwei Schafe, 12 Schaffelle, ein Widder und ein Bock gezinst werden. Im Urbar von 1498 bis 1566 sind ausschließlich diese Naturalzinse angeführt, die offenbar um die Mitte des 16. Jahrhunderts in Geld abgelöst wurden, da das Urbarregister von 1577 und 1584 nur mehr Geldzins verzeichnet. Diese Quellen untermauern die Bedeutung der Schafhaltung, die noch im späten Mittelalter überwog. Nach Mitterauer wären allein für die Produktion der zu zinsenden 300 Käse der Ganglschwaig zumindest 30 Schafe oder 6 Kühe benötigt worden.

Da der Betrieb aber auch den Eigenbedarf decken musste, ist eine höhere Anzahl an Tieren wahrscheinlich.

## Stücklschweig, Pruggererberg (Gde. Pruggern)

Laut einer Beschreibung im Gstatter Grundbuch von 1625 bestand das Wohnhaus der 1486 erstmals genannten *Sticklschwaig* aus *einer Kachel-* und *einer Rauchstube, vier Kammern* und *einem Keller*. Der *Stall* und der *Stadel* standen daneben. An Äckern gehörten 15 Tagwerk (5,4 ha), an Wiesen nur ein *Maderteil Bermähder*, welcher ein *Schlittl Heu* (=230 kg) gab, zum Hof. Der größere Anteil des Heus kam von 66 *Maderteilen* Bergmähdern und wurde mit 40 Schlittenfuhren von der *Schwaigstuben* im Sattental geholt. Dort gehörten der Stücklschweige noch drei Viertel der großen Sattentalalm mit einem Auftriebsrecht von 72 Rindern und 6 Pferden. Den Winter über wurden 27 Rinder, 4 Pferde, 10 Schafe und 40 Ziegen gehalten. Während des Sommers war auf den Almen genug Nahrung für das Vieh vorhanden. Schwierig war es aber, die Tiere mit dem geringen Futtervorrat über den Winter zu bringen. Dieser brachte wohl für die Tiere eine schlimme Hungerzeit. Eine schreckliche Vorstellung, die aber für viele Höfe zutraf.

Almhütte im Sattental, Gemeinde Pruggern

## Ein Almrechtsstreit um die Tuchmoaralm im Kleinsölktal 1597

Das Almrecht auf der Tuchmoaralm hatten seit Menschengedenken 13 Bauern aus der Kleinsölk. Neun Bauern waren dem Amt Kleinsölk untertänig, dies waren die Güter: *Leyrerschwaige, Kleinschwaige, Kreßmoos, Taferne im Priell, Prieller Gut, Fuchslehen, Merten-* oder *Pichlerschwaige, Hebenstreitgut* und *Weberlehen*; drei waren der Herrschaft Tannegg mit den Gütern *Köcklehen, Poschenschwaige* und *Kreitnerlehen* untertänig. Das 13. Bauerngut, das *Putzenlehen*, unterstand der Stadtpfarre Graz. Eigentümer des Kars war das Erzbistum Salzburg. 1597 stellten die Kammermeister und die Räte des Erzbischofs fest, dass der Zinsertrag von der Tuchmoaralm zu gering sei. Diese sollte deshalb verkauft werden. Dieses Vorhaben entfachte einen Sturm der Entrüstung unter den Bauern. Sie waren lediglich Freistifter und befürchteten, abgestiftet zu werden, wenn ein neuer Eigentümer die Grundherrschaft übernahm. Gegen den unerwarteten Zusammenhalt der Bauern konnte die Herrschaft aber nichts ausrichten. Die Bauern beriefen sich auf ihr uraltes Recht, auf diese Alm fahren zu dürfen, das auch auf ihren Höfen lag. Tatsächlich bekamen sie gegen 100 Gulden das Kaufrecht zugestanden.

Beinahe 100 Jahre lang hatte Eintracht geherrscht, als 1692 Erzbischof Wolf Dietrich den Bauern das Kaufrecht kündigen wollte. Wolf Dietrich, ein Barockfürst von Gottes Gnaden, brauchte Geld für seinen verschwenderischen Lebensstil. Doch auch aus diesem Streit gingen die 13 Bauern unbeschadet hervor. Wiederum waren sie unter Berufung auf Urbardienst, *pünktlich bezahlte Steuern, altes Herkommen* und durch die Unterstützung ihrer Herrschaften siegreich. Spätere Streitigkeiten, die immer mit einem *ehrlichen Trunk* bereinigt werden konnten, betrafen Zufahrtsrechte zur Alm.

# Neuzeit

Steinhag auf der Tuchmoaralm, Kleinsölk

In den Auftriebsrechten auf die Tuchmoaralm lassen sich ursprüngliche Rechte von zumindest vier Gütern mit einer Schwaigennennung aus dem 12. und 13. Jahrhundert deutlich erkennen. Diese hatten das Recht, jeweils 16 Rinder und 6 Schweine aufzutreiben, wogegen die andern Berechtigten lediglich 13 Rinder und 4 Schweine auftreiben durften. Die Berufung der Bauern auf uraltes Recht war also keineswegs erfunden!

1760 betrug das Auftriebsrecht auf die Tuchmoaralm laut dem Waldtomus 160 Rinder.

Die Beziehung zwischen Hof und Alm ist auch in diesem Katasterauszug von 1824 gut zu erkennen. Die „Glockalpe" schließt direkt an die Gründe des Bauernhofes „Klock" in der Kleinsölk an und konnte daher leicht von diesem aus erreicht werden. Franziszeischer Kataster. (StLA)

## Höhepunkte und Rückschläge der Almwirtschaft in der Neuzeit

Erste Rückschläge erlitt die Almwirtschaft auf den Hochalmen durch eine extreme Klimaverschlechterung gleich zu Beginn der frühen Neuzeit (so g. *Kleine Eiszeit* ab 1580). Auch danach beeinträchtigte das Klima immer wieder für einige Jahre die Almwirtschaft. Die Klimaverschlechterung, die Krise im Bergbau, Bauern- und Religionskriege führten dazu, dass vor allem kleine Höfe in höheren Lagen nicht mehr gehalten werden konnten. Viele davon wurden von wohlhabenden Bauern erworben, die sie als Niederalmen oder als Lehen verwendeten. Letzteres ist ein ursprünglich selbständiger Bauernhof, der durch Zukauf oder Erbschaft von einem anderen Bauernhof dazuerworben wird. Ein solches Lehen konnte ganzjährig bewirtschaftet werden und war ein wichtiger Kleinhof für die Winterbevorratung. Dadurch erfolgt insgesamt aber eine Erweiterung des Almgebietes.

Der Bauer Resch, vlg. Stöger, in Lehen etwa hat seine Niederalm im Untertal bei der Weißen Wand. Zuvor war diese ein Lehen. Im Spätmittelalter waren gerade im Bereich des Bergbaugebietes um Rohrmoos Dauersiedlungen in so große Höhen vorangetrieben worden, dass sie sich später - vor allem nach dem Niedergang des Bergbaus - nicht mehr halten konnten. Diese kleinen Bergbauernhöfe wurden von großen Bauern in Gunstlagen aufgekauft.

Die Untere und die Obere Stegeralm sind die zugehörigen Hochalmen, auf die nur noch Jungvieh aufgetrieben wird. Wir haben es hier mit einer *Stufen-* oder *Staffelwirtschaft* zu tun, wie sie früher häufig vorkam. 1843 schreibt Georg Göth, dass *das Hornvieh zur Zeit des Frühjahrs vorerst auf die in den Thälern oder auf niederen Bergen liegenden Voralpen oder Weiden getrieben wird, während welcher Zeit auf den Hochalpen noch der Schnee liegt und erst später, im Hochsommer, auf die eigentlichen Alpen kommt.*

*Oben: Heute sind die Untere- und die Obere Stegeralm dem Verfall preisgegeben. Von der einstigen Stufenbewirtschaftung, zu der auch die Sennerei gehörte, wird nur noch die Galtviehhaltung betrieben.*

*Links: Stegeralm 1913, Untertal, Gemeinde Rohrmoos. (Slg. Hänsel)*

## Die Almordnung der Herrschaft Sölk vom Jahre 1577

Almordnungen wurden mit der Intensivierung der Almwirtschaft und den daraus entstandenen Konflikten unten den Auftriebsberechtigten notwendig. Außerdem legten sie Rechte und Pflichten zwischen dem Grundherrn und den Almbauern fest.

Die wahrscheinlich ursprünglich mündlichen Vereinbarungen wurden bald schriftlich festgehalten und den Bauern jährlich vorgelesen.

Eine solche Almordnung aus dem 16. Jahrhundert ist für die Almen der Herrschaft Großsölk erhalten. Der Freiherr Ferdinand Hoffmann, der auch die Herrschaft Neuhaus (heute Trautenfels) besaß, erließ sie am 29. März 1577.

In der Einleitung betont der Grundherr, dass er bereits zwei Jahre zuvor die Zinsverpflichtungen neu geregelt habe, eine Erneuerung seiner Bestimmungen aber nötig geworden sei, da inzwischen darüber Streit unter den Almfahrern ausgebrochen sei.

Er setzt dann die *Almmeister* für die *Seifried-*, die *Mautner-*, die *Hohensee-*, die *Hüttfeld-*, die *Kaltenbach-*, die *Sumper-*, die *Schimpel-* und die *Winkleralm* und deren Zins fest (fl. = Gulden, ß. = Schilling, d. = Pfennig). Diese Almmeister hatten für Einhaltung der Ordnung zu sorgen. Die Almen waren wahrscheinlich Gemeinschaftsalmen, obwohl nur bei einem Teil auch andere Almfahrer erwähnt werden.

Danach folgen verschiedene Gebote und Verbote. Es wird festgelegt, *dass enhalb Älpler*, das sind Inhaber von Almrechten jenseits des Tauernkammes, ihre Ziegen nur mit Bewilligung des Pflegers eintreiben dürfen. Zinsvieh, d.h. fremdes Vieh, darf nur unter Berücksichtigung der Interessen der anderen Bauern des Grundherrn und seines Vetters aufgenommen werden. Der Auftrieb wird genau geregelt, um eine Überweidung zu verhindern. Das aufzutreibende Groß- und Kleinvieh muss beim Pfleger oder Mautner angemeldet und beschrieben werden. 8 Tage nach dem Auftrieb muss sogar ein schriftliches Verzeichnis des Almviehs erstellt werden.

Die Ausfuhr von Bergheu muss genehmigt werden. Eigene Hüter hatten dafür zu sorgen, dass Schafe nicht in die Weiden der Rinder oder die Mahder (Almanger) eindrangen. Das Schwenden und das Säubern der Weiden von Krummholz wird unter die Aufsicht der Herrschaft gestellt und genau geregelt. Es soll unter Bedachtnahme auf den Wald erfolgen.

Diese Almordnung wird in der Folge im originalen Wortlaut wiedergegeben. Sie wurde erstmals 1881 von Ferdinand Bischoff und Anton Schönbach gedruckt und findet sich ebenfalls in Hubert Wimberskys Studie über St. Nikolai.

*Schloß Großsölk war Sitz der Herrschaft Großsölk. Heute beherbergt dieses Gebäude ein Museum.*

*Nachdem gleichwoll noch den 24. tag februari verschines 75. jar durch mich, Ferdinanden Hoffmann freiherrn, vermüg derselben beschreibung etlicher ursachen wegen der albmen bei der Herrschaft Sölckh gehandelt, sonderlich aber weil die Seifridt albm hoch uberzinst gewest, denselben dienst geringert, und damit demnach dem urbar nichts entzogen werde, auf die andern albmen nach gelegenhait geschlagen, auch darüber ordenliche albmmaister gesetzt und also ain ordnung aufgericht worden, die weil sich aber seithero darinen allerlei ir- und unainigkeit zwischen inen den älblern zuegetragen, hab ich dieselb wiederumb erneuert und nachvolgunder massen ein albmordnung aufgericht.*

*Erstlichen las ich die ringerung und staigerung des uberzinß allermassen bei meiner obbemelten vorigen handlung verbleiben.*

*Zum andern hab ich jezo die albmen nachernenten personnen als albmmaistern, doch nur auf der herrschaft wolgefallen außgelassen, nämblichen*

*Die Albm Seifridt*
*ist Josephen Kauzen als albmmaistern umb den geringerten uberzinß der 15 fl. gelassen*

*Die Albm Mautner*
*ist Rueprechten Gundl umb den uberzinß 10 fl. verlassen, der solle aber die Cristina Schröflin mit ieren viech als ain älblerin zuekomen lassen und ist jr hiemit verpotten, an die orth ir viech zu treiben und anzukeren wo zuvor gemät worden.*

*Die Albm Hochensee*
*ist Ambrosen Rosenpichler und Wölfl am Perg als albmaistern umb jährlichen verzinß gelassen per 11 fl. die sollen Cristan Rolloser als ain andern albler mit seinen viech auch zuekommen lassen.*

*Die Albm Hütfeldt*
*ist Melcher-Rodler und Christan Hausott als albmmaistern um jährlichen zinß verlassen 6fl.*
*Die sollen den Hannß Tatterman mit seinem viech, item Cristan Hausotten mit acht rindern, also auch gleichfalls Wolfen Seidl zu Pairdorf mit zechen rindern als andere älbler hineinnemen.*

*Die Albm Kaltenpach*
*ist dem Thoman Gündl am Hoff zu Pairdort als albmmaistern verlassen wie vor per 3 fl. 2 ß d.*

*Die Albm Sumbkhar*
*bleibt dem phleger in alten uberzinß laut des urbars per 1 fl. 4 ß d.*

*Die Albm Schimpl*
*ist dem Rorrer in Grakhhals albmaistern verlassen umb jährlichen Zinß 9 fl. doch soll er den vorigen albmmaister Otten am Kholbm mit allen seinem viech auch zuekomen lassen.*

*Es sollen auch die albmaister wissen, wo sie etwo kunftig von der albm wider trachten und sie selb ödt steen wolten lassen, das si den uberzinß nichts weniger geben sollen.*

*Die Albm Winckhl*
*ist Michaeln Rainer in der Sölckh und Veit am Winckhel als albmmaistern umb vorigen jährlichen Zinß verlassen per 10 fl.*

*Hieneben ist auch den albmmaistern und älblern fürgehalten und auflegt worden:*

*Erstlichen, das sie sollen von keinen enhalb älblern kain gaißviech auf die albm treiben lassen bei vermeidung hocher straf und wo die underthonen der herrschaft Sölckh oder andere underthonen etwas darein treiben wollten, solle es mit vorwissen des phlegers in der Sölckh beschehen, ausser dessen sonderbarer verwilligung soll kain gaißviech darauf getrüben werden.*

*Zum andern sollen die albmmaister der herrschaft Sölckh zu vorderist, hernach andere mein und meines vettern pauern umb gebürlichen zinß in die albm zu nemen schuldig sein, doch sollen die vorigen gewesten albmmaister nit außgeschlossen werden.*

*Die albmen sollen auch nit ubertriben werden, sondern si die albmmaister sollen am zimblichs viech darauf auf und annemen.*

*Verrer soll ain jeder albler, wan er hinein treibt, sich beim phleger in der Sölckh oder wer der zeit an seiner statt an der maut sizen wierdt anmelden und was si fur clain und groß viech hinein treiben beschreiben lassen; darinen durch si nichts verschwigen werden solle bei verfellung des viechs.*

*So sollen auch die albmmaister acht tag, nach dem das viech alles auf die albm triben, dem phleger in der Sölckh ain ordenliche verzeichnus geben was auf ein jede albm von groß und clainen viech desselb jar getriben wierdt. im fall aber etwas durch den albmmaister auß nachlässigkait oder untreue verschwigen wurde, soll er umb jedes stuck der herrschaft ain ducaten zu straf verfallen sein.*

*Und nach dem dis allain dennen zu gueten angesechen, daß die jenigen welche nit aigen albmen haben da her mit ierem viech ir zuflucht haben mügen, so soll dem nach dennen so zuvor albmen haben hiemit verpotten sein daher zu treiben, da aber ainer oder der ander betreten wurde, der dem zuwider gehandlet oder sein albm in ander weg verlassen, solle er nach notturft gestrafft werden.*

*Item solle sich kainer ainiches hei so auf diesen albmen gemäet wierde heraus auss dem tal zu fuehren untersteen, ausser vorwissen des phlegers.*

*Dann sollen auch die albmmaister darob sein, das sie auf allen älbmen ordenliche hüeter auf gemainen uncosten der älbler halten, damit das schofviech dem rindviech und den madern auf den gepürgen nit zu schaden geht.*
*Was aber die besteeschof anträff, sollen sich die albler, wie es damit gehalten solle werden, mit einander bereden und als dan etliche aus inen neben den albmmaistern acht tag nach Philipi zum pfleger schicken und ain ordnung beratschlagen, damit meniglich mit denselben one beschwär sei.*

*Und nach dem für kombt, das die albmmaister clainen vleiß mit schwendung und rämung der albmen gebraucht haben, solle demnach notwendige beschau von herrschaft wegen fürgenomen und, wie es die notturft erfordern wierdt, an ainem und an dem andern ort den albmmaistern und älblern diß rämbung auferlegt werden.*

*Mitter weil aber sollen die albmaister jeden älbler so auf iere untergebene albmen fahren anzaigen, das sie sich mit tauglichen arbaitern oder knechten auf die albmen, wan inen zum schwenden angesagt wierdt, jeder auf drei tag verseche, doch solle solche schwendung in alheg one schaden oder abächtung der hoch oder schwarz walt beschechen.*

*Actum Neubaus am neun und zwainzigisten tag Martii im sibenundsibenzigisten jar.*

Der Heilige Leonhard wird von den Bauern als Schutzpatron ihres Viehs verehrt. Großsölk, Votivtafel

## Der Kampf um Wald und Weide

Das Almwesen wird seit dem Beginn der Neuzeit immer weniger von der bäuerlichen Gemeinde geregelt, sondern zunehmend von den Grundherrn und den Landesfürsten. Letztere versuchen seit dem 16. Jahrhundert durch Weide- und Schlägerungsverordnungen die Wälder für den Salz- und Erzabbau sowie für den Betrieb von Salinen, Schmelzöfen und Hammerwerken zu sichern. Deshalb behielt sich der Landesfürst die Wälder des Salzkammergutes und der Niederen Tauern für die Holzgewinnung und natürlich auch für seine Jagdleidenschaft vor. Zugleich wurden die Holzbezugsrechte der Bauern und die Beweidung streng limitiert. Der Kampf um Wald und Weide begann. Zu diesem Zweck wurden auch die Bestände genauer erhoben, daher liegt vor allem seit dem Ende des 17. und aus dem 18. Jahrhundert eine Vielzahl an schriftlichen Aufzeichnungen vor.

Die Streitigkeiten zwischen Bauern und Grundherrn sollten genaue Verzeichnisse wie der auf Veranlassung von Maria Theresia um 1760 aufgenommene *Waldtomus* beseitigen. Für das beginnende 19. Jahrhundert ist der *Franziszeische Kataster,* den Kaiser Franz I. aus steuerlichen Erwägungen seit 1817 anlegen ließ, eine zuverlässige Quelle. Durch dieses Grundbuch erfolgte eine genaue Landesaufnahme und auch eine endgültige Besitzregelung.

Das 19. Jahrhundert führte zu einer Krise der alpinen Landwirtschaft und löste einen Entsiedelungsprozess aus. Dieser wurde durch die Grundentlastung in Folge der Bauernbefreiung von 1848 noch beschleunigt, da viele nicht mehr rentable Bauerngüter aufgegeben werden mussten. Durch diese weitere Rücknahme der Dauersiedlung wurde der Almraum teilweise erweitert, wenn reiche Bauern aufgelassene Bergbauernhöfe aufkauften und sie als Niederalmen verwendeten. Umgekehrt wurden viele Alm- und Waldgebiete von der Holzindustrie und reichen Adeligen erworben und in den Dienst der Jagd und der Forstwirtschaft gestellt.

## Almstatistik

Eine wirklich exakte Almstatistik liegt erst ab dem 20. Jahrhundert vor. Frühere Erhebungen sind meist ungenau oder unvollständig. Bei den Auftriebszahlen werden Kühe und Galtvieh nicht getrennt angeführt, Schafe und Ziegen werden oft nicht berücksichtigt. Schweine, die zur Verwertung der Almabfälle aufgetrieben wurden, bleiben meist unerwähnt. Angaben zu den Hütten fehlen oder sind oftmals ungenau. Das Almpersonal wird zumeist gar nicht erhoben. Dies bedeutet, dass man die Angaben nur als beiläufige Durchschnittswerte betrachten kann, die jedoch immerhin eine ungefähre Vorstellung ermöglichen. In dieser kurzen Darstellung werden nur die Kuhalmen bzw. Milchalmen berücksichtigt. Die Zahl der Almen ist ebenfalls verschieden, je nachdem ob weit verstreute Hüttstätten auf einer großen Alm als eigene Almen gezählt werden oder als eine Einzelalm, wie dies zum Beispiel bei der Tauplitzalm der Fall ist.

Der Waldtomus von 1760 gibt nur die Zahl der Rinder an und differenziert nicht weiter zwischen Kälbern, Galtvieh, Kühen oder Stieren. Aus der Almordnung der Ödernalm in der Gemeinde Tauplitz aus dem Jahr 1655 ist ersichtlich, dass der Anteil der Kühe an der angegebenen Rinderzahl ziemlich genau 50% beträgt. Die sechs Auftriebsberechtigten hatten dort zusammen 111 Rinder, davon sind 56 Kühe, 30 Alt- und Jungstiere, 10 Stück Galtvieh und 15 Kälber angeführt.

Aus dem Waldtomus konnten für die Almen der Dachstein-Tauern-Region und des steirischen Salzkammergutes 13.885 Rinder gezählt werden. Wenn wir diese Zahl also halbieren, erhalten wir 6927 Kühe und damit einen ungefähren Hinweis auf die Milchproduktion. Insgesamt sind für diesen Bereich 258 Almen ausgewiesen. Für das oberösterreichische und steirische Salzkammergut wurden 835 Hütten und Ställe angeführt, für die Dachstein-Tauern-Region fehlen diese Angaben im Waldtomus.

Erzherzog Johann, der Förderer des Bauernstandes in der Steiermark, ließ ab 1810 mit einer breit angelegten Befragung auf Grundlage eines Fragebogens mit 132 Fragen - davon 57 ökonomische - eine *physikalischen Statistik* erstellen. Die Fragebögen wurden an die Bezirke versandt. Georg Göth, der Privatsekretär des Erzherzogs, erhielt den Auftrag das zurückgesandte Material zu bearbeiten. Im Judenburger Kreis, heute sind dies die Bezirke vom oberen Murtal bis an die Nordgrenze der Steiermark, gab es demnach um 1820 5328 Pferde, 42.309 Kühe, 11.996 Ochsen, 37.467 Jungvieh, 57.936 Schafe und 22.305 Schweine. Ziegen wurden nicht (oder nicht gesondert?) berücksichtigt. 1843 wurden von G. Göth für den Bereich der heutigen Dachstein-Tauern-Region 219 Almen, 1257 Hütten und 9619 Kühe mit Galtvieh gezählt. Göth weist auch allgemein auf die Bedeutung der Almwirtschaft hin: *Meistens besteht Alpenwirthschaft und nur in wenig Gegenden findet aus Mangel an naheliegenden Alpen Stallfütterung statt. Dafür hat aber auch die erstere in diesem Kreise eine ungemeine Ausdehnung, die Menge und Güte der hiesigen Alpen wird im ganzen Lande nicht erreicht, und es bildet daher unter diesen Umständen das Alpenleben einen bedeutenden und wichtigen Abschnitt in der Haushaltung.*

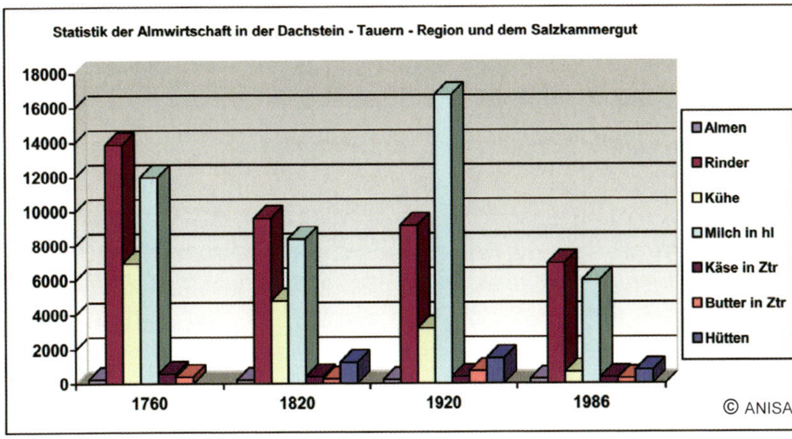


In der Almstatistik F. Schneiters von 1930 sind für die 21 steirischen Gemeinden, die in diesem Buch berücksichtigt werden, 228 Almen mit 1108 Berechtigten, 56.841 ha Almfläche mit 16.257 ha Almweide, 716 Hütten, 770 Ställe und 3235 Kühe angeführt. Letztere lieferten die 16.753 hl Milch, woraus 40.650 kg Käse und 72.750 kg Butter erzeugt wurden.

Die Angaben in den Diagrammen zeigen den ungefähren Verlauf der Almwirtschaft in den letzten 300 Jahren. Einige der Werte wurden wegen der fehlenden Angaben hochgerechnet. Gut zu erkennen ist die steigende Milchleistung trotz des massiv sinkenden Kuhauftriebes. Die tägliche Milchleistung auf der Alm war um 1800 2 Maß Milch - das sind etwa 3 Liter. Deren Steigerung von bis zu 20 Liter Milch um 1985

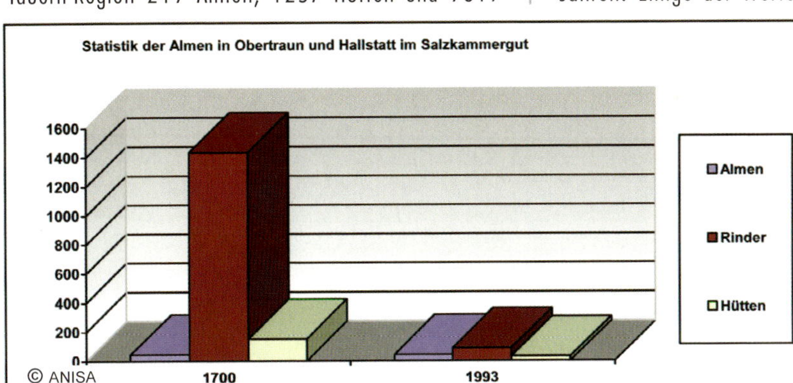

wirkt erstaunlich hoch. Die Milchwirtschaft auf den Almen ist von 1920 bis 1986 um mehr als die Hälfte zurückgegangen. Der Galtviehauftrieb ist jedoch im Vergleich zur Sennereiwirtschaft nur unwesentlich eingebrochen. Noch erstaunlicher aber ist die Tatsache, dass die mit Abstand größte Milchleistung in der Geschichte der Almwirtschaft in den 20er-Jahren des vorigen Jahrhunderts erwirtschaftet wurde. Dagegen wurde in der Neuzeit und im Spätmittelalter am meisten Weidevieh auf den Almen gesömmert.

Im oberösterreichischen Teil des Salzkammergutes, in den Gemeinden Obertraun und Hallstatt, weideten nach den Angaben im Urbar der Herrschaft Wildenstein von 1700 auf 45 Almen mit 151 Hütten 1436 Rinder. 1993 wurden auf nunmehr 43 Almen 87 Stück Galtvieh aufgetrieben. Diese Zahlen untermauern eindrucksvoll den Rückgang der Almenbewirtschaftung im Salzkammergut.

Vor 100 Jahren hat der Strukturwandel in den alpinen Agrarräumen zu einer erheblichen Änderung in der Almwirtschaft geführt. Bis dahin waren die Almen im Sommer die einzige Futtergrundlage eines Heimhofes und gleichzeitig die Lieferanten für Butter und Käse gewesen. Durch die bessere Düngung der Wiesen im Tal und die Milchverwertung in den Molkereien war man nach und nach auf die Kuhhaltung auf der Alm nicht mehr angewiesen. Auf die Almen wurde nun vorwiegend Jung- und Galtvieh getrieben.

Am Anfang der 60er-Jahre des 20. Jahrhunderts war diese Entwicklung bis auf wenige Ausnahmen abgeschlossen. Damals herrschte eine auffallende Ruhe auf den Almen. Erst in den 70er-Jahren - mit dem Beginn des massiven Ausbaues der Wirtschaftsstraßen zu den Almen - begann wieder Leben in die Almen zurückzukehren. Milchkühe wurden trotzdem nicht vermehrt auf die Hochalmen gebracht.

## Lackenmoosalm

### Ein Beispiel interdisziplinärer Forschung auf dem Dachsteingebirge

Die Lackenmoosalm ist heute eine Almwüstung an der Grenze zum Truppenübungsplatz Dachstein-Oberfeld. Sie wurde 1910 aufgelassen. In der Neuzeit wurde sie wie auch die Langkar-, die Hirzkar-, die Gjaid-, die Taubenkar-, die Schönbühel-, die Maisenberg- und die Modereckalm zu den so genannten *Schladminger Almen* gezählt. Diese Sammelbezeichnung rührte daher, dass die Almen, die auf oberösterreichischem Gebiet liegen und der Salzkammergutherrschaft Wildenstein unterstanden, von Bauern aus Gemeinden des oberen steirischen Ennstals genutzt wurden. Diese Verflechtung resultierte wahrscheinlich daraus, dass auf dem Dachsteinstock zwei Wirtschaftsformen aufeinander stießen, die einander wechselseitig ergänzten. Nördlich des Dachsteins in Hallstatt herrschte Nachfrage nach Lebensmitteln, da wenig agrarische Nutzfläche zu Verfügung stand und der Großteil der Einwohner im landesfürstlichen Salzbergbau beschäftigt war. Die Bauern und Viehzüchter in der Ramsau konnten mithilfe der Almen Nahrungsmittel erzeugen, die nach Hallstatt geliefert werden mussten. Dafür erhielten sie das für die Vieh- und Vorratshaltung so wichtige, kostbare Salz.

*Abgabenvermerk der Lackenmoosalm, Urbar der Herrschaft Wildenstein von 1700. (OÖLA)*

Die erste schriftliche Erwähnung dieser Almen erfolgte in der Oberösterreichkarte, die G. M. Vischer 1667/68 (siehe rechts) aufgenommen hat. Erst seit dem 18. Jahrhundert sind wirklich aufschlussreiche schriftliche Quellen erhalten. Um Einblick in die frühere Geschichte dieser Almen zu gewinnen, war daher die Hilfe der Archäologie nötig.

1984 wurde auf der Lackenmoosalm die erste archäologische Untersuchung einer Alm in Österreich durchgeführt. Die Grabungsleitung lag in der Hand von Dr. Brigitte Cech, die mit der ANISA und freiwilligen Helfern die Grabungen durchführte.

(Stiftsarchiv Admont)

*Ein Teil des Grabungteams auf der Lackenmoosalm 1984. Inzwischen ist dieses Foto selbst ein historisches Dokument. Hinten links beginnend: Johann Putz, Dr. Herta Mandl-Neumann, Lorenz Vrece, Dr.Ingrid Matschinegg, Sibylla Huber, Margit Holzer, Robert Pochlatko, Mag. Imma Lachini-Bastl, Hanns-Jürgen Gruber, Dr. Brigitte Cech, die Grabungsleiterin, Mag. Wilhelm Schwind und Franz Mandl.*

Die Lage im Zentrum des östlichen Dachsteinplateaus und über der Waldgrenze gaben den Ausschlag diese Almwüstung auszuwählen. Der mühselige Zustieg und die harten Witterungsbedingungen verliehen dem Unternehmen Expeditionscharakter und stellten hohe körperliche Anforderungen an das idea-

listische Grabungsteam. Doch die Ergebnisse sollten alle Erwartungen übertreffen.

Neben der eigentlichen Almgrabung wurde ein Hüttenfundament aus dem Spätmittelalter am Fuße des Lackenofens auf 2002 m Seehöhe und Reste einer bronzezeitlichen Hütte in einer nahe gelegenen Grube auf 1990 m Seehöhe erforscht. Letztere war der erste Nachweis urgeschichtlicher Almwirtschaft in Europa. Hier sollen zunächst die archäologischen Untersuchungen im Bereich der 1960 m hoch gelegenen Hüttstätten der spätmittelalterlichen und neuzeitlichen Alm vorgestellt werden.

*Schnitt durch den bis in das Mittelalter zurückreichenden Misthaufen*

Neben mehren Sondierungsschnitten durch den Almboden wurden zwei Hüttenfundamente zur Gänze archäologisch ergraben. Unmittelbar neben einer der Hütten wurde auch die Müllhalde mit Abort untersucht. Dabei zeigte sich, dass der mittelalterliche Almbetrieb erst im 14. Jahrhundert nachweisbar ist, dafür setzte er aber sofort intensiv ein. Der Beginn der Bestoßung wäre aber bereits im 13. Jahrhundert mit der Schwaigengründung denkbar. Beide Hütten waren vom 14. bis zum Ende des 16. Jahrhunderts bewirtschaftet. Die Verschlechterung des Klimas um 1580 unterbrach für einige Zeit die Bewirtschaftung der Alm. Neuzeitliche Siedlungsspuren sind aber weiterhin massiv nachweisbar. Sie enden erst mit der Auflassung der Alm um 1900.

*Bruchstück einer bemalten und glasierten Keramikschüssel aus dem 18. Jahrhundert*

*Holzteller in der verlandeten Lacke, die wohl namensgebend für diese Alm war*

Schnitt durch den Herd von Objekt 6. Die rötlichen Verfärbungen stammen von der Hitzeeinwirkung.

Wasser war auf dieser Alm eine Mangelware. Deshalb wurde auch Schmelzwasser gesammelt und in Holzrinnen zu einem Brunnentrog geleitet.

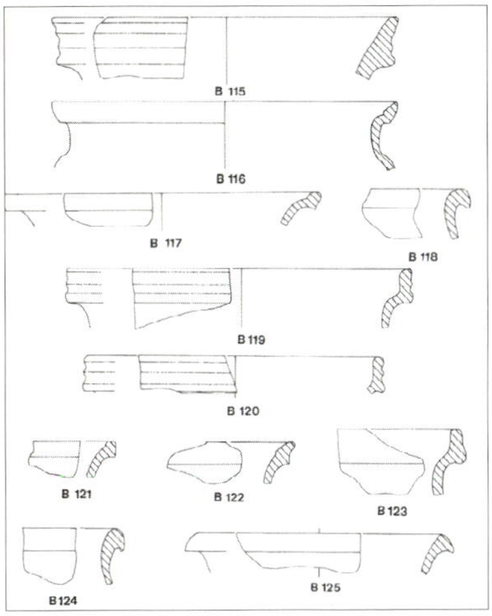


Keramiktypen aus der Neuzeit und dem Spätmittelalter Gezeichnet von B. Cech

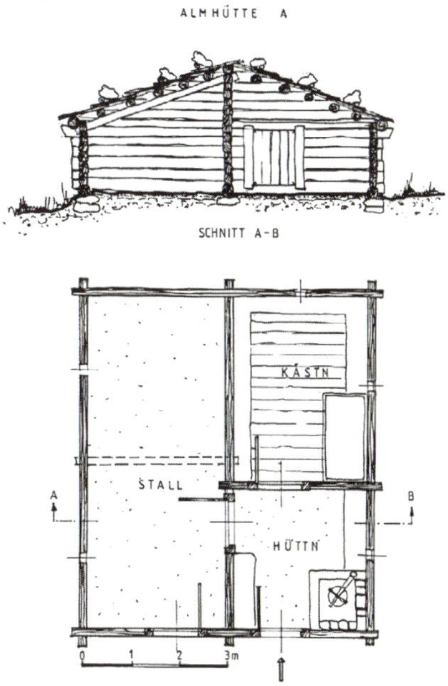


Lackenmoosalm. Rekonstruktionsplan einer breiten Hütte, gezeichnet von Franz Stadler. Diese Hütte war unterteilt in die „Hüttn" mit dem Herd, den „Kasten" zum Aufbewahren der Almprodukte mit einem Bett und den zweiteiligen Stall.

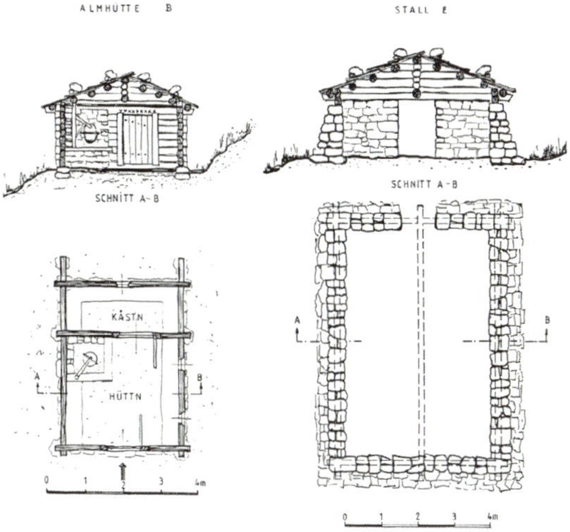


Lackenmoosalm. Rekonstruktionsplan einer Hütte mit separiertem Stall, gezeichnet von Franz Stadler

## Rot Tauben am Stein, eine Raststation für Almleute und Säumer

Das Dachsteingebirge bildet zwar eine mächtige Barriere zwischen dem Ennstal und dem Salzkammergut, doch schon in urgeschichtlichen Zeiten führten Wege über das Dachsteinplateau, da sie für Fußgänger und eventuell Saumtiere die kürzeste Verbindung darstellten. Kleinhändler, Schmuggler, Arbeits- und Glaubensmigranten wählten neben Almleuten, Forstarbeitern und Jägern noch in der Neuzeit diese Übergänge, die heute wieder gerne von Touristen frequentiert werden. Einer der ersten von ihnen war F. J. Kleyle, der um 1810 über das Plateau ging und darüber vermerkte: *Wer es nicht von den Eingeborenen hört, vermutet gewiß nicht, dass die kaum bemerkbaren Spuren menschlicher Fußtritte einen Weg bezeichnen, auf welchem die Schladminger ihre Waaren, Loden (grobes wollenes Landtuch) und Leinwand, roh und verarbeitet, nach Hallstatt transportieren, und dafür Salz zurücknehmen; und doch ist dieser 10 Stunden lange äußerst beschwerliche Weg nicht wenig begangen.*

Hufeisen wurden immer wieder auf den Almen gefunden und man suchte nach einer Erklärung für diese Streufunde. Darüber eine Sage entstehen zu lassen, war wohl eine allseits beliebte Methode, Unerklärliches zu deuten. Eine Sage vom Dachsteingebirge berichtet darüber: *Dort oben zwischen Torstein und der Scheichenspitze hat der Böse seine Wohnung, und wie es dort an heiteren, sonnigen Tagen Schneewolken emporwirbelt, so bezeugen des Nachts feurige, stäubende Funken sein Dasein. Besonders führt er liederliche Dirnen fort und lässt sie an ihren Knien mit Hufeisen beschlagen; der alte Schmied in Stainach musste dieses Geschäft, um Mitternacht vom Satan geweckt, mehrmals vollziehen.*

Wir wissen heute, dass die Saumpfade vom Ennstal nach Hallstatt benutzt wurden, um mit Salz und Nahrungsmitteln zu handeln und zu schmuggeln. Auch wurden Pferde auf eigenen *Rosswiesen* gehalten.

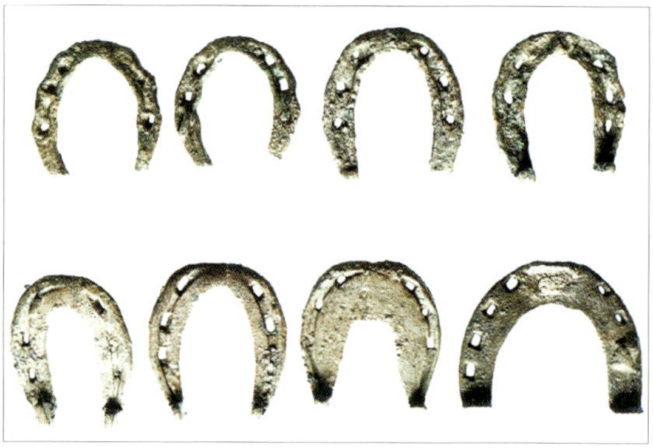

Hufeisen aus dem Mittelalter und der Neuzeit vom Dachsteingebirge

Die 1984 archäologisch erforschten Hüttenreste am Fuße des Lackenofens standen vielleicht im Zusammenhang mit dem Übergang über das Dachsteingebirge. Zu Fuß war dieser Weg die kürzeste Verbindung von der Ramsau nach Hallstatt.

„Rot Tauben am Stein". Fundamentreste am Fuße des Lackenofens (2000 m) vor der Ausgrabung. Die zweiräumige Hütte bestand aus einer etwa zwei Meter hohen Trockenmauer aus Steinen. Die Außenmaße betrugen etwa 10 m x 5 m. Der westliche Raum weist ein Innenmaß von 2,6 m x 2,2 m auf, der östliche Raum von 3,8 m x 3,4 m. Die massiven Außenmauern erreichten eine Stärke von 80 cm. Das Dach war wohl ein flaches Legschindeldach mit Steinbeschwerung, das in der Mundart als „Schwardach" bezeichnet wird.

*Plan der archäologisch untersuchten zweiräumigen Hütte. Die dunkel eingezeichneten Flächen dokumentieren ausgeprägte Kulturschichten. Beide Pläne wurden von Brigitte Cech gezeichnet.*

Die exponierte Lage dieses Bauwerks ließ eine Deutung als Almhütte unwahrscheinlich erscheinen. Am ehesten schien eine Interpretation als *Hospiz* oder *Unterstandsmöglichkeit* am Übergang von der Ramsau nach Hallstatt oder aber als kleine Grenzstation zwischen Oberösterreich und der Steiermark sinnvoll zu sein. Vielleicht handelt es sich um *Rott Tauben am Stein*, einen angeblichen früheren Siedlungsplatz, der in der Karte von Abraham Holzwurm aus der Mitte des 17. Jahrhunderts als *Oppidum absque Arce* eingezeichnet ist. Doch diese Eintragung stammt aus einer Zeit, in der unser Siedlungsplatz bereits aufgelassen worden war. Vielleicht war dieser Ort dem Kartografen von den Einheimischen aus der Erinnerung angegeben worden? Dieser hatte sich sichtlich nicht die Mühe gemacht auf das Gebirge zu steigen, um die Angaben zu überprüfen.

*Eine massive Brandschichte und Asche im Bereich der Herdstelle beweisen eine intensive Benützung dieses Gebäudes im Mittelalter.*

In dem Steinbau wurden Keramikscherben aus der Zeit vom 12. bis zum 15. Jahrhundert gefunden. Neben Keramik wurden Messerklingen, eine Gürtelschnalle aus Eisen, ein Spinnwirtel aus Speckstein, eine verzierte Messertülle aus Eisen, Eisennägel und ein halbes Hufeisen freigelegt. Im Ostteil der Hütte waren massive, mit Holzkohle durchsetzte Lehmschichten vorhanden. Dieser Raum wies eine ebenerdige Feuerstelle auf. Der westliche Raum diente wohl als Schlafstätte.

*Das ausgegrabene Steinfundament am Fuße des Lackenofens auf 2000 m Seehöhe*

*Spinnwirtel aus Speckstein Durchmesser: 23 mm*

*Eisentülle eines Messers(?) Länge: 42 mm*

*Randstück eines Keramiktopfes aus dem 12./13. Jahrhundert Randdurchmesser: 220 mm*

*Randstück eines Keramiktopfes aus dem 13./14. Jahrhundert Randdurchmesser: 200 mm*

Herta Mandl-Neumann

## Der Auftrieb auf die Lackenmoosalm und die „Schladminger Almen"

Herta Mandl-Neumann hat in der Sammelpublikation *Dachstein. Die Lackenmoosalm*, die 1990 von der ANISA herausgegeben wurde und inzwischen längst vergriffen ist, über die *Lackenmoosalm in historischer Sicht* geschrieben. Aus diesem Beitrag stammen die folgenden Auszüge.

Zwischen 1700 und 1827 trieben relativ konstant um die 30 Bauern auf die Schladminger Almen auf (siehe Tabelle), davon 6 - 7 auf die Lackenmoosalm. Schwankungen im Auftrieb dürften vor allem klimatisch bedingt gewesen sein. So meldeten 1773 28 Bauern ihren Auftrieb an, 1807 sogar 30, aber in den beiden Jahren trieben nur jeweils 23 Bauern ihr Vieh tatsächlich auf. Einen dramatischen Einschnitt in die Zahl der auftreibenden Bauern stellt erst der Übergang zur Verpachtung der Almen Ende der 20er-Jahre des 19. Jahrhunderts dar, wodurch die Anzahl der Auftriebsrechte um ein Drittel dezimiert wurde. Dieser Rückgang dürfte aber weniger mit der Verschlechterung der Almweiden durch klimatische Einflüsse und Überweidung zusammenhängen, sondern eher durch eine beträchtliche Verringerung des ökonomischen Anreizes für den Auftrieb zu erklären sein: Die Auftriebszahlen waren nunmehr strenger limitiert, und für überzählig aufgetriebenes Vieh wurde eine hohe Geldstrafe angedroht, wogegen zuvor der Mehrauftrieb anscheinend toleriert worden war. So wurden 1787 bereits die im Urbar aus dem Jahr 1700 festgesetzten Auftriebszahlen beim Rindvieh um 14, 23% und beim Kleinvieh um 32, 88% überschritten, und das, obwohl um 7 Bauern weniger auftrieben. 1824 betrug die Überschreitung beim Rindvieh 49, 10% und beim Kleinvieh sogar 138,42%. Besonders motivierend für die Überschreitung der Auftriebszahlen scheint die Tatsache gewesen zu sein, dass die Salzabgabe an die Bauern entsprechend der Anzahl des tatsächlich aufgetriebenen Viehs erfolgte.

Es ist möglich, dass sich die Toleranz des Mehrauftriebes erst nach 1785 eingebürgert hat. Denn seit diesem Jahr gründete der Salzbezug auf einer Stipulation, in der die Bauern versprochen hatten, die Hälfte ihrer Almproduktion zum Verkauf nach Hallstatt zu liefern. Vielleicht erwartete man sich in Hallstatt von einer überhöhten Viehzahl auch größere Butter- und Schottenlieferungen. Nach den Auftriebszahlen des Urbars wären den steirischen Bauern 17,5 Zentner Salz zugestanden. 1773 wurden nur 9 Zentner und 4 f Salz verabreicht. 1799 erhielten die Schladminger Almfahrer bereits über 22 Zentner Salz, 1824 sogar über 35 Zentner Salz. Das Salz war offensichtlich für das Almvieh bestimmt, denn die Bauern durften das Salz lediglich auf ihre Almen, *jedoch nicht weiterhin überbringen.* Doch scheinen die Bauern mit der Salzzuteilung einen regen Schwarzhandel betrieben zu haben. Daher beschwerten sie sich auch heftig, als ihnen das Salzoberamt Kernsalz anstelle von Kochsalz verabreichen ließ.

Lackenmoosalm 1929. Die letzte breite Hütte verfällt.

### Die Heimgüter

Obwohl das Weiderecht nach Ansicht der Herrschaft nur einer bestimmten Person für deren Lebenszeit verliehen worden war, hatte es sich stark mit den

## Tabelle: Veränderungen der Heimgüter 1700 - 1867

| Jahr: 1700 | 1787 | 1792/3 | 1808 | 1813 - 1821 | 1825/26 | 1831 | 1867 |
|---|---|---|---|---|---|---|---|
| **Gjaidalm** | | | | | | | |
| 1. Liendl | 1. Liendl | 1. Liendl (Taubenkar) | 1. Liendl | 1. Pernkopf | 1. Pernkopf | 1. Pernkopf | 1. Pernkopf |
| 2. Ländl | 2. Landl | 2. Landl ( - " - ) | 2. Landl | 2. Landl | 2. Lenzbauer | 2. Lenzbauer | 2. Lenzbauer |
| 3. Mätscher | 3. Kalchschmied | 3. Kalchschmied(-"-) | 3. Kalchschmied | 3. Kalchschmied | 3. Kalchschmied | 3. Kreuzfeiler | 3. Kreuzfeiler |
| 4. Stierer | 4. Stierer | 4. Stierer | 4. Stierer | 4. Stierer | 4. Stierer | 4. Stierer | 4. Stierer |
| 5. Feldgut | | 5. Feldgut | | | 5. Feldgut | | |
| 6. Gogglgut | 5. Marharter | 6. Marharter | 5. Marharter | 5. Marharter | 6. Marharter | 5. Marharter | 5. Marharter |
| 7. Untergrabner | 6. Percht | 7. Percht | 6. Percht | 6. Percht | 7. Percht | | |
| 8. Stöckl | | 8. Stöckl | 7. Stöckl | 7. Stöckl | 8. Stöckl | 6. Stöckl | |
| | | | 8. Unertshuber | 8. Unertshuber | | | |
| | | | 9. Landl | | | | |
| | | | | 9. Feichtl | | | |
| | | | | 10. Feichtl | | | |
| | | | | | | | 6. Pacher |
| **Schönbühelalm** | | | | | | | |
| 1. Unertshuber | | 1. Unertshuber | | | 1. Unertshuber | 1. Unertshuber | |
| 2. Obergrabner | 1. Landl | 2. Landl | 1. Eder | 1. Eder | 2. Eder | | |
| 3. Rupp | 2. Rupp | 3. Rupp | 2. Rupp | 2. Rupp | 3. Rupp | 2. Rupp | 1. Rupp |
| 4. Kalcher | 3. Kalcher | 4. Kalcher | 3. Kalcher | 3. Kalcher | 4. Kalcher | 3. Kalcher | 2. Kalcher |
| | | | | 4. Lenzbauer | | | |
| **Modereckalm** | | | | | | | |
| 1. Pacher | 1. Rowenger | 1. Rowenger | | | 1. Rowenger | | |
| 2. Trill | 2. Lauterbach | 2. Lauterbach | 1. Lauterl | | 2. Lauterl | | |
| 3. Mößlechner | 3. Burgstaller | 3. Burgstaller | 2. Burgstaller | | 3. Burgstaller | 1. Burgstaller | 1. Burgstaller |
| | | | 3. Pircher | 1. Pircher | | | |
| | | | | 2. Seidl | | | |
| | | | | 3. Fürstengut | | | |
| **Maisenbergalm** | | | | | | | |
| 1. Marharter | 1. Timmelbauer | 1. Timmelbauer | | | 1. Pircher | 1. Pircher | 1. Pircher |
| 2. Simonlechner | 2. Simonbauer | 2. Simonbauer | 1. Simonbauer | 1. Simonbauer | 2. Simonbauer | 2. Simonbauer | 2. Simonbauer |
| 3. Riettl(Kellergut) | | 3. Kellergut | 2. - " - | 2. - " - | 3. - " - | 3. - " - | 3. - " - |
| 4. Lenzbauer | 3. Lenzbauer | 4. Lenzbauer | 3. Lenzbauer | | 4. Feichtl | 4. Feichtl | 4. Feichtl |
| 5. Feichtl | 4. Feichtl | 5. Feichtel | 4. Feichtl | | 5. - " - | 5. - " - | 5. - " - |
| 6. Grueber | 5. Eismair | 6. Eismair | 5. Eismair | 3. Eismair | 6. Eismair | 6. Eismair | 6. Eismair |
| 7. Goggl | | 7. Goggl | | | 7. Goggl | | |
| | | | 6. Seidl | | | | |
| | | | 7. Siedler | 4. Siedler | | | |
| | | | | 5. Mitterer | | | |
| | | | | 6. Arster | | | |
| **Langkaralm** | | | | | | | |
| 1. Eder | 1. Eder | 1. Eder | | | 1. Siedler | | |
| 2. Landl | 2. Schrempf | 2. Schrempf | 1. Mitterer | | 2. Mitterer | 1. Mitterer | 1. Mitterer |
| 3. Scheitl | | | | | | | |
| | | | 2. Jagersperger | | | 2. Jagersperger | 2. Jagersperger |
| | | | | 1. Rowenger | | | |
| | | | | 2. Burgstaller | | | |
| **Lackenmoosalm** | | | | | | | |
| | | 1. Zauner | 1. Oberzauner | 1. Oberzauner | | | |
| 1. Kalchschmied | | | | | | | |
| 2. Arster | 1. Arster | 2. Arster | 2. Arster | | 1. Arster | | |
| 3. Schrängl | 2. Fürstengut | 3. Fürstengut | 3. Fürstengut | | | | |
| 4. Salzmann | 3. Salzmann | 4. Salzmann | 4. Marchl | 2. Marchl | 2. Marchl | 1. Marchl | 1. Marchl |
| 5. Rausch | 4. Rausch | 5. Rausch | 5. Rausch | 3. Rausch | 3. Rausch | 2. Rausch | 2. Gebhart |
| 6. Angerer | 5. Angerer | 6. Angerer | 6. Angerer | 4. Angerer | 4. Angerer | 3. Angerer | 3. Angerer |
| | | | 7. Feldgut | 5. Feldgut | | | |
| | | | | 6. Lauterl | | | |

Heimgütern verbunden und schien als Zubehör zu diesen betrachtet worden zu sein. So ergab eine 1824 von der Herrschaft Wildenstein durchgeführte Erhebung der Erwerbstitel der Almrechte seit der Anlegung des Grundbuches, dass 16 Auftriebsrechte durch Übergabe des Hofes, 12 durch Kauf und 3 durch Heirat erworben worden waren. Lediglich in drei Fällen erwarben Höfe, die zuvor noch keine Almrechte auf den Schladminger Almen hatten, diese durch Kauf. In allen anderen Fällen des Kaufes wurden die Almrechte entweder gemeinsam mit dem Heimgut erworben oder bereits auftreibende Höfe kauften die Triebrechte zu ihren bisherigen dazu.

Wenn man allerdings den Auftrieb in den Jahren zuvor betrachtet, so erkennt man, dass in der Praxis Rechtstitel nicht so genau beachtet wurden. So wurden z.B. Almrechte verkauft, die der Käufer dann auf einer anderen Alm ausübte, während der Verkäufer selbst dennoch seinen Auftrieb, wenngleich ebenfalls auf eine andere Alm, fortsetzte. Lediglich sieben Heimhöfe trieben von 1700 bis 1867 kontinuierlich auf jeweils dieselbe Alm auf.

Mit dem Wechsel der Heimgüter ergaben sich Verlagerungen in der örtlichen Herkunft der auftreibenden Bauern. Von den im Urbar angeführten Bauern stammten fast 2/3 aus der Ramsau, etwa 1/3 von der Leiten und nur einer aus dem Rössing. Im Verlaufe des 18. Jahrhunderts sinkt der Anteil der Ramsauer auf die Hälfte ab, während nun auch Bauern aus Birnberg und Weißenbach auf die Schladminger Almen auftreiben. 1812 stammt sogar nur ein Drittel der Auftreibenden aus der Ramsau. In diesem Jahr erwarb auch der einzige *Nichtsteirer* unter den Almfahrern, nämlich Franz Pernkopf aus Obertraun, das Triebrecht auf die Gjaidalm.

Betrachtet man die Herkunft der auftreibenden Bauern in Bezug auf die einzelnen Almen, so zeigt sich, dass die Ramsauer besonders auf die Gjaid- und Schönbühelalm auftrieben, die Leitener ebenfalls auf die Gjaid-, aber auch auf die Maisenberg- und die Lackenmoosalm. Die Rössinger besuchten ausschließlich die Langkar- und die Modereckalm, letztere war auch Ziel der Birnberger und Weißenbacher. Bevorzugt trieben die Birnberger aber auf die Lackenmoosalm auf, die Weißenbacher auf die Maisenbergalm.

## Weidedauer und Auftriebszeiten

Der Josephinische Kataster gibt die Weidedauer schematisch mit 9 Wochen an. Tatsächlich dürfte sie stark in Abhängigkeit von der Witterung gestanden haben, daher variieren in den Quellen die Auftriebszeiten von 15. Juni bis 5. Juli, die Abtriebszeiten von Ende August bis Mitte Oktober.

Sowohl der Auf- als auch der Abtrieb dürften stufenweise erfolgt sein. Eine Almbeschreibung der Herrschaft Wildenstein von 1794 berichtet dazu: *Die Almfahrer benutzen im Frühjahr die niederen Alpen etwa 3, 4, 5, 6, 7 Wochen, erst dann treiben sie in die Höhe, bis Futtermangel und Kälte sie wieder zur Benutzung der niederen Alpen zwingen.* Als solche Voralmen kamen die Feisterkar-, die obere und die untere Stangalm, die Silberkar-, die Luser-, die Storn- und die Grafenbergalm in Frage.

Die Ramsauer und Leitener trieben das Vieh über das Feisterkar in die Gjaidalm. Bereits 1520 wurde ein Besitzstreit zwischen den Rössingern und Birnbergern dahingehend geregelt, dass die Rössinger die Luseralm sowie die obere und untere Stangalm, die Birnberger hingegen die Silberkaralm erhielten. Von diesen Almen ging der Auftriebsweg weiter durch das Seetal zur Lackenmoos-, Langkar- und Modereckalm. So ist der Angerer seit 1787 als ein Besitzer der oberen Stangalm nachweisbar. Von dieser Alm wurde noch zum Ende des 19. Jahrhunderts die letzte bewirtschaftete Hütte der Lackenmoosalm bezo-

gen. Der Marchl, der ebenfalls auf die Lackenmoosalm auftrieb, besaß Almrechte auf der Silberkaralm. Den Weißenbachern, die vorwiegend auf die Maisenbergalm trieben, bot sich außerdem der Weg über die Storn- und die Grafenbergalm an.

## Rückgang und Ende der Almwirtschaft

Die klimatischen Einbrüche der Neuzeit beschränkten vorübergehend immer wieder die Nutzung dieser Hochalmen. Verkarstung infolge von Klimaverschlechterung und Überweidung sowie der zunehmende Wassermangel ließen die Almen immer unrentabler werden. Dazu kamen das Ende des Salzbezugsrechtes und eine sukzessive Verschlechterung der Rechtsstellung im 19. Jahrhundert. Nachdem die Bauern zunächst um eine Senkung des Pachtschillings und um längerfristige Pachtverträge bemüht waren, versuchten sie seit 1862 in einem jahrelangen Rechtsstreit mit dem K.K. Forstärar, vergeblich Servitutsrechte zu erwerben. Der Niedergang der Almwirtschaft erfolgte auch hier beschleunigt seit der zweiten Hälfte des 19. Jahrhunderts auf Grund der allgemeinen wirtschaftlichen und sozialen Veränderungen infolge der Landflucht durch die Industrialisierung in den Städten. Auch wirkten sich die Umstellung der Milchwirtschaft auf Molkereien und die steigende Bedeutung der Jagd negativ auf die Almwirtschaft aus. Zu Beginn des 20. Jahrhunderts wurde der Großteil der Schladminger Almen nicht mehr bestoßen, und deren Hüttstätten wurden zu Wüstungen. Durch die Anlage des Truppenübungsplatzes Dachstein-Oberfeld in den 30er-Jahren des 20. Jahrhunderts kam die traditionelle Almwirtschaft endgültig zum Erliegen. 1950 erfolgte ein Neubeginn auf der Gjaidalm durch eine Obertrauner Weidegenossenschaft. Der wirtschaftliche Schwerpunkt dieser Alm hat sich aber inzwischen gänzlich auf den Fremdenverkehr verlagert. Daher wird nun nur mehr wenig Galtvieh aufgetrieben. Die Weiden der Schladminger Almen dienen heute vor allem Bauern aus der Ramsau zur Sömmerung ihrer Schafherden.

*Angererhäusl, Ramsau am Dachstein. Bereits 1448 wird ein „Annger" genannt. Der Baubestand dieses typischen Ramsauer Bauernhofes geht auf das 18. Jahrhundert zurück.*

## Vieh auf der Alm

Die Sömmerung auf den Almen wird heute vorwiegend zum Wohlergehen des Viehs betrieben. Die vermehrte Bewegung baut Muskeln auf, die frische würzige Kräuterwiese heilt und stärkt. Durch die höhere UV-Einstrahlung kann der Körper vermehrt Vitamin D bilden, das den Knochenaufbau und die Milchqualität fördert. Die dünnere Luft auf der Alm erfordert intensivere Atmung. Dies stärkt Lunge und Herz, und die roten Blutkörperchen vermehren sich. Daraus resultieren eine größere Abwehrkraft gegen Krankheiten, ein höheres Durchschnittsalter und für den Konsumenten gesündere Produkte.

*Die Alm stärkt nicht nur Körper und Gesundheit der Tiere, die für einige Wochen sich selbst überlassen sind, sondern sie lernen sich auch in der Natur zurechtzufinden.*

Ein Rind benötigt je nach Alter 40 bis 80 kg Gras täglich. Um diese Menge zu fressen, hat das Vieh 8 Stunden pro Tag zur Verfügung. Wiederkäuen muss es ebenfalls an die 8 Stunden. Den Rest benötigt das Vieh zum Ruhen.

### Almvieh

Die historische Quellenlage für das Mittelalter ist für unsere Region bescheiden, da die meisten schriftlichen Aufzeichnungen (Urbare, Anlaitbriefe) erst in der Neuzeit einsetzen. Angaben über Tierarten und Auftriebszahlen fehlen in mittelalterlichen Quellen zumeist. Die einzige Möglichkeit, Genaueres über den frühen Viehbestand auf den Almen zu erfahren, sind Feldforschungen mit naturwissenschaftlichen Methoden und archäologischen Ausgrabungen.

*Rinderherde auf einem Fresko in der Kirche St. Prokulus in Naturns, Südtirol. Datiert wird diese Malerei in das 7. bis 10. Jahrhundert n. Chr.*

### Tierknochenfunde auf Almen

Die Fragen, die sich zur Betrachtung des mittelalterlichen Viehbestandes auf unseren Almen stellen, sind unterschiedlicher Natur. Einerseits wissen wir wenig über die reine Schaf- und Ziegenhaltung des Mittelalters auf der Alm, andererseits scheint die Rinderhaltung gerade für die Milchproduktion und die hohe Abgabepflicht von Käsezins ein unverzichtbarer Faktor gewesen zu sein. Wurde neben dem Schaf auch die Ziege wegen ihrer höheren Milchleistung eingesetzt oder wurde vorrangig das Rind verwendet und die Milch gemischt? Wann wurde von der Fettkäserei auf die Magerkäserei umgestellt? Wie viele Tiere waren auf der Alm? Warum finden sich Knochen von Rind, Ziege und Schaf in den Wüstungen und in den Karstschächten, wo doch aus den Quellen hervorgeht, dass der Verzehr von Fleisch nur an wenigen Festtagen im Jahr erlaubt war? Weisen diese Knochenreste auf Krankheiten der Tiere hin, waren es verunfallte Tiere, waren es Jungtiere oder wurde hin und wieder auch ein Tier unerlaubterweise geschlachtet und verzehrt? Spielte auch die Jagd in der Ernährung der Almleute eine Rolle? Welches Wild wurde gejagt?

*Neuzeitliche Rinderschädel aus einer Schachthöhle auf dem Dachsteingebirge*

Mehrere Ausgrabungen und Knochenbergungen aus Schächten (Höhlen) auf dem östlichen Dachsteinplateau und im Toten Gebirge geben uns einen vorerst noch lückenhaften Befund über die historische Tierhaltung auf den Almen. Vor allem war mit Ausnahme der Wüstungsgrabungen *Lackenofengrube, Rotböden, Steiniggrube* und *Hemmagrube* keine Datierungen des Knochenmaterials möglich, das heißt, dass viele Befunde auch das neuzeitliche Material einschließen. Eine wichtige Aufgabe wird es sein, Knochenmaterial aus Almwüstungen zu bergen, aber auch aus den Schachthöhlen anhand der Stratigraphie zu datieren, um über die frühere Zeit genauere Daten erhalten zu können.

Das archäozoologische Material zeigt noch die typische Populationsverteilung des Spätmittelalters und der Neuzeit. Das Rind dominiert. Das Schwein folgt mit einer überraschend hohen Zahl, während Ziege und Schaf an vierter Stelle liegen. Weit abgeschlagen folgen schließlich das Huhn und der Hund. Das Pferd als Weide- und Arbeitstier ist mit 9 Individuen nachweisbar. Natürlich ist dies nur ein erster Versuch einer Zusammenstellung.

*Schachthöhle mit Knochen von Schweinen*

Die Milch von Kühen eignet sich besser für die Magersennerei. Als Abfallprodukt fällt dabei Molke (*Ka´wasser*) an, die an die Schweine verfüttert werden kann. Die gemeinsame Haltung von Rindern und Schweinen auf den Almen war daher für die Magerkäserei der Neuzeit wirtschaftlich sinnvoll. Eigene Schweineställe (*Sautrempel*) aus der Neuzeit weisen auf die Schweinehaltung hin. Dass noch im 19. Jahrhundert auf manchen Almen zur Käseerzeugung Kuhmilch mit Ziegenmilch gemischt wurde, wissen wir aus schriftlichen Aufzeichnungen. Weitere archäozoologische Forschungen in Schachthöhlen wären notwendig, um auch Knochenmaterial aus dem Mittelalter bergen und untersuchen zu können.

Auf der Alm wurde das kostbare Vieh in der Regel nicht für den Verzehr der Almleute geschlachtet, sondern es sind andere Gründe zu berücksichtigten. Hier fällt vor allem auf, dass es sich in der Mehrheit um junge Tiere handelt, die vielleicht sogar auf der Alm geboren wurden und nicht überlebt haben. Es muss auch damit gerechnet werden, dass das eine oder andere Muttertier die Geburt nicht überlebte. Verschiedene Krankheiten wie Tierseuchen und Elementarereignisse wie Schneefälle und Blitzschlag führten mit großer Sicherheit zum Verenden mancher Tiere. Inwieweit diese Kadaver verwertet wurden, kann nicht gesagt werden. Die Knochenfunde in abseits gelegenen Karstschächten sprechen wohl eher für einen Sturz des Viehs in diese *Tierfallen*.

## Rinder auf den Almen

### Die Ennstaler Bergschecke, eine ausgestorbene Rinderasse

Die kleinwüchsige Bergschecke war nach Meinung des Wiener Zoologen Dr.Erich Pucher von der Latène-Zeit bis in das vorige Jahrhundert in den Bergen der Alpen heimisch. In der Römerzeit wurden neben der Bergschecke aber auch größere römische Rinderrassen im Alpenraum gehalten. Die Tiere wurden nach ihren vorteilhaften Eigenschaften wie Milch- und Fleischproduktion einerseits und Arbeitsleistung andererseits verwendet.

Das rot-weiß gefleckte Rind des Frühmittelalters ist im Laufe der Jahrhunderte in zahlreichen Rassen und Schlägen aufgegangen. Die Ennstaler Bergschecke dürfte ebenfalls davon abstammen. Leicht und damit extrem berggängig war sie für die steinigen Hochalmen und den Karst des Dachsteinsstockes und des Toten Gebirges bestens geeignet. Den später gezüchteten, schweren Rinderrassen bereiten bereits die Zustiege zu diesen Almen Probleme; außerdem zerstören sie durch ihr Gewicht die Grasnarbe. Zweifellos ist dies mit ein Grund, dass extrem gelegene Almen aufgelassen werden mussten.

*Detail aus: „Ansicht des Schneegebirges bey Hallstatt". Salinenzeichner Josef Laimer, 1825, Aquarell, 30,5 x 44 cm (Stadtmuseum Bad Ischl). Rechts im Vordergrund hat J. Laimer sieben Bergschecken dargestellt. Die Rinder sind von kleinem Wuchs und haben auffällig große Hörner. Auch Schafe und Ziegen wurden auf dieser Alm von einem Hirten bewacht.*

Im 18. Jahrhundert wurde mit jenen züchterischen Maßnahmen begonnen, die zwar den Ertrag steigerten, aber zur Inzucht und zum Aussterben vieler Tierarten führten. Demgemäß gab es um 1760, zur Zeit Maria Theresias, erste Bestrebungen, die leichte Bergschecke durch schwerere Rassen zu ersetzen. Erzherzog Johann persönlich bemühte sich Tiroler Braunvieh in der Sölk heimisch zu machen. Im Laufe des 19. Jahrhunderts wird die Bergschecke durch Murbodener, Mürztaler und Pinzgauer Rinder, die frühreifer und bessere Futterverwerter sind, verdrängt. Zusätzlich wurde die Bergschecke mit Fleckvieh (*Simmentalern*) aus Murau gekreuzt. 1895 gab es im Ennstal Proteste und eine Demonstration von 400 Bergscheckenzüchtern, die zum Reichsministerium nach Wien zogen und eine Einstellung des Rassenkampfes erreichten, doch ging von 1900 bis 1950 die Bergschecke fast gänzlich in der *Alpenfleckviehzucht* auf. 1939 ließ das nationalsozialistische Regime sogar bei den Rindern eine Rassenbereinigung vornehmen. Die Bergschecke und andere seltene Rinderrassen wurden wegen zu geringer Wirtschaftlichkeit sogar verboten! Ab 1950 finden sich nur noch einzelne Tiere, die einen Bergscheckenschlag aufweisen. Seit einigen Jahren werden Rückzuchtversuche durchgeführt, um wieder Bergscheckenschläge zu erhalten. Die Bergschecke kann sich zwar in der Milchleistung mit dem heute gehaltenen Braunvieh und Schwarzbunten nicht messen, aber ihr feinfaseriges Fleisch galt als Delikatesse.

Georg Göth beschreibt 1843 die Ennstaler Bergschecke als: *Gebirgsschlag von kleinem Körper, mit kurzem breitem Kopfe, seinen weissen aufwärts gebogenen Hörnern, dickem kurzem Halse, breiter starker Brust, geradem, breitem, meist gesenktem Rücken, langem, hochangesetztem Schweife, mittelmäßig starken Knochen und von rother oder dunkelbrauner Farbe mit einem weissen Streifen über den Rücken, weissen Flecken auf Bauch und Brust und weisser Stirne. Es ist ganz geeignet, sein Futter auf hohen Alpen zu suchen, führt den Namen Farbvieh und findet sich in Goppelsbach, Murau, Rothenfels, Zeyring, Pflindsberg, im ganzen Ober- und Unterenns- und Paltentale.* Erzherzog Johann beurteilte das Vieh als *braun gefleckt, gut und schön.* Weidmann beschreibt 1834 das Ramsauer Rindvieh folgend: *Roth mit weißem Kopfe, weißem Streif über Hals und Nacken, weißem Bauch und weißer Brust. Eine gut gemästete Kuh hält 3 Centner, ein Ochs 4 - 5 Centner.*

Weniger Erfreuliches berichtet der weitgereiste J. A. Schultes 1809: *Die Alpenwirtschaft auf den österreichischen und selbst auf den steyermärkischen Alpen, so reinlich und fleissig auch die Sennderinnen sind, ist noch das nicht, was sie im Salzburgischen, und vorzüglich in Tyrol und in der Schweiz ist. Die guten Leute sind arm und die Race ihres Hornviehes ist sehr herabgekommen. Sie sind durch ihre Armuth gezwungen, mehr Geltvieh als Nutzvieh zu halten, und das erstere übertrifft auch bey den wohlhabenderen Bauern, die eigene Alpen besitzen, das letztere im Verhältnisse, wie 5 zu 4. Ein Bauer, der 3 Kühe und 3 Stücke Geltvieh besitzt, hofft jährlich eine Kuh verkaufen zu können, und ein Kalb dafür aufzuziehen. Man verkaufte noch im Jahre 1803 eine Kuh nach dem Kälbern um 45 - 50 fl. und ausser dieser Zeit um 35 - 40 fl.; ein Paar Kälber bezahlte der Metzger mit 8 - 9 fl.* [1fl = 1 Gulden].

*Man kann hier nur 42 Wochen des Jahres als wahre Nutzzeit auf eine Kuh rechnen, und der Ertrag dieser Nutzzeit ist nach der Güte der Alpenweide sehr verschieden. Die Alpen im Salzkammergut werden daher auch in verschiedene Classen getheilt, und der Bestand, so wie der Ertrag, den der Eigenthümer davon erwartet, fällt nach dieser Classification verschieden aus.*

Bergschecke des „Ennsthaler Typus", F. Kaltenegger 1894

F. Kaltenegger schreibt 1894 über die Ennsthaler Kuh: *Zur Zeit erscheint das ursprünglich ausgedehnte Zuchtrevier des Stammes auf die südseitigen Nebenthäler und Mittelgebirge an der Enns im obersteirischen Hauptbezirke Gröbming und auf einige nordsei-*

*tige Nebenthaläste an der oberen Mur in den Gerichtsbezirken Murau, Oberwölz und Oberzeiring eingeschränkt. Der leicht und zierlich gebaute Schlag besitzt eine reinweisse Grundfarbe mit lebhafter goldgelber bis blutrother Fleckenzeichnung an den Rumpfseiten, die nur auf der Hinterhand grössere Theile der Körperoberfläche einnimmt, Kopf, Hals, Rücken, Bauch, Füsse und Schweif jedoch vollkommen frei lässt. Hörner und Klauen weingelb, Flozmaul, Zunge, Gaumen und Augenlider hellrosa. Kopf gefällig modelliert, Hals dünn mit wenig Triel, Leib schmächtig, Kreuz und Hüften gerne vorstehend, Kruppe und Schwanzansatz abfallend. Füsse fein im Knochenwerk, Klauenhorn dicht, Haut und Haar zart, geschmeidig. Euter und Milchzeichen gute Nutzleistung versprechend. Milchergiebigkeit zufriedenstellend, Lactationsperiode andauernd; Mastfähigkeit vortrefflich bei hochfeiner Fleischqualität; Arbeitstüchtigkeit recht befriedigend. Raschwüchsigkeit hervorragend.*

Alte „Pumpelglocke" mit verziertem ledernem „Glockriemen" auf einem Ramsauer Hof

Das Durchfüttern der Rinder über die 6 bis 7 Monate dauernde kalte Jahreszeit bereitete den Bergbauern vor nicht einmal 100 Jahren noch große Schwierigkeiten. Das wenige Heu war meist schon im Februar verbraucht. Man fütterte deshalb auch Reisig. Die Kühe waren im Frühjahr sehr abgemagert und wurden, sobald die Weiden schneefrei waren, aufgetrieben. Eine Ramsauer Bäuerin erzählte, dass beim Almauftrieb der abgemagerten Glockenkuh die schwere *Pumpelglocke* (Prunkglocke für den Almauf- und Abtrieb) abgenommen werden musste, damit sie bis zu den Almhüten der Schlitzenalm gehen konnte. Die Armut der Bauern erlaubte auch keine gute Zuchtmöglichkeiten.

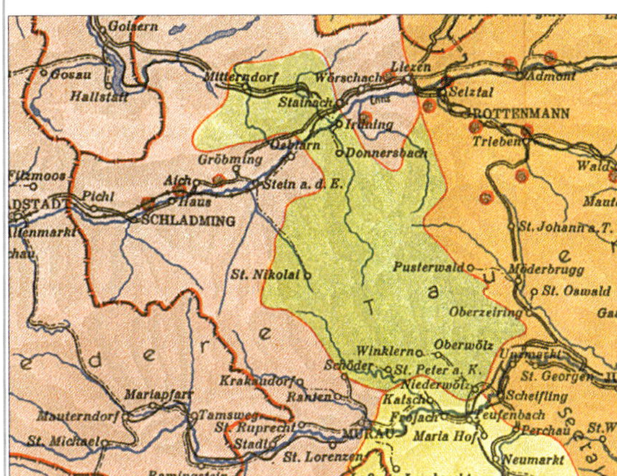


Bereits um 1925 waren die Bergschecken (in der Karte grün eingezeichnet) nur mehr in einem schmalen Streifen zwischen Mitterndorf und St. Peter verbreitet. Auszug aus: Österreichische Rinderverbreitungskarte mit Darstellung der wichtigsten Marktorte. Wien um 1925

Heute weiden auf den leicht zugänglichen und guten Almböden Alpenfleckvieh, Pinzgauer, Graue und seltener auch Schwarzbunte. Vereinzelt sieht man auch *exotische* Rassen wie Hochlandrinder.

Die ersteren Rassen verdrängten vor allem auf Grund ihrer höheren Milchleistung die einheimische Bergschecke. 1810 konnten laut Erzherzog Johann auf der Alm von einer Kuh 2 Maß süßer und fettreicher Milch am Tag gemolken werden. Umgerechnet sind dies etwa 3 Liter Milch. Diese Erträge waren zu gering und man wollte bessere Rassen mit hoher Milchleistung züchten.

Bergschecke mit Kalb auf der Firstalm, Kleinsölk um 1935. (Slg. F. Rießner)

Die Milchleistung der Kühe stieg von 600 Liter um 1800 auf 1.874 Liter im Jahr 1913 und auf 5.556 Liter im Jahr 1999. Heute erreichen Alpenfleckviehkühe bei entsprechender Zufütterung eine Milchleistung von mehr als 10.000 Liter im Jahr. Dies bedeutet eine durchschnittliche Milchleistung von 28 Liter pro Tag im Jahr. Diese gewaltige, ja unglaubliche Steigerung spiegelt sich auch im höheren Gewicht der Tiere wider. Um 1800 hatten durchschnittliche Bergscheckenkühe um 200 kg Lebendgewicht. 1910 wurden die Zuchtziele des Alpenfleckviehzuchtverbandes auf 300 bis 350 kg bei Kühen festgelegt. Heute bringen Kühe ein Lebendgewicht von 700 bis 850 kg auf die Waage. Natürlich wäre mit den modernen Aufzuchtmethoden heute auch die Bergschecke um einiges leistungsfähiger geworden!

Die neuen Rassen verdrängten die Bergschecken trotz deren spezifischen positiven Eigenheiten und Qualität. Dazu gehörten:
- *Anspruchslosigkeit und Genügsamkeit*
- *gute Konstitution und Langlebigkeit*
- *hohe Fruchtbarkeit und leichte Geburten*
- *gute Muttereigenschaften*
- *Widerstandsfähigkeit gegen Krankheiten*
- *hervorragende Fleischqualität*

„Sissi" vom Bacherhof in der Gemeinde Gössenberg (2001). Sie ist derzeit die einzige Kuh im oberen Ennstal, die noch Kennzeichen des alten „Ennstaler Bergscheckenschlages" aufweist. Versuche, die „Bergschecke" nachzuzüchten und wieder auf den Bauernhöfen des oberen Ennstales heimisch zu machen, wären sehr begrüßenswert.

Die Anmut dieser glücklichen Kälber auf der Eschachalm wurde nicht durch die Entfernung ihrer Hörner zerstört. Immer mehr Rinder haben unter dieser Verstümmelung zu leiden, die, wie einige Forscher meinen, das Sozialverhalten der Tiere und auch die Qualität der Milch nachteilig beeinflusst.

## Weideglocken auf der Alm

Rinder im Schnee auf der Alm. Kurze Schlechtwettereinbrüche werden von gesunden Tieren ohne weiteres verkraftet.

Schafe auf dem Karst des östlichen Dachsteinplateaus. Genügsamkeit zeichnet diese Tiere aus.

Ziegen sind selten auf den Almen zu sehen, obwohl sie das Verkrauten der Almweide verhindern.

Weideglocken erleichten das Auffinden des Viehs.

Das Weidevieh (Schaf, Ziege und Rind) wurde mit Glocken versehen, damit es von den Hirten besser überwacht werden kann. Die Weideglocke ermöglicht es dem Hirten, verirrte Weidetiere, dem Glockenklang folgend, wiederzufinden. Am Rhythmus des Klöppelanschlages erkennt er, ob das Vieh geht oder weidet - hierbei schlägt der Klöppel nur an einer Seite an. Eine besondere Rolle spielt die Leitkuh. Sie ist die Führerin der Herde und für das Aufsuchen guter Weideplätze verantwortlich. Sie muss die Heimkehrzeiten genau einhalten und auf die Lockrufe des Hirten oder der Sennerin reagieren. Auch obliegt ihr, darauf zu achten, dass die Zusammengehörigkeit gegenüber fremden Herden gewahrt wird und dass sie sich auf die Gefolgstreue ihrer Gruppe verlassen kann. Vielfach geht auch die *Glockviehwürde* von der Mutter auf die Tochter über; richtiggehende *Glockenkuhdynastien* sind nicht selten.

Die Kühe oder auch nur die Leitkuh erhalten nach dem festlichen Auftrieb auf die Alm kleinere Glocken an einem schlichten *Glockriemen* umgehängt. Die großen, schweren Prunkglocken werden den Sommer über in der Hütte für den *Almabtrieb* aufbewahrt. Als Dank und Ausdruck der Freude über den gut überstandenen Sommer auf der Alm werden die Tiere dann festlich geschmückt. Das Prunkgeläute der Kühe hat Selbstdarstellungs- und Prestigefunktion für den Viehbesitzer. Darüber hinaus bereitet es den Almfahrern ganz einfach auch Freude, ihre geschmückten Tiere ins Tal treiben zu können. Vor dem Almabtrieb werden den Kühen die schweren Glocken mit den reich verzierten Riemen umgehängt, die Leitkuh erhält einen Kranz mit allerlei Flitterwerk, der manchmal auch mit Spiegeln zur Dämonenabwehr verziert ist. In das dumpfe Dröhnen der geschmiedeten *Pumpelglocken* mischt sich das helle Singen der gegossenen *Messing-* und *Bronzeglocken.* Die Stiere bekommen Schellen, die rollend scheppern.

Natürlich wird heute auch immer mehr an den Tourismus gedacht. Mehrfacher Almabtrieb von ein und derselben *Nieder-Alm* im Spätsommer oder Herbst ist deshalb in manchen Gegenden bereits zur Einrichtung des Tourismusgeschäftes geworden. Die Bauern klagen aber auch darüber, dass Souvenirjäger den weidenden Rindern die teuren Kuhglocken abnehmen. Souvenirgeschäfte bieten wegen der regen Nachfrage inzwischen Viehglocken in allen Größen zum Verkauf an.

Eine Weideglocke setzt sich aus der Krone oder dem Henkel, dem Klangkörper, der Klöppelaufhängung (Klöppelöse mit der Halterung), Klöppel und dem Klöppelanschlag zusammen. Die Glocke wurde mit dem Glockenriemen mit Schnalle oder mit einem eisernen Halsreifen mit Ösenverschluss um den Hals des Weideviehs befestigt. Verschiedentlich wurden die aus Blech angefertigten Glocken mit Nieten zusammengehalten oder auch zusammengelötet. In der Dachstein-Tauern-Region und auch im Salzkammergut werden als *Glocke* nicht nur die gegossenen Glocken, sondern auch die aus Eisenblech gefertigten Schellen bezeichnet.

Die ältesten bekannten Weideglocken sind der Laténe- und der Römerzeit zuzuordnen und wurden aus Eisen geschmiedet bzw. in der Römerzeit auch aus Bronze gegossen. Glocken mit bronzenen Klangkörpern tönen heller und sauberer als Eisenglocken.

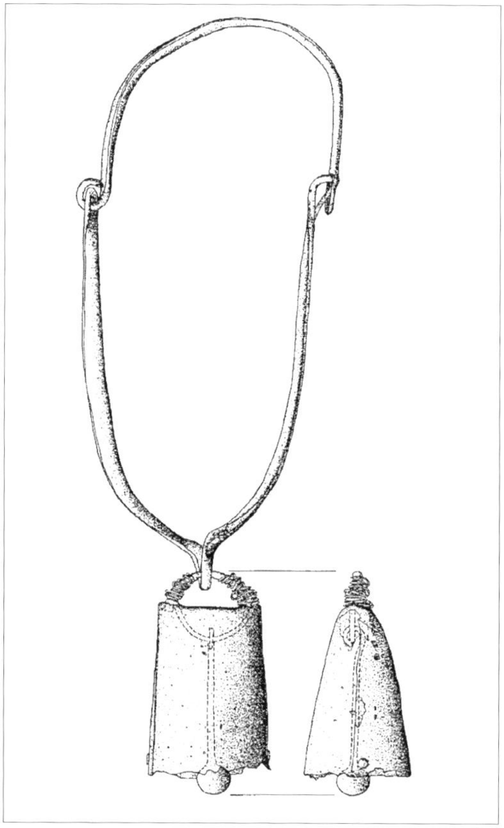

*Die römerzeitliche Glocke aus verkupfertem Eisenblech hat einen ovalen Körper, der sich nach oben hin verjüngt. Die Gesamtlänge mit Aufhängung und Klöppel beträgt 124 mm. Der Klangkörper weist eine Länge von 96 mm und eine Öffnungsbreite von 67 mm auf. Die Aufhängung besteht aus einem mit Draht umwickelten, 5,5 mm dicken, an der Innenseite abgescheuerten Eisenbügel. Dieser ist an beiden Enden zusammengebogen und durch die Oberseite der Glocke gesteckt, umgebogen und verlötet. Er dient als Aufhängevorrichtung für den Klöppel. Der Bügel der Klöppelaufhängung hat einen Durchmesser von 3 mm. Der Klöppel ist vollständig erhalten. Sein zu einer Öse gebogener oberer Teil hängt in der Klöppelaufhängung.*

*Bemerkenswert ist, dass diese Glocke im Verbund mit dem eisernen Halsreif gefunden wurde. In unserer Region sind Glockenriemen („Glockream") üblicherweise aus Leder und haben einen Schnallenverschluss. Der 321 mm lange und 21 mm breite eiserne Halsreif besteht aus zwei nach außen umgebörtelten Teilen, die an einer Seite mit Ösen aneinander befestigt sind. An der anderen Seite hat er eine Öffnung, in die die Öse des unteren Teils gesteckt wurde. In diese Öse konnte ein Splint gesteckt werden, um ein Aufgehen zu verhindern. Der untere Teil weist an seinem tiefsten Punkt eine Aufhängung für die Glocke auf. Der 21 mm breite Halsreifen ist an den Rändern nach außen gebogen, um ein Aufscheuern des Halses zu vermeiden.*

*Weidende Rinder auf der Tuchmoaralm, Kleinsölk. Das Geläute der Glocken zeigt den Hirten an, wo sich das Vieh befindet.*

Geschmiedete Glocken mit eisernen Klangkörpern klingen blechern und sind nicht so beständig wie die Glocken aus Bronze. Die eisernen Klangkörper waren verkupfert, um die Rostbildung zu verhindern. Diese frühen Weideglocken haben enge eingescheuerte, rundliche Glockenösen (Henkel) für einen eisernen Halsreifen. Die mittelalterlichen Glocken weisen dagegen breitere Henkel für Lederriemen auf. Auch die Klöppel unterscheiden sich: Die Klöppel der römerzeitlichen Weideglocken haben zwei bis drei Zentimeter lange zylindrische Anschläge, dagegen weisen die späteren Klöppel kürzere und zum Teil kugelige Anschläge auf. Für eine Datierung der Weideglocke sind das Material des Klangkörpers sowie dessen Verlötung oder Vernietung, die Form des Henkels und des Klöppels ausschlaggebend.

*Streufunde von Weideglocken aus der Dachsteinregion. 1 = 20. Jh.; 2 = 19. Jh.; 3 u. 4 = 20. Jh.; 5 = späte Römerzeit oder Frühmittelalter; 6 bis 8 = 15. bis 18. Jh. Die Glockengröße nimmt mit dem Wohlstand des Bauerntums zu. Waren im Mittelalter und in der Neuzeit die Glocken noch relativ klein, so sind sie im 20. Jahrhundert doch verhältnismäßig groß und verziert. Die Glocken 7 und 8 sind Schafglöckchen.*

*Römerzeitliche oder mittelalterliche Weideglocke aus Eisenblech von der Grafenbergalm*

## Almenflora

Eine Facette der vielfältigen Forschungen ist die Untersuchung der Almenflora mit ihren Weideanzeigern. Rund um aufgelassene Hüttstätten, so genannte *Wüstungen*, zeugen typische Pflanzen noch für lange Zeit von der einstigen Besiedlung.

Neben den von Mensch und Tier geschätzten Alpenpflanzen wie der *Alpen-Fettweide* (Poetum alpinae), die grundlegend für die Weidewirtschaft auf unseren Almen ist, finden sich auch so genannte *Almunkräuter*. Diese Stickstoff liebende *Lägerflora*, die auf den überdüngten Flächen neben den Hüttstät-

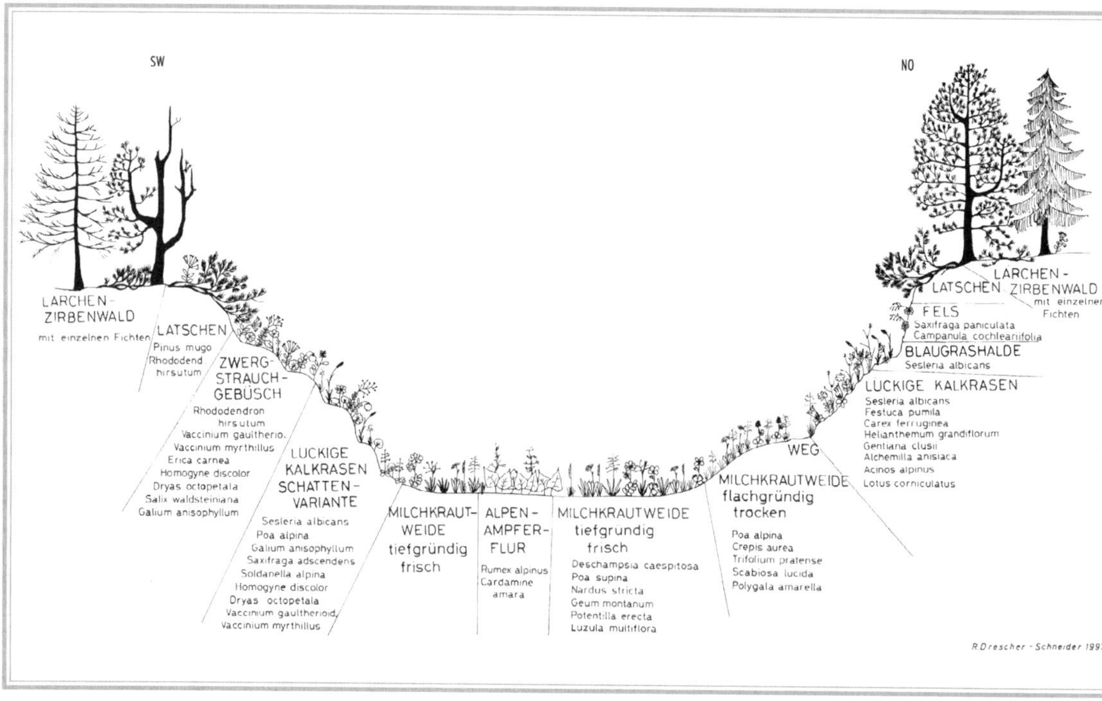


*Typische Vegetation im Bereich einer Alm im Karst des Dachsteins oder des Toten Gebirges. Ähnliche Pflanzenvergesellschaftungen finden sich aber auch im Kristallin der Niederen Tauern. (Ruth Drescher-Schneider)*

### War der Alpenampfer immer ein Unkraut?

Großflächige Alpenampferfluren sind auf Almen immer wieder anzutreffen. Wanderer, die an Almhütten vorbeikommen, finden dort die hoch gewachsenen, großblättrigen Pflanzen, die zur *Lägerflora* (Rumicetum alpini) gezählt werden. Nicht ohne gewisses Misstrauen durchwaten sie diese manchmal bis zu den Hüften reichende, krautige Vegetation und schauen mit Unbehagen auf den Boden.

ten wuchert, nimmt den guten Futtergräsern den Platz weg. Die Überdüngung entsteht im Bereich der Hüttstätten, wo das Klein- und Großvieh gerne lagert, und besonders neben den Ställen, wohin der Mist geworfen wurde. Gegen diese Unsitte wetterte bereits Erzherzog Johann 1810 anlässlich seiner Wanderung über das Dachsteingebirge. In seinem Tagebuch hielt er fest: *Nächst der Alphütte ist der Stall. Mit der Benützung des Düngers wissen sie noch nicht umzugehen, sie versprachen mir aber, den nächsten Anger nach meiner Weisung zu düngen und*

*das Heu, wenn das Vieh wegen schlechter Witterung nicht ausgetrieben werden kann, als Futter zu benützen.* Der Bitte des Erzherzogs wurde aber nicht oder nur symbolisch Folge geleistet, wie heute noch an den Misthäufen neben den Fundamentresten der Hütten dieser Almen (Schildenwang, Planken, Stoder, Grafenberg, Gjaid) auf dem Dachsteinplateau zu erkennen ist. Auch Fritz Schneiter stellte 1930 mit Bedauern fest, dass auf 93% aller Almen in der Steiermark Düngeranlage oder Düngung fehlten. Dass der Alpenampfer entfernt werden sollte, hatten zuvor schon P. Schuppli und J. Spann gefordert. Beide Autoren empfehlen den Alpenampfer mit dem *Ampferspaten* auszugraben oder gar mit Chemikalien auszurotten.

Der Alpenampfer, im Volksmund *Sauplotschn* genannt, erreicht auf unseren Almen eine Höhe von bis zu einem Meter. Seine Blätter sind groß, lang gestielt und herzförmig. Die Blütenrispe ist lang verzweigt, reichblütig und von grünlicher Farbe. Von Juni bis August wird seine rotbraune Frucht reif. Die Verbreitung erstreckt sich auf nitrophyle Böden von 1000 m bis 2500 m Seehöhe. Mit dem Alpenampfer treten *Blauer Eisenhut* (Aconitum napellus), *Bitteres Saumkraut* (Cardamine amara), *Rasen-Schmiele* (Deschampsia cespitosa) und *Wald-Sternmiere* (Stellaria nemorum) auf. Stickstoffreicher Humus (Dung) auf tonigem, Wasser stauendem Untergrund ermöglicht das prächtige Gedeihen dieser Unkräuter. Die hochwertigen und für die Tiere schmackhaften Almweide-

*Alpenampfer-Lägerflur, Plankenalm (1710 m). Die Sennerei auf dieser Alm ging seit den 20er-Jahren des 20. Jahrhunderts zurück und wurde Anfang der 60er-Jahre eingestellt. Heute verfallen die Almhütten, soweit sie nicht für Jagd- oder Tourismuszwecke genutzt werden. Nur noch Jungvieh weidet sporadisch auf den ehemaligen Hochweiden.*

pflanzen gedeihen bei mittlerer Nährstoffversorgung, bei Stickstoffzahlen zwischen 5,0% und 6,5%. Unser Alpenampfer bevorzugt Stickstoffwerte von 7,5% bis 9%.

Der Alpenampfer war früher auch Nahrungsmittel für Mensch und Tier. Im Tessin und in Graubünden wurde er sogar in eigens dafür angelegten Gärten kultiviert. Dort wurde der Ampfer gekocht, eingestampft, in Fässern für den Winter aufbewahrt und schließlich, mit Kartoffeln und Salz vermengt, den Schweinen als Kraftnahrung verfüttert. Der vorzügliche Geschmack des Graubündner Schinkens wurde dieser Fütterungsweise zugeschrieben.

Krautmesser, „Plotschenpraxen", aus dem Spätmittelalter zum Ernten des Alpenampfers

Auf dem Dachsteinalmen wurde früher die Butter in Alpenampferblättern aufbewahrt. Auf der Schildenwang- und der Plankenalm auf dem östlichen Dachsteinplateau wurde der gekochte Alpenampfer mit *Ka'wasser* (Molke) vermischt den Schweinen verfüttert. Auf Almen im Toten Gebirge verfütterten Grundlseer Bauern den Rindern auch rohen Alpenampfer mit Salz gewürzt. Mit der Aufgabe der meisten Sennereien in der Dachstein-Tauern-Region und im Salzkammergut sind diese Fütterungsarten in Vergessenheit geraten.

## Pflanzen als Weideanzeiger

Auf den Dungstätten der Hüttenanger und den Rastplätzen von Kleinvieh (Schafe, Ziegen) bildet sich eine typische Staudenflur aus *Blauem Eisenhut* (Aconitum napellus). Diese verändert sich nach intensiver Kuhmistzufuhr zur Alpenampferflur. Die unterschiedlichen Fluren ermöglichen somit Rückschlüsse auf die Intensität der Beweidung und die Art des Weideviehs auf unseren Almen. Auf die Lackenmoosalm, die Langkaralm und die Modereckalm auf dem östlichen Dachsteinplateau wurde Großvieh wegen der kurzen Vegetationsperiode nur für drei, höchstens vier Wochen aufgetrieben. Dagegen wurden diese rund 2000 m hoch gelegenen Almen von Schafen und Ziegen drei bis fünf Monate lang beweidet. Auf diesen seit 90 bis 100 Jahren nur noch von Schafen besuchten Almen sind vor allem der *Blaue Eisenhut* (Aconitum napellus), die *Brennnessel* (Urtica dioica) und der *Weiße Germer* (Veratrum album) als Kulturzeiger anzutreffen. Die Vegetationsphase auf diesen hoch gelegenen Almen ist so kurz, weil dort bis Juli Schnee liegt. Der Nachtfrost an klaren Augusttagen und der spätestens ab November liegen bleibende Schnee verhindern darüber hinaus das Gedeihen des Alpenampfers.

Für die hochalpine Wüstungsforschung sind diese *Kulturanzeiger* von Bedeutung. Immerhin können die zähen Pflanzen viele Jahre auf verlassenen Almen überleben. Beispiele für die Langlebigkeit des Alpenampfers kennen wir von der bereits vor 160 Jahren verlassenen Taubenkaralm auf dem Dachsteinplateau und aus der Schweiz, wo in einem Nationalpark eine Dauerbeobachtung seit 1917 stattfindet. Der Alpenampfer und der Eisenhut geben Hinweise auf die

Besiedlung. Sie ermöglichen uns eine erste Datierung von verlassenen Hüttenresten. Wenn auf Wüstungen keine *Kulturanzeiger* mehr wachsen, können noch Wurzelreste des Alpenampfers ausgegraben werden. Diese geben nicht nur Hinweise auf die Art der Viehhaltung, sondern können mit Hilfe der Radiokarbon-Methode genau datiert werden.

*Taubenkaralm. Alpenampfer und Blauer Eisenhut belegen die längst vergangene Bewirtschaftung der heute verlassenen Alm.*

*Modereckalm (2002 m), östliches Dachsteinplateau, 1992. Nur noch Schafe weiden auf dieser Alm. Kein Alpenampfer ist daher zu sehen, sondern Eisenhut und Brennessel sind auf dieser Hochalm Kulturanzeiger.*

Pollenanalytische Untersuchungen auf der Plankenalm weisen den Alpenampfer ab dem 11./12. Jahrhundert nach. Die Untersuchung eines Misthaufens auf dieser Alm zeigte aber, dass der Alpenampfer erst im 19. Jahrhundert massiv gedieh (R. Drescher-Schneider 1997). Dies deutet auf eine weniger intensive Benützung des Misthaufens seit dieser Zeit hin, da er nicht mehr vom Dünger überdeckt und weniger von den Kühen durchtreten wurde. Der Alpenampfer kann sich heute ungestört ausbreiten. Überhaupt fällt auf, dass in den Pollendiagrammen der Alpenampfer zumeist erst um 1000 n. Chr. stärker nachweisbar ist. Erst im Spätmittelalter und in der frühen Neuzeit kommt es zu einem Anstieg seiner Pollen, der bis in das 20. Jahrhundert anhält. Aus diesen ersten Ergebnissen kann angenommen werden, dass bis 1500 n. Chr. die Rinderhaltung eine geringere Rolle als die Kleinviehhaltung (Schaf und Ziege) gespielt hat.

*Plankenalm, Dachsteingebirge, Alpenampferflur*

## Ohne Wasser keine Almwirtschaft

Almen wurden grundsätzlich in der Nähe von Bächen, Seen, Lacken oder Quellen angelegt, denn das Almvieh und die Milchverarbeitung verbrauchten viel Wasser. Die Sennerin benötigte für die Reinigungsarbeiten und den privaten Verbrauch an die 50 Liter Wasser bei der Hütte. Eine Kuh braucht täglich außer dem taufeuchten Gras 20 bis 30 Liter Wasser.

Besonders im wasserarmen Kalkgebirge wurden Quellen gepflegt und deren Wasser in Brunntrögen gesammelt. Wasserlacken dienten als Tränke für die Tiere. Um möglichst genug Wasser zu haben, baute man in nächster Nähe der Almhütten auch zisternenartige Wasserstuben, wo das Regenwasser gesammelt wurde. Nach längeren Regenpausen musste das Wasser rationiert und oft von weither getragen werden. Auf den verkarsteten Hochalmen wurde sogar Schneewasser verwendet. Dazu wurde der Schnee auf Holzrinnen gelegt und das geschmolzene Wasser in einen Brunnentrog geleitet.

Leichter hatte man es in den wasserreichen Almen der Niederen Tauern, wo die Bäche vorbeifließen, deren Wasserkraft sogar für das Buttermachen eingesetzt werden konnte.

*Im Karst der Kalkgebirge ist das Wasser knapp, deshalb wird hier das Traufwasser vom Dach in einem Brunnentrog gesammelt.*

*Wasserstellen hat auch die Natur geschaffen. Quellen in weglosen Gelände werden vom Vieh gefunden und immer wieder besucht.*

*Brunnentroggalerie. Jahrringdatierungen konnten beweisen, dass die ältesten dieser Brunnentröge aus dem 16. Jahrhundert stammen.*

# Almbehausungen für Mensch und Tier

## Salzkammergut

Im Bereich von Goisern, Hallstatt und Aussee entwickelte sich seit dem 13. Jahrhundert eine kleinstrukturierte Landwirtschaft. Die *Arbeiterbauern* waren in erster Linie in den Bergwerken und Salinen sowie als Holzknechte tätig und betrieben nebenbei Landwirtschaft zur Eigenversorgung im so genannten *Gütl*. In den Reformationslibellen von 1524, 1563 und 1656 wurde den Arbeitern des Kammergutes ein Grundstück für Haus und Hausgarten und oft auch ein Almrecht (Servitut) zuerkannt. In der gesamten Herrschaft Wildenstein, die seit 1773 in Goisern residierte, standen in 30 Ortschaften 132 Bauernhöfen 1300 Güteln gegenüber.

Diese kleinen Bauerngüter ermöglichten trotz der dazugehörenden Almrechte nur ein Nebenerwerbsbauerntum. Im Josephinischen Lagebuch von 1786 steht: *Die wenigsten könnten sich bei ihren kleinen Sachln erhalten, wenn sie nicht in kaiserlichem Dienste stünden.* Die Männer waren vielfach die während der Woche nicht daheim, Frauen und Kinder mussten die Arbeit auf dem Acker und der Weide verrichten. Daraus resultiert eine ernorme Dichte an Almen mit volkstümlichen Eigenheiten wie sonst kaum wo in den Alpen. Im Unterschied zu den Vollerwerbsbauern der Schwaigen in Hinterberg, in Gosau und Strobl brauchten sie weder Barzins noch Naturalabgaben an den Landesfürsten zu entrichten. Die Ausseer Herrschaft Pflindsberg verlangte jedoch für die Almweiden von 22 Niederalmen und 44 Hochalmen einen Almgroschen. An die 500 Almen und Almwüstungen konnten bisher im Salzkammergut gezählt werden. Einige der Almen entwickelten sich zu kleinen Dörfern, da jeder der zahlreichen Almfahrer bestrebt war, sich eine eigene Hütte zu bauen. Auf einer Zeichnung der Vordernbachalm von F. Simony aus dem Jahr 1845 lassen sich 32 Hütten erkennen.

Im Pflindsberger Urbar von 1447 sind bereits folgende Almen im Toten Gebirge erwähnt: *Bräuning, Eglgrube, Augst, Gschwand, Schwarzenberg, Sandling, Rettenbach Wildensee, Augstwiesn, Hennar, Brunnwiesn, Breitwiesn* und *Schoberwiesn*. Das Tote Gebirge wurde damals *Prustlberg* genannt. Der Holzmangel der Salinen führte immer wieder zu Besichtigungen der Wälder. Überlegungen zur besseren und schnelleren Bringung aus immer weiter entfernten Waldungen wurden angestellt. Das Reformationslibell von 1563 berichtete nichts Gutes über den Waldbestand; dafür waren aber 69 neue Almen entstanden, die keinen Rechtstitel besaßen und im Urbar der Herrschaft Wildenstein nicht eingetragen worden waren. Welche Turbulenzen der Streit um Weiderechte und Holzinteressen mit sich brachte, hat Carl Schraml in seinem Werk über das oberösterreichische Salinenwesen ausführlich dargestellt.

Nach anfänglichem Verbot, die Almen auszuweiten, lenkte man schließlich ein und erlaubte so viel Vieh auf die Almweiden zu treiben, wie der einzelne Bauer über den Winter halten konnte. Mit der vorgeschriebenen Auftriebszahl nahmen es die Bauern aber nicht so genau. 1702 weideten auf den Almen des Hallstätter Salzberges 50 Rinder, obwohl nur 24 Stück erlaubt waren. Ziegenhaltung auf den Almen wurde den Bauern 1725 wegen des an den Wäldern angerichteten Schadens überhaupt verboten. Ausgenommen waren Kleinhäusler, die sich keine Kuh leisten konnten. Diese durften ihre Ziegen auf ihnen zugewiesenen Plätzen halten. 1770 gab es im Amt Pflindsberg insgesamt 500 Hoch- und Niederalmen, 348 Kuh- und Schafställe (*Tacheln*) samt 459 Schweinestallungen. Zu Ende des 18. Jahrhunderts wurden alleine im oberösterreichischen Salzkammergut 374 Auftriebsberechtigte auf 200 Almen mit 672 Hütten, 6.180 Stück Hornvieh und 123 Pferde gezählt. Im Bereich des Salzoberamtes Gmunden durften 1793 auf 289 Almen 10.063 Rinder und 184 Pferde aufgetrieben werden. L. Hübner gibt 1796 für das Gebiet um Strobl am Wolfgangsee 259

Sennhütten mit gutem Wasser an. 1816 wurden 514 Auftriebsberechtigte gezählt. Bis zur Mitte des 19. Jahrhunderts ging die Almwirtschaft in diesem Gebiet stark zurück. Auf 265 Almen wurden nur noch 5.914 Rinder aufgetrieben.

Eine Ausdehnung der Niederalmen wurde in der Neuzeit wegen des steigenden Holzbedarfs für die Salzsiedeanlagen nicht mehr erlaubt. Unter Maria Theresia wurde 1760 der *Waldtomus* zur *General-Wald-Bereitung* angelegt. Der Zweck dieses Werkes war eine Erhebung des Holzbestandes, zugleich wurden der Bevölkerung Holzsparmaßnahmen auferlegt. Daraus resultieren auch Holz sparende Bauvorschriften für die Errichtung der Almhütten. Das Ziel dieser Vorschriften war eine Vereinigung der Feuerhütte (Küche), des Vorratsraumes, des Stalls und des Wohnraumes unter einem Dach. Dies führte zu Ende des 18. Jahrhunderts zur Errichtung der *hohen* Hütte bzw. der *Stockhüttn* im Salzkammergut, in der ebenerdig der Stall lag und darüber der Wohnbereich eingerichtet wurde. Doch dieser Hüttentyp verlangte ein Steildach, dessen Schindeln nur mit vielen Nägeln aus Eisen befestigt werden konnten. Vor der Zeit Maria Theresias wäre diese Dachdeckung wegen des teuren Eisens nicht erschwinglich gewesen. Diese Bauweise hatte einen angenehmen Nebeneffekt für die Sennerinnen. Denn im Gegensatz zu den kalten gestampften Fußböden in der ebenerdigen Hütte hatten sie nun einen hölzernen im ersten Stock, der noch dazu von der Körperwärme der Kühe darunter gewärmt wurde. Insofern war dies ein gehöriger sozialer Fortschritt für die Sennerin. Die Stuben der *niederen* Hütten wurden ab der Neuzeit zum Teil mit einem Bretterboden ausgestattet.

Das steirische Salzkammergut gliedert sich in zwei getrennte Siedlungsräume. Für das Ausseerland, das von den kleinen Arbeiterbauern geprägt wurde, gibt G. Göth 1843, 21 Niederalmen, 25 Hochalmen mit 532 Almhütten für die Haltung von 2.535 Rindern und 2.349 Schafen an. Für das Mitterndorfer Becken, wo auch Vollerwerbsbauern ansässig waren, wurden 8 Niederalmen, 13 Hochalmen mit 142 Hütten für die Haltung von 931 Rindern registriert. Insgesamt sind in den hier verwendeten Quellen im Salzkammergut 1.246 Hütten verzeichnet. Die Zahlen haben sich jedoch fortwährend geändert. Dass aber mit einer noch höheren Zahl von Hütten gerechnet werden muss, ist schon wegen der immer wieder erfolgten Vergrößerung der Almen anzunehmen. Aber auch die abgekommenen Almen, die zu Beginn der klimatisch ungünstigen Neuzeit zu Wüstungen wurden, sind hier nicht berücksichtigt. Eine wirklich gesicherte Anzahl der Almen und Hütten lässt sich daher nicht eruieren.

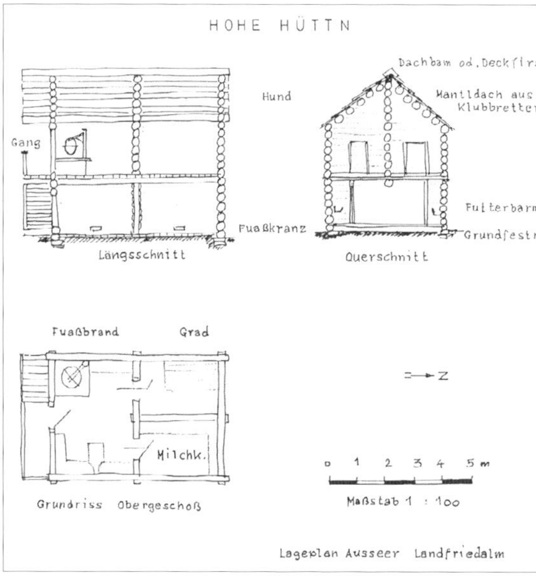


*Ausseer Landfriedalm (1400 m). Dieser Hüttentyp wurde im Salzkammergut knapp vor 1800 wegen der drastischen Holzsparmaßnahmen für die Saline eingeführt. Die „hohe" Hütte hatte für Mensch und Tier gegenüber der „niederen" Hütte witterungsbedingte Vorteile. Ebenerdig war der Stall, darüber die Stube mit der Herdstelle, wo die Milch verarbeitet wurde. Aufgenommen von Franz Stadler um 1980. (LMT)*

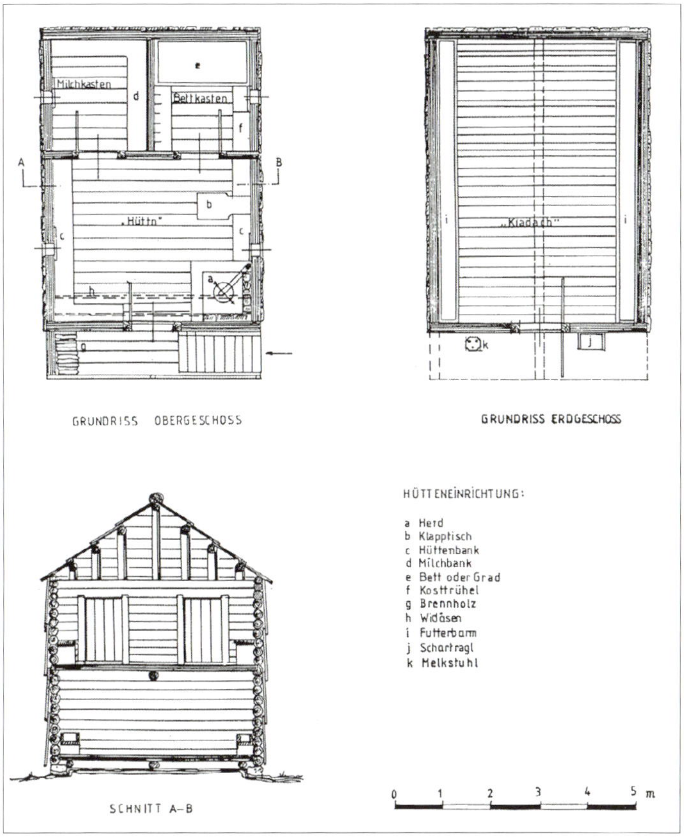


*Typische hohe Hütte. Gezeichnet von Franz Stadler. (LMT)*

*Keramikscherben neben der Quelle der Vorderen Finitzalm*

*Altes Vorhängeschloss von einer Almhütte*

*Vordere Finitzalm, Dachsteingebirge. Zwischen zwei vom Gletscher hierher transportierten großen Steinen wurde ein Steinkeller für die Aufbewahrung der Milchprodukte errichtet. Dieser Keller hatte den Vorteil einer gleichmäßig niederen Temperatur.*

*Donnahütte, Henaralm, Totes Gebirge. Um 1900. In dieser dem älteren Bautyp zuzuordnenden, „niederen" Hütte waren Wohnraum, Milchkasten und Stall nebeneinander untergebracht. Vor der Hütte steht die Sennerin Rosina Kriagstingl. (LMT)*

## Die Hütten in der Dachstein-Tauern-Region

Die Behausung auf der Alm bestand nach unseren bisherigen Forschungsergebnissen im Hochmittelalter und zu Beginn des Spätmittelalters aus einer einfachen, einräumigen Holzhütte in Blockbauausführung ohne Holzboden. Sie wurde auf einem rechtwinkeligen Steinkranz als Fundamentierung errichtet. Ab dem 16./17. Jahrhundert wurden die Hütten dreigeteilt. In der Mitte befand sich die *Hütte* mit der *offenen Feuerstelle*, zur linken Seite schloss sich die *Stube* für die Sennerin an und zur rechten Seite war der *Kasten* für die Milchprodukte und Geräte. Die *Hütte* und der *Kasten* hatten in der Regel keinen Bretterboden. Auf einigen Almen wurden kleine Steinkeller oder nahe gelegene Höhlen für das Frischhalten der Milchprodukte verwendet.

Für die Kühe gab es auch einen Stall, den so genannten *Trempel*, an den meist noch ein kleiner Schweinestall, der *Sautrempel*, angebaut wurde. Im Ramsauer Bereich hieß dieser Stall auch *Scherm*. Diese Bezeichnung leitet sich vom Wort *Schirm* ab und weist auf eine ursprünglich einfache, an die Hüttenwand angebaute offene Überdachung für das Vieh hin. Der Nachweis einer solchen Bauweise einer aus dem Spätmittelalter oder der frühen Neuzeit stammenden Hütte auf der Gjaidalm, einer ehemaligen *Schladminger Alm*, konnte anhand einer alten fotografischen Abbildung von etwa 1890 erbracht werden. Eine Ausnahme im Hüttenbau stellt das steirische Salzkammergut dar, das auch einen Teil des Dachsteingebirges umfasst. Dort errichtete man auf den Landfriedalmen, der Planeralm, der Handler-, der Herren- und der Gsprangalm bis hinüber zur Goseritzalm *hohe Hütten*.

Bereits Ende des 19. Jahrhunderts findet man auf dem Dachsteinplateau meist nur noch halbverfallene Almhütten, die von der früheren Blütezeit der Almwirtschaft zeugen, vor.

*Gjaidalm (1732 m), Dachsteingebirge. Sw. Fotografie um 1890. Die Stiererhütte, die letzte „breite" Hütte aus dem Spätmittelalter mit offenem „Scherm" (Stall) auf dem Dachsteinplateau, ist bereits in Verfall begriffen. Der Ausschnitt aus der alten Fotografie, in deren Hintergrund diese Hütte erkennbar ist, wurde stark vergrößert.*

*Stangalm oberhalb des Silberkars, Dachsteingebirge, um 1930. Diese Alm war auch Ziegenalm und wurde nach dem Zeiten Weltkrieg nicht mehr bestoßen. Heute sieht man lediglich noch die Steinkränze der Hüttenfundamente.*

Gjaidalm um 1920. Auf der Bank vor der „Stiererhütte" sitzt die Sennerin Frau Simonlechner.

Dreiteilige Almhütte um 1910. Die Sennerinnen präsentieren Käse, „Rührkübel" und Butter.

Plankenalm, alte „Siedlerhütte", 1980. Das „Schwardach" ist teilweise eingebrochen.

Plankenalm, alte „Siedlerhütte", 1996. Das Dach und die Seitenwände sind erheblich verfallen.

Plankenalm 1980. Hütten auf der oberen Hüttstatt. Die zweiteilige Hütte hat noch ein Legschindeldach, ein „Schwardach". Dieses Dach benötigt laufend Ausbesserungsarbeiten.

Plankenalm, untere Hüttstatt, 1990. Verfallener Stall

Plankenalm 1996. Die Legschindeln des „Schwardachs" sind von der Schneelast im Winter verschoben worden. Da es nun in die Hütte hineinregnet, schreitet deren Verfall rapide fort.

Plankenalm 1982. Die in den Firstbaum eingeschnitzte Jahreszahl 1825 entspricht wohl dem Baujahr der Hütte. Die Almhütten mussten aber regelmäßig ausgebessert werden.

Im Hütteninneren vermodern Einrichtung und Almgerät.

Obere Striegleralm, Kleinsölk 1982. Die Wände der bereits verfallenen Hütte waren wegen des Holzmangels mit Steinen errichtet worden.

**PLANKENALM, Untere Hüttstatt, 1699, 70 m Sh.**
**Hüttenfundament: Obj. 201/202, Dendro.-Dat. =**
**1. Bauphase1680 AD +, 2. Bauphase 1797 AD +**
ÖK 127, N = 21 mm, O = 93 mm

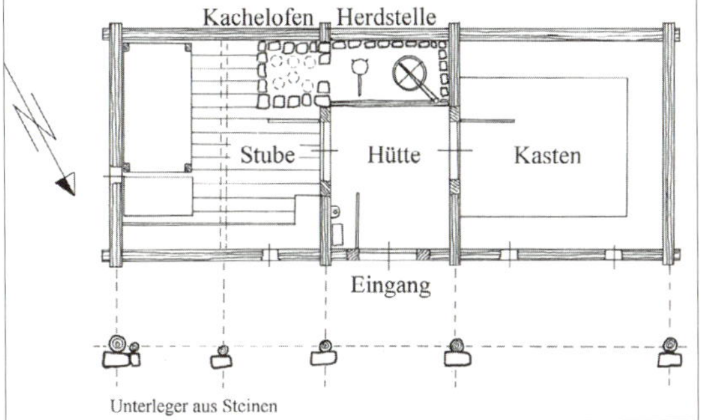


**Hüttenfundament: Trempel (Stall) Obj. 41/42**
Dendro.-Dat. = 1. Bauphase1825 AD +, 2. Bauphase
1880 AD +
ÖK 127, N = 21 mm, O = 93 mm

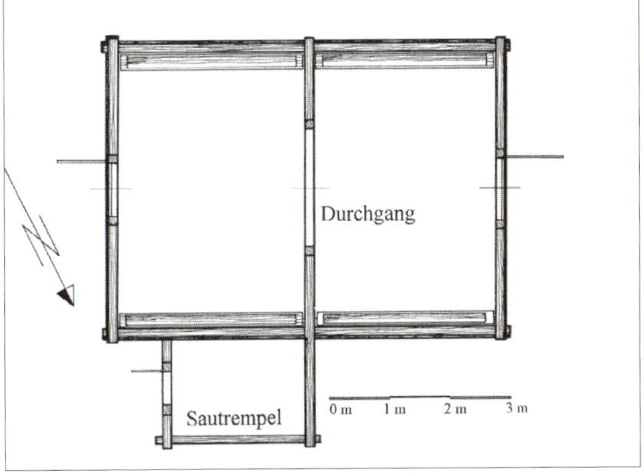

*Langkaralm (1960 m), Dachsteingebirge. Von der spätmittelalterlichen Almhütte aus dem 15. Jahrhundert ist nur mehr ein Steinkranz übrig.*

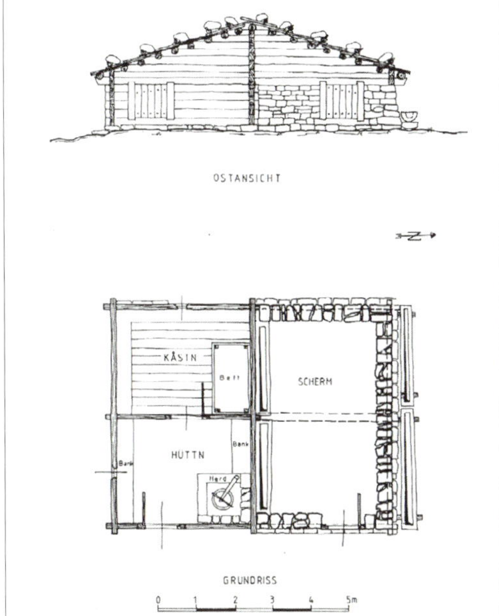


*Modereckalm (2002 m), östl. Dachsteinplateau. Skizze von F. Stadler. Die „Hütte", der „Kasten" und der zweiteilige Stall („Scherm") befinden sich unter einem flachen Legschindeldach. Die Wände des Stalls wurden bis zur Türhöhe mit Steinen hochgezogen. Dendrochronologische Datierungen von Hölzern dieser „breiten" Hütte konnten mehrere Bau- und Reparaturphasen nachweisen. Erbaut dürfte sie demnach um 1600 worden sein, letzte Reparaturen wurden 1875 durchgeführt. Heute sieht man nur noch klägliche Reste dieser Hütte.*

*Huberbauertörl (2051 m), Kleinsölk. Steinbau für die Schafhirten in den Niederen Tauern*

## Hüttenbau war Bauernarbeit

Für den Hüttenbau auf der Alm wurde im Mittelalter und in der frühen Neuzeit kein Eisen verwendet. Dieser Werkstoff war für diese einfachen Bauten viel zu teuer. Alle Befestigungen wie *Nägel* und *Steckzapfen* wurden aus Holzteilen gefertigt. Sogar die Türschlösser waren aus Holz. Lediglich die langen Schlüssel der durchdachten hölzernen Türschlösser verfertigte man aus Eisen. Im Spätmittelalter gab es auch bereits kleine eiserne Vorhängeschlösser.

Oben: Viehbergalm, „Sautrempel" (Schweinestall)
Unten: Hölzerne Türverriegelung

Auf den Almen wurden die Hütten mit einfachem Zimmermannswerkzeug und oft mit Hilfe der Nachbarschaft in kurzer Zeit erbaut.

Dafür wurde zuerst der Boden mit Hauen eben angerichtet. Als Fundament wurde ein Steinkranz mit einer Höhe von etwa 30 cm aufgeschichtet. Darauf setzte man den Blockbau aus groben oder zugehackten Stämmen, die mit verschiedenen Techniken verzinkt wurden. Der Dachstuhl, entweder - in der älteren Form - als Flachdach mit Legschindeln oder als Steildach, wurde gezimmert und dementsprechend wurden Holzschindeln aufgelegt oder festgenagelt. Feinere Arbeiten wie Türen und Fenster sowie die Inneneinrichtung wurden zum Schluss angefertigt.

Die winzigen Fenster waren früher ohne Glas und lediglich mit einem Schiebebrett zu verschließen.

Oben: Schiebefenster der Kainhütte auf der Rettenbachalm, Totes Gebirge
Unten: Murmeltiere bevölkern heute die verlassenen Almen

Plankenalm 1980. Alte, inzwischen abgerissene Almhütten

# Tradition und Moderne im Almhüttenbau der Gegenwart

## Zweckbau und Luxushütte

Die alpine Landschaft ist seit vielen Jahrhunderten von Bauwerken geprägt, deren Architektur sich sowohl den natürlichen Gegebenheiten als auch den jeweiligen wirtschaftlichen Anforderungen angepasst hat. Aus urprünglich einfachsten Zweckbauten zum Schutz für Mensch und Tier entwickelten sich in der Neuzeit, mehrteilige, vorwiegend aus Holz errichtete Hütten. Der in der zweiten Hälfte des 19. Jahrhunderts auflebende und von alpinen Vereinigungen geförderte Alpinismus benötigte *Schutzhäuser*, die in Almzonen und am Rande der Gletscher errichtet wurden. Diese Hütten wurden von nahe gelegenen Almen mit Milchprodukten versorgt. Mit dem Eisenbahnbau begann der Massentourismus, der seit der zweiten Hälfte des 20. Jahrhunderts eine gewaltige Beschleunigung erfuhr. Seinetwegen wurden die Berge immer dichter mit mechanischen Aufstiegshilfen und Straßen erschlossen. Die Almen konnten nun vermehrt den Touristen ihre Produkte direkt anbieten. Viele ehemalige Almhütten wurden zu Schihütten und Gastbetrieben umgebaut. Auf einigen Almen ist seit einigen Jahrzehnten eine sichtliche Umgestaltung der Hütten und des Almareals zu erkennen.

Zugleich verfielen die abseits der Tourismusströme gelegener Hütten. Um ihrem Verfall entgegenzuwirken wird die Almwirtschaft seit einigen Jahren auch durch Geldmittel für den Bau von Güterstraßen und für die Errichtung von Wirtschaftsgebäuden gefördet. Viele revitalisierte und neu errichtete Hütten dienen nun der Erholung, dem Tourismus und der Jagd. Die gewandelte Zweckbestimmung findet ihren Niederschlag in der Architektur. Über subventionierte Güterstraßen werden moderne Baumaterialien günstig herangeschafft. Beton, Wellblech, Kunststoffe, Eternit- und Aluschindeln verdrängen tradtionelle Baumaterialien. Ehemalige Almdörfer wurden zu nur an einigen Wochenenden genützten Geistersiedlungen. Riesige Hotels und Discos tarnen sich als Pseudoalmbauten.

*Tauplitzalm, Totes Gebirge*

*Brandalm, Dachsteingebirge*

*Schartenalm, Gosau*

*Plankenalm, Dachsteingebirge*

*Örgenhiasenalm, Riedingtal*

*Vordernbachalm, Totes Gebirge*

*Schnitzhofalm, Postalm*

*Seekarhaus, Obertauern*

*Landschaftsschutzgebiet Obertauern*

# Sennerei

Vermutlich erfolgte ab dem Ende des Spätmittelalters ein Wandel in der Käseerzeugung. Anstelle von Fettkäse wurden nun vermehrt Butter und Magerkäse erzeugt. A. Gstirner, der 1937 über den Beginn der Magersennerei schrieb, glaubte aus vielen Quellen aus Tirol, Salzburg und der Steiermark ableiten zu können, dass der allmähliche Übergang von *Fettkäse* ohne *Buttererzeugung* zu *Magerkäse* mit *Buttererzeugung* in unserer Region etwas später als in Tirol, nämlich zu Beginn des 17. Jahrhunderts, erfolgt sei. Die Abgaben änderten sich in dieser Zeit zum Teil von Natural- zu Geldleistungen. In der Ramsau am Dachstein wurde laut einem Urbar von 1445 noch ausnahmslos Käse gezinst. Dabei lässt sich gerade bei den Schwaigen ein früherer Übergang zu *Schmalzabgaben* (Butterschmalz) erkennen. Die *Magersennerei* scheint zumindest ab der frühen Neuzeit in unserer Region üblich gewesen zu sein, wie die vorgeschriebenen Butterabgaben an die Herrschaft zeigen. Eine weitere Gelegenheit zur Einführung der *Magersennerei* könnte die Umstellung von überwiegender Schaf- und Ziegenhaltung auf Rinderhaltung gewesen sein. Die Milch des Rindes eignet sich besser für das Separieren des Rahms von der Magermilch.

*„Milchstötzel" von der Plankenalm mit rezenten Ausbesserungsarbeiten. Ein Bauernhof hatte je nach Anzahl und Größe dieser Maßgefäße die Käseabgaben an den Grundherrn zu entrichten.*

Die Menge der an die Herrschaft abzuliefernden Butter und Käselaibe wurde anhand der Anzahl der *Milchstötzel* vorgegeben. *Milchstötzel* sind flache Holzbehälter mit einem Inhalt von einigen Litern, in die die frisch gemolkene Milch zur Reinigung durch einen Seihtrichter mit Kuhhaaren als Filter gegossen wurde. Wenn der Rahm aufgestiegen war, wurde er abgeschöpft bzw. beim Abgießen mit einem *Rahmzweck* (Spachtel aus Holz) zurückgehalten. Da die *Milchstötzel* zum Separieren des Fettes von der Milch verwendet wurden, steht ihre Verwendung wahrscheinlich im Zusammenhang mit der Einführung der Magersennerei. Die Lab-Käserei war in der Neuzeit auf unseren Almen anscheinend ungebräuchlich.

*Putzentalalm, Kleinsölk. Frau Ladreiter vlg. Bauer mit Kupferkessel. In den Sölktälern wird heute noch auf mehreren Almen der Steirerkäse nach der traditionellen Methode erzeugt.*

**Käsezubereitung in der Köckhütte (Tuchmoaralm, Kleinsölk) mit der Sennerin Rosl Pöschko**

*Zubereitung des Steirerkäses auf offenem Feuer mit Kupferkessel auf schwenkbarem Stehbalken („Galgen"): Zuerst wird die saure Magermilch erhitzt, bis sie ausfällt.*

*Die Käsemasse wird beim Erhitzen mit einem Quirl immer wieder gerührt.*

Die Magersennerei, die heute noch gebräuchlich ist, wird im Kapitel *Das Leben der Sennerinnen* genau geschildert. Dabei wird die Milch in mehreren Stufen genutzt: Aus ihr werden Butter, Schotten und Magerkäse, der so genannte *Steirerkäse*, erzeugt. Im Westen bezeichnet man den Sauermilchkäse als *Ziger*. Mit der Molke, dem *Ka´wasser*, wurden dann noch die Schweine gefüttert.

*Die heiße Masse wird in ein Leinentuch geleert, das in der „Schottwiege" ausgelegt ist. Die Käsemasse bleibt im Tuch, die Molke fließt in das Schaff darunter.*

*Nun wird die Käsemasse mit dem Leinentuch ausgepresst, damit möglichst wenig Füssigkeit in der Masse bleibt.*

*Die Käsemasse wird nun in das „Kaskee" gegeben und mit der Spindelpresse wird die Molke gut 12 Stunden ausgepresst. Das Kaskee hat Löcher im Boden, durch die die Flüssigkeit abtropfen kann. Links davon sieht man eine Zentrifuge.*

*Der Kupferkessel muss nun sehr gut ausgewaschen werden. Denn Reinlichkeit ist hier oberstes Gebot, um die Qualität und die Bekömmlichkeit des Käses zu gewährleisten.*

*Der Käse wird aus dem „Kaskee" gestürzt, mit Salz eingerieben und für mehrere Wochen in den „Kasten" zum Reifen gestellt.*

Aus 60 Liter Milch kann etwas mehr als 2 kg Butter und 3 bis 4 kg Käse erzeugt werden, je nachdem wie viel Fettanteil die Milch hat. Die Angaben dazu sind von Sennerin zu Sennerin verschieden. Das Milchgeschirr bestand noch vor 100 Jahren gänzlich aus Holz, wobei Fichtenholz wegen des geringen Eigengeschmacks bevorzugt wurde. Erst später kam immer mehr Geschirr aus Metall und Plastik dazu. Auch die Milchzentrifuge war aus Metall.

*Steierkäse, wie er sein sollte! Der Steirerkäse variiert sehr in Aussehen und Geschmack. Jede Sennerin macht ihn um eine Kleinigkeit anders. Der Reifungsprozess bewirkt ebenfalls Unterschiede. Am besten schmeckt der Käse, der in der ersten Woche nahe dem Herd aufbewahrt wird. Danach muss er im luftigen und kühlen Käsekeller weitere drei bis fünf Wochen reifen. Ein guter Steirerkäse ist auch im Kern braungrau, lässt sich bröseln und verströmt einen intensiven Duft.*

# Vom Leben auf der Alm

## Erzherzog Johanns Wanderungen
### Almleben in der Biedermeierzeit

Erzherzog Johann. Aquarell um 1825. (Slg. Familie Graf Meran)

Erzherzog Johann wurde am 20. Jänner 1782 in Florenz geboren. Sein Vater, der spätere Kaiser Leopold (1790 - 1792), war als Großherzog der Toskana ein kluger Reformer und Aufklärer gewesen. Leopold erzog seine Kinder nach der Devise: *Fürsten müssen vor allen anderen von der Gleichheit der Menschen überzeugt sein.* Diese Erziehung prägte Erzherzog Johann ein Leben lang. Ihm war nach einigen Turbulenzen in der großen Politik der Monarchie ein bescheideneres Leben auf dem Lande als Reformer der Landwirtschaft und Industrie, aber auch als Förderer der Kultur in der Steiermark beschieden. 1819 gründete er die *Steiermärkische Landwirtschaftsgesellschaft*, deren Präsident er bis zu seinem Tode blieb. Erzherzog Johann war bestrebt mit Versuchs- und Musterhöfen Vorbildwirkung zu erzielen. Er ließ daher für sich den *Brandhof* als alpines Mustergut am Fuße des Hochschwabs errichten. Sein Beispiel gebendes Wirken förderte die Landwirtschaft der Steiermark ungemein. 1817 notierte er im Kreise steirischer Bauern: *Welche Einfalt, welches Herz bei Menschen, wo noch nichts verdorben. Wie ist die einfache Sprache weniger Worte herrlicher als all die glatten unserer gebildeten Welt. Es ist ein hell brennendes Licht! Gott erhalte solche Menschen. Sie gibt nur das Gebirge. Ich liebe diese Menschen wie Brüder und Kinder.*

Schon in jungen Jahren erkundete der Erzherzog die Alpen. Seine Liebe zu den Bergen wuchs immer mehr. Mehrmals durchwanderte er auch das Salzkammergut, das Dachsteingebirge und die Niederen Tauern. Penibel trug Erzherzog Johann seine Erlebnisse und Beobachtungen in seine Tagebücher ein, die heute eine Fundgrube für Geschichtsforscher darstellen. Bereits 1834 hat F. C. Weidmann Texte aus den Tagebüchern Erzherzog Johanns veröffentlicht. Diese Texte wurden von Weidmann zum Teil ergänzt und etwas verändert wiedergegeben.

1810 trat der damals 28-jährige Erzherzog seine erste Reise durch die Berge der Obersteiermark an. Mit kleiner Begleitung besuchte er Almen, nächtigte in deren einfachen Hütten und unterhielt sich mit Sennerinnen, Bauern, Jägern und Holzknechten.

Detail aus: „Golling - Erzherzog Johann in einer Almhütte beim Kochen". Aquarell von Matthäus Loder um 1823. (Slg. Familie Graf Meran)

## Aus Erzherzog Johanns Tagebüchern

### Almenwanderung nahe dem Altausseer See, 23. und 24. August 1810

*Die Augstwiesenalpe hat eine der schönsten Lagen; die Hütten liegen auf dem Abhange, an ihrem Fusse ein grosser Kessel von einer Stunde lang, 1/2 breit, ganz grün und die beste Weide; westlich die mit Krummholz bedeckten Wände; östlich grüne schöne Rücken, überall vom Wind geschützt. Allenthalben traf ich Vieh an. Von den Hütten wandte ich mich nördlich aufwärts. Von Hennar bis zur Augstwiese 1 Stunde; von da 1 Stunde zu den Wildenseer-Hütten; diese liegen in einem Kessel zerstreut. Von dem sie umgebenen Erhöhungen hat man die Aussicht auf das Hallstätter Schneegebirge. Hier konnte ich sehen, wie hoch der Thorstein ist; weit über die Eisfläche erhebt er sich; ich schätze ihn auf 9000 Schuh* [3000 m]. *Hier sammelte sich die Gesellschaft und jeder bezog eine Hütte.*

*Überall auf den Alpen fahren Mädchen auf; entweder haben Sie das Vieh eines oder mehrerer Bauern zu versehen. Ein oder zwei Halter sind ebenfalls da, um das Schafvieh zu besorgen. Jede Magd hat die Aufsicht über 6 - 8 Kühe, 1 - 2 Schweine, 10 - 12 Schafe; hie und da sieht man Ziegen, die aber die Alpentrift der Waldungen wegen nicht verlassen sollten. Die Sennerin, in deren Hütte ich war, hatte das Vieh von 3 Bauern zu besorgen. Die Hütten sind von Holz, unten ist der Kuhstall, an beiden Enden der Eingang. Oberhalb das Vorhaus, wo der Herd ist; es bildet die Hälfte; die andere Hälfte, abgetheilt durch eine Wand, bildet die Milchkammer, und die Schlafkammer, in dieser ist ein gutes Bett; im Vorhaus ist noch der Trog für das Käsewasser, auch liegen hier die Gerätschaften. Überall fand ich die grösste Ordnung und bewunderungswürdige Reinlichkeit. Die Hütte ist von Aussen ganz mit Bretterschindeln verkleidet, folglich warm. Das Vieh wird früh*

„Polsterltanz am Grundlsee". Aquarell von Jakob Gauermann um 1811. (Slg. Familie Graf Meran)

„Brunnwiesen Alpe". Karl Russ, Tusche mit Farbe um 1817. (Slg. Familie Graf Meran)

gemolken, dann ausgetrieben; es bleibt auf der Weide bis Abends, wo es zurückkehrt und wieder gemolken wird; zwei Mass Milch gibt es im Durchschnitte, in hölzernen Schüsseln wird sie aufbewahrt, eines jeden Eigenthümers Theil insbesondere; sie wird grösstentheils zu Butter benützt, aus dem Uebrigen wird Schotten gemacht, das Käsewasser ist für die Schweine; zum Buttermachen brauchen sie das gewöhnliche Werkzeug. Die Schafe werden ebenfalls gemolken und von der Milch wird Käse gemacht.

Der Dünger wird täglich bei der Stallthüre hinausgeworfen nie benutzt; in den Voralpen schlagen sie ihn zu Zeiten zusammen und lassen ihn frieren, dann schleppen sie ihn zu ihren Häusern. Eine besondere Benützung, so wie im Zillerthal, würde den Ertrag der Alpen wohl auf das Doppelte bringen. Die Dirnen sind sehr fleissig; sie müssen Futter holen gehen für jene Tage, wo böses Wetter den Austrieb hindert; an den steilsten Stellen wird es geschnitten, und dabei entsteht manches Unglück. Die Mägde sind schlecht bezahlt, sie erhalten für das ganze Jahr 11 fl. [fl. = Gulden] und Schuhe, so viel sie verreissen. Ist die Alpzeit glücklich, so erhalten sie eine Belohnung. Zu Hause erhalten sie Kost aber gar keine Kleidung, die jetzt doch auf 20 fl. kommt. Der Halter hat 40 kr. [kr. = Kreuzer] des Tages, so lang er oben ist. Um Urbani [25. Mai] treiben sie auf die Voralpen auf, um St. Veit [15. Juni] die Hochalpe, wo sie bis zum kleinen Frauentag [8. September] bleiben. Um Bartholomä [24. August] werden die Ochsen von den Halten abgetrieben; dann geht es wieder in die

*Voralpen bis der Schnee einfällt. Es gibt oben junge und alte Mädchen; in der Gegend von Aussee fand ich, dass sie am besten singen, drei bis vier Stimmen zusammen; es ist sehr angenehm zu hören. Ebenso merkwürdig ist das Zurufen von einer Alpe zur anderen, und das Antworten in gedehnter, trauriger Melodie, dann das Juchzen. Die Alten haben die besten und stärksten Stimmen; ich fand solche, die schon 30 Jahre hier aufgefahren waren. In der Haupthütte wird wöchentlich zwei Mal und an Feiertagen gebetet, weil sie zur Kirche zu weit haben.*

*Ich setzte mich auf einen grünen Abhang ober meiner Hütte, da der Abend schön war, und sah zu, wie das Vieh zurückkehrte, jede Abtheilung mit ihren Glocken; das Geläute derselben, das Gebrüll, dann auch das Getön der Schafglocken, der frohe Zuruf der Dirnen machten zusammen ein herrliches Ganzes. Das Vieh ist mehr klein als gross, rothbraun, meist scheckig, sonst schön gebaut und zum Mastvieh geeignet. Abends wurde gesungen; die Dirnen von dieser Alpe schrieen zu jenen von Hennar hinüber, und diese wieder zurück. Zuletzt liess ich in einer Hütte geigen, wo denn Alles lustig wurde; sie tanzten weiss der Himmel wie lange.*

*Die Tänze sind Obersteirisch und Pfannhauserisch; letzteres ist sehr geschwind. Dieser Tanz, sowie der Schwerttanz der Pfannleute [Salinenarbeiter] hat den Ursprung aus alten Zeiten; damals, wenn die Pfannen ruhten und die Leute nicht bezahlt wurden, zogen sie ins flache Land und verdienten sich Geld durch ihre Spiele und Tänze. Um 10 Uhr schlief ich in meiner Kammer ein.*

*Den 24. August, um 5 Uhr, weckten mich die Kühe auf. Ich stand auf und sah den Verrichtungen der Dirnen zu. Sie fütterten, und ich liess mir bei dieser Gelegenheit einen trefflichen Rahm geben; dann wurde Schotten gemacht, die Gefässe gereinigt und*

„Lahngangsee" Aquarell von Jakob Gauermann um 1820 (Slg. Familie Graf Meran)

*das abfallende Waschwasser in den Trog für die Schweine geschüttet. Mit Freuden hatte ich gesehen, wie ordentlich sie hier Alles treiben, und ich bin überzeugt, dass es leicht wäre, den Eigenthümer zur besseren Benutzung der Alpen durch Verwendung des Düngers, durch Einfriedung der Wiesen zu bringen.*

**Almwanderung über das Dachsteingebirge, 27. und 28. August 1810**

*Drei Stunden geht es immer aufwärts, bis man den Krippenbrunn erreicht hat. Dieser liegt am Fusse des Krippensteins; da wendet sich dann der Steig in das Gebirge immer höher aufwärts; Krummholz und Alpengewächse werden angetroffen. Durch eine Schlucht, dann über eine Höhe nach zwei Stunden gelangt man nach Gjaid. Vorher hat man auf dem Wege zwei Hallstätter Alpen zu durchschreiten, die aber unbedeutend sind. Auf der Höhe der Gjaid erblickt man das hohe Schneegebirge* [Dachstein]*; erst da kann man sich überzeugen, wie hoch das selbe ist. Ich folge dem Steig in den Kessel abwärts, wo die Hütten sind. Zwei Sennerinnen von der Ramsau bei Schladming waren da. Gjaid hat einen hübschen Boden, in der Mitte einen kleinen Sumpf, weil das von den Quellen zuströmende Wasser keinen Abfluss hat. Hier liegen kahle Höhen; von der Störerhütte* [Stiererhütte]*, wo ich war, konnte ich vor mir die Wand des Gjaidstein und des hohen Kreuzes, oben von grossen Schneeflecken bedeckt, sehen. Die Höhen sind kahl, in den Klüften und Tiefen aber wachsen viele Futtergräser, mehrere Hütten liegen noch da, wovon einige verfallen sind.*

„Blick von Bad Aussee auf den Dachstein". Aquarell von Jakob Gauermann um 1820. (StLA)

*Nachmittags bestieg ich einen etwas nördlich gelegenen Hügel, von welchem ich das Schneegebirge überblickte. Vor mir lag der Gjaidstein, das hohe Kreuz, dazwischen der Eisberg [Dachstein] ganz mit Schnee bedeckt, hie und da blau, am Ende aber ganz graublau, voll von Klüften, eine Wand bildend mit einer Aushöhlung, wo das Wasser hervorströmt; dann kahles Gebirge; auf diesem der Schober [Schöberl], seiner Gestalt wegen so genannt. Unten eine halbe Stunde liegt das Taubenkar, von Gjaid 1 1/2 Stunden zu gehen. Diese Alpe ist verlassen und wird bloss von Geltvieh [Galtvieh] besucht wegen Mangel an Holz zum Hüttenbau. Im Gjaid liess ich mir von der Sennerin die ganze Wirtschaft beschreiben. Abends waren Geiger und Pfeifer da, und von Schladming kamen Bauern mit ihren Alpenhörnern [Wurzhörnern]. Sie sind wie Posaunen gemacht, von Lärchenholz und mit Bast umgeben und geben einen reinen, angenehmen, aber zugleich trauigen Ton. Das Blasen der Schwegel, das des Hornes und das Ludeln [Jodeln] der Senninen, die es vortrefflich können, ist in einem Gebirge, wo es allenthalben widerhallt, einzig in seiner Art.*

*Viele Alpen liegen auf diesem Gebirge. In das Kammergebirge treiben die Hinterberger und die Grubegger und die Bewohner der Gegend von Gröbming auf. Sie haben gute Alpen; auf den Stein selbst treiben bloss die Ramsauer auf. Die Alpen liegen auf österreichischen [oberösterreichischen] Boden; oberhalb des Hallstätter Sees sind einige unbedeutende auf halber Höhe; dann oberhalb des Waldbaches, die von den Hallstättern und Gosauern benützt werden, die höheren alle von den Ramsauern; solche sind: Gjaid, die beste, hat jetzt noch zwei Hütten, Hirschkar mit zwei Hütten unterhalb des Krippensteins, Schönbühel, Voralpe mit zwei Hütten, wo die Hirschkarer auftreiben; Langkar mit zwei, Moderegg mit zwei, Lacken mit zwei, Meisenberg mit zwei Hütten; sie liegen alle östlich des Schladminger Steiges, sie treiben um die Sonnenwende und bleiben bis Michaeli, bis der Schnee sie vertreibt. Geltvieh wird allenthalben gehalten, auch Gais- und Schafvieh; ersteres bleibt sich selbst die ganze Alpenzeit überlassen; Taubenkar wird dazu benützt; es vergeht kein Jahr, wo nicht einiges sich verfällt oder verliert. Auf den Stein wird nur solches Vieh getrieben, welches daran gewöhnt ist, weil kein anderes im Stande wäre, die rauen Weiden zu begehen.*

*Die Alpenhütten sind niedrig, aber geräumig. Die heftigen Winde, welche hier herrschen und oft den Boden furchen, lassen kein hohes Gebäude zu. Die Dächer sind flach und mit Steinen beschwert. Die Alpenhütte besteht aus drei Abteilungen, nämlich: in der Mitte gewöhnlich das Vorhaus mit dem Herd zum Schmalz- und Käsemachen; auf der einen Seite der Milchkeller, auf der anderen die Wohnstube. Diese leztere hat einen Ofen, ist gut verschlossen und lässt sich heizen; ein hohes Bett und Bänke ist Alles, was man sieht. Die Kühe geben im Durchschnitt zwei Mass Milch; sie wird in zinnernen Schüsseln aufbewahrt. Gebuttert wird alle zwei Tage; die Butter ist dunkelgelb und vortrefflich, aus ihr wird Topfenkäse bereitet, der Rückstand gehört für die Schweine. Zum Käsemachen haben sie die nämliche Form wie in Tyrol; ich fand alles reinlich und zweckmässig. Nächst der Alpenhütte ist der Stall. Mit der Benützung des Düngers wissen sie noch nicht umzugehen, sie versprachen mir aber, den nächsten Anger nach meiner Weisung zu düngen und das Heu, wenn das Vieh wegen schlechter Witterung nicht ausgetrieben werden kann, als Futter zu benützen. Sonst ist hier alles wie im Ausseeischen, es herrschen die nämlichen Gesänge, nur werden sie hier besser gesungen. Die Einsamkeit ist hier gross, alle vierzehn Tage holen die Eltern der Sennerin, denen gewöhnlich die Hütten gehören, die Erzeugnisse und bringen ihr dafür Brot und Mehl; da sie so einsam sind, so beschäftigen sie sich mit Stricken.*

## Die Waldhornalm in den Niederen Tauern, 30. August 1810

*Die Waldhorn-Alpe hat acht Hütten und gehört theils zu Schladming, theils zur Ramsau. An Kühen hat manche Brentlerin 10 - 12 Stück, manche auch nur zwei, drei bis vier Kühe, je nachdem der Bauer wohlhabend ist, dann 25 - 30 Ziegen. Auf einer Hütte ist gewöhnlich eine Brentlerin, ein Halter, ein Gaiser. Ersterer erhält 6 fl. jährlich, dann Kleidung, Schuhe, Kost; Trinkgeld beim Viehverkauf. Die Hütte besteht hier bloss aus einem Vorhause, wo der Käseherd ist, leider ist dieser sehr niedrig und der Feuergefahr ausgesetzt; da oben kein Rauchfang besteht und alles von Holz ist; dann aus dem kleinen Milchkeller und einer Stube auf der anderen Seite. Im ersten liegt die Brenntlerin, in letzteren der Hütterbube; im ersteren ist das notwendige Zeug, dann Butter, Käse und Schotten; von Butter nur die vierzehntägige, von Käse und Schotten die Erzeugung der ganzen Alpenzeit. Unweit der Alpenhütte liegt der Scherm oder Trempel, der eine für die Kühe, die andere für das Gaisvieh. Scherm kommt von Schirm her; einige sind auch von Stein. In den Alpen, wo weitere Bergweiden sind, kehren die Kühe Nachts nicht zurück; sie werden Früh und Abends auf der Weide vom Hütter gemolken und die Milch wird nach Hause getragen; eine Kuh gibt im Durchschnitt zwei Mass Milch. Die Gaisen kehren, da sie sich selbst überlassen sind, zurück; sie werden gemolken, dann wieder freigelassen oder eingesperrt; sie geben im Frühjahre zwei bis drei Seidel bei jedem Melken, sonst gibt die Gais in einem Tage eine halbe Mass. Die Weide, obgleich ausgedehnt, ist doch geringer als jene des Steins, für kleines Vieh aber sehr gut, da es auf alle bewachsenen Stellen gelangen kann; überdies hat sie*

„Tauernhoch Alpe" (Moarhofalm und Steirische Kalkspitze). Aquarell v. J. Gauermann um 1820. (Familie Graf Meran)

*den Vortheil, dass manche Theile abgemäht werden können. Die Brenntlerin muss täglich in vom Hornvieh unbesuchte Gegenden gehen und dort Gras holen, Gleck schneiden und es auf dem Rücken heruntertragen, welches dann für üble Witterung aufbewahrt wird. - Hier sah ich Butterfässer; da die Alpen sehr wasserreich sind, so hat man in einigen Gegenden des Schladminger Bezirkes bereits solche Vorrichtungen getroffen, dass diese Fässer durch's Wasser getrieben werden.*

### Die Schwarzenseealm in der Kleinsölk (aus: F. C. Weidmann 1834)

*An diesem herrlichen See, sicher einem der reizendsten des schönen Alpenlandes, wollen wir nun längere Zeit verweilen. Schön ist der See des Morgens, wenn das Frührot auf den Alpenspitzen die heilige Flamme entzündet, wenn der Urwald dampft, und das rege fröhliche Alpenleben erwacht. Schön ist er am Abend, wenn die Herden mit fröhlichem Geläute heimziehen, die feyerliche Dämmerung ihren Schleyer über die Alpen breitet, und gleich Schwänen die Kähne der Senninnen über den Spiegel des Sees gleiten und die fröhlichen Lieder der Mädchen erklingen.*

*Hier dürfte auch der beste Ort seyn, über die eigentliche Alpenwirthschaft dieser Gegend das Nähere anzuführen. Wir erwähnten schon früher den Viehstand der Aelpler des Schwarzensees. Er ist ziemlich bedeutend, und besteht aus 151 Kühen, 57 Stück Geltvieh, und 83 Geißen. Ausserdem besitzt noch jeder Bauer an 40 - 50 Stück Schafe. Diese werden auf die höchsten Stellen des Gebirges getrieben, bringen dort den Sommer zu, und werden Ende August herab, und zu Hause getrieben. Die Zeit von einer*

„Die kleine Sölk". Aquarell von Jakob Gauermann 1812. (Slg. Familie Graf Meran)

„Fest am Schwarzensee". Aquarell von Jakob Gauermann 1819. (Slg. Familie Graf Meran)

*Schur zur anderen bringen sie auf den Höhen zu. Auf dem Lunperkar ist die Ochsenhütte; dort hinauf treiben die Schwarzensee-Bauern ihre Ochsen. Ein Hüter besorgt sie. Zugleich sammelt derselbe auch Enzian und Speik, letzteren zum Verkaufe, ersteren für den Bauern selbst, welcher seinen Branntwein daraus bereitet.*

*Bey jeder Hütte sind die Kuhställe (Trempeln, Pfarrer* [Pferche]*) jene der Geiße, und eine Heuhütte, da einige Theile des Alpenbodens gemäht werden. Die Ställe sind von unbehauenen Baumstämmen zusammengefügt, auf zwey Reihen Kühe berechnet, drey und drey beysammen, die Köpfe gegen die Wand, mit einfachen Futterbarren. Der Boden ist mit Prügeln belegt. Das ganze niedrig, mit flachem Dache. Noch niederer, so, dass man nicht aufrecht stehen kann, sind die Geißställe. Die Schweinsställe sind getrennt und einzeln. Alles ist auf den nöthigsten Raum beschränkt. Die Dächer sind mit Bretterschindeln gedeckt, und mit Steinen beschwert.*

*Die Hütten selbst sind groß und geräumig. Zu ebener Erde, etwas über den Boden erhoben, und damit das Zimmer trocken bleibt, der erste Kranz auf Stein gesetzt. Die Hütte besteht aus drey Abtheilungen. Mitten, wo die Thür ist, befindet sich die Küche; in dieser der Herd zum Kochen und Käsemachen. Hier sind die gröberen Geschirre, das Butterfaß, der Schweintrog zum Käsewasser aufheben u. dgl. Auf der einen Seite ist die Milchkammer, ein sehr geräumiges Locale, wo auf Stellen die Milch in Stötzeln oder Schüsseln von Zirbenholz aufbewahrt wird. Hier ist der Platz für den Bottich zur abgerührten Milch,* zum Käsen (Käsemachen) u.s.w. Auf anderen Stellen stehen die Käse herum. Auch ist in dieser Stube die Kiste der Sendinn zum Aufbewahren ihrer Kleider, und jene für ihren Proviant. Dann in einer Ecke das hohe Bett derselben. Diese Kammer hat übrigens gewöhnlich keinen gebohnten Boden, sowie die Küche. Auf der anderen Seite der Küche ist die eigentliche Stube, mit gutem Boden, öfters ausgetafelt, und mit ordentlichen kleinen Glasfenstern versehen. Hier steht ein gutes Bett, ein Ofen, Tische, Bänke und Stühle. Alles ist hier geräumig und wohnlich. In kälteren Tagen, gewöhnlich zu Ende der Alpenzeit, pflegt man hier die Milch aufzubewahren, die Geschirre zu trocknen, und dann bewohnet auch die Sendinn dieses Stube.

Die Alpenzeit fängt hier halben May an, und dauert bis halben October, in günstiger Witterung, oft auch noch länger hinaus. Dreymahl fährt der Bauer nach der Alpe, und holt die Butter nach Hause. Die Sendinnen machen auch für den Hirten und die Fremden kleine, zwey Zoll große Würfel, die sie Monsen nennen, und welche nach den Modeln, in denen sie gedrückt werden, sich voller Verzierungen darstellen. Käse und Schotten werden zu Ende der Alpzeit abgeholet. In den großen Hütten ist gewöhnlich eine Sendinn (hier auch Schwoagerinn, Brentlerinn genannt), ein Knabe, „der Geißer" genannt wird, und ein Futterer. Früh wird das Vieh auf die Weide getrieben: die Kühe zunächst, die Geiße (Ziegen) ziehen schon weiter auf die Stellen, wo reichlicheres Futter wächset, die Schafe bleiben zunächst auf den Ochsenhalten, woselbst die Ochsen und das Jungvieh, von eigenen Hütern besorgt, sich findet. Diese Hüter bewohnen einzelne Hütten [kleine Steinhüttchen], hoch oben an den Wänden. Früh und Abends wird gemolken. Des Morgens um vier Uhr, des Abends zwischen vier und fünf Uhr. Des Abends pflegen auch die Kühe und Geiße in die Stallungen zu kommen, und nur auf einigen wenigen Alpen bleiben sie die Nacht auf freyer Weide. Wenn das Vieh auf entlegenere Weideplätze gegangen sind, so gehen Hirten mit Milchputen auf den Rücken zu ihnen hinauf, melken sie dort, und bringen die Milch nach den Hütten. Küh- und Geißmilch werden gewöhnlich gemischt, und alle zwey Tage wird gebuttert. Auf vielen Alpen werden die Butterfässer vom Wasser getrieben. Sodann wird gekäset. Zuerst werden die mageren Käse in großen Kupferkesseln, bey gelindem Feuer gemacht; der oben schwimmende Topfen wird abgeschöpfet, in ein Tuch gehängt, und wie er trocken ist, in die Käseform gebracht, gesalzen und geschwert. Zu dem im Kessel Bleibenden, wird die Buttermilch geschüttet, stark gehitzet und Schotten gemacht. Die Käse sind 7 bis 8 Zoll [ca. 20 - 25 cm] hohe Stücke von anderthalb Schuh [ca. 16 cm] im Durchmesser, das Gewicht steigt auf sechs bis acht Pfund [ca. 3 - 4 kg].

Das hiesige Rindvieh ist klein, aber sehr milchreich, roth, oder bundscheckig von Farbe. Das Futter, welches sie erhalten, ist sehr gut. Die Schweine werden bey den Geißen mit dem Abfalle der Milch genährt. Die Nahrung der Menschen besteht in Mehl- und Milchspeisen, ziemlich fett, wie diess die Neigung aller Aelpler des steyermärkschen Hochlandes ist. Selten wird indessen Butter verbrauchet, Milch, Schotten, Schottsuppe, Muess und Sterz, sind die gewöhnlichen Speisen; Bubenkoch, Rahm- und Faumkoch kommt selten, noch seltener Fleisch auf den Tisch.

Auf Reinlichkeit wird in diesen Hütten sehr gehalten. Ein Vorzug, dessen man sich nicht in allen Theilen des Landes rühmen mag. Täglich wird alles gewaschen; in den Ställen, wo nichts eingestreuet wird, wird fleißig ausgemistet (der Dünger bleibt ungenützt). Vor den Hütten und Ställen ist ein gewaltiger Koth. Nur bey sehr anhaltend trockener Witterung ist hier zu gehen möglich. Daher sind durch eingelegte behauene Baumstämme oder Steinpflaster Steige gemacht.

*Die Arbeiten der Sendinn sind beschwerlich. Nebst Melken, Butterrühren, Käsemachen, Reinigung der Geschirre und der Hütte usw. muß sie täglich um Futter (ins Gleck) gehen. Dieß ist das grüne Futter, welches den Vieh beym Melken etwas gesalzen gereicht, oder für die Zeit von anhaltend schlechter Witterung gesammelt wird. Gleck schneiden, oder ins Gleck gehen, heißt, wenn die Sendinn auf sehr hohe und steile Stellen, wo das Vieh nicht hinkommt, ums Futter gehen muß. Dieser Gang ist oft lebensgefährlich, und, mit Steigeisen an den Füßen, steigt die kühne Sendinn auf die steilsten Höhen, um oft ein einziges dürftiges Grasplätzchen zu benützen. Mit der Sichel sammelt sie das Gras, faßt dann entweder das selbe in ein großes Tuch, und trägt es auf dem Kopfe, mit bedächtigem Schritte auf dem Steige folgend, den oft kaum die kecke Gämse zu betreten wagt, nach der Hütte herab. Öfter ladet sie es auch in einen Tragkorb (eine sogenannte Buckelkraxen) und bringt es so auf den Rücken nach Hause. Fois, oder ins Fois gehen, heißt nach den näheren gemächlicher zugänglichen Stellen steigen, meist am Fuße der Berge in Waldungen, und dort das Gras schneiden. Wir begleiten sie auf diesen Wanderungen, und sahen sie meistens die Blätter der „Cacalia alpina" auswählen. Bey einigen Hütten befinden sich auch noch eingeschlossene Grasgärten, welche mit der Sense gemähet werden, und wo das Heu bey schlechter Witterung und in Spätjahren aushelfen muß. Solche Flecke werden gedüngt. Höher als manche Alpen liegen hoch ab den Wäldern in diesen Urgebirgen die Bergweiden. Da wird das Heu mit der Sense gemäht in Schober und Stangen gebracht, und im Winter auf dem Schnee herabgezogen.*

*„Sölk" (Hohensee Alm). Aquarell von Jakob Gauermann 1819. (Slg. Familie Graf Meran)*

„Wasserfall in der Sölk". Schwarzensee. Aquarell von J. Gauermann 1812. (Slg. Familie Graf Meran)

# Das Leben der Sennerinnen

Freilich sind heute schon viele der Almhütten und Holzknechtstuben verfallen und die knisternde Spannung, die zwischen den Sennerinnen und ihren Besuchern herrschte, ist dahingeschwunden. Obwohl das bunte, umtriebige Almleben heute zur wehmütigen Erinnerung verblasst ist, bleiben uns doch die Freude und die Genugtuung, dass gerade noch rechtzeitig altes Volkstum eingefangen und aufgezeichnet werden konnte. Auf einige wenige Almen ist überdies wieder reges Leben eingekehrt. Dort wird der Gast mit einer zünftigen Brettljause bewirtet und durch eine dem Zeitgeschmack entsprechende, museal aufbereitete Erlebniswelt unterhalten.

## Almpersonal

Im Gegensatz zu den Almen in Westösterreich waren in unserer Gegend für die Milchverarbeitung und die Beaufsichtigung des Milchviehs Frauen zuständig. Vielleicht sind deshalb unsere Käse etwas kleiner als in Tirol. Die *Sennerin* - auch *Sendin, Brentlerin* oder *Schwoagerin* genannt - war zumeist eine unverheiratete Bauerntochter. Ihr zur Seite konnte noch eine Magd (*Dirn*) stehen. Für die Beaufsichtigung des Galtviehs auf den Hochweiden war ein Hirte oder Halter zuständig. Das Kleinvieh wurde oft nur von Kindern, so genannten *Geißern* oder *Hiatabubn*, bewacht.

*Blaa-Alm um 1900, Altaussee. (Slg. H. Freismuth)*

*Das Leben solcher Sennerinnen ist, oberflächlich betrachtet, sehr poetisch, in der Wirklichkeit aber ein mühesames und gefahrvolles Tagewerk. Doch die Freiheit, die die Brentlerin während des ganzen Sommers genoss, ließ sie die Beschwerden vergessen und mit Sehnsucht erwartet sie die Zeit des Alpenauftriebes*, urteilte Georg Göth 1843.

Die Sennerin genoss auf der Alm eine geachtete soziale Stellung. Sie war für zwei bis drei Monate Herrin über Vieh, Hütte und Helfer. Diese Freiheit war für Frauen ein Grund die Tätigkeit der Sennerin anzustreben. Erlernt wurden die hierfür notwendigen Fertigkeiten und Kenntnisse von Kindesbeinen an. Zunächst mussten junge Mädchen bei der Betreung des Viehs mithelfen, später auch bei der Milchverarbeitung.

## Sennerinnen von der Schildenwang- und der Plankenalm erzählen

Die Schwestern Johanna Huber vlg. Rainhuber und Ida Gruber waren hintereinander von 1940 bis 1967 Sennerinnen auf der Schildenwang- und Plankenalm. Beide kannten noch ihre Vorgängerinnen Aloisia und Rosalia Huber, die von 1880 bis 1935 Sennerinnen auf dieser Alm gewesen waren. Da ich selbst als Hirte auf dieser Alm gearbeitet hatte, war es mir sozusagen als Kollege möglich, mit beiden über das Leben auf der Alm zu sprechen und Erfahrungen auszutauschen. Schriftliche Notizen, Tonbandaufzeichnungen und ein Film des Autors liegen der folgenden Beschreibung des Almlebens durch die beiden Sennerinnen zugrunde.

*Auf die Alm sind wir normalerweise zur Sommersonnenwende aufgefahren. Einmal war es sogar der 8. Juni und einmal wegen des schlechten, kalten Wetters erst der 10 Juli. Heimgefahren sind wir am*

*Kleinen Frauentag, dem 8. September. Sieben Bauern waren auftriebsberechtigt, jeder Bauer hatte 4 bis 6 Kühe, 6 bis 7 Stück Jungvieh, an die 5 Kälber und zwei Sauen. Die Schafe, so an die 30 Stück, waren drüben auf dem Kufstein und den Miesbergen. Vor unserer Zeit waren auch Ziegen auf der Alm.*

Aloisia Huber mit der Sennerin Ulla und einer unbekannten Sennerin um 1900 auf der Plankenalm (1720 m), Dachsteingebirge

## Der Tagesablauf auf der Alm:

*Um 4 Uhr in der Früh sind wir aufgestanden und haben noch bei Kerzenlicht gemolken und danach noch mit der Zentrifuge den Rahm von der Milch getrennt. Später haben wir die Kühe und die kleinen Kälber ausgetrieben. Endlich war Zeit sich zu waschen und etwas herzurichten. Wir haben für den Wochentag ein abgetragenes Dirndlkleid angezogen.*

Kreuzzeichen und Pentagramm, eingeschnitzt in den Türstock eines Trempels der Grafenbergalm. Diese Symbole sollten der Alm Glück und Segen bringen.

*Das Jungvieh war immer im Freien. Der Trempel* [Stall] *wurde dann geputzt, wobei der Mist den Abhang vor der Hütte hinuntergeworfen wurde. Am Vormittag wurde im Rührkübel* [Stoßbutterfass, längliches Holzfass mit Stampfe] *Butter gemacht. Mittags wurde gegessen und etwas ausgeruht. Zum Essen gab es vorwiegend Mehlspeisen, Muas, Schmarrn und Almnedar* [süße Nudeln bzw. Krapfen]. *Seltener brachte der Bauer, wenn er die Butter und den Käse holte, neben Brot und Eiern auch Fleisch mit. Der Weg für das Vieh und die Bauern führte durch das steile Ahornkar. Wenn Zeit war, machten wir auf der Alm sogar ein wenig Marmelade aus Waldbeeren. Nach der Mittagszeit wurde der Käse gemacht und danach das Vieh gesucht. Dabei wurden die Kühe mit den Lockrufen „Bussi-Bussi he doo" und „Kuahler he doo" gerufen. Oft mussten wir das Vieh stundenlang*

in den unübersichtlichen bewaldeten Gruben und Kuppen suchen. Die haben „Seeplätzn", „Berfalleben", „Rührkübeln", „Schafsteig", „Streithüttn" usw. geheißen. Zweimal in der Woche gaben wir dem Vieh Salz auf die Lecksteine. Einmal hat der Blitz neben uns in eine Lärche eingeschlagen und uns samt dem Vieh zu Boden geworfen. Die Lärche hat lichterloh gebrannt. Das war dann ein großer Schreck. Zwischen 3 und 5 Uhr wurde das zweite Mal gemolken. Das Vieh wurde nochmals ausgetrieben und erst am Abend durfte es in den Stall.

Mit dem Petroleum- und Kerzenlicht war es noch möglich am Abend in der Hütte etwas zu lesen oder zu schreiben. Oft aber trafen wir uns noch mit den anderen Sennerinnen und unterhielten uns. Beim Gruber vlg. Linharter haben sie ein Grammophon gehabt. Das war etwas Besonderes. Vor dem Schlafengehen haben wir vor dem Herrgottswinkel noch ein Vaterunser aufgesagt.

Hergottswinkel in der Urlhütte, Tuchmoaralm, Kleinsölk

Auch Bergwanderer und Schafsucher sind immer wieder gekommen und haben um eine Jause gefragt. Wir haben uns dann schon gefreut, wenn wir Geld dafür bekommen haben. Aber die meisten haben kein Geld gehabt. Die Leute sind oft zu Mittag gekommen, wenn wir uns kurz ausgerastet haben. Dann hat es geheißen, dass halt die Sennerinnen nichts arbeiten brauchen und immer liegen. Einige Male haben auch Wilderer aus der Ramsau nach einem Unterschlupf gefragt. Die haben aber niemals einen Platz bei uns bekommen.

Ida Gruber mit dem Jäger Ferdinand Schönauer auf der Schildenwangalm um 1945

Mitte Juli ist man dann von der Schildenwangalm zur höher gelegenen Plankenalm mit allem Gerät und sogar mit dem Bettzeug gezogen. Die Plankenalm war die Hochalm zur Schildenwangalm. Dort gab es viel mehr Weide. Das Wetter war natürlich nicht immer schön. Fast jedes Jahr hat es im Sommer geschneit. Wir hatten in der Hütte einen Katzenkopfofen [einfacher, aufgemauerter Ofen mit Topfkacheln], der von außen beheizt wurde. Das war sehr angenehm, denn wir konnten unser nasses Gewand auf den Stangen über dem Ofen trocknen lassen. Wenn dann der Wind den Regen oder die Schneegraupeln gegen die Fenster geblasen hat, war alles halb so schlimm und man hatte weniger Angst. Der Rauch vom Herd war bei schlechtem Wetter in den niederen Hütten oft sehr stark und brannte in den Augen.

Kleine Ausbesserungen an der Hütte haben wir selbst gemacht. Vor allem das Legschindeldach musste immer wieder ausgebessert werden. Damit es nicht

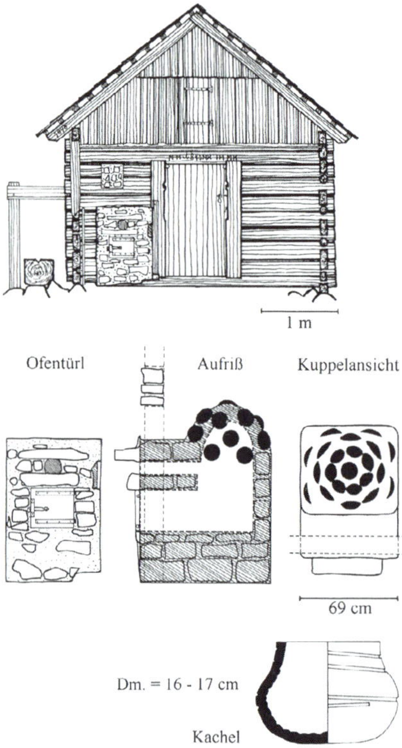


Wohnhütte mit Kachelofen für die Sennerin auf der Plankenalm, erbaut 1843

Spätmittelalterliche Kachel von der Modereckalm, Dachsteingebirge. Die Kacheln dürften zunächst im Tal und dann, wenn sie noch brauchbar waren, nochmals auf der Alm verwendet worden sein. Wahrscheinlich wurden auch andere Gebrauchsgegenstände auf der Alm sekundär verwendet.

*in der Hütte zog, wurden die Fugen zwischen den Hüttenbalken mit Moos ausgestopft.*

*Manchesmal tat man sich auch weh. Vor allem in der Dunkelheit konnte es passieren, dass man sich am Fuß verletzte. Die Schuhe waren genagelte Lederschuhe. Die haben wir selbst geflickt und auch verlorene Nägel haben wir ersetzt. Erst später gab es Schuhe mit Gummisohlen. Bei Schnee haben wir loderne Gamaschen getragen.*

*Für die Verarbeitung der Milch und das Reinigen der Geräte brauchte man 40 Liter Wasser. Bei schlechtem Wetter war genug Wasser vorhanden.*

Neu errichtete Wasserfassung auf der Plankenalm

*Regnete es längere Zeit nicht, wurde das Wasser knapp. Nur die Sennerin, die als Erste in der Früh bei der Quelle war, hatte noch genügend Wasser und musste nicht warten. Da kam es vor, dass Sennerinnen bereits in der Nacht Wasser mit dem Sechter* [Holzgefäß mit Griffen] *geholt haben. In der Plankenalm war es mit dem Wasser noch schlechter. Entweder ging man zum „Hirschbründl" oder zum 30 Minuten entfernten „Tumerach" Wasser holen. Dazu nahmen wir den hohen Rührkübel auf die Kraxe* [hölzerne Rückentrage]*, damit kein Wasser verschüttet wurde. Bei Wassermangel mussten wir auch mit 20 Liter Wasser auskommen.*

*Das Vieh brauchte auch Wasser. In der Früh war der Tau ausreichend und dann gab es noch die Was-*

Ahornsee 1908. Ausschnitt aus einer kolorierten Ansichtskarte. (Slg. Hänsel)

serlacken. Als diese einmal auch ausgetrocknet waren, trieben wir das Vieh sogar zum Ahornsee. Dessen Wasser haben die Kühe aber nicht gerne getrunken und wir mussten unverrichteter Dinge abziehen.

Wasserlacken dienen dem Vieh als natürliche Tränke. Diese Lacken trocknen allerdings nach einigen heißen Tagen ohne Regen aus.

Die Kühe haben selten eine Krankheit bekommen. Die Kreuzottern haben manches Mal den Kühen beim Fressen in den Hals gebissen. Dann bekamen diese kopfgroße Anschwellungen, die wochenlang anhielten. Aber nur einmal haben wir eine Kuh deswegen vom Bauern in das Tal treiben lassen müssen.

Kreuzotter unter einer Almhütte

Sonst haben sie beim Euter manchmal Krankheiten gehabt. Ganz selten ist ein Rindvieh verschwunden. Es hat auch tiefe Löcher gegeben, die mit Holz zugedeckt waren, damit die Rinder nicht hinunterfallen konnten. Wenn es viel Schnee gab, wurde das Vieh zur Schildenwangalm oder bis zur Großen Wiesmahd hinuntergetrieben. Ein kleiner Anger auf der Schildenwangalm diente als Futtervorrat für solche Schlechtwetterzeiten. Dort wurde auch gemäht und das Heu in den Trempel gegeben. Nach einigen Tagen ist aber der Schnee immer wieder weggegangen.

Sennerinnentreffen und Besuch vom Bauernhof auf der benachbarten Stornalm, um 1900. Die Sennerinnen sind festlich gekleidet.

## Butter, Steirerkäse und Schotten

Luseralm um 1935. Sennerin Maria Stiegler und Hirte mit Ziegen vor dem inzwischen verfallenen „Gerharter Trempel". Ziegenhaltung auf der Alm war eine gebräuchliche Form der Almbewirtschaftung. Oft wurde die Ziegenmilch mit der Kuhmilch vermischt. Der Käse erhielt dadurch einen würzigeren Geschmack. (Archiv ÖAV-Sektion Haus)

„Seihtrichter" mit Kuhhaarfilter, „Milchloater" (Stellrahmen) und „Milchsöchter". Mit dem Milchsieb reinigte man die frisch gemolkene Milch. (LMT)

Tuchmoaralm, Kleinsölk, 2001. Heutzutage werden die Kühe mit der Melkmaschine gemolken.

„Milchstötzel" mit „Rahmzweck". Nachdem die Milch über Nacht oder auch länger stehen gelassen worden war, setzte sich der Rahm an der Oberfläche ab. Beim Abgießen der Magermilch wurde er dann mit dem „Rahmzweck" zurückgehalten, abgeschöpft und in den „Rührkübel", das Stoßbutterfass, gegeben. (LMT)

Zuerst wurde die Milch durch den Seihtrichter mit einem Filter aus Kuhhaaren oder Leinenflecken geschüttet und von Unreinheiten befreit. Die Milch wurde dann in der Zentrifuge in Rahm und Magermilch getrennt und im Brentl [großes Holzgefäß] gesammelt, bis an die 60 Liter zusammen waren. Dann musste gewartet werden, bis sie sauer war. Vor der Einführung der Zentrifuge wurde die Kuhmilch in mehrere Milchstötzel, das sind flache Holzbehälter,

*geleert. Nach einiger Zeit wurde der nach oben hin aufgestiegene Rahm mit dem Rahmzweck beim Abgießen der Magermilch zurückgehalten und abgeschöpft. Der süße Rahm wurde in den Rührkübel [Stoßbutterfass] gegossen und daraus durch emsiges Stoßen Butter gemacht. Diese Butter wurde mit einem Model aus Holz verziert. Wir hatten einen mit einer schönen Monstranz, der ist jetzt unten im Tal. Die im Rührkübel übergebliebene Butter- oder Rührmilch wurde mit etwas Ka'wasser [Molke] gemischt und nochmals im Kupferkessel aufgekocht und gerührt. Danach durch ein feines Leinentuch in die Schottwiege gegossen und abgeseiht. Der bröslige Schotten wurde gesalzen und daraus die Schottsuppe zubereitet, ähnlich der Rahmsuppe.*

*Am Abend wurde die Sauermilch bereits im Kupferkessel erhitzt, bis sie aufgewallt und der Topfen aufgestiegen ist, gleichzeitig wurde mit einer langstieligen, schmalen Holzschaufel* [auch *Quirl* oder *Spriedl* genannt] *gerührt*

*Am nächsten Tag wurde nach nochmaligem Erhitzen und Umrühren mit der Holzschaufel sowie mehrmaligem Aufwallen die Käsemasse aus dem Kessel geschöpft und in das Schotttuch* [grobes Leinentuch], *das in der Schottwiege ausgebreitet war, gegeben. Das Ka'wasser [Molke] wurde in ein Brentl geschüttet und später den Schweinen verfüttert.*

„Schottwiege" und „Holzbrentl" mit 70 Liter Inhalt zum Sammeln der Magermilch für das Käsen

*Die Käsemasse wurde nun mit dem Leinentuch ausgedrückt, dabei ist die Molke in das darunter stehende Brentl geronnen. Kurze Zeit wurde die Käsemasse noch mit einem Stein beschwert und weiter ausgedrückt.*

*Die Käsemasse wurde nun zerbröckelt, gesalzen und gepfeffert sowie in das zuvor in das Ka'wasser getauchte und damit eingeriebene Kaskee gegeben. Dabei wurde die Käsemasse fest hineingedrückt und in eine Vorrichtung zum Beschweren der Masse gestellt. Ein Holzstempel, auf den ein Stein gelegt wurde, presste die Käsemasse im Kaskee zusammen und drückte die restliche Molke aus.*

Das „Kaskee" ist eine zylindrische Käseform aus Holz mit einigen Löchern am Boden, durch die die restliche Molke herausrinnen kann. (LMT)

Im „Kaskee" wird der Käsestock ausgepresst und geformt. (LMT)

*Am nächsten Tag wurde der 3 bis 4 kg schwere Käsestock aus dem Kaskee gestürzt und für einige Tage auf ein Brett über der Herdstelle zum Trocknen gestellt, bis er Sprünge an der Oberfläche bekam. Der Rauch strich dabei über den Käse.*

*Erst dann wurde der Käsestock für 5 bis 6 Wochen in den Kasten [Aufbewahrungsraum] zur Reifung gestellt. Während dieser Zeit wurde der Käse immer wieder abgewischt und zur Abwehr der Fliegen mit Salz eingerieben.*

*Der Kupferkessel musste sehr sorgsam mit der Reißbürste, feinem Sand und heißem Wasser gereinigt werden. So einen Mursand gab es in einem Loch nicht weit weg von den Hütten. Über den Winter wurde der Kessel verkehrt in die Bettstatt gelegt. Wir hatten auch Angst, dass das wertvolle Kupfergeschirr gestohlen werden könnte.*

*Sorgte eine Sennerin nicht für die nötige Sauberkeit, so konnte auch der Kaswurm kommen und in ihrer Hütte alle Lebensmittel auffressen. Man sagte auch, dass eine andere böse Sennerin den Kaswurm schicken konnte. Der Kaswurm war ein Strutzn [dicke längliche Madenmasse] aus vielen kleinen Würmern.*

Die Almprodukte: Steirerkäse und Almbutter

„Butterradl" mit „Butterstempel". (Fa. Fuchs vlg. Gsöll, Weißenbach bei Haus im Ennstal)

Fünfteiliger reich verzierter Klappmodel für die Butter aus dem 19. Jahrhundert. Die Butter wurde auf manchen Dachsteinalmen in Blätter des Alpenampfers, im Volksmund „Sauplotschn" genannt, eingewickelt und in mit Wasser gefüllten Sechtern (Behälter) aufbewahrt. (Fam. Huber vlg. Rainhuber, Weißenbach bei Haus i. E.)

Holzbehälter mit Butterspachtel und Butterradl (19. Jh.). Das Butterradl mit kleiner und großer Trommel diente zum Verzieren des Butterstriezels. (Fam. Huber vlg. Rainhuber, Weißenbach bei Haus i. E.)

## Das Weiblgrab

Es muss um 1910 zu Ende der Almzeit gewesen sein, als die ehemalige, in die Jahre gekommene Sennerin Joga Agerl von der Grafenbergalm zur Plankenalm wanderte, um etwas Essbares zu erbetteln. Die Sennerinnen auf der Grafenbergalm hatten die Agerl noch vor dem heranziehenden schlechten Wetter gewarnt. Doch die ortskundige Agerl war dennoch durch die *Weißen Tauben* zum *Schafsteig* marschiert. Angeblich von einem Schneesturm überrascht, verirrte sie sich am Fuße des Kimpflings in der Nähe der Plankenalm und erreichte ihr Ziel leider nicht mehr.

Sie soll dort umgekommen sein, wo sich heute ihr einfaches, aus Steinen angehäuftes Grab befindet. Ein kleines Holzkreuz kennzeichnet die Stelle neben dem Weg in die *Berfalleben*. Nur Almbauern und einigen Bergwanderern ist das *Weiblgrab* heute noch bekannt. Dennoch wird es der Wanderer immer wieder mit Blumen geschmückt antreffen. Vielleicht sollten auch wir ein wenig innehalten an diesem bescheidenen Denkmal und dieser armen Fau gedenken. Sie sei uns Stellvertreterin der unzähligen armen und geschundenen Menschen, die ihr Leben unter den drückenden Arbeits- und Lebensbedingungen der Landwirtschaft in den vergangenen Jahrhunderten fristen mussten.

„Weiblgrab", Dachsteingebirge

# Lustig ist's auf der Alm

Archäologische Ausgrabungen auf dem Dachsteingebirge förderten mehrere Maultrommeln aus dem Spätmittelalter zu Tage. Ein Beweis, dass auf den Almen seit Jahrhunderten auf ein lustiges Treiben nicht verzichtet wurde. Die Volksmusik entwickelte besonders in gebirgigen Regionen wegen deren Kleinräumigkeit großen Variantenreichtum. Die örtlichen Besonderheiten der Sprache, der Arbeit und der Landschaft prägten die Volksmusik. Rund um den Dachstein finden wir deshalb eine Volkskultur, die durchaus unterschiedliche Nuancen aufweist.

600 Jahre alte Maultrommel vom Dachsteinplateau

Das einfachste Instrument war und ist aber die menschliche Stimme. Neben dem schlichten Almschrei, dem Juchzer, der zur Verständigung diente, wurde auch gesungen und gejodelt.

*Die hohe Alm*

*I g`freu mi auf die Samstánacht,*
*Da kimmt mei liabá Bua,*
*Und bald er auf die Almá kimmt,*
*Aft kehrt er bei mir zua.*

*Und bald er auf die Almá kimmt,*
*Aft brodlt schon der Stier,*
*Und bald er dann zu mir herkimmt,*
*Aft brodlt er mit mir.*

*Sie hat mir glei á Milli geb´n*
*Mitsamt an´n fett´n Ráhm,*
*I war ihr halt á rechtá Bua,*
*Wann i nur öfters kám.*

*Aft hat s´ ma glei á Supp´n g´macht*
*Mitsamt an´n fett´n Sterz,*
*Aft ham már uns ins Bettál g´legt,*
*Und ham á wenkál g´scherzt.*

Jodler: *Ja auf der hohen Alm,*
*Ja auf der hilá Alm,*
*Ja auf der hila, hala, hohen Alm.*

Die Augstalm. Aus dem Buch von Hans Gielge: „Klingende Berge". Trautenfels 1992

*Juchzer, Rufe und Jodler sind Kinder der freien Bergwelt, entstanden in der harzigen Luft sich weithinstreckender Hochflächen und Almgründe, hinausgejubelt in der Erhabenheit der Empfindungen, die den Menschen zu einer frohbeglückten Äußerung*

*zwingen, wenn er vom Gipfel aus, die zu seinen Füßen sich weitende Bergheimat betrachtet.* (H. Gielge)

2

Breit und wuchtig, wie im Tale die bewaldeten Hügel lagern, beginnt der Vorsänger seine Melodie, über der sich wie die höheren Berge die zweite Stimme aufbaut, um schließlich in leichtbeschwingter Figuration die dritte Stimme in den nach oben freien Tonraum zu schicken, so wie Zinnen u. Zacken der höchsten Gipfel am fernen Horizont in den Äther stechen:

„Klingende Berge!"

Melodie-Linie und Landschafts-Linie

*Aus dem Buch von Hans Gielge: „Klingende Berge". Trautenfels 1992*

*Schildenwangalm, Dachsteingeb., 1930. Sennerinnen mit Gästen. (Fam. Gruber, vlg. Linharter)*

## Tanzen, G´stanzlsingen und Paschen

*Paschen* und *G´stanzelsingen* haben ihren Ursprung im Tanz. Das *Paschen*, übrigens eine reine Männersache, ist ein kompliziertes, rhythmisches Händeklatschen nach dem *Ansingen* der *G´stanzeln.* Diese musikalische Eigenart resultiert aus der Geselligkeit und Musikalität der Bewohner des Salzkammergutes.

*Auf der Alm is koan Bleib´n,*
*Tuat bald regná, bald schneib'n,*
*In der Hütt'n is koan Sein,*
*Geht der Wind aus und ein.*

*´s Dirndl auf der Alm,*
*Tuat an Juhschrei án`n halb´n,*
*Den anderen der Bua,*
*Bald er hinkommt dázua.*

*Je höher die Alm,*
*Desto schärfer der Wind,*
*Je schöner das Dirndl,*
*Desto kloaner die Sünd.*

*Dirndl, gib´s Stutzerl her,*
*I geh`in Wald,*
*Und die Gámslán sánd áh schon auf,*
*Drom auf der dá Alm.*

*Báld trüpflt der Schottn,*
*Báld läut die Kuahglockn,*
*Báld jugitzt da Bua*
*Za da Hüttn herzua*

*Pfiat di Gott, Hüttn*
*Und pfiat di Gott, Álm.*
*Pfiat di Gott, Diandl,*
*Hást mar a amól gfálln.*

*Die Kuah mit zwoa Herndln*
*Des is hoat a G´schicht,*
*hot die Kuah nur zwoa Stumpm*
*dann is a leidige G´schicht.*

Die Schwegelpfeife ist ebenso ein uraltes Instrument, das zumindest schon im Mittelalter zur Erheiterung der Zuhörer diente. Diese Flöte ähnelt der Querflöte und wird seitlich geblasen. Im steirischen Salzkammergut wird sie *Pfeiferl* genannt. Die legendären *Pfeiferlbuben* aus Grundlsee machten ihre Musik 1853 auch in den besseren Kreisen Wiens bekannt.

Alexander Baumann, ein Wiener Dichter, Komponist und Zitherspieler, war einer der Förderer der volkstümlichen Eigenheiten des Ausseerlandes. Die Vordernbachalm nahe Gößl, auf der Baumann etwa 20 Sennhütten antraf, wurde 1840 sein schöpferischer Stützpunkt. Er komponierte dort viele volkstümliche Lieder und spielte sie den Sennerinnen, Hirten und Holzknechten vor. Diese wiederum verbreiteten Baumanns Schöpfungen weiter. 1852 schrieb er zum Beispiel ein mehrstrophiges Lied über die *Pfeiferlbuben*, das inzwischen als Volkslied in das Liedgut des Salzkammergutes aufgenommen wurde. Auf der Vordernbachalm dichtete Alexander Baumann auch das Theaterstück *Das Versprechen hinter dem Herd*, mit dem er in Wien einen großen Erfolg feiern konnte. Im Vorwort seines Liederbuches, das 1856 erschienen ist, beschreibt er eine Abendunterhaltung auf der Alm:

*Am Abend, wenn alle Arbeit geendet und das Vieh versorgt war, da ging es gar lustig her. Zither und Geige erschallten, Holzknecht und Jäger wurden eingeladen und eine Sennhütte ward zum förmlichen Tanzboden umgewandelt. Zwanzig Paare drehten sich da auf einem unbeschreiblich kleinen Raume herum, und es gehörte die ganze Geschicklichkeit eines steirischen Tänzers dazu, um bei diesen Tausend zierlichen Verschlingungen und Windungen noch Raum für sich und seine Tänzerin zu finden.*

*Bua, willst auf d'Alma farn,*
*Mußt di fein gut vawarn.*

*Vor 100 Jahren standen auf der Vordernbachalm (Gemeinde Grundlsee) noch 30 Hütten. (LMT)*

*Auf der Vordernbachalm wurde die Stimmplatte einer Mundharmonika gefunden. Auf die ausgeprägte Musikkultur, die auf dieser Alm herrschte, wird in der Literatur mehrmals hingewiesen.*

*Vordernbachalm 2001. Prof. Dr. Günter Graf zeigt uns die letzte alte Hütte auf dieser Alm.*

# Brauchtum, Glaube und Aberglaube

Sennerinnen auf der Augstalm ( Gemeinde Altaussee) um 1920. (Slg. Herbert Freismuth)

## Der Schatz auf der Alm

Ferdinand Andrian hat vor über 100 Jahren im Zuge seiner volkskundlichen Studien auch wichtige Aufzeichnungen über die Almen von Altaussee gesammelt. Aus seinem 1905 erschienenen Werk *Die Altausseer* sind die folgenden Beschreibungen des früheren Almlebens im Salzkammergut entnommen.

In vielen Liedern und Almbräuchen spielt das Essen eine wichtige Rolle. Speisen wurden sowohl als Liebesgabe für den Schatz als auch als soziale Abfindung für die Nachbarn eingesetzt:

*Manche Dirndln sollen sogar mittels des „Haferlrührens" die Sehnsucht ihres Buam derart zu steigern verstehen, daß dieselben ohne Verzug sich zu ihnen begeben!*

Der Liebste und die Sennerin beim Buttern. Teil eines Klappmodels von der Schildenwangalm. 19. Jh.

*Der erste Besuch des „Buam" bei seiner Liebsten heißt „den Widder heimtreiben". Findet derselbe schon in den ersten Nächten ihres Aufenthaltes auf der Alm statt, so heißt es: „Der hat den Widder in einem Schachterl heimtragen". Der Widder war nämlich so jung, daß er noch nicht laufen konnte. Solange der Widder noch nicht fort ist, darf die Sennerin keine Eierschalen vor die Hütte werfen, sie muß dieselben verbrennen. Sie wird verspottet, wenn sie längere Zeit „den Widder nicht anbringt".*

*Der Schatz erhält süßen Rahm und ein Almkoch mit Weinberl. Er muß heimlich in die Hütte schlüpfen, ohne von den anderen bemerkt zu werden. Gelingt ihm dies, feiert er seinen Sieg beim Weggehen in der Früh durch Juchzen und selbstbewußtes Auftreten. Er hat von nun an unbehelligten Zutritt zu seiner Geliebten.*

*Leicht ist dies jedoch nicht, denn die anderen Sennerinnen wenden alles auf, um einen Widder auszuforschen. Haben sie ihr Ziel erreicht, so wird dann bei der betreffenden Hütte „baut" (angebaut). Der Abend verläuft anfangs wie gewöhnlich, alles geht rechtzeitig zur Ruhe. Nach einer guten Weile wird dann die Hütte des Paares von allen Seiten umstellt. Jeder hat eine Peitsche, eine große Kuhglocke, oder einen langen Stecken in der Hand. Niemand rührt sich, bis der Anführer schreit: „Wann der Mist anbroat (ausgebreitet) und dungt ist, oft wird baut. Hür!" Sofort entsteht ein Höllenlärm, man schnalzt, läutet und schlägt mit den Stöcken auf das Dach. „Ausg´halt´n!" tönt es plötzlich, und der Anführer fragt: „Kriegen wir einen Branntwein und ein Koch?" Kein Laut dringt aus der Hütte. Auf das neuerliche Kommando: „Hür!" beginnt der Lärm von neuem, bis ein „Ja" zu hören ist und die Tür sich öffnet.*

*Im Falle hartnäckigen Schweigens steigt der Anführer auf die Schultern eines anderen und reißt die Bedachung auf. Mehrere Tage nach dem "Bauen" findet ein gemeinsames Mahl statt, die Sennerin tischt das versprochene Koch auf und der Bursche eine Flasche Branntwein. Nachdem sie diesen Tribut geleistet haben, steht dem weiteren Verkehr nichts im Wege.*

Sennerin aus dem Salzkammergut um 1900. (Foto: Mooser, LMT)

Pergantschenalm (Gemeinde Gössenberg) um 1900. (Archiv ÖAV-Sektion Haus)

## Almfahren

In den alten almrechtlichen Aufzeichnungen sind die Tage für den Almauftrieb und den Abtrieb zumeist genau vorgeschieben worden. Der Gewohnheit entsprechend, orientierten sich die Zeitangaben an den Tagesheiligen. Tatsächlich waren und sind die Auf- und Abtriebszeiten von der Höhe und Sonnenlage der Almen und von den jeweiligen Witterungsumständen abhängig.

| | |
|---|---|
| Auftriebstermine sind: | |
| St. Urban | 25. Mai |
| St. Bonifaz | 5. Juni |
| St. Veit | 15. Juni |
| St. Johannes | 24. Juni |
| St. Peter und Paul | 29. Juni |
| Abtriebstermine sind: | |
| Mariä Himmelfahrt | 15. August |
| St. Bartholomäus | 24. August |
| Mariä Geburt | 8. September |
| St. Rupert | 24. September |
| St. Michael | 29. September |

*Die Sennerin legt am Tag der Almabfahrt drei Kreuze aus Holzscheitern auf den Herd, um Unheil während ihrer Abwesenheit abzuwehren. Schildenwangalm 1995.*

Von der Schildenwangalm wurde meist um den 15. September abgetrieben bzw. heimgefahren. Bevor sie die Hütte für 7 Monate versperrte, legte die Sennerin drei aus Holzscheitern gebildete Kreuze auf den Herd. Diese Kreuzzeichen sollten Segen bringen und das Böse von der Hütte fern halten.

### Der festliche Almabtrieb

Als Dank für einen glücklich und unfallfrei verlaufenen Almsommer wird der Almabtrieb festlich gestaltet.

Zu Barthlmä (24. August) beginnt die Sennerin mit dem Herstellen des Schmuckes für den Almabtrieb, der möglichst bunt und auffällig sein muss. Aus Bändern, Spiegeln, Rosetten und Fichtenzweigen werden kleine Kunstwerke zum Schmuck der Tiere gewunden. Die großen, geschmiedeten *Pumpelglocken* (Prunkglocken) werden hergerichtet und die Glockriemen verziert, um schließlich die Tiere am Tag der Abfahrt damit zu schmücken.

Auch mit eigenen Speisen wird dieser große Tag gefeiert. Die Sennerin bereitet kleine, in Fett gebackene Teigstücke, die so genannten *Almraunkerln* zu, die sie an die neugierigen Zuschauer und Gäste verteilen wird. Am Tag der Abfahrt verzehrt man *süßen Schotten*, da die Milch in den letzten Almtagen nicht mehr zu Butter und Käse verarbeitet werden kann. Auf die deftigen Almspeisen muss ein Schnapserl getrunken werden.

Heutzutage werden die Tiere nicht mehr über die oft sehr langen Strecken zum Heimhof getrieben, sondern mit dem Traktor transportiert. Nicht nur die schlechter werdende Kondition von Tier und Mensch

*„Süßer Schotten", „Fedlkrapfen", „Steirerkrapfen", „Raunkerln" sind Spezialitäten bei der Almabfahrt (zubereitet von Fam. Thöringer vlg. Kristinger, Weißenbach bei Haus im Ennstal).*

Süße „Raunkerln" und kleine „Krapfen" werden beim Almabtrieb den Zusehern angeboten.

ist daran schuld, auch der moderne Autoverkehr würde diesen Brauch vielerorts nicht mehr gestatten. Im Interesse des Tourismus wird aber inzwischen auf den Almen das *Schottenrühren* festlich begangen und in einigen Orten gestaltet man folkloristische Almabtriebsfeste.

Almabtrieb von der Zauneralm im Seewigtal nach Aich im Ennstal

Lassen wir Georg Göth erzählen, der vor mehr als 170 Jahren den Almabtrieb wie folgt beschrieb:

*Das Abtreiben von der Alpe im September geschieht, wenn sich kein Unfall bei den Thieren ereignete, durchaus mit vieler Feierlichkeit. Bei einem solchen Abtriebe von der Alpe ziehen der Hirt und die Alpenmägde ihre Feiertagskleider an und schmücken ihre Hüte mit Blumensträußen. Voraus geht die Glockkuh, d. h. die schönste Kuh mit einer sehr großen Glocke, den Kopf mit Bändern, Flittergold, eingesetzten Spiegeln, und die Hörner bis an die Spitze verziert. Zwischen den Hörnern befindet sich eine kleine weibliche Figur, die Sennerin mit dem Milchschaff vorstellend. Dieser Kuh folgt dann der Zug der anderen gemeinen Kühe. Zuletzt kommt der Stier mit seinem grünen Fichtenbäumchen zwischen den Hörnern, das mit farbigen Bändern, Rauschgold, rothen Beeren und anderen glänzenden Dingen geschmückt ist. Nachher folgt das Geltvieh, der Glocker (der größte Glockenochs voraus) und der andere Zug hintennach. Bringt man eine ausgezeichnet schöne Kalbe von der Alpe, so erhält auch diese einen Aufputz von grünem Reisig und roten Beeren auf den Hörnern oder einen grünen Kranz auf dem Kopfe und eine Glocke um den Hals, eine gleiche Auszeichnung erfährt ebenso das schönste Kalb. Hinter dem Zug des Jungviehes geht der Hirte mit seinem Ringstabe, nach ihm die Sennerin und ihre Gehülfin mit dem Borstenvieh, das sogar manchesmal von einem lustigen, als Spaßmacher maskierten, Burschen getrieben wird. Den Schluß macht der Alpenwagen, auf welchen sich alle Milchgeräte, das erübrigte Heu usw. befinden. Der ganze Wagen ist dann mit einem weißen, mit Blumen und Reisig aufgeputzten Tuche bedeckt und hat die Form eines aufgerichteten Bettes, welches er auch vielleicht vorstellen soll. Während des Zuges beschenkt die Brentlerin die Begegnenden mit kleinen Krapfen (Säuerlingen, Rumpelnudeln). Zu Hause angekommen, werden die Thiere ihres Putzes entledigt, auf die Weide getrieben*

*und in Gemeinschaft mit den zu Hause gebliebenen gebracht, wobei es nicht selten gefährliche Kämpfe absetzt, weshalb dieses die ersten Tage unter guter Aufsicht geschehen muß. Am Abend des Abtriebtages versammeln sich die Viehmägde und Knechte zu einem Empfangsmahle, wobei ein Tänzchen nie fehlen darf.*

Almabtrieb von der Neustattalm (1528 m) unter den Südwänden des Dachsteins

„Hiatabua" mit Ziegenbock beim Almabtrieb von der Neustattalm in die Ramsau am Dachstein

## Volksmedizin für Mensch und Tier

In früheren Zeiten war schon in den Tälern die medizinische Versorgung von Mensch und Tier äußerst unzureichend. Auf den Almen waren die Menschen aber im Falle von Verletzungen und Krankheit völlig auf sich gestellt. Mit Magie und Gebet, aber auch mit Wissen um die Heilkraft so mancher Kräuter versuchte man sich dagegen zu wappnen. Doch auch kleine Medizinfläschchen lassen sich auf den Almen immer wieder entdecken.

Medizinfläschchen aus der Neuzeit mit Resten einer Tinktur. Grafenbergalm Höhe: 64 mm

Etwa 300 Jahre altes Medizinfläschchen von der Henaralm. Höhe: 44 mm

Im Süden der Grafenbergalm gibt es eine kleine Höhle mit dem Namen *Schottloch*. In ihr findet man die so genannte *weiße Bergmilch*, eine Kalkabsonderung, die auf der Alm als *Wilder Schotten* bezeichnet wurde und als Medizin für das Almvieh diente.

## Glaube und Aberglaube

Der Glaube an Gott, an die Schutzheiligen und die Kirche war in den Herzen einfacher Menschen bis vor nicht allzu langer Zeit tief verwurzelt. Die Dirnen und Knechte besaßen keine materiellen Güter, so blieb ihnen oft nur die Hoffnung, durch mitgetragene Amulette, Heiligenbilder, Kreuze und Rosenkränze vor Unglück beschützt zu werden und in ihrem Alltag etwas Sicherheit zu erlangen.

*Rosenkranzkreuze aus Kupfer vom Dachsteingebirge. Das mittlere Kreuz hat eine Höhe von 65 mm.*

*Medaillen von Dachsteinalmen, dem Hl. Michael (oben) und dem Hl. Benedikt (unten) geweiht*

## Jäger, Wilderer und Almen

Die Jagd war und ist ein wichtiges Statussymbol. Sie hat sich auch zu einem bedeutenden Wirtschaftszweig entwickelt. Seit dem Mittelalter war die Jagd zu einem adeligen Privileg geworden. Da nach der Aufhebung der Grundherrschaft zur Mitte des 19. Jahrhunderts Grund und Boden frei erworben werden durfte, konnten unter gewissen Voraussetzungen nunmehr auch den neuen Grundeigentümern Jagdrechte verliehen werden. Überdies wuchsen die Jagdgebiete durch die Auflassung von Almen stark an. Reiche Adelige und Großbürger erwarben riesige Gebiete, in denen sie ihrer oft übertriebenen Jagdleidenschaft frönten. Prinz August von Sachsen-Coburg und Gotha etwa besaß gegen Ende des 19. Jahrhunderts alle bedeutenden Jagdrechte im oberen Ennstal. Penibel zählte er seine tausenden Abschüsse.

*Letzter erlegter Braunbär im Obertal, Rohrmoos*

Bauern und Knechte versuchte man über all die Jahrhunderte mit allen Mitteln von der Jagd fernzuhalten. Doch Hunger zwang die armen Leute trotz Androhung strengster Strafen das Wild aus dem Wald der Herrschaften und Jagdherrn zu holen. Daraus entstand schon vor vielen Jahrhunderten die Kultur des

Wilderns. Dies war für viele Menschen die einzige Möglichkeit, öfters Fleisch auf den Esstisch zu bekommen. Wilderer waren aber auch gefürchtete soziale Rebellen, denn sie vertraten die Meinung, dass das Jagdrecht jedermann freistehe und zu Unrecht von den adeligen bzw. reichen Jagdherrn beansprucht worden sei. Not und Leidenschaft standen einander sehr nahe.

*Jäger aus dem Salzkammergut, um 1900. (LMT)*

Wurde die vornehme Jagd, ein Relikt barbarischer Lebensart, zu einem wichtigen gesellschaftlichen Ritual der Oberschichten, so galt die Wilderei als ein wagemutiges Unternehmen, mit dem die jungen Bauernburschen und Knechte ihre Männlichkeit unter Beweis stellen wollten. Wilderer wurden von ihrer bäuerlichen Umgebung geachtet. Nicht ohne Hohn zeigten sie den Jägern ihre Trophäen, indem sie am Sonntag in der Kirche in ihrer *Gamsledernen* (Lederhose) und mit

*Eine Wildererszene, 1847 in den Fels geritzt. Kochofen, Gemeinde Michaelerberg*

einem *Gamsbart* auf dem Hut erschienen.

In volkstümlichen G´stanzeln wurden die Jäger von den Wilderern gerne verhöhnt:

*Des Gamserl ist oben*
*und i bin nit weit,*
*drum schieaß ich des Gamserl*
*für mein Dianderl no heit*

*Jagdszene aus der mittleren Neuzeit. Felsritzbild, Dachsteingebirge*

Ein Wilderer konnte sich auf der Alm relativ sicher fühlen, stand ihm doch so manche Sennerin zur Seite. Die von der Herrschaft bestellten Jäger hatten es deshalb nicht leicht Wilderer dingfest zu machen. Zwischen diesen und den Jägern, die oft ehemalige Wilderer waren, kam es zu erbitterten Kämpfen.

Diese konnten - weitab von Siedlungen und ohne Zeugen - bis zum Mord führen.

Der Jäger Adolf Ladinig schmückt den Gedenkstein für seinen Kollegen Johann Höflechner. Dieser Jäger ist im Jahre 1931 von Wilderern im einsamen, weglosen Kemetgebirge ermordet worden.

Eine dieser Wilderergeschichten hat uns Ferdinand Schönauer aus Weißenbach bei Haus erzählt. Schönauer begann unmittelbar nach dem Zweiten Weltkrieg als Jäger auf dem Dachsteinplateau zu arbeiten. 1946 überraschte er zwei Wilderer, die noch in der Kleidung aus der russischen Kriegsgefangenschaft unterwegs waren, auf dem *Haxberg* beim Stoder. Er forderte sie auf: *Das Gewehr wegleg´n, sonst schiaß i!* Die Wilderer waren derart erschrocken, dass sie über die Wände der *Kreuzleiten* hinuntersprangen. Einer stürzte 50 m in die Tiefe und war sofort tot. Der andere blieb an einer Lärche hängen und brach sich den Knöchel. Schönauer sprang diesem Wilderer noch selbst auf die Lärche nach, rettete ihn und übergab ihn der Gendarmerie.

Heute wird in manchen Revieren das Wild mit Kraft- und Silofutter gemästet, um große Trophäen für die Jäger zu erzielen. Da im Interesse der Jagd die Wildbestände durch Hege und Pflege vergrößert werden, treten auch Schäden an den Wäldern auf. In der Jägerschaft gibt es inzwischen vermehrt Stimmen, die eine natürliche Wildpflege einfordern.

Volkslieder aus Grundlsee. Aus Konrad Mauthner: „Steyerisches Rasplwerk". Ansichtskarte 1910

*Beide Bilder: Hohenseealm, Gemeinde St. Nikolai im Sölktal*

# Felsbilder auf den Almen

## Felsritzbilder weisen in die schriftlose Kultur der einfachen Menschen

Die Felsritzbilder der Nördlichen Kalkalpen, dazu gehören auch die Ritzungen des Dachsteingebirges und des Salzkammergutes, nehmen eine besondere Stellung in der Welt der Felsbilder ein. Sie sind von volkskundlichen Elementen geprägt und wurden überwiegend von der einheimischen Bevölkerung in den letzten Jahrhunderten angefertigt.

Allgemein bezeichnet man in den Fels punzierte oder geritzte bzw. auf den Fels gemalte Darstellungen als Felsbilder und zählt sie zu den Bodendenkmälern. Um aber der regionalen Besonderheit unserer Felsbilder gerecht zu werden, wurde der Begriff Felsritzbild als Unterbegriff eingeführt. Diese Bezeichnung sagt über die Technik der Erzeugung des Bildes bereits so viel aus, dass sich auch der Laie etwas darunter vorstellen kann. Auch soll durch diese Definition eine Verwechslung mit den altsteinzeitlichen Höhlenmalereien, wie wir sie aus dem frankokantabrischen Raum kennen, vermieden werden.

Die Felsritzbildforschung ist eine komplexe Disziplin der Geschichtswissenschaft, in die gerade bei Fragen der Interpretation und Datierung häufig außerwissenschaftliche Elemente einfließen. Sie ist deshalb anfechtbar. Da sich vorwiegend Heimatforscher mit Felsritzbildern beschäftigten, konnte sich die österreichische Felsbildforschung an Universitäten gar nicht oder nur am Rande einschlägiger Disziplinen etablieren.

Felsritzbilder, die es in den nördlichen Kalkalpen tausendfach gibt, sollten aber nicht von den zuständigen universitären Fachinstituten wie Volkskunde und Archäologie ignoriert werden. Sie sind ein wichtiger Bestandteil der alpinen Kultur. Ihre Dokumentation ist besonders dringlich, da sie von der Zerstörung durch unverständige Zeitgenossen und Umwelteinflüsse wie saurer Regen bedroht sind.

Die Darstellungen wurden mit scharfen Gegenständen in den Fels geritzt bzw. graviert. Dies ist deshalb möglich, da sich auf den in Frage kommenden Oberflächen des Kalkgesteins über Jahrtausende hinweg eine weiche, leicht bearbeitbare Verwitterungsrinde gebildet hat, die sich meist rasch zersetzt. Der Großteil der österreichischen Felsritzbilder stammt aus historischer Zeit oder ist rezent.

Nur sehr wenige Felsritzbilder in geschützter Lage können möglicherweise in die Urgeschichte datiert werden. Die schlichten Ritzungen sind aber wichtige geschichtliche Dokumente, da sie zu den seltenen Zeugnissen der schriftlosen alpinen Volkskultur gehören. Die ostalpine Felsritzbildwelt weist jedoch - ebenso wie die weltberühmten urgeschichtlichen Felsbilder Südwesteuropas und der restlichen Welt - Zeichen, Symbole, anthropomorphe und zoomorphe Darstellungen auf, die durchaus als künstlerisch bezeichnet werden können.

*Der Eingang zur Notgasse*

Auf ritzbaren Felswänden in der Nähe von Almen oder Wegen sind in der Regel viele Felsbilder zu finden. Wo wenig oder kein geeigneter Fels vorhanden ist und die Begehungsfrequenz gering war, sind dementsprechend weniger oder keine Felsbilder vorhanden. Der Mensch hat dank seines Ideenreichtums ein vielfältiges Werk geschaffen. In einem Zeitraum von vielen Jahrhunderten oder gar Jahrtausenden reicht die Herstellung weniger Darstellungen in einem Jahrzehnt aus, um ganze Felswände zu füllen. Solche Bilderwände können mehrfach in den Nördlichen Kalkalpen angetroffen werden.

Felsritzbilder befinden sich auch häufig an Orten, die als Rastplätze und Jagdstände Schutz vor Wind und Regen boten. Hier wurden vielleicht auch Feuerstellen angelegt und so manche karge Mahlzeit mag hier eingenommen worden sein. Ein Bild aus längst vergangener Zeit von unvorstellbarer Einfachheit und Entbehrungen wird uns gezeigt, die für den Betroffenen von damals aber Alltag bedeuteten. Diese Menschen waren Jäger, Almleute, Hirten, Säumer, Holzarbeiter und schließlich Bergwanderer. Sie sind die Urheber und Künstler der Felsritzbilder.

Diese Reste der Verewigung, des *Ich-war-hier* vergangener Jahrhunderte, spiegeln eine für uns meist verloren gegangene Glaubenswelt wider, die es mit unseren bescheidenen Mitteln zu erforschen gilt. Pilger aus fernen Orten, einheimische Bauern und Jäger haben sich derselben Zeichen und Symbole bedient. Diese aus den Grundbedürfnissen des physischen und geistigen Lebens des einfachen Menschen entstandene Verständigungsform war schlicht und anscheinend allgemein verständlich. Ähnliche Motive zieren auch Bauelemente, Möbel, Hausrat und Werkzeug in den Gebirgsregionen. So gesehen, finden wir im alpinen Raum immer wieder Parallelen zu unseren Felsritzbildern, die Ansatzpunkte unserer Forschungen darstellen. Das massive Einsetzen von Ritzungen auf Fresken, auf Bildtafeln, auf Kirchenmauern und auf Felswänden ist anhand von begleitenden Jahreszahlen ab dem 16./17. Jahrhundert festzustellen. Felsritzbilder, denen aufgrund ihres Typs, ihrer Technik und des Verwitterungsgrades ihrer Kerben ein höheres Alter zugeschrieben werden kann, sind in der Minderzahl.

*So genanntes „Weltbild". Dieses komplexe Liniengefüge wurde in Anlehnung an den germanischen Mythos als Symbol für die Welt gedeutet: Die Zweige des „Weltenbaumes", die nach oben ragen, sollen den Kosmos verkörpern. Der Mittelteil mit seinen Rechtecken, Strichen und dem Bogen stelle den irdischen Lebensbereich dar, und die Äste, die nach unten zeigen, die Unterwelt. Zeitstellung: Mittelalter, ev. Römerzeit*

## Felsbilder

„Jagdszene", Salzkammergut. Die einzige bekannte Braunbärenjagdszene in der ostalpinen Felsritzbildwelt ist sowohl aus künstlerischer Sicht als auch in ihrer historischen Bedeutung hervorzuheben. Der Jäger, dessen Augen und Mund zu erkennen sind (Darstellung = 9 cm groß), ist mit einer Schlagwaffe (wohl Holzknüppel), die er gegen den unteren Bären gerichtet hat, ausgerüstet. Dieser Braunbär wurde bereits mit dem Jagdspieß, der in seinen Fang eingedrungen ist, verletzt. Sowohl der untere als auch der obere Bär weisen an ihren Körpern durch Kerbeneinschläge symbolisierte Verletzungen auf. Die Darstellung der Bären und des Jägers ist schlicht und doch aussagekräftig genug, um zu vermitteln, um welch wichtiges Erlebnis und Ereignis es sich handeln soll. Die gesamte Szene wirkt auf den Betrachter gefahrvoll, kämpft der Jäger doch immerhin gegen zwei Bären. Rings um die Jagdszene sind sowohl Kerben als auch Kerbenreste, Kerbenausschläge und Ausbohrungen (Schälchen) erkennbar. Die dargestellte Bärenhatz zeigt die Jagdtechnik des Mittelalters und der frühen Neuzeit. Als Jagdhilfen dienten Jagdspieß und Jagdhunde.
Zeitstellung: 15.-17. Jahrhundert

„Pentagramm"

Abwehrzeichen gegen dämonische Mächte

(Länge: 8 cm)

„Mühle"

Glücksspiel, das auch als Glückssymbol in den alpinen Regionen Verwendung fand.

## Felsbilder

*Felsritzungen vom Dachsteingebirge. Kerbenanordungen. Möglicherweise handelt es sich hier um einen Kalender für die Wintersonnenwende. Diese Felsritzungen könnten aus der späten Bronzezeit stammen.*

*Reich verzierte, barocke Kartusche mit den Initialen „LE.SH" und der Jahreszahl „1755". Die Darstellung mit ihrer gekonnten Linienführung weist auf einen geübten Zeichner hin.*
*Fundbereich: Salzkammergut*

*Bannknoten. Dieses Symbol soll Dämonen und Hexen abwehren.*
*Fundbereich: Dachsteingebirge*
*Zeitstellung: Spätmittelalter/Neuzeit*

## Felsbilder

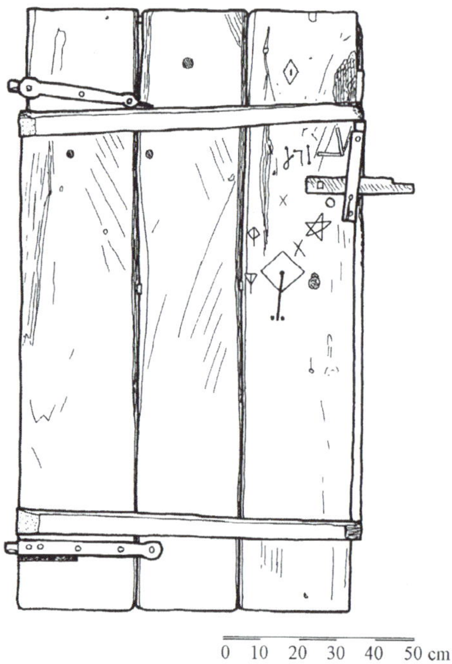


*Almhüttentür mit eingeschnitzten Zeichen und einer Jahreszahl vom Dachsteingebirge*

Typisch für die Felsritzungen des Dachsteingebirges ist ein immer wieder auftretendes Symbol, das aus einer Raute (*Vulva*) und einer senkrechten Kerbe mit zwei Näpfchen (*Phallus*) besteht. Auf einer alten Almhüttentür konnte ein solches Symbol entdeckt werden. Laut einer Jahrringdatierung (Dendrochronologie) des Holzes wurde die Tür um 1630 angefertigt. Die Jahreszahl 171.(?) und die Annahme, dass dieses Sexualsymbol in diesem Zeitabschnitte eingeschnitzt worden ist, ermöglichen eine Datierung in die frühere Neuzeit (290 bis 370 Jahre). Dies zeigt einmal mehr, dass als sehr alt empfundene Felsbilder auch in der Neuzeit angefertigt wurden. Es ist aber nicht auszuschließen, dass die abstrakten, archaisch wirkenden Darstellungen durchaus eine vor- oder frühgeschichtliche Wurzel enthalten, die über die Verschleppung durch Tradition und Volksglaube über viele Jahrhunderte hinweg Geltung besaß.

*Oben: Sexualsymbol aus der Notgasse, Dachsteingebirge*
*Unten: Exkursion der ANISA durch die Notgasse*

An dieser Stelle möchte ich darauf hinweisen, dass ich aus Gründen des Denkmalschutzes keine genauen Fundorte angebe. Denn bisher sind alle bekannt gewordenen Felsbildstationen von unverständigen Touristen und von ungeschulten Felsbildforschern durch Nach- und Überritzungen zerstört worden. Das Tourismusbüro in Gröbming bietet jedoch geführte Wanderungen mit einem kompetenten Wanderführer zu den Felsbildern der Notgasse im Dachsteingebirge an.

## Hat die Almwirtschaft Zukunft?

Die Intensität der Almwirtschaft unterlag in vergangener Zeit mehrfach Schwankungen. Während der 4000-jährigen Geschichte beeinflusste meist das Klima die Almwirtschaft. Seit dem Ende des 19. Jahrhunderts führten wirtschaftliche und soziale Umwälzungen zu einem Rückgang dieser Wirtschaftsform, die in den 60er-Jahren des vorigen Jahrhunderts die Almwirtschaft beinahe gänzlich zum Erliegen brachten.

Umso mehr müssen wir unserer derzeitigen landwirtschaftlichen Subventionspolitik danken, dass mit deren Hilfe Almen revitalisiert werden können. Ohne öffentliche Fördermittel wäre eine Almbewirtschaftung nicht mehr rentabel. Vor allem ist die Einsetzung von Alminspektoren zu begrüßen, die den Bauern beratend zur Seite stehen. Besonders lobenswert ist die Tätigkeit der *Österreichischen Arbeitsgemeinschaft für Alm und Weide*. Sie gibt auch die Monatsschrift *Der Alm- und Bergbauer* heraus, die neben praxisnahen Informationen für Bauern auch zahlreiche für jeden Almliebhaber interessante Beiträge enthält.

Unbestritten ist die Tatsache, dass mit der Pflege der Almen uralter Kulturraum erhalten bzw. zurückgewonnen wird. Die extensive Graslandbewirtschaftung ist auch ganz im Sinne einer biologischen Landwirtschaft. Neben gesunden, naturbelassenen Milchprodukten und Fleisch *liefert* sie dem Konsumenten auch Erholungsraum. Die meisten Touristen hegen den Wunsch eine Alm zu besuchen. In einer ausgewogenen Balance, die Qualitätstourismus und Qualitätsprodukte fördert, könnte die wirtschaftliche Zukunft der Almen liegen.

Daher bedürfen Subventionen strenger Auflagen, damit die öffentlichen Gelder der Steuerzahler nicht zweckentfremdet verwendet werden können. Dies bedeutet, dass mit der Förderung von Almen auch der Nachweis der tatsächlichen Nutzung verbunden sein muss. Die Förderung von die Umwelt nicht nur optisch negativ beeinflussenden Güterstraßen lässt sich nur rechtfertigen, wenn damit Almen erschlossen werden, auf denen dann tatsächlich Milchwirtschaft betrieben wird. Denn für die Jungviehhaltung alleine sind keineswegs teure Güterstraßen notwendig. Viel billiger kommmt in diesem Fall eine Viehaufsicht. Werden die Auflagen nicht erfüllt, so sollten die Subventionen zurückerstattet werden. Wenn Güterstraßen für die Jagd und den Wochenendtourismus erbaut werden, soll man sie auch als solche deklarieren. Ob diese dann öffentlich förderungswürdig sind, sei dahingestellt. Die Zukunft einer echten *Almwirtschaft* kann nur dann gesichert werden, wenn sie ehrlich und nachhaltig geplant und finanziert wird. Wir alle brauchen die kultivierten Almen für die Landwirtschaft und die Erholung.

*Oben: Wiesmahd, Dachsteingebirge, 1993*
*Unten: Wiesmahd, Dachsteingebirge, 2002*

## Die Alpenkonvention schützt auch unsere Almen

Die historische Forschung darf ihr Augenmerk nicht nur auf die Vergangenheit legen, sondern sie soll auch Lösungsvorschläge für die Zukunft anbieten. Aus den Medien beziehen wir eine vorgefertigte Meinung über den Alpenraum. Wir machen uns davon ein rückwärts gerichtetes und von Wunschdenken geprägtes romantisches Bild, das mit der Realität immer weniger gemein hat.

Die ökonomischen Visionen vieler Alpenbewohner gipfeln vor allem in subventionierten massentouristischen oder landwirtschaftlichen Wertabschöpfungen.

Besonders in den ursprünglich von Entsiedelung bedrohten Regionen wird starr an den traditionellen Mustern der Wachstumsgesellschaft festgehalten. Mit deren kurzsichtigen Zielen steuern wir auf ein sowohl wirtschaftliches als auch ökologisches und kulturelles Desaster zu, bei dem Natur und Mensch auf der Strecke bleiben werden.

Umwelt, Wirtschaft, Gesellschaft geraten zunehmend in Konkurrenz zueinander. Ungebremste Transitströme, Abholzung von Schutzwäldern, Zersiedelung, touristische Übererschließung sowie die daraus resultierende Verschmutzung von Luft, Wasser und Erdreich zerstören Naturräume bei gleichzeitigem Rückgang der Landwirtschaft und der Preisgabe alter Kulturflächen. Die Umwegrentabilität hoch subventionierter, defizitärer Tourismusprojekte verhilft nur einem kleinen Teil der Bewohner zu beachtlichem Wohlstand. Zwischen diesem und Bevölkerungsgruppen, die sich von dem Tourismuskuchen nichts abschneiden können, aber von Lärm, Umweltverschmutzung und hohem Preisniveau belastet werden, entstehen Interessenskonflikte. Ebenso zerstörerisch wirkt das Quantitätsdenken in der Landwirtschaft. Subventioniert wird noch immer Masse statt Klasse. Die im Verhältnis zum EU-Durchschnitt kleinen österreichischen Bergbauernbetriebe können hier kaum mithalten. Sie versuchen aber dennoch vom Subventionskuchen der EU zu profitieren. Schlagzeilen wie *Brüssel rügt Schwindel mit Almprämien* zeigen die daraus resultierende zweifelhafte Einstellung mancher Subventionsempfänger zum Geld der anderen.

Die gegenwärtige Wirtschaftspraxis im alpinen Raum ist wenig *nachhaltig*. Wir müssen mit langfristigen Perspektiven gegensteuern um unseren Nachkommen eine lebenswerte Zukunft garantieren zu können. Ende 2002 unterzeichneten Österreich, Deutschland und Lichtenstein ein Abkommen zur Umsetzung der Alpenkonvention. Durch das Inkrafttreten der Protokolle *Naturschutz und Landschaftspflege, Berglandwirtschaft, Raumplanung und nachhaltige Entwicklung, Bergwald, Tourismus, Bodenschutz, Energie* und *Verkehr* wurde ein wichtiger Grundstein für die nachhaltige Entwicklung des Alpenraumes gelegt. Gefordert ist nun der politische Wille zu deren Umsetzung. Gefordert sind auch die Alpenbewohner, die auf der Umsetzung bestehen müssen!

# Almen in alten und neuen Ansichten

*Emmerich Millim (1909-1971) war ein Künstler, der die Natur und die Berge seiner Heimat liebte. Sein Hirtendasein im Toten Gebirge sowie seine Wanderungen im Dachsteingebiet inspirierten sein künstlerisches Werk, in dem er diese Welt auch dokumentierte. Trotz der realistischen Darstellungsweise umgibt seine Objekte ein geheimnisvoller Zauber.*

*Oben: Almhütte auf der Südabdachung des Dachsteingebirges gegen die Tauern um 1940*

*Unten: Tierstudien um 1940, Köpfe der inzwischen ausgestorbenen steirischen Bergschecke*

Oben: Ausschnitt aus „Pichlmoaralpe" (Schoberalm). Aquarell von Karl Russ, 2. Aug. 1817
Unten: Detail aus „Pichlmoaralpe". Aquarell von Karl Russ. (Slg. Familie Graf Meran)

Oben: „Schwarzensee". Aquarell von Jakob Gauermann, 1811. (Slg. Familie Graf Meran)
Unten: „Golling". Steinwenderalm. Aquarell von Matthäus Loder, um 1823. (Slg. Familie Graf Meran)

*Oben: Waldhornalm 1922. Unten links: Holdalm um 1900. Unten rechts: Obere Eiblalm um 1900*

Oben: Obere Eiblalm und alte Gollinghütte 1920. Unten: Reste der Steinwenderalm im Gollingwinkel

Oben: Lackenmoosalm, Dachsteingebirge. Archäologische Grabungen 1984
Unten: Lackenmoosalm, Dachsteingebirge. Kleine Zelte dienten 1984 den Forschern als Unterkunft.

Oben: Bärenlackenalm, Dachsteingebirge. Unten: Neubergalm, Dachsteingebirge, im Winter

*Augstwiesen-Alm Salzkammergut Fotografie um 1865 (Slg. Angerer, Steirer)*

*Unten: Augstalm bei Altaussee mit Blick auf den Dachstein Lithographie um 1875. (Slg. F. Mandl)*

Oben: Alter „Trempel" auf der Brunnalm. Totes Gebirge. Unten: Egglgrubenalm. Totes Gebirge

Keller für die Milchprodukte und „hohe Hütte" auf der Durchgangalm, Gemeinde Hallstatt

Oben: „Hohe" Hütte auf der Durchgangalm, Gemeinde Hallstatt. Unten: Postalm, Gemeinde Strobl

*Schafe auf der Ursprungalm, Schladminger Tauern*

*Almleben in der Karikatur. (Slg. M. Schlechta)*
*Schon um 1900 wurden Sennerinnen auf Ansichtskarten „humorvoll" dargestellt. Städtischen Touristen erschien das Landleben rückständig und sie gaben es daher der Lächerlichkeit preis.*

Gruss aus den Bergen.
AUFI GSTIEGN.
ABI GFALL'N.

## Begriffe zur Almwirtschaft

**Albm, Alben, Alpe:** alte Bezeichnung für Alm
**Alm fahren:** mit dem Vieh auf die Alm gehen
**Almdirn:** Sennerin
**Almhütte:** einfacher Blockbau für die Milchverarbeitung und Wohnraum des Almpersonals
**Almraunkerl:** süßes Fettgebäck für den Almabtrieb
**Anger:** eingezäunte Wiese zur Heugewinnung
**Bergmahd:** Heuernte auf steilen Berghängen
**Bluambsuach (Blumensuche):** Weide- oder Almrecht
**Brentl:** Holzschaff, Milchfass
**Breite Hütte (broade Hittn):** ebenerdige Hütte, geteilt in Hütte, Kasten und Scherm
**Buttermodel, Butterradl:** Geräte zum Formen und Verzieren der Butter
**Dreiteilige Almhütte:** meist ist links der *Kastn*, in der Mitte die *Hüttn* mit den *Herd* und rechts die *Stubn*
**Feuerhütte:** eigenes kleines Gebäude zum Kochen
**Gleck schneiden:** Gewinnung von Bergheu auf steilen Almwiesen
**Galtvieh:** Vieh, das nicht gemolken wird
**Hohe Hütte:** Hütte mit einem Stock. Unten ist der Stall, oben die Hütte, der Milchkasten und der Schlafkasten
**Hüttn:** Sennraum mit offenem Herd
**Kaskee:** Käseform aus Holz
**Kastn:** Raum zur Aufbewahrung der Milchprodukte und Geräte
**Ka´wasser:** Molke
**Kiadach:** Stall, siehe auch unter Scherm
**Knospen, Knoschpn**: Holzschuh im Salzkammergut
**Mahd, Mahder:** eingezäunte Wiese zur Heugewinnung
**Milchstötzel:** flaches Holzschaff zum Abrahmen der Milch
**Rahmzweck:** verzierte Holzspachtel zur Separierung des Rahms beim Ausgießen der Milch aus dem Milchstötzel
**Rührkübl:** hochgestelltes Stoßbutterfass
**Scherm:** Stall (früher offener Viehunterstand)
**Schindel:** Holzbrettchen für die Dachdeckung
**Schotten:** Rückstand von der Buttermilch
**Schottwiege:** Gestell für das Leinentuch, durch das die Molke gefiltert wird
**Schwardach:** Legschindeldach mit Steinbeschwerung
**Sechter:** Melkeimer aus Holz
**Seihtrichter mit Seihfleck:** Filter für die frisch gemolkene Milch
**Sennerin, Senner:** Person, die die Michverarbeitung auf der Alm durchführt und die Verantwortung über das Vieh trägt
**Speik:** duftende krautige Pflanze, das Parfum der armen Leute
**Stidla:** Stoßbutterfass
**Strutzn:** Butterstriezel
**Stubn:** Wohnraum
**Trempl:** Stall
**Tret:** Stall

## Themenbezogene Museen

**Türglanggl:** Almtürschlüssel
**Annaberg.** Heimatmuseum im Denkmalhof Gererhof
(Tel. 06463-7555)
**Ardning.** Almmuseum
(Tel. 03612-7555...0)
**Bad Aussee.** Kammerhofmuseum
(Tel. 03622-52511-20)
**Bad Goisern.** Heimat- und Landlermuseum
(Tel. 06135-7180)
Freilichtmuseum Anzenaumühle
(Tel. 06135-8329)
Holzknechtmuseum
(Tel. 0664-5513661)
**Bad Ischl.** Museum der Stadt Bad Ischl
(Tel. 06132-301-14)
**Bad Mitterndorf.** Heimatkundliche Sammlung
(Tel. 03623-2217)
**Hallstatt.** Prähistorisches Museum und Heimathaus
(Tel. 06134-8280-15)
**Gröbming.** Heimatmuseum
(Tel. 03685-23328)
**Großreifling, Gem. Landl.** Forstmuseum
(Tel. 03633-2201-16)
**Großsölk.** Naturparkhaus Sölktäler, Schloss Großsölk
(Tel. 03685-23180)
**Haus i. E.** Dekanatsmuseum
Wintersportmuseum
(Tel. 03686 2207-21)
**Hieflau.** Köhlerzentrum
(Tel. 03634-505)
**Mauterndorf.** Lungauer Lanschaftsmuseum.
(Tel. 06472 7425)
**Öblarn.** Bauernmuseum am Sonnberg
(Tel. 03684 2702)
Gesteinkeller und Kupferweg
(Tel. 03684 2394)
**Radstadt.** Radstädter Heimatmuseum
(Tel. 06452-6374)
**Ramsau am Dachstein.** Alpinmuseum Austriahütte
(Tel. 03687-81522)
**St. Gilgen.** Heimatkundliches Museum
(Tel. 006227-2348)
**Schladming.** Stadtmuseum Schladming im Bruderhaus
(Tel. 03687-22508-32)
**Strobl am Wolfgangsee.** Aberseer Heimathaus „Lipphaus"
(Tel. 06137 7255)

**Tamsweg.** Lungauer Heimatmuseum (Tel. 06474 2547)
**Trautenfels.** Landschaftsmuseum Schloss Trautenfels (Tel. 03682-22233...0)
**Zederhaus.** Denkmalhof Maurergut, Heimatmuseum (Tel. 06478/312)

## Abkürzungsverzeichnis für den Bildnachweis:

DG: Simony. Das Dachsteingebiet. Wien 1895
LMT: Landschaftsmuseum Trautenfels
ÖBF: Österreichische Bundesforste
OÖLA: Oberösterreichisches Landesarchiv, Linz
SLA: Salzburger Landesarchiv, Salzburg
StLA: Steiermärkisches Landesarchiv, Graz

## Quellen und ausgewählte Literatur

ABRAHAMCZIK, Walter: Die Almen und Wälder im steirischen Teil des Dachsteinstockes in ihrer historischen Entwicklung. In: Centralbl. f. d. ges. Forstwesen 79 (1962), S. 17-104.
Ders.: War der östliche Teil des Dachsteinplateaus besiedelt ? In: Arch. A. 42 (1967) S. 68-79.
Abtenau. Bd. I. Geschichte der Abtenau und des Lammertales. Hrsg.: v. d. Marktgemeinde Abtenau. Abtenau [um 1980].
Admont Stiftsarchiv. Urbar vom Jahre 1434, F. 30 und Anmerkung 234.
Admont Stiftsarchiv. Forst und Weide, G. 188 v. 17. 10. 1603 und Abschrift von 1698.
AIGNER, Margarethe: Die Steinfeldalm. Ein Bildbericht aus dem Jahre 1943. In: Volkskundliches aus dem steirischen Ennstal. FS f. K. Haiding. Liezen 1981.(= Schriftenreihe d. Landschaftsmuseums Schloß Trautenfels Bd. 1), S. 97ff.
Der Alm- und Bergbauer. Die Fachzeitschrift für den bergbäuerlichen Raum. Hrsg.von der Österr. Arbeitsgemeinschaft für Alm und Weide (ÖAGAW). Erscheint in Innsbruck.
Almanach. Die grünen Dächer Oberösterreichs. Der Almenkatalog des Landes Oberösterreich. Linz [1998].
Almanach Steiermark. Die schönsten Almen mit Wanderrouten. St. Pölten - Wien - Linz 2001.
Almwirtschaft in Österreich im Jahre 1986. (Ergebnisse der Almerhebung). Beiträge zur österreichischen Statistik. Hrsg. v. Österreichischen Statistischen Zentralamt. Heft 901. Wien 1988.
Alpenfleckviehzuchtverband Steiermark. 90 Jahre, 1910-2000. Festversammlung am 12. April 2000.
Alpenreport 2. Daten, Fakten, Probleme, Lösungsansätze. Bern Stuttgart Wien 2001.
Alperhebung 1974. Ergebnisse. Beiträge zur österreichischen Statistik. Hrsg. v. Österreichischen Statistischen Zentralamt. 434. Heft. Wien 1976.
AMSCHLER, W.: Die Haustierreste von der Kelchalpe bei Kitzbühel. In: Mitt. d. Prähist. Kom. d. Akad. d. Wiss. 3 (1939), S. 96ff.
ANDRIAN, Ferdinand: Die Altausseer. Ein Beitrag zur Volkskunde des Salzkammergutes. Wien 1905.
Atlas der Steiermark. Hrsg. v. Naturwiss. Verein f. Stmk. Graz 1961 - 1970. Erl. zum Atlas der Stmk. Hrsg. v. d. Steiermärk. Landesregierung unter Mitarbeit d. Naturwiss. Vereins f. Stmk. Graz 1973.
AUMAYR, Walter: Heimat Zederhaus. Zederhaus 1989.
BÄTZING, Werner: Die aktuellen Veränderungen von Umwelt, Wirtschaft, Gesellschaft und Bevölkerung in den Alpen. Berlin 2002.
BARTH, Fritz Eckart: Weitere Blockbauten im Salzbergtal bei Hallstatt. In: Arch. A.(1976) Beih. 13, Bd. 1 , S. 538-545.
Ders.: Das prähistorische Hallstatt. Bergbau und Gräberfeld. Die Hallstattkultur. Frühform europäischer Einheit. In: Ausstellungskatalog. Linz 1980, S. 74 ff.
Ders.: Bronzezeitliche Graphittonkeramik vom Salzbergtal bei Hallstatt. In: Ann. Naturhist. Mus. Wien, 85/A (1983), S. 19-26.
Ders.: Zu den Tragsäcken aus dem Salzbergwerk Hallstatt. In: Arch. A. 76 (1992), S. 121-127.
Ders.: Ein Füllort des 12. Jahrhunderts v. Chr. im Hallstätter Salzberg. In: MAGW 123/124 (1993/94), S. 27-38.
Ders.: Der Spurensucher. Zum 200. Geburtstag von Johann Georg Ramsauer. Katalog zur Ausstellung in Linz 1995. Landesmuseum Linz. Linz 1995.
Ders.: Bronzezeitliche Salzgewinnung in Hallstatt. In: Mensch und Umwelt in der Bronzezeit Europas. Hrsg. v. B. Hänsel. Kiel 1998, S. 123ff.
Ders./Hubert UNTERBERGER: Ein neuer urnenfelderzeitlicher Depotfund aus Hallstatt? In: Fundberichte aus Österreich 22 (1983), S. 7-11.
BASTL, Imma: Flora und Vegetation der Lackenmoosalm/ Dachsteingebiet und die frühere Nutzung. Hausarbeit am Institut für Botanik der Universität Graz. Graz 1987.
Dies./Josef POELT: Flora und Vegetation der Lackenmoosalm in ihren Beziehungen zur früheren Almwirtschaft. In: Dachstein. Die Lackenmoosalm. Hrsg. v. Franz Mandl u. Herta Mandl-Neumann. Gröbming 1990. (= Mitt. d. ANISA 11 (1990) H.1/2), S. 181-194.
BAUER, Fridtjof: Verkarstung und Bodenschwund im Dachsteingebiet. Ergebnisse einer Begehung des Gebietes zwischen Schönbergalm und Landfriedalm im Dachsteinstock. In: Mitt. d. Höhlenkom. b. BM f. Land- und Forstwirtschaft. Wien 1953 (1954), S. 53-62.
BENECKE, Norbert: Der Mensch und seine Haustiere. Die Geschichte einer jahrtausendealten Beziehung. Stuttgart 1994.
BERGER, Herfried: Die almgeographische Situation in Österreich. In: Almgeographie. Kolloquium Rottach-Egern 1962. Zusammengestellt von W. Hartke u. K. Ruppert. Wiesbaden 1964, S. 115-137.
BOCK, H./LAHNER, G./GAUNERSDORFER, G.: Höhlen im Dachsteingebiet. Graz 1913.
BOCKHORN, Elisabeth und Olaf: Zum bäuerlichen Gerätebestand im Salzkammergut. Ein Vergleich 1789 - 1977. In: FS. Franz C. Lipp zum 65. Geburtstag. Volkskultur. Mensch und Sachwelt. Hrsg. v. Verein f. Volkskunde. Wien 1978, S. 37ff.
BOESCH, Hans: Nomadismus, Transhumanz und Almwirtschaft. In: Die Alpen 27 (1951), S. 202-207.
Bronzezeit in Österreich. Hrsg v. J.-W Neugebauer. St. Pölten 1994.
BRUGGER, Oswald/WOLLFAHRTER, Richard: Alpwirtschaft heute. Graz 1983.
BRUNNER, Karl: Herzogtümer und Marken. Vom Ungarnsturm bis ins 12. Jahrhundert. Wien 1994. (= Österreichische Geschichte 907 - 1156.

## Quellen und ausgewählte Literatur

Hrsg. v. Herwig Wolfram).

BRUNNER, Walter: Die Alm im Putzental. In: Da schau her 14 (1993) H. 2, S. 3ff.

Ders.: Schöder. Festschrift zur 800-Jahr-Feier.Schöder 1981.

Ders.: St. Peter am Kammersberg. Die Marktgemeinde stellt ihre Geschichte vor. St. Peter am Kammerberg 1997.

CAMENZIND, Thomas: Handbuch der Rinderzucht und Pflege. Leipzig 1942.

CARNAT, Germaine: Das Hufeisen in seiner Bedeutung für Kultur und Zivilisation. Zürich 1953.

CECH, Brigitte: Lackenofen. Der Grabungsbefund. In: Dachstein. Die Lackenmoosalm. Hrsg. v. Franz Mandl u. Herta Mandl-Neumann. Gröbming 1990. (= Mitt. d. ANISA 11 (1990) H. 1/2), S. 28-103.

CERWINKA, Günter: 750 Jahre Schildlehen. Ramsau am Dachstein 1990.

Ders.: Nothwendige Quelle. Die Alm Schildenwang und Planken und ihre Heimhöfe. In: Dachstein. Vier Jahrtausende Almen im Hochgebirge. Hrsg. v. Günter Cerwinka u. Franz Mandl. Bd. 2. Haus i. E. 1998. (= Mitt. der ANISA 18 (1997) H. 1/2), S. 21-26.

Ders.: Ramsau am Dachstein. Bauern, Bibel, Berge. Ramsau 1999.

CEVC, Tone: Bohinj und seine Almen. Radovljica 1992.

Ders.: Velika Planina. Leben, Arbeit und Überlieferung der Sennen. Ljublijana 1993.

Ders.: Uralte Spuren des Menschen in den Kamniker Alpen. Archäologische Funde (1995 - 1996) auf den Almen. Ljublijana 1997.

CHAROUSEK, Vincenz: Die Milchwirtschaft auf den Radstädter Tauern. In: Salzb. Landwirtschafts-Blättern. Separatabdruck. Salzburg 1893.

CONRAD, Kurt: Ansdächer im Sazburgischen. In: Innovation und Wandel. (FS f. Oskar Moser). Veröffentlichungen des Österreichischen Fachverbandes für Volkskunde. Hrsg. v. B. Pöttler/H. Eberhart/E. Katschnig-Fasch. Graz 1994, S. 79 ff.

CZEIKA, Sigrid: Tierreste aus einer römerzeitlichen Almhütte bei Gröbming. In: Dachstein. Vier Jahrtausende Almen im Hochgebirge. Hrsg. v. Günter Cerwinka u. Franz Mandl. Bd. 2. Haus i. E. 1998. (= Mitt. der ANISA 18 (1997) H. 1/2), S. 27f.

Dachstein. Die Lackenmoosalm. Hrsg. v. Franz Mandl u. Herta Mandl-Neumann. Gröbming 1990. (= Mitt. d. ANISA 11 (1990) H. 1/2).

Dachstein. Vier Jahrtausende Almen im Hochgebirge. Hrsg. v. Günter Cerwinka u. Franz Mandl. Bd. 1. Gröbming 1996. (= Mitt. der ANISA 17 (1996) H. 2/3). Bd. 2. Haus i. E. 1998. (= Mitt. der ANISA 18 (1997) H. 1/2).

DENGG, Michael: Lungauer Volksleben. Schilderungen und Volksbräuche, Geschichten und Sagen aus dem Lungau. Tamsweg 1913.

Die Römer zwischen Alpen und Nordmeer. Zivilisatorisches Erbe einer europäischen Macht. Katalog zur Landesausstellung des Freistaates Bayern. Hrsg. v. L. Wamser. Rosenheim 2000.

DOPSCH, Heinz: St. Peter als Zentrum der Slawenmission. In: Das älteste Kloster im deutschen Sprachraum. St. Peter in Salzburg. Katalog zur Landesausstellung 1982. Salzburg 1982, S. 60 ff.

Ders.: Der auswärtige Besitz. In: Geschichte Salzburgs. Stadt und Land. Bd. I, 2. Teil. Mittelalter. Hrsg. v. H. Dopsch/H. Spatzenegger. Salzburg 1983, S. 951-982.

Ders.: Zum Anteil der Romanen und ihrer Kultur an der Stammesbildung der Bajuwaren. In: Die Bajuwaren. Von Severin bis Tassilo 488-788. Katalog zur Landesausstellung Bayern und Salzburg. Salzburg 1988, S. 47-55.

Ders.: Der Abersee und das Gebiet von Strobl im Mittelalter. In: Strobl am Wolfgangsee. Naturraum, Geschichte und Kultur einer Gemeinde im Salzkammergut. Hrsg. v. J. Stehrer. Strobl 1998, S. 106ff.

Ders.: Zur Entstehung der erzbischöflichen Herrschaft und der Landeshoheit im Gerichtsbezirk Radstadt. In: Die alte Stadt im Gebirge. 700 Jahre Stadt Radstadt. Radstadt 1989, S. 29ff.

DRESCHER, Anton: Die aktuelle Vegetation der Unteren Hüttstatt (Plankenalm, Östliches Dachsteingebirge). In: Dachstein. Vier Jahrtausende Almen im Hochgebirge. Hrsg. v. Günter Cerwinka u. Franz Mandl. Bd. 2. Haus i. E. 1998. (= Mitt. der ANISA 18 (1997) H. 1/2), S. 29-40.

Ders.: Liste der wissenschaftlichen Familien-, Gattungs- und Artennamen sowie der deutschen Pflanzennamen, die in den Beiträgen von A. Drescher, R. Drescher-Schneider und I. Grube verwendet werden. In: Dachstein. Vier Jahrtausende Almen im Hochgebirge. Hrsg. v. Günter Cerwinka u. Franz Mandl. Bd. 2. Haus i. E. 1998. (= Mitt. der ANISA 18 (1997) H. 1/2), S. 41-45.

DRESCHER-SCHNEIDER, Ruth: Ergebnisse der pollen- und großrestanalytischen Untersuchungen im Gebiet der Plankenalm, Dachstein (Österreich). In: Dachstein. Vier Jahrtausende Almen im Hochgebirge. Hrsg. v. Günter Cerwinka u. Franz Mandl. Bd. 2. Haus i. E. 1998. (= Mitt. der ANISA 18 (1997) H. 1/2), S. 46-61.

FELGENHAUER-SCHMIEDT, Sabine: Almwüstungen im östlichen Dachsteinplateau. Zu den mittelalterlichen und neuzeitlichen Funden. In: Mitt. d. ANISA 10 (1989) H. 1, S. 3-12.

FINSTERWALDER, Karl: Lebendes und erloschenes Volkstum in den Namen des Toten Gebirges. In: Jahrbuch des Österreichischen Alpenvereins. 92, (1967), S. 52ff.

Flach- und Tennengauer Almen und Hütten. Ins Land einischaun. Golling [2001].

FRIEDRICH, Michael: Dendrochronologische Datierungen von Almen des östlichen Dachsteinplateaus. Untersuchungen anhand tausendjähriger hochalpiner Jahrringchronologien. In: Dachstein. Vier Jahrtausende Almen im Hochgebirge. Hrsg. v. Günter Cerwinka u. Franz Mandl. Bd. 2. Haus i. E. 1998. (= Mitt. der ANISA 18 (1997) H. 1/2), S. 7-94.

FUCHS, Gerald: Eine römische Fibel vom Dachstein. Beiträge zur ältesten Geschichte der Dachsteinregion. In: Da schau her 3 (1982) H. 2, S. 7f.

Ders.: Archäologische Untersuchung einer spätmittelalterlichen Almwüstung auf der Plankenalm. In: Dachstein. Vier Jahrtausende Almen im Hochgebirge. Hrsg. v. Günter Cerwinka u. Franz Mandl. Bd. 2. Haus i. E. 1998. (= Mitt. der ANISA 18 (1997) H. 1/2), S. 111-187.

GEYER, Georg: Führer durch das Dachsteingebirge und die angrenzenden Gebiete des Salzkammergutes und Ennsthales. Hrsg. v. d. Section Austria d. Deutschen u. Österreichischen Alpenvereins. Wien 1886.

Ders.: Touristisches über die Dachsteingruppe. In: Zs. d. DÖAV XII (1881), S. 280.

GIELGE, Hans: Klingende Berge. Trautenfels 1992.

Ders.: So bist du, Ausseerlandl. Hrsg. v. Erika Selzer. Mit einem Vorwort von Gerlinde Haid. Bad Aussee 2001.

GINDL, Wolfgang/STRUMIA, Giorgio, GRABNER, Michael und WIMMER, Rupert: Dendrochronologische Rekonstruktionen der Sommertemperatur am östlichen Dachsteinplateau während der letzten 800 Jahre. In: Mitt. d. ANISA 19/20 (1999), S. 24-28.

GLASER, Rüdiger: Geschichte der Temperatur. In: Historicum. Frühling 1993 (1993), S. 15-24.

GLEIRSCHER, Paul: Almwirtschaft in der Urgeschichte, In: Der Schlern 59 (1985) H. 2, S. 116-124.

## Quellen und ausgewählte Literatur

Ders.: Ein urzeitliches Bergheiligtum am Pfitscher Jöchl über Dorf Tirol? Ein Beitrag zur Schalensteinforschung. In: Der Schlern 67 (1993) H. 6, S. 407ff.

Ders.: Karantanien. Das slawische Kärnten. Klagenfurt 2000.

GÖTH, Georg: Das Herzogthum Steiermark; geographisch-statistisch-topographisch dargestellt und mit geschichtlichen Erläuterungen versehen. III. Band. Judenburger-Kreis. Graz 1843.

Goisern, Heimat. Bad Goisern in Vergangenheit und Gegenwart. Bad Goisern und Linz 1990.

GOTTFRIED, Fritz: Die Almwirtschaft in der Osterhorn- und Gamsfeldgruppe. In: Geographischer Jahresbericht aus Österreich XXIV (1952), S. 1-95.

GRABHERR, Gerald: Michlhallberg. Die Ausgrabungen in der römischen Siedlung 1997-1999 und die Untersuchungen an der dazugehörigen Straßentrasse. Mit Beiträgen von Friedrich Bauer/Harald Stadler, Kurt Nicolussi, Erich Pucher/Manfred Schmitzberger und Carolina Walde. Bad Aussee 2001. (= Schriftenreihe des Kammerhofmuseums Bad Aussee Bd. 22).

GRABNER, Elfriede: Amulette, Wallfahrtsmedaillen und verschiedene profane Gegenstände als Bodenfunde im Dachsteingebiet. In: Dachstein. Vier Jahrtausende Almen im Hochgebirge. Hrsg. v. Günter Cerwinka u. Franz Mandl. Bd. 2. Haus i. E. 1998. (= Mitt. der ANISA 18 (1997) H. 1/2), S. 186-195.

GRAF, Günter: Die Z`sammtreibbodenhöhle. In: Mitt. d. ANISA 1 (1980) H. 2, S. 24f.

Ders.: Emmerich Millim. Bad Aussee 1987. (= Schriftenreihe des Kammerhofmuseums Bad Aussee. Bd. 9).

Ders.: Bemerkungen zur Geomorphologie im Gebiet der Lackenmoosalm (Dachstein). In: Dachstein. Die Lackenmoosalm. Hrsg. v. Franz Mandl u. Herta Mandl-Neumann. Gröbming 1990. (= Mitt. d. ANISA 11 (1990) H.1/2), S. 168-180.

GRAIF, Franz/SCHWACKHÖFER, Wolfgang: Funktionen von Almen und ihre Messung. Wien 1983.(= Bundesanstalt f. Agrarwirtschaft Schriftenreihe Nr. 40).

GRASS, Nikolaus: Rechtsgeschichte der Alpwirtschaft. Innsbruck 1948.

GRASS Nikolaus/MAIER-BÖTTCHER, Friederike: Die Almwirtschaft in der Urzeit und im Mittelalter. In: Untersuchungen zur eisenzeitlichen und frühmittelalterlichen Flur in Mitteleuropa und ihrer Nutzung. Hrsg. v. H. Beck, D. Denecke, H. Jankuhn. (= Akad. d. Wiss. Göttingen Phil. hist. Kl. 3 (1980) Nr. 116), S. 229-286.

GROIER, Michael: Bergraum in Bewegung. Almwirtschaft und Tourismus - Chancen und Risiken. Wien 1993. (= Bundesanstalt für Bergbauernfragen. Forschungsbericht Nr. 31).

GSTIRNER, Adolf: Die Schwaighöfe im ehemaligen Herzogthume Steiermark. In: Zs. d. Hist. Ver. f. Steiermark 31 (1937), S. 1-86.

HAIDING, Karl: Almwirtschaft in der Steiermark. Führer durch die 7. Sonderausst. des Heimatmuseums Trautenfels 1962. Gröbming 1962.

Ders.: Almwesen. In: Der Steirische Bauer. Leistung und Schicksal von der Steinzeit bis zur Gegenwart. Steirische Landesaustellung 1966. Graz 1966, S. 198-230.

Ders.: Erzherzog Johann und das steirische Almwesen. In: Erzherzog Johann von Österreich. Sein Wirken in seiner Zeit. FS zur 200. Wiederkehr seines Geburtstages. Hrsg. v. O. Pickl. Graz 1982. S. 171ff.

HAIM-DABATSCHEK, Heinz: Hugo Cordignano. Der Maler des Ausseerlandes. Bad Aussee 1992. (= Schriftenreihe des Kammerhofmuseums Bad Aussee. Bd. 12).

HASITSCHKA, Josef: Almzins in der Herrschaft Admont vom 15. bis in das 17. Jahrhundert. In: Mitt. d. ANISA 21 (2000) H. 1/2, S. 47-68.

HASSINGER, Hugo/LEEDER, Karl: Die Jagd und die Ursachen des Rückganges der Almwirtschaft in Niederösterreich. In: Monatsbl. d. Ver. f. Landeskunde von Niederösterreich. VII (1914/1915), S. 146 ff.

HEBERT, Bernhard: Ein römisches Gebäude im Koppental. Neueste Grabungsergebnisse aus Bad Aussee. In: Da schau her 16 (1995), H. 4, S. 16f.

Ders.: Neue und ältere Funde zur Römerzeit im Ausseerland. In: Da schau her 16 (1995) H. 1, S. 10 ff.

Ders.: Ergrabung einer römerzeitlichen Almhütte in den Rotböden. In: Dachstein. Vier Jahrtausende Almen im Hochgebirge. Hrsg. v. Günter Cerwinka u. Franz Mandl. Bd. 2. Haus i. E. 1998. (= Mitt. der ANISA 18 (1997) H. 1/2), S. 200-231.

Ders.: Zum neuentdeckten hochalpinen Brandopferplatz am Sölkpass. In: Mitt. d. ANISA 21 (2000) H. 1/2, S. 69-71.

Ders./SCHACHINGER, Ursula/STEINKLAUBER, Ulla: Die Fundmünzen von der befestigten spätrömischen Höhensiedlung auf der Knallwand in Ramsau am Dachstein. In. Mitt. d. ANISA 19/20 (1999), S. 29ff.

HEBERT, Bernhard/STEINKLAUBER, Ulla: Urgeschichte und Römerzeit in den steirischen Bergen. Neue Funde und Grabungen im Ausseerland, am östlichen Dachsteinplateau und im Ennstal. In: Archäologie Österreichs 8 (1997) H. 2, S. 47ff.

HEGER, Norbert: Salzburg in römischer Zeit. Wirtschaft. In: Jahresschrift Salzburger Museum Carolino Augusteum 19 (1973), S. 129 ff. u. Abb. 119.

HELL, Martin: Anfänge der Almwirtschaft. In: Mitt. aus dem Museum in Hallstatt (Salzkammergut) 13 (1951), S. 1-3.

Ders.: Ein Zeugnis für römische Almwirtschaft aus Hallstatt. In: Mitt. aus dem Museum in Hallstatt (Salzkammergut) 12. o. J., S. 7f.

HÖLLWÖGER, F.: Das Ausseer Land. Geschichte der Gemeinden Bad Aussee, Alt Aussee, Grundlsee, Mitterndorf und Pichl. Bad Aussee 1956.

HÖPFEL, F./PLATZER, W./SPINDLER, K. (Hrsg.): Der Mann im Eis. 1. Bericht über das Internationale Symposium 1992 in Innsbruck. 2. Aufl. Innsbruck 1992. (= Veröffentl. Univ. Innsbruck 187).

HÜBNER, L.: Beschreibung des Erzstiftes und Reichsfürstenthums Salzburg in Hinsicht auf Topographie und Statistik. 1. bis 3. Bd. Salzburg 1796.

HUBATSCHEK, Erika: Almen und Bergmähder im oberen Lungau. 1939-1984. Innsbruck 1988.

ILWOF, Franz (Hrsg.): Aus Erzherzog Johanns Tagebuch. Eine Reise in Obersteiermark im Jahre 1810. Graz 1882.

IMBRIE, John/IMBRIE, Katherine Palmer: Die Eiszeiten. Naturgewalten verändern unsere Welt. Düsseldorf u. Wien 1981.

IPCC (Intergovernmental Panel on Climate Change): Climate Change - The IPCC scientific assessment. Cambridge Univ. Press 1990.

ISSLER, Richard: Eine Besteigung des Dachstein von Hallstatt aus. In: Jb. d. ÖAV 7 (1871), S. 349-355.

JAFFÈ, Walther: Alexander Baumann (1814 - 1857). Ein Beitrag zum Wiener literarischen Vormärz und zum volkstümlichen Lied in Österreich. Weimar 1913.

KAHL, Dietrich: Virgil und die Salzburger Slawenmission. In: Virgil von Salzburg. Missionar und Gelehrter. In: Beiträge des Internationalen Symposiums vom 21. - 24. Sept. 1984 in der Salzburger Residenz. Salzburg 1985, S. 112 ff.

KALTENEGGER, Marina: Die Frühgeschichte des Klosters Mondsee. Historische Anmerkungen zu den ältesten Baubefunden. Graz 1995.

## Quellen und ausgewählte Literatur

(= Dissertationen der Karl-Franzens-Universität Graz 101).
Ders.: Die Solequellen von Gosau und der „Salzkrieg". In: Jb. OÖ. Musealvereines. 126/1 (1981), S. 69ff.
KANELUTTI, Erika/Gernot RABEDER; Das archäozoologische Fundgut. In: Dachstein. Die Lackenmoosalm. Hrsg. v. F. Mandl u. H. Mandl-Neumann. Gröbming 1990. (= Mitt. d. ANISA 11 (1990) H.1/2), S. 200 -202.
KLEYLE, F. J.: Rückerinnerungen an eine Reise in Oesterreich und Steyermark im Jahre 1810. Wien 1814.
KOLLER, Engelbert: Forstgeschichte des Salzkammergutes. Eine forstliche Monographie. Wien 1970.
KOPP, Bernhard: Zur frühesten Geschichte der Planneralm. In: Die Planeralm einst und jetzt. Donnersbach 1999, S. 27-32.
KRAL, Friedrich: Zur pollenanalytischen Altersbestimmung in der Schellenberger Eishöhle und in der Dachstein-Rieseneishöhle. In: Jb. des Ver. zum Schutze der Alpenpflanzen und -tiere e. V. 34 (1969), S. 9ff.
Ders.: Pollenanalytische Untersuchungen zur Waldgeschichte des Dachsteinmassivs. Habilschr. Wien 1970.
Ders., Beiträge zur Geschichte der Almwirtschaft im Dachsteinmassiv auf Grund pollenanalytischer Untersuchungen. In: Alm und Weide 21 (1971) F. 8-10, S. 1-7.
Ders.: Nacheiszeitlicher Baumartenwandel und frühe Weidewirtschaft auf der Wurzeralm (Warscheneck, Oberösterreich). In: Jb. Oö. Musealverein 130 (1985), S. 183ff.
Ders.: Ein pollenanalytischer Beitrag zu archäologischen Fragen im Gasteiner Raum. In: Hochalpine Altstraßen im Raum Bad Gastein - Mallnitz. Ein interdisziplinäres Forschungsprojekt. Hrsg. v. Andreas Lippert. Wien 1993 (= VWGÖ, Böcksteiner Montana 10), S. 203ff.
Ders.: Zur Frage früher Almwirtschaft am östlichen Dachsteinplateau (Pollenprofil Plankenalm). In: Mitt. d. ANISA 15 (1994) H. 1/2, S. 37-43.
KRAMER, Diether: Karolingisch-Ottonische Reihengräber. In: Da schau her 1 (1980) H. 2, S. 6ff.
Ders.: Bayern und Slawen in der Steiermark. Aus der frühen Geschichte eines Landes an der Grenze. 1. Teil. In: Da schau her 9 (1988), H. 3, S. 2ff. u. 2. Teil. In: Da schau her 10 (1989) H. 2, S. 3ff.
KREBS, Norbert: Die Dachsteingruppe. In: Zeitschrift d. DÖAV 46 (1915), S. 1- 42.
Ders.: Alpenlandschaften. Bd. 2. Die Dachsteingruppe. Wien 1926.
KROMER, Karl: Von frühen Eisen und reichen Salzherrn. Die Hallstattkultur in Österreich. Wien 1964.
KÜRSINGER, Ignaz: Lungau. Historisch, ethnographisch und statistisch aus bisher unbenützten urkundlichen Quellen. Salzburg 1853.
KUNDEGRABER, Maria: Der Rahmzweck. Arbeitsgerät und Minnegabe. In: Volkskundliches aus dem steirischen Ennsbereich. FS. f. Karl Haiding. Liezen 1981, S. 193f.
LACKNER, Helmut: Die Brennstoffversorgung des steirischen Eisenwesens. In: Erz und Eisen in der Grünen Mark. Beiträge zum steirischen Eisenwesen. Hrsg. v. Paul W. Roth. Beitragsband zur steirischen Landesausstellung 1984. Graz 1984, S. 189-206.
LAMB, H. H.: Klima und Kulturgeschichte. Der Einfluß des Wetters auf den Gang der Geschichte. Hamburg 1989.
LAMBAUER, Hannes: Erzherzog Johann als Bergsteiger und Naturfreund. In: Erzherzog Johann. Sein Leben in den Bergen. Katalog zur Sonderausstellung. Hrsg. v. H. Lambauer. Bad Aussee 1982, S. 53 ff.
LANG, Johannes: Die Almwirtschaft in früher Zeit. In: Strobl am Wolfgangsee. Naturraum, Geschichte und Kultur einer Gemeinde im Salzkammergut. Hrsg. v. J. Stehrer. Strobl 1998, S. 391ff.
LECHNER, Eva: Tiroler Almen. Innsbruck 1998.
LIPP, Franz Carl: Volkskundliches aus dem Toten Gebirge. In: Jb. d. ÖAV 92 (1967), S. 43ff.
Ders.: Hallstatt-Blockhaus am Dachstein - Almhütten. In: FS f. R. Pittioni. Wien 1976, S. 611-633.
LISSAUER, A.: Über zwei neue prähistorische Funde aus Hallstatt in Oberösterreich. In: Mitt. d. Wiener Anthropologischen Gesellschaft XXII (1893), S. 93f.
LUNZ, Reimo: Studien zur End-Bronzezeit und älteren Eisenzeit im Südalpenraum. Florenz 1974.
Ders.: Archäologie Südtirols. Teil I: Von den Jägern des Mesolithikums (um 7000 vor Chr.) bis zum Ende des Weströmischen Reiches (476 nach Chr.). Calliano 1981. (= Archäologisch-historische Forschungen in Tirol Bd. 7).
MACHATSCHEK, Michael: Nahrhafte Landschaft. Ampfer, Kümmel, Wildspargel, Rapunzelgemüse, Speiselaub und andere wiederentdeckte Nutz- und Heilpflanzen. Wien 1999.
MADER Brigitta: Die Alpenslawen in der Steiermark. Eine toponomastisch-archäologische Untersuchung. Wien 1986. (=Schriften der Balkankommission. Linguistische Abteilung 31. Österr. Akad. d. Wiss. phil./hist.-Klasse).
MANDL, Franz: Ein gemauerter Topfkachelofen mit Kuppel. In: Mitt. d. ANISA 4 (1983) Heft 7, S. 1-7.
Ders.: Die ur- und frühgeschichtlichen Funde am östlichen Dachsteinplateau unter Berücksichtigung der Funde unbestimmter Zeitstellung. In: Mitt. d. ANISA 5 (1984) H. 8., S. 1-20
Ders.: Die Felsritzungen des steirischen Dachsteingebirges. In: Da schau her 6 (1985) Heft 2, S. 18-20.
Ders.: Eine spätbronzezeitliche hochalpine Siedlung. Handelt es sich um eine urgeschichtliche Almwirtschaft? In: Da schau her 7 (1986) Heft 4, S. 2-7.
Ders.: Felsritzbilder des östlichen Dachsteinplateaus. Trautenfels 1988. (= Kl. Schriften d. Abt. Schloß Trautenfels am Stmk. Landesmuseum Joanneum H. 14).
Ders.: Fundbericht. In: Fundberichte aus Österreich 26 (1987), S. 276.
Ders.: Eine spätbronzezeitliche temporäre Siedlung auf dem östlichen Dachsteinplateau. In: Dachstein. Die Lackenmoosalm. Hrsg. v. Franz Mandl u. Herta Mandl-Neumann. Gröbming 1990. (= Mitt. d. ANISA 11 (1990) Heft 1/2), S. 203-223.
Ders.: Das östliche Dachsteinplateau. Interdisziplinäre Forschungen zur Geschichte der Almwirtschaft. In: Archäologie Österreichs 5 (1994) H. 1, S. 40f.
Ders.: Die Köhlerei auf der großen Wiesmahd im Dachsteingebirge. In: Da schau her 16 (1995) H. 3, S. 15ff.
Ders.: Über 3000 Jahre alte Weidewirtschaft auf dem Dachsteinplateau. In: Archäologie Österreich 6 (1995) H. 1, S. 42ff.
Ders.: Das östliche Dachsteinplateau. 4000 Jahre Geschichte der hochalpinen Weide- und Almwirtschaft. In: Dachstein. Vier Jahrtausende Almen im Hochgebirge. Hrsg. v. Günter Cerwinka u. Franz Mandl. Bd. 1. Gröbming 1996. (= Mitt. der ANISA 17 (1996) H. 2/3), S. 7-135.
Ders.: Felsritzbilder auf dem Dachsteingebirge. In: Dachstein. Vier Jahrtausende Almen im Hochgebirge. Hrsg. v. Günter Cerwinka u. Franz Mandl. Bd. 1. Gröbming 1996. (= Mitt. der ANISA 17 (1996) H. 2/3), S. 136-165.
Ders.: Nachtrag zur Geschichte der Weidewirtschaft auf dem östlichen

## Quellen und ausgewählte Literatur


Dachsteinplateau. In: Dachstein. Vier Jahrtausende Almen im Hochgebirge. Hrsg. v. Günter Cerwinka u. Franz Mandl. Bd. 2. Haus i. E. 1998. (= Mitt. der ANISA 18 (1997) Heft 1/2), S. 232-251.

MANDL, Franz: Felsritzbilder im Bärenloch. Versuch einer Deutung. In: Dachstein. Vier Jahrtausende Almen im Hochgebirge. Hrsg. v. Günter Cerwinka u. Franz Mandl. Bd. 2. Haus i. E. 1998. (= Mitt. der ANISA 18 (1997) H. 1/2), S. 252-260.

Ders.: Mittelalterliche und frühneuzeitliche Tierdarstellungen in den nördlichen Kalkalpen Österreichs und Bayerns. In: MEDIUM AEVUM QUOTIDIANUM 41 (1999), S. 7-21.

Ders.: Schwaigenzeit ist Almenzeit. Über die Viehhaltung auf Almen des Dachsteins und Toten Gebirges im Mittelalter und in der Neuzeit. In: Beiträge zur Mittelalterarchäologie in Österreich 15 (1999), S. 83ff.

Ders.: Das Erbe der Ahnen. Ernst Burgstaller/Herman Wirth und die österreichische Felsbildforschung. In: Mitt. d. ANISA 19/20 (1999) H. 1/2, S. 41-67.

Ders.: Weideglocken und Schellen aus der Dachstein- und Salzkammergutregion. In: Mitt. d. ANISA 21 (2000) H. 1/2,S. 74 84.

Ders.: Aus der Frühgeschichte der Almen. Die Erforschung der landwirtschaftlichen Verhältnisse früherer Zeiten im Gebirge, unter besonderer Berücksichtigung des Dachsteingebirges. In: Berg 2002. Alpenvereinsjahrbuch 126 (2002), S. 78-89.

Ders.: Almhütten in der Dachstein-Tauernregion. In: Traditiones 31/1, Ljubljana 2002, S. 17-31.

Ders.: 4000 Jahre Almen im Herzen Österreichs-. In: Bodo Hell, Eva Kreissl, Franz Mandl: Auf der Alm ... Trautenfels 2004, S. 31-54.

Ders.: Felsbilder in Österreich und Bayern. In: Zeichen an der Wand. Höhlenmalerei - Felsbilder - Graffiti. Hrsg. v. Manfred Hainzl. Wels 2004, S. 30-45.

MANDL-NEUMANN, Herta: Die Lackenmoosalm in historischer Sicht. In: Dachstein. Die Lackenmoosalm. Hrsg. v. F. Mandl u. H. Mandl-Neumann. Gröbming 1990. (= Mitt. d. ANISA 11 (1990) H.1/2), S.104-150.

MANDL-NEUMANN, Herta/MANDL, Franz: Die Besiedlung des östlichen Dachsteinplateaus. Neue Forschungsergebnisse. In: Da schau her 5 (1984) H. 4, S. 14-16.

MANDL-NEUMANN, Herta/MANDL, Franz: Dachstein-Tauern-Region. Blicke in Vergangenheit und Gegenwart. Ternitz 2001.

MARCHETTI, Heinrich: Der Bezirk Gmunden als gewachsene Einheit und Vielfalt. In: Der Bezirk Gmunden und seine Gemeinden. Von den Anfängen bis zur Gegenwart. Linz 1992, S. 23-28.

Ders.: Gosau. In: Der Bezirk Gmunden und seine Gemeinden. Von den Anfängen bis zur Gegenwart. Linz 1992, S. 965-976.

MENKE, Manfred: Die bairisch besiedelten Landschaften im 6. und 7. Jahrhundert nach den archäologischen Quellen. In: Die Bajuwaren. Von Severin bis Tassilo 488-788. Katalog zur Landesausstellung Bayern und Salzburg. Salzburg 1988, S. 70-79.

MESSNER, Dieter: Salzburgs Romanen. In: Virgil von Salzburg. Missionar und Gelehrter. Beiträge des Internationalen Symposiums vom 21. - 24. Sept. 1984 in der Salzburger Residenz. Salzburg 1985, S. 103 ff.

MITTERAUER, Michael: Wirtschaft und Handel. In: Geschichte Salzburgs. Stadt und Land. Bd. I. Vorgeschichte. Altertum. Mittelalter. 1. Teil. Hrsg. v. H. Dopsch/H. Spatzenegger. Salzburg 1983, S. 419-436.

MOOSLEITNER, Fritz: Die Merowingerzeit. Die Bayern. Die Romanen. Die Slawen. In: Geschichte Salzburgs. Stadt und Land. Bd. I. Vorgeschichte. Altertum. Mittelalter. 1. Teil. Hrsg. v. H. Dopsch/H. Spatzenegger. Salzburg 1983, S. 105-120.

Ders.: Die Tauernregion in ur- und frühgeschichtlicher Zeit. In: Mineral & Erz in den Hohen Tauern. Katalog zur Ausstellung des Naturhistorischen Museums Wien. Wien 1994, S. 103-111.

MORTON, Friedrich: Hallstatt und die Hallstattzeit. Viertausend Jahre Salzkultur. Hallstatt 1953.

Ders.: Viertausendfünfhundert Jahre Hallstatt im Bilde. Hallstatt 1959.

Ders.: Über eine unfertige römische Almglocke aus Hallstatt. In: Jb. d. OÖ. Musealvereines. (1959).(= Mitteilungen aus dem Museum in Hallstatt Nr. 41), S. 283 f.

Ders.: Salzkammergut. Die Vorgeschichte einer berühmten Landschaft. Hallstatt 1956.

MOSER, Roman: Das zentrale Karstgebirge, eine geographische Skizze des Dachsteinmassivs. Die Almen im zentralen Dachsteinstock. Zs. OÖ 20 (1970) H. 1, S. 26-37.

Ders.: Die Almwirtschaft im Bezirk Gmunden. Statistische Erhebung der Almen im oö. Salzkammergut und daraus ableitbare Schlussfolgerungen. In: Der Bezirk Gmunden und seine Gemeinden. Von den Anfängen bis zur Gegenwart. Linz 1992, S. 353-366.

Ders.: Hallstätter- und Obertrauner Almen im Bereich des Dachsteinmassivs. Hallstatt 1994.

Ders.: Dachsteingletscher und deren Spuren im Vorfeld. Geologische Karte mit Gletscherständen. Hallstatt 1997.

NEUWIRTH, Friedrich: Das Klima im Bezirk Gmunden. In: Der Bezirk Gmunden und seine Gemeinden. Von den Anfängen bis zur Gegenwart. Linz 1992, S. 61-83.

NOWOTNY, Ernst: Die Erlebnisse der Ausseer Pfeiferlbuben in der Kaiserstadt Wien vom 18. Dezember 1853 bis 17. Jänner 1854. Bad Aussee 1978. (= Schriftenreihe des Heimatmuseums "Ausseerland" Heft 2).

Ders.: Die Römersteine des Bezirkes Liezen. 1. Teil. In: Da schau her 3 (1982) H. 3, S. 6f.

ORTMAYR, Norbert: Knechte. Harte Arbeit, karges Brot. Wien 2001. (= Damit es nicht verlorengeht. Hrsg. v. M. Mitterauer u. P. P. Kloß. Bd. 19).

ORTNER, Franz/SAGMEISTER, Raimund: Lessach im Lungau. Geschichte und Gegenwart eines Dorfes. Lessach 1992.

PALDELE, Bruno: Die aufgelassenen Almen Tirols. Innsbruck. 1984. (= Innsbrucker Geographische Studien. Bd. 23).

PASCHER, Otto/WISNIEWSKI, Otto/ WOLF, Gerhard: Der Besatz der Almen. In: Atlas zur Geschichte des steirischen Bauerntums. Graz 1976, S. 33ff.

PATZELT, Gernot: Modellstudie Ötztal - Landschaftsgeschichte im Hochgebirgsraum. In: Mitt. d. Österr. Geographischen Gesellschaft. 138 (1996), S. 53-70.

Ders.: Die klimatischen Verhältnisse im südlichen Mitteleuropa zur Römerzeit. In: Ländliche Besiedlung und Landwirtschaft in den Rhein-Donau-Provinzen des römischen Reiches. Passau 1998. (= Passauer Universitätsschriften Bd. 2), S. 7-20.

Ders.: Natürliche und anthropogene Umweltveränderungen im Holozän der Alpen. In: Entwicklung der Umwelt seit der letzten Eiszeit. München 2000. (= Rundgespräche der Kom. für Ökologie Bd. 18), S. 119-125.

PAULI, Ludwig: Blockwandhäuser am Hallstätter Salzberg? In: Arch. Korrespondenzblatt 9 (1979), S. 81-86.

Ders.: Die Alpen in Frühzeit und Mittelalter. Die archäologische Entdeckung einer Kulturlandschaft. München 1980.

PFEFFER, Franz: Zur Erschließungsgeschichte des Dachsteingebietes. In: OÖ Heimatblätter 1 (1947) H. 1, S. 193-210.

PENZ, Hugo: Die Landwirtschaft in den Österreichischen Alpen. In:

## Quellen und ausgewählte Literatur

Landwirtschaft im Alpenraum - unverzichtbar, aber zukunftslos? Eine alpenweite Bilanz der aktuellen Probleme und der möglichen Lösungen. Europäische Akademie Bozen. Berlin-Wien 1996.

PESENDORFER, Johann: Streiflichter aus der Wirtschaftsgeschichte von Alt-Goisern. Landwirtschaft, Almwirtschaft, Bergbau, Waldwirtschaft, altes Handwerk und Gewerbe. In: Heimat Goisern. Bad Goisern in Vergangenheit und Gegenwart. Hrsg. v. Marktgemeinde Bad Goisern. Bad Goisern und Linz 1990. S. 67ff.

PIGNATTI-WIKUS, Erika: Pflanzensoziologische Studien im Dachsteingebiet. Triest 1960.

PITTIONI, Richard: Urzeitliche "Almwirtschaft". In: Mitt. d. Geograph. Ges. in Wien 74 (1931), S. 108-113.

Ders.: Zum kulturgeschichtlichen Alter des Blockbaues. In: Wr. Zs. f. Volkskunde 36 (1931), S. 75-79.

Ders.: Urgeschichte des Österreichischen Raumes. Wien 1980.

POMBERGER, Gottlieb: Chronik der Gemeinde Gosau. Von den Anfängen bis zum Jahre 1960. Hauptschule Gosau. Gosau 1997.

Pongauer Almen und Hütten. Ins Land einischaun. Schwarzach 2000.

PUCHER, Erich: Die Tierknochenfunde von der Plankenalm. Archäologisch-Zoologische Sammlung Naturhistorisches Museum Wien. In: Dachstein. Vier Jahrtausende Almen im Hochgebirge. Hrsg. v. Günter Cerwinka u. Franz Mandl. Bd. 2. Haus i. E. 1998. (= Mitt. der ANISA 18 (1997) H. 1/2), S. 26-274.

Ders.: Vorbericht: Zoologisches Fundgut aus der Schachthöhle neben der Kampertret Alm (= Gamper Alm) In: Mitt. d. ANISA 19/20 (1999), H. 1/2, S. 74f.

Ders./Manfred SCHMITZBERGER: Belege zum Fortbestand keltisch-norischer Rinder während der mittleren bis späten römischen Kaiserzeit vom Michlhallberg im Salzkammergut. In: Gerald Grabherr: Michlhallberg. Die Ausgrabungen in der römischen Siedlung 1997 - 1999 und die Untersuchungen an der zugehörigen Straßentrasse. Bad Aussee 2001. (=Schriftenreihe des Kammerhofmuseums Bad Aussee. Bd. 22), S. 241-273.

RABL, Josef: Illustrierter Führer durch Salzburg, das Salzkammer-gut und Berchtesgadener-Land. Wien 1883.

RADIO-RADIIS, Alfred: Führer durch das Dachsteingebirge und die angrenzenden Gebiete des Salzkammergutes und Ennstal. 3. Aufl. Wien 1922.

RAMSAUER, Franz: Die Alpenkunde im Altertum. In. Zs. d. DÖAV 32 (1901) S. 46-68.

REISCH, Emil: Die Alpen in römischer Zeit. In: Die Österreichischen Alpen. Eine zusammenfassende Darstellung. Hrsg. von H. Leitmeier. Wien 1929, S. 211ff.

REITINGER, Josef: Ur- und Frühgeschichte Oberösterreichs. 2 Bde. Linz 1968/69.

Ders.: Fundbericht. (Lanzenspitze). In: Fundberichte aus Österreich 15 (1977), S. 210.

Ders.: Ur- und Frühgeschichte. In: Jb. d. OÖ Musealvereines 128 (1983), S. 13-26.

ROITHINGER, Gottfried: Die Vegetation ausgewählter Dachstein-Almen (Oberösterreich) und ihre Veränderung nach Auflassung. In: Ein Leben für den Dachstein. Friedrich Simony - zum 100. Todestag. Katalog des OÖ. Landesmuseums. Neue Folge 103. Linz 1996, S. 81-197.

Rocky Austria. Eine bunte Erdgeschichte von Österreich. Wien 1999.

RÖSCH, Klaus: Einfluß der Beweidung auf die Vegetation des Bergwaldes. Berchtesgaden 1992. (= Nationalpark Berchtesgaden. Forschungsbericht 26).

RUPPERT, Karl: Betrachtungen zur almgeographischen Situation in den deutschen Alpen. In: Almgeographie (1964), S. 15ff.

SAILE, Thomas: Salz in ur- und frühgeschichtlichen Mitteleuropa. Eine Bestandsaufnahme. In: Bericht der Römisch-Germanischen Kommission 81 (2000), S. 129ff.

SALCHEGGER, Christian: Filzmoos. Überliefertes und Erlebtes. Filzmoos 1996.

SCHMID, Walter: Fundbericht (Rasselalmschwert). In: Fundberichte aus Österreich 5 (1946-50), S. 69.

SCHMIDT, Roland: Pollenprofil aus der Grabung Lackenmoosalm/Dachstein, 1980 m NN. In: Dachstein. Die Lackenmoosalm. Hrsg. v. Franz Mandl u. Herta Mandl-Neumann. Gröbming 1990. (= Mitt. d. ANISA 11 (1990) H.1/2), S. 195-199.

SCHNEITER, Fritz: Statistik und Hebung der steirischen Almwirtschaft. Hrsg. v. Steirischen Landes-Alminspektorat. Graz 1930.

Ders.: Alpwirtschaft. Graz 1948.

Ders.: Tierzucht. In: Der steirische Bauer. Leistung und Schicksal von der Steinzeit bis zur Gegenwart. Steirische Landesausstellung 1966. Graz 1966, S. 181ff.

Ders.: Hauptverbreitungsgebiete vorherrschender Rinderrassen in der Steiermark. In: Atlas zur Geschichte des steirischen Bauerntums. Graz 1976, S. 34ff.

SCHNITTER, Josef: Heimat Mariapfarr. Eine umfassende Darstellung über Geschichte und Kultur dieses ehrwürdigen Ortes im Lungau. Mariapfarr 1975.

Ders.: Heimat Weißpriach. Mariapfarr 1979.

SCHRAML, Carl: Das oberösterreichische Salinenwesen vom Beginne des 16. bis zur Mitte des 18. Jahrhunderts. Bd. 1. Studien zur Geschichte des österr. Salinenwesens. Hrsg. v. d. Generaldirektion der österr. Salinen. Wien 1932.

SCHULTES, J. A.: Reisen durch Oberösterreich, in den Jahren 1794, 1795, 1802, 1803, 1804 und 1808. Tübingen 1809.

SEIBERL, Herbert/PALME, Johanna: Gstanzln aus dem Salzkammergut. 730 Vierzeiler. Hrsg. v. d. Alpenpost. Bad Aussee 1992.

SENFT, Hilde und Willi: Die schönsten Almen Österreichs. Brauchtum & Natur - erwandert und erlebt. Graz 2001.

SIEGER, Robert: Beiträge zur Geographie der Almen in Österreich. Graz 1925.

SIMONY, Friedrich: Die Altertümer vom Hallstätter Salzberg und dessen Umgebung. In: Beil. zu SB d. Akad. d. Wiss. Wien. Phil.-hist. Cl. IV (1850), S. 338ff.

Ders.: Das Dachsteingebiet. Ein geographisches Charakterbild. Text und Atlas. Wien 1895.

Ders.: Die erosirenden Kräfte im Alpenlande. In: Jahrbuch d. ÖAV 7 (1871), S. 25ff.

SPANN, Joseph: Alpwirtschaft. Freising 1923.

STADLER, Franz: Arbeiterunterkünfte und Almhütten in der Umgebung des ehemaligen Hallamtes Aussee. In: Volkskultur und Sachwelt. FS. f. F. C. Lipp. Hrsg. v. Verein f. Volkskunde. Wien 1978, S. 313-325.

Ders.: Die Almen im Wandel der Zeit. Eine Betrachtung am Beispiel Salzkammergut. In: Da schau her 3 (1982) H. 2, S. 9-16.

Ders.: Saumwege und Salzsteige an der Dachstein-Ostseite. In: Da schau her 3 (1982) H. 5, S. 7-10.

Ders.: Steirische Almsiedlungen im Dachsteingebiet. In: Bauen Wohnen - Gestalten. FS. f. Oskar Moser. Trautenfels 1984, S. 65-100.

Ders.: Almhütten im Salzkammergut und Ennstalgebiet mit

## Quellen und ausgewählte Literatur


Baudatierungen von 1547-1938. (masch.) Trautenfels 1987.

Ders.: Vom Leben auf der Alm im 19. und 20. Jahrhundert. In: Da schau her 9 (1988) H. 2, S. 3ff.

STADLER, Franz: Die Almsiedlungen am Stein und die Hüttenreste an der Oberfläche der Lackenmoosalm. In: Dachstein. Die Lackenmoosalm. Hrsg. v. Franz Mandl u. Herta Mandl-Neumann. Gröbming 1990. (= Mitt. d. ANISA 11 (1990) H. 1/2), S. 151-167.

Ders.: Siedlungsentwicklung im steirischen Salzkammergut vom Frühmittelalter bis zum Beginn der Neuzeit. Erkenntnisse aus dem Raum Altaussee. In: Da schau her 12 (1991) H. 1, S. 14ff.

STEHRER, Johann W.: Entwicklung der Almwirtschaft im Wolfgangseegebiet und ihre Zusammenhänge in der Felsbildforschung. In: Alpine Volkskunst auf Fels. Die Felsritzbilder des Wolfgangtales. Mitt. d. ANISA 14 (1993) H. 1, S. 26-31.

Ders.: Der Wandel in der Almwirtschaft. In: Strobl am Wolfgangsee. Naturraum, Geschichte und Kultur einer Gemeinde im Salzkammergut. Hrsg. v. J. Stehrer. Strobl 1998, S. 395ff.

STEINER, Johann: Der Reise=Gefährte durch die Oesterreichische Schweiz oder das oberennsische Salzkammergut. Linz 1832.

Steirischer Geschichtskalender, Graz 1982.

Tomus XVI. In ordine der vergangenen Tomorum. 2. Teil, 1760.

Tomus XVII. In ordine der vergangenen Tomorum. 3. Teil, 1760.

TREMEL, Ferdinand: Zur Rechtsgeschichte des Almwesens. In: FS. Nikolaus Grass zum 60. Geburtstag. Hrsg. v. L. Carlen/F. Steinegger. II. Band. Aus Geschichte und Recht der Almen. Innsbruck - München 1975. S. 2ff.

URBAN, Otto H.: Der Lange Weg zur Geschichte. Die Urgeschichte Österreichs. Wien 2000. (= Österreichische Geschichte bis 15 v. Chr. Hrsg. v. H. Wolfram).

Vom Leben auf der Alm. Ausstellungskatalog. Trautenfels 1987.

WASS, Barbara: „Für sie gab es immer nur die Alm ...“. Aus dem Leben einer Sennerin. Mit einem Vorwort v. M. Mitterauer. Wien 1988(= „Damit es nicht verlorengeht“. Bd. 16).

WEIDMANN, F. C.: Darstellungen aus dem Steiermärkischen Oberlande. Wien 1834.

WERNBACHER, Rudolf: Geschichte des Bezirkes Irdning und seiner Schlösser. Gröbming 1905.

WERNER, Paul: Bäuerliches Wirtschaftsleben in der Gebirgsregion. München 1981.

WILCKENS, Martin: Die Rinderrassen Mitteleuropas. Grundzüge einer Naturgeschichte des Hausrindes. Berlin 1885.

WIMBERSKY, Hubert: Eine obersteirische Bauerngemeinde in ihrer wirtschaftlichen Entwicklung. 1498-1899. Graz 1907.

WISSMANN, Hermann: Das Mitter Ennstal. Stuttgart 1927.

WOLFRAM, Herwig: Grenzen und Räume. Geschichte Österreichs vor seiner Entstehung. Wien 1995. (= Österreichische Geschichte 378-907. Hrsg. v. H. Wolfram).

Zeichen an der Wand. Höhlenmalerei - Felsbilder - Graffiti. Hrsg. von Manfred Hainzl. Wels 2004.

ZIERLER, Maria: Die bäuerlichen Lehen in Ischl. In: Bad Ischl. Ein Heimatbuch. Hrsg. zur 500-Jahr Feier der Markterhebung v. Ischler Heimatverein. Bad Ischl o.J., S. 395ff.

ZWITTKOVITS, F.: Die Almen Österreichs. Zillingdorf 1974.

Ders.: Almen und Almwirtschaft in Österreich. In: Volkskundeatlas. 5. Lieferung. Wien 1975.